Günther Gugel / Uli Jäger

Gewalt muß nicht sein

Eine Einführung in friedenspädagogisches Denken und Handeln

Verein für Friedenspädagogik Tübingen e.V.

Günther Gugel / Uli Jäger: Gewalt muß nicht sein.
Eine Einführung in friedenspädagogisches Denken und Handeln

© Verein für Friedenspädagogik Tübingen e. V.,
Bachgasse 22, 72070 Tübingen,
Tel.: 0 70 71 / 2 13 12, Fax: 0 70 71 / 2 15 43

2. Auflage Januar 1995

Satz: Verein für Friedenspädagogik
Illustrationen: Burkard Pfeifroth, Reutlingen
Titel: Christoph Lang, Rottenburg
Druck: Presel, Bolzano, Italien

ISBN: 3-922833-87-X

Inhalt

Vorwort

Annäherungen: Perspektiven für eine Erziehung zum Frieden

Friedenserziehung – Anmerkungen zu Theorie und Praxis .... S. 15
– Kernelemente einer Erziehung zum Frieden .... S. 15
– Prinzipien für die Friedenserziehung .... S. 19
– Orientierungen für die Praxis der Friedenserziehung .... S. 21
– Die Nähe zur Umwelt-, Dritte-Welt- und
  Menschenrechtserziehung .... S. 28
– Friedenserziehung und Sozialarbeit .... S. 33
– Friedenserziehung und die Erfahrungen in der DDR .... S. 35

Weiterführende Ansätze für das zukunftsorientierte
Lernen und Handeln .... S. 43
– Innovatives Lernen und vernetztes Denken .... S. 43
– Die Entwicklung von solidarischem Verhalten .... S. 51
– Friedenserziehung und Interkulturelles Lernen .... S. 51
– Die Berücksichtigung des Geschlechterverhältnisses .... S. 53

Pädagogische Modelle und Maßnahmen zum Umgang
mit Gewalt und Konflikten .... S. 61
– Der Umgang mit Aggression und Gewalt .... S. 61
– Der Umgang mit Konflikten .... S. 73

Problemfelder: Aktuelle Herausforderungen für die Friedenserziehung

Die neue Welt(un)ordnung? Krieg und Gewaltpotentiale
nach dem Ost-West-Konflikt .... S. 99
– Erledigte Probleme, neue Herausforderungen .... S. 99
– Umstritten: Langfristige Entwicklungstrends im
  Prozeß der Zivilisierung .... S 111

(R)echte Provokationen: Rechtsextremismus,
Fremdenfeindlichkeit, Gewalt gegen Minderheiten .... S. 117
- Der »neue« Rechtsextremismus im gesellschaftlichen
  Umfeld .... S. 117
- Rechtsextremismus als Jugendproblem? .... S. 120
- Die Angst vor dem Fremden .... S. 126

Jugendgewalt oder Gewalt gegen die Jugend? .... S. 131
- Jugendgewalt – Eine neue Provokation? .... S. 131
- Funktionen direkter Gewaltanwendung für Jugendliche .... S. 134
- Umstritten: Die Ursachen für Gewaltbereitschaft
  und Gewaltakzeptanz .... S. 138
- Die Vielfalt der Jugend und ihre Einstellungen
  zu Politik und Engagement .... S. 144

Keine Spur von Geborgenheit: Gewalt gegen Kinder .... S. 155
- Angemahnt: Die Rechte der Kinder .... S. 155
- Zur Situation der Kinder .... S. 159
- Die Bedrohungen für die Welt und die Zukunftsängste
  der Kinder .... S. 162

Gewalt in den Medien – Zwischen Realität und Fiktion .... S. 173
- Die Berichterstattung über Krieg und Gewalt .... S. 173
- Fiktive Gewalt in Videos und im Fernsehen .... S. 177
- Die Welt der Video- und Computerspiele .... S. 182
- Mit den neuen Medien umgehen lernen? .... S. 189

Handlungsfelder: Friedenserziehung konkret

Familie – Konfliktbewältigung im Alltag .... S. 199
- Familien im Wandel .... S. 200
- Die Bedeutung der Eltern .... S. 203
- Familienkonflikte konstruktiv austragen .... S. 206
- Die zerstörerische Funktion der Gewalt .... S. 212
- Erziehung zur Politikfähigkeit .... S. 217

Vorschule – Persönlichkeitsentfaltung und Handeln
in der Gemeinschaft .... S. 221
- Friedenserziehung im Vorschulbereich .... S. 221
- Gewalt in der Spielzeugwelt und Abrüstung
  im Kinderzimmer .... S. 232

Schule – Friedenserziehung als Lernprinzip S.245
– Gewalt in der Schule S.245
– Friedenserziehung in der Schule S.251
– Ansätze und Hindernisse für eine Friedens-
erziehung in der Schule S.255

Kommunale Verantwortung für den Frieden auf
lokaler Ebene S.263
– Kommunale Friedenserziehung S.263
– Kinderpolitik in der Kommune S.271

Organisierte Freizeit – Lernen für die Welt von morgen S.279
– Friedenserziehung in der Jugendarbeit S.279
– Friedenserziehung in der Erwachsenenbildung ... S.286

Friedensbewegung und Friedensarbeit – Einmischung
ist möglich S.297
– Lernen in der Friedensbewegung S.299
– Kontinuität durch Institutionalisierung:
Friedensarbeit heute S.303
– Das Zusammenwirken von Friedenserziehung und
Friedensarbeit: Das Beispiel »transnationale
Friedensarbeit« S.309
– Attraktivität von Friedensarbeit für junge Menschen S.317

Literaturhinweise S.321

Vorwort

Soll Jugendlichen der Umgang mit gewaltverherrlichenden Video- und Computerspielen verboten werden? Welche Lebensperspektiven können Kindern und Jugendlichen vermittelt werden, wenn sie in einer Umgebung von Einsamkeit aufwachsen und ihnen Berufsaussichten verbaut sind? Wie soll mit den Ängsten der Kinder vor Krieg und Umweltzerstörung umgegangen werden? Was ist zu tun, wenn rechtsextremistisch orientierte Jugendliche ausländische Nachbarn bedrohen? Wie kann der wachsenden Gewaltbereitschaft entgegengewirkt werden? Welche Lernmodelle gibt es für die Auseinandersetzung mit Krieg und Frieden im Unterricht? Welche Folgen hat die Legitimation militärischer Interventionen für die Werteorientierung von Heranwachsenden? Wie lassen sich Menschen zum politischen Engagement motivieren, wenn Korruption und Ohnmacht Synonyme für Politik sind?

Solche und ähnliche Fragen stellen sich viele Eltern, ErzieherInnen, LehrerInnen. Und die Fragen sind nur zu berechtigt:

Die Kriege der Welt: Entgegen vieler Hoffnungen ist der Krieg nach dem Ende des Ost-West-Konfliktes nicht aus Europa verbannt worden, geschweige denn aus den Ländern der »Dritten Welt«. Friedensforscher der »Hamburger Arbeitsstelle Kriegsursachenforschung« haben errechnet, daß zwischen Juni 1993 und Juli 1994 weltweit 43 Kriege stattfanden, davon drei in Europa (Nordirland, Kroatien/Serbien, Bosnien-Herzegowina). Gerade das Morden im ehemaligen Jugoslawien und die Angst vor neuen Kriegen in Russland und den anderen Staaten der ehemaligen Sowjetunion beschäftigt die Menschen: Was kommt auf uns zu? Wie kann den von Krieg betroffenen Menschen geholfen werden? Soll militärischen Interventionen zugestimmt werden?

Die globalen Bedrohungen: Vermittelt durch die Berichterstattung in den Medien nehmen immer mehr Menschen weltweite Probleme wie Umweltkatastrophen, Bevölkerungsexplosion, Flüchtlingsströme und das zunehmende Armutsgefälle innerhalb Europas und zwischen Europa und vielen Staaten der »Dritten Welt« wahr. Wer aber kann die Komplexität dieser Entwicklungen durchschauen, wenn vor allem die

Fernsehberichte nur auf wirkungsvolle Schreckensbilder setzen und die Informationen an der Oberfläche bleiben? Wer kann dem Gefühl der Ohnmacht entgehen?

Die rechtsextreme Gewalteskalation: Niemand hatte damit gerechnet, daß nach dem Sturz der SED-Herrschaft durch eine gewaltfreie BürgerInnen-Bewegung und nach der Vereinigung der beiden deutschen Staaten die innergesellschaftliche Gewaltbereitschaft und -akzeptanz drastisch ansteigen würde, daß Rechtsextremismus und Fremdenfeindlichkeit sogar Todesopfer kosten würden. Werden zukünftig innergesellschaftliche Konflikte wieder mit brutaler Gewalt ausgetragen?

Die soziale Kälte: Im vereinigten Deutschland werden die Folgen der Zwei-Drittel-Gesellschaft immer deutlicher. Mehr Menschen als jemals zuvor leben am Rande des Existenzminimums, immer mehr Kinder bleiben mit ihren Sorgen und Nöten allein. Was haben wir, was hat unsere Gesellschaft noch an Perspektiven zu bieten?

Friedenserziehung wird oft als Hoffnungsschimmer in einer von Unfrieden und Ungerechtigkeit bedrohten Welt gesehen. Für die Friedenserziehung wird kein geringerer Anspruch erhoben als der, eine »Erziehung zur Veränderung der Welt« zu sein, wie es der Pädagoge Hartmut von Hentig Mitte der achtziger Jahre formuliert hat. Doch es gibt keine allgemein anerkannte Theorie der Friedenserziehung, sondern eine Vielzahl unterschiedlicher Vorstellungen, wie durch erzieherische Bemühungen ein Beitrag zur Friedensfähigkeit des Menschen und zur Verwirklichung friedensfähigerer Strukturen in der Gesellschaft und in der Welt geleistet werden kann. Wer mit dem Begriff »Friedenserziehung« zum ersten Mal konfrontiert wird, denkt häufig zuerst an Kinder und den Versuch, ihnen Alternativen zum gewaltsamen Austragen von Meinungsunterschieden zu zeigen oder diese mit ihnen gemeinsam zu entwickeln. Auch die Frage des kritischen Umgangs mit Kriegs- und Gewaltspielzeug wird schnell mit dem Begriff Friedenserziehung in Verbindung gebracht. Die Auseinandersetzung mit diesen spezifischen Problemen ist aber nur ein Feld der Friedenserziehung, denn Friedenserziehung bezieht sich auf alle Erziehungs- und Bildungsbereiche. Nach unserem Verständnis soll Friedenserziehung dabei in erster Linie zum Abbau von persönlicher Gewaltbereitschaft, zur Aufdeckung oder gar Beseitigung von Gewaltstrukturen in den zwischenmenschlichen Beziehungen, in allen gesellschaftlichen Bereichen sowie der Staatenwelt beitragen. Die Ansatzpunkte für Friedenserziehung sind dabei die Einstellungen, Verhaltensweisen und Handlungsstrategien von Individuen und Gruppen. Dabei muß beachtet werden, daß Friedenserziehung ein bestimmtes Verständnis von Erziehung und Lernen beinhaltet, das nichts mit »ziehen« und »Zögling« gemein hat, sondern auf gemeinsame Lernprozesse setzt und die Einheit von Ziel und Mittel zu verwirklichen sucht. Wenn die Rahmenbedingungen für ein gemeinsames Lernen geschaffen sind, so hat Friedenserziehung in der Familie ebenso ihren Platz wie in der Vorschule, der Schule oder der Jugend- und Erwachsenenbildung.

Denn Gewalt muß nicht sein. Sie hat trotz ihrer vielfältigen Erscheinungsformen in Gesellschaft, Staat und Weltpolitik identifizierbare Ursachen, die benannt und bekämpft werden können. Entgegen dem pessimistischen Grundtenor vieler Beiträge zur aktuellen »Gewaltdiskussion« verstehen wir das vorliegende Buch ausdrücklich nicht nur als Orientierungshilfe für die Auseinandersetzung mit aktuellen Friedensgefährdungen, sondern auch als Ermunterung zur Einmischung.

Denn Gewalt muß nicht sein und Friedenserziehung ist möglich.

Der vorliegende Band hat in vielen Teilen den Charakter eines Handbuches. Die einzelnen Kapitel der Teile »Problemfelder« und »Handlungsfelder« sind in sich abgeschlossen und können unabhängig voneinander gelesen werden. Eine eher theoretisch orientierte Auseinandersetzung mit den Ansichten und Defiziten der Friedenspädagogik findet sich in dem Teil »Annäherungen. Perspektiven für eine Erziehung zum Frieden«.

September 1994

Günther Gugel / Uli Jäger

Annäherungen

Perspektiven für eine Erziehung zum Frieden

Friedenserziehung – Anmerkungen zu Theorie und Praxis

Kernelemente einer Erziehung zum Frieden

Friedenserziehung umfaßt drei Kernelemente: die Vermittlung von Friedenskompetenz,[1] die Hinführung zur Friedensfähigkeit sowie die Befähigung zum Friedenshandeln.[2]

Die Vermittlung von Friedenskompetenz

Friedenskompetenz ist wichtig, um Zusammenhänge begreifen, Entwicklungen einordnen und selbständige Analysen und Strategien zur Auseinandersetzung mit Krieg und Gewalt entwickeln zu können. Friedenskompetenz ist nach unserem Verständnis in erster Linie *Sachkompetenz*: Dazu gehören unter anderem das Wissen über die Ursachen von Krieg und Gewalt, über die individuellen Voraussetzungen von Friedensfähigkeit sowie deren gesellschaftliche und internationale Rahmenbedingungen. Zur Friedenskompetenz gehört aber auch die Einsicht in die eigenen Möglichkeiten und Fähigkeiten.

Diese Sachkompetenz kann als Teil intentionaler Bildungsarbeit in der Schule und in der Erwachsenenbildung oder im Rahmen von selbstorganisierten Lernprozessen innerhalb von Basisgruppen vermittelt werden. Ohne Sachkompetenz ist eine verantwortungsbewußte Friedenserziehung nicht möglich, dennoch reicht diese nicht aus, weitere Kompetenzen müssen hinzukommen.

Anleitungen zur Erlangung von Friedensfähigkeit

Wie kann die Fähigkeit erworben werden, mit individuellen, gesellschaftlichen und internationalen Konflikten umzugehen, die dahinter stehenden Interessen erkennen und Lösungswege suchen zu können? Nachvollziehbare und für alle Menschen verständliche Hinweise für die Erlangung einer solchen individuellen *Friedensfähigkeit* zu geben, gehört zu den schwierigsten Aufgaben der Friedenserziehung. Selbst FriedenspädagogInnen und FriedensforscherInnen müssen hier immer wieder um die eigene Glaubwürdigkeit bemüht sein, denn es kann nicht um die Aufstellung neuer Postulate gehen, sondern vor allem um praktische Hilfen bei der Bewältigung des pädagogischen Alltags. Individuelle Friedensfähigkeit bedeutet beispielsweise die Entwicklung von Ichstärke und Selbstbewußtsein – nicht um andere zu bevormunden, sondern um relativ »störungsfrei« kommunizieren zu können, um eigene Vorurteile zu erkennen und zu bearbeiten, aber auch um am politischen Geschehen so teilhaben zu können, daß ein Engagement in Richtung Gewaltminimierung und Partizipation möglich wird.

Die Kenntnis des eigenen Standorts ist eine wichtige Voraussetzung für *Zivilcourage*. Unter Zivilcourage versteht man zum Beispiel, daß die eigene Meinung – auch gegenüber Vorgesetzten – formuliert wird und daß dies nicht nur privat, sondern auch öffentlich geschieht. Die für das eigene Handeln notwendigen moralischen Maßstäbe sollen höher bewertet werden als opportunistische Anpassung, wobei moralisches Handeln jedoch mit dem Erwerb von Sachkompetenz verbunden wird. Die mit der Praktizierung von Zivilcourage möglicherweise verbundenen persönlichen Nachteile müssen bewußt riskiert bzw. in Kauf genommen werden. Dies setzt voraus, daß eigene Ängste nicht verdrängt werden.[3] Zivilcourage kann auch bedeuten, nötigenfalls den Gehorsam bzw. die Delegation von Verantwortung an den/die Vorgesetzten (oder gar an Strukturen) zu verweigern. Ohne die Übernahme von Verantwortung für das eigene Handeln bzw. das Unterlassen von Handlungen ist Friedensfähigkeit nicht denkbar.

Für die Friedenserziehung hat diese Einsicht zur Konsequenz, mit Widerspruch, Einwänden und Gehorsamsverweigerung bei Kindern und Jugendlichen sensibel umzugehen. Denn diese Verhaltensweisen können eben nicht nur als »Trotz« oder »Ungezogenheit« gedeutet werden, sondern sind auch Ausdruck einer sich entwickelnden Selbständigkeit sowie von Auseinandersetzung mit Autoritäten.

Oft wird Friedensfähigkeit mit übertriebener Friedfertigkeit verwechselt oder abwertend darauf hingewiesen, daß die sich um Friedensfähigkeit bemühenden Personen zwar moralisch integer sein mögen, aber ansonsten vom Leben wenig verstünden, ja sogar in einer Konkurrenzgesellschaft nicht (über-)lebensfähig seien. Doch genau das Gegenteil ist der Fall. Weder eine Familie, noch eine (Welt-)Gesellschaft kann überleben, wenn das Konkurrenzprinzip als dominierende Triebfeder gesehen wird. Lebens- und Überlebensfähigkeit hängt heute wesentlich von kooperativen und sozialen Fähigkeiten ab: Hierzu gehört es, in und mit Gruppen arbeiten zu können, die Auswirkungen und Folgen des eigenen Handelns auf andere abschätzen und berücksichtigen zu können, sowie verantwortungsvoll mit sich und den anderen und der gemeinsamen Umwelt umzugehen. Um auftretende Problemfeder und »Stolpersteine« erkennen und sie damit auch tendentiell zu überwinden, ist die Fähigkeit, zur Selbstreflexion notwendig. Denn eine immer besser werdende und tiefer reichende Kenntnis der eigenen Person und damit verbunden auch der eigenen Reaktionen ist eine wichtige Voraussetzung für Friedensfähigkeit.

Die Friedensforscherin Hanne-Margret Birckenbach vom Projektverbund Friedenswissenschaften Kiel stellt eine Reihe von persönlichen »Zumutungen« zur Diskussion, denen sich die Einzelnen heute stellen müssen, um Friedensfähigkeit zu erreichen:[4] Dabei geht es zunächst um die Bereitschaft und Fähigkeit, den eigenen persönlichen Beitrag zu einem als verwerflich erkennbaren politischen Interaktionszusammenhang zu beurteilen. Es geht ferner darum, eine Vorstellungskraft über die möglichen negativen Folgen des eigenen Handelns für andere Menschen zu entwickeln. Es geht auch darum, Distanz gegenüber Konformitätsdruck und Konformitätsneigungen auszubilden sowie Intoleranz gegenüber Gewalt für sich persönlich und im gesellschaftlichen und kulturellen Bereich zu entwickeln. Ein weiterer Bereich besteht darin, persönliche innere Gewaltpotentiale wahrzunehmen, zu thematisieren und sich damit auseinanderzusetzen sowie selbst auf kulturübliche gewaltförmige Handlungsmuster zu verzichten und Alternativen hierzu zu entwickeln. Dabei ist auch das Risiko sozialer Ächtung einzugehen, ohne sich wirklich sozial isolieren zu lassen. Ein wichtiges Lernfeld liegt darüber hinaus in der kreativen Verbindung des permanenten Rechtfertigungsdrucks im Konflikt zwischen Pazifierung und Gewalt mit politischen Veränderungsperspektiven. Dabei können dann auch objektive Demokratiedefizite angegangen werden. Die Selbstwahrnehmung als Opfer zu durchbrechen und die Selbstachtung als politisches Subjekt zu gewinnen, ist ein weiteres Ziel.

Wo und wie solche Fähigkeiten und Eigenschaften sich entwickeln können bzw. zu erwerben sind, ist ein Kernproblem der Friedenserziehung.

Anleitung zum Friedenshandeln

Schließlich ist die Anleitung zum selbständigen politischen Handeln ein untrennbarer Teil der Friedenserziehung. Manche erwarten, daß sich die Friedenserziehung als pädagogische Abteilung der Friedensbewegung versteht.[5] Diese Forderung ist durchaus sympathisch, doch die Voraussetzungen, Methoden und Adressaten von Friedens*erzie*-

hung und Friedens*bewegung* sind so verschieden, daß trotz aller Übereinstimmung bei Gewaltkritik und Friedensvorstellungen eine Vereinheitlichung unnötig und dem gemeinsamen Anliegen nicht förderlich wäre. Friedenshandeln zielt auf die Beeinflussung politischer Entscheidungen und Entwicklungen auf kommunaler, staatlicher und internationaler Ebene und kann unterschiedliche Formen haben. *Friedenshandeln im engeren Sinne* bedeutet beispielsweise die Teilnahme an Aktionen des gewaltfreien, zivilen Ungehorsams gegen Krieg und Kriegsvorbereitungen. Sie reichen von den Blockade-Aktionen vor Raketenstützpunkten, die vor allem in den achtziger Jahren ein wichtiges Element der Friedensbewegung waren, über Fastenaktionen, mit denen beispielsweise auf die Problematik der Atomtests aufmerksam gemacht wird, bis hin zur Steuerverweigerung. Heute sind Handlungsansätze transnationalen Friedenshandelns besonders bedeutsam, die sich von Projekten internationalen Lernens bis hin zu gewaltfreien Interventionen in Krisenregionen erstrecken. Friedenserziehung hat die Aufgabe, zum politischen Engagement zu ermutigen, gerade auch dadurch, daß die Grenzen dieses Friedenshandelns sichtbar gemacht werden und der Handlungsspielraum greifbar ist.

Doch Friedenserziehung muß dazu beitragen, daß sich nicht nur einige wenige besonders engagierte Menschen das »Friedensengagement« aufgrund ihrer finanziellen oder familiären Situation »leisten« können, sondern daß möglichst vielen BürgerInnen, die im normalen Berufs- und Familienalltag stehen, Möglichkeiten zum Engagement eröffnet werden. *Friedenshandeln im Alltag* kann vieles bedeuten. Dazu gehört die Bereitschaft zur Informationsbeschaffung ebenso wie der Mut, in der Schule, am Arbeitsplatz oder beim Stammtisch fremdenfeindlichem Gerede oder Gewaltphantasien bezüglich der Wirksamkeit militärischer Interventionen entgegenzutreten.

Es wird deutlich, wie eng Friedenskompetenz, Friedensfähigkeit und Friedenshandeln zusammengehören. Deutlich wird aber auch, wie vieler Anstrengungen es bedarf, um den Ansprüchen von Friedenserziehung gerecht werden zu können.

Prinzipien für die Friedenserziehung

Friedenserziehung findet nicht im gesellschaftlichen Niemandsland statt, sondern hat es immer mit offen ausgetragenen oder versteckten Konflikten zu tun. Sie bemüht sich darum, Konfliktgegenstände offen zu legen, sichtbar zu machen und Möglichkeiten zur Auseinandersetzung zu bieten. Der Umgang mit Konflikten ist sogar gelegentlich als Mittelpunkt der Friedenserziehung bezeichnet worden.[6] Manchmal kann Friedenserziehung zur positiven Beeinflussung von Konfliktverläufen beitragen, im besten Falle sogar Lösungen für die Konflikte erarbeiten. In allen Fällen möchte sie jedoch dazu beitragen, Konflikte weniger gewaltsam auszutragen. Dennoch darf sie um eines falschen Harmoniefriedens willen keinen Beitrag zur Gewöhnung an Konfliktpotentiale leisten. Friedenserziehung steht deshalb immer im Widerspruch zur friedlosen Realität und kann sich nicht darin erschöpfen, die durch gesellschaftliche Realität entstehenden Konflikte auf individueller und gesellschaftlicher Ebene »auszuhalten«, sondern muß auf die Auseinandersetzung mit den dahinterstehenden Interessen zielen (*Prinzip der Konfliktfähigkeit*). Dieses Konfliktverständnis hat der Friedenserziehung oft Kritik eingebracht, weil man ihr vorwirft, durch Enttabuisierung und Problematisierung gesellschaftliche Konflikte erst auszulösen und anzustacheln. Zuletzt wurde dieser Art von »Konfliktpädagogik« sogar Mitverantwortung für die rechtsextreme Gewalteskalation bei Jugendlichen gegeben.

Wie schon erwähnt geht es bei der Friedenserziehung um die Initiierung von sozialen und politischen Lernprozessen[7] im Sinne der Entwicklung von prosozialem Verhalten und der Fähigkeit zur politischen Beteiligung. Obwohl Friedenserziehung sich als wertgebundene Erziehung versteht, wäre es mit ihren Prinzipien unvereinbar, einseitig festgelegte Werte und Normen zu indoktrinieren. Deshalb ist der Ausgang der initiierten Lernprozesse prinzipiell offen (*Prinzip der Offenheit*). Weiterhin gilt das *Prinzip der Übereinstimmung*: Die Ziele, die Lerninhalte und die Lernmethoden müssen sich entsprechen. Dies bedeutet u.a., daß im Erziehungs- und Bildungsprozeß weder in der konkreten Situation, noch in der Organisation von Lernprozessen Gewalt angewendet oder produziert werden darf, um nicht in Widerspruch zu dem erstrebten Ziel der gewaltfreien Bearbeitung von individuellen, gesellschaftlichen oder internationalen Konflikten zu geraten (*Prinzip der Gewaltfreiheit*). Friedenserziehung muß sich darüberhinaus an den Bedürfnissen und Problemen ihrer jeweiligen AdressatIn-

> **Legitimation für Friedenserziehung**
>
> Wer nach Dokumenten sucht, die einen Anspruch der Menschen auf eine Erziehung zum Frieden begründen, wird rasch fündig. Auf der internationalen Ebene haben bereits 1974 die Mitgliedsstaaten der UNESCO bei ihrer 18. Generalkonferenz einstimmig die »Empfehlung über die Erziehung zu internationaler Verständigung und Zusammenarbeit und zum Frieden in der Welt sowie die Erziehung zur Achtung der Menschenrechte und Grundfreiheiten« verabschiedet. Auf nationaler Ebene kann auf den in der Präambel des Grundgesetzes formulierten Friedensauftrag ebenso verwiesen werden wie auf eine Reihe von Landesverfassungen, die eine »Erziehung zum Frieden« explizit enthalten: »Die Jugend ist in der Ehrfurcht vor Gott, im Geiste der christlichen Nächstenliebe, zur Brüderlichkeit aller Menschen und zur Friedensliebe, in der Liebe zu Volk und Heimat, zu sittlicher und politischer Verantwortlichkeit, zu beruflicher und sozialer Bewährung und zu freiheitlicher demokratischer Gesinnung zu erziehen (...)«.
> *Art. 12,1 der Verfassung des Landes Baden-Württemberg.*

nen orientieren (*Prinzip der Bedürfnisorientierung*) und knüpft an den jeweiligen Stand der (Friedens-) Forschung an, ohne jedoch nur deren Mittlerin zu sein (*Prinzip der Überprüfbarkeit*).

Friedenserziehung ist wie jede andere pädagogische Anstrengung auf langfristige Lernprozesse und Veränderungen ausgerichtet und eignet sich nur bedingt für aktuelle Kriseninterventionen im Sinne einer »pädagogischen Feuerwehr«. Klar gesehen werden muß hier die Gefahr der politischen Instrumentalisierung, denn es kann nicht Ziel von Friedenserziehung sein, in Krisensituationen oder bei wachsendem Problemdruck bestimmte moralische Werte oder gar politische Überzeugungen zu vermitteln. Friedenserziehung muß gegenüber allen Autoritäten und Verantwortlichen immer ihre Eigenständigkeit bewahren (*Prinzip der Eigenständigkeit*). Vor dem Hintergrund parteipolitischer Interessen und weltanschaulicher Differenzen besteht für Friedenserziehung immer dann die Gefahr der Instrumentalisierung, wenn Begriffe, Ziele und Inhalte nicht geklärt werden.

Schließlich muß Friedenserziehung konsequent für die Berücksichtigung der Interessen der Opfer von Krieg und Gewalt eintreten (*Prinzip der Parteilichkeit*).

Orientierungen für die Praxis der Friedenserziehung

Die Bemühungen um eine Erziehung zum Frieden sind keine Erscheinung der neunziger Jahre, sondern haben sich in vielen Ländern seit Jahrzehnten, gar seit Jahrhunderten in unterschiedlichen Phasen entwickelt.[8] Zu dieser langjährigen Geschichte des Umgangs mit Gewalt, Krieg oder Aggressionen gehören wissenschaftliche Erkenntnisse (z.B. aus der Friedensforschung) genauso dazu wie ein großer Erfahrungsschatz friedenserzieherischer Praxis.[9]

Von zentraler Bedeutung: Der Gewalt- und Friedensbegriff

In der Friedenspädagogik wird seit Mitte der sechziger Jahre auf den Friedens- und Gewaltbegriff von Johan Galtung zurückgegriffen. Der norwegische Friedensforscher schlägt vor, immer dann von *Gewalt* zu sprechen, wenn eines der folgenden Grundbedürfnisse des Menschen verletzt sei: Das Überleben, das allgemeine körperliche Wohlbefinden, die persönliche Identität oder die Freiheit, zwischen verschiedenen Möglichkeiten auswählen zu können. Gewalt liege immer dann vor, wenn Menschen so beeinflußt werden, daß sie sich nicht so verwirklichen können, wie dies eigentlich möglich wäre (strukturelle Gewalt). Er nennt ein Beispiel: »Eine Lebenserwartung von nur dreißig Jahren war in der Steinzeit kein Ausdruck von Gewalt, aber dieselbe Lebenserwartung heute (ob aufgrund von Kriegen, sozialer Ungerechtigkeit oder beidem) wäre nach unserer Definition als Gewalt zu bezeichnen.«[10]

Nachdem Galtung Ende der sechziger Jahre zwischen der personalen oder direkten Gewalt einerseits und der strukturellen Gewalt andererseits unterschieden hat, geht er heute einen Schritt weiter: »Heute arbeite ich meistens mit einem Dreieck: direkte Gewalt, strukturelle Gewalt, kulturelle Gewalt. Die strukturelle Gewalt verletzt Bedürfnisse, aber niemand ist direkt Täter und in diesem Sinne verantwortlich. Die kulturelle Gewalt ist die Legitimierung von struktureller oder direkter Gewalt durch die Kultur«.[11]

Die Begriffsbildung von Johan Galtung hat nicht nur Zustimmung, sondern auch Kritik hervorgerufen, in jüngster Zeit am heftigsten von der »Gewaltkommission«. Dies ist eine unabhängige Expertengruppe, die von der Bundesregierung beauftragt worden ist, Analysen und Vorschläge zu Verhinderung und Bekämpfung von Gewalt zu erarbeiten und deren vierbändiger »Gewaltbericht« seit 1990 vorliegt. Die Kommission verwendete bei ihren Untersuchungen einen engen Gewaltbegriff, in dessen Mittelpunkt »Formen des physischen Zwangs« stehen. Mit dem Begriff der strukturellen Gewalt, so die Kommission, »hat der Gewaltbegriff eine geradezu inflationäre Ausdehnung erfahren, denn jede Art Verhinderung von menschlichen Entfaltungsmöglichkeiten wird als Gewalt eingestuft. Sowohl in der wissenschaftlichen als auch in der politischen Diskussion erfolgt die Auswahl des Gewaltbegriffs in dem aufgezeigten Spektrum keineswegs wertfrei. Strategische Zwecke scheinen auf allen Seiten durch. So geht es bei der Ausweitung auf strukturelle Gewalt, die in Zusammenhang mit den neuen Protestbewegungen zu sehen ist, darum, eine Vielzahl gesellschaftlicher Problemlagen und Mißstände mit dem Gewaltbegriff zu etikettieren, um sie so (Gewalt als ›Kampfbegriff‹) angreifen zu können. Eventuelle eingesetzte eigene Gewalt erscheint damit lediglich als ›Gegengewalt‹«.[12]

Die Verwendung eines weiten Gewaltbegriffes soll jedoch keinesfalls der Rechtfertigung von »Gegengewalt« dienen, sondern den Kreislauf von Gewalt und Gegengewalt erklärbarer machen. Das Vorhandensein struktureller und staatlicher Gewalt spielt hierbei eine große Rolle, so die Kritiker der »Gewaltkommission«. Sie verweisen z.B. auf

- die drohende oder eingetretene Verletzung oder Tötung von Menschen durch die Zerstörung ihrer natürlichen Lebensgrundlagen mit den Mitteln des »technischen Fortschritts«;
- die drohende oder eingetretene Verletzung oder Tötung von Menschen durch Massenvernichtungswaffen;
- die immer komplizierter werdenden Lebensräume einer Gesellschaft, die für viele Menschen eine undurchschaubare und ängstigende Gestalt annehmen;
- die Anwendung von Gewalt durch staatliche Zwangsorgane.

Bezogen auf einige Formen dieser Gewalt leben wir im gewaltträchtigsten Abschnitt der Gesellschaftsgeschichte, weil erstmals der Fortbestand der Menschheit gefährdet erscheint.

Die eingeschränkte Definition von Gewalt lenkt die Suche nach den Ursachen auf Mängel und Defizite in den persönlichen Eigenschaften des Gewalttätigen und den sozialen Erziehungseinrichtungen, denen er unterworfen ist. Politische Konflikte werden auf diese Weise in rechtliche überführt. Diese Perspektive verhindert, Gewalt auch als Handlungsstrategie der Gewaltausübenden, als Reaktion auf eigene Gewalt- und Ohnmachtserfahrung zu analysieren, um zu verstehen,

aus welchen Gründen Gewalt eingesetzt wird.[13] Auch die »Gewaltkommission« weist in ihrem Bericht darauf hin, wie wichtig der Einfluß gesellschaftlicher Strukturen – für die Menschen verantwortlich sind – auf die Gewaltakzeptanz von Personen ist. Dieser Zusammenhang muß weiter berücksichtigt werden.
Schwerwiegender sind andere Einwände gegen den »weiten Gewaltbegriff«. Der Pädagogikprofessor Andreas Flitner verweist darauf, daß diese Ausweitung des Begriffes Gewalt zu Unschärfen führt und daß die verschiedenen Stufen der Gewalt leicht verwischen: »Ich bin für einen sparsamen und reduzierten Gebrauch dieses Begriffes, möchte aber nicht verwechselt werden mit denen, die die Gewalthandlungen kriminalisieren, ohne den Zusammenhang zu sehen. (...) Mit diesem Plädoyer für eine Unterscheidung möchte ich keineswegs die Erkenntnis in Frage stellen, die den engen Zusammenhang deutlich gemacht haben zwischen direkter körperlicher oder Waffen-Gewalt und der Art von böser Machtausübung, die von wohlgepflegten Händen und Köpfen ausgehen kann. Ich möchte nur, daß man nicht gleichzeitig und vermischt von verschiedenen Ebenen und Handlungsweisen redet.«[14]
Diese Kritik ist ernst zu nehmen und zwingt alle, die von dem weiten Gewaltbegriff Gebrauch machen, zur Präzision. Denn mit dieser Begriffserweiterung sind die Ansprüche an die Friedenserziehung nicht weniger geworden. Zurecht wird darauf verwiesen, daß es nun darauf ankommt, mehr als in der Vergangenheit das Zusammenwirken und die Eskalationsstufen der drei Gewaltebenen zu beachten und nach Möglichkeiten zu suchen, den Kreislauf zu durchbrechen.[15]
Wie bei der Interpretation von Verfassungen wird auch bei der Bestimmung von Begriffen die Gefahr der politischen Instrumentalisierung deutlich. Denn Definitionen sind nicht nur Übereinkünfte über Bedeutungsinhalte, sondern eben auch Machtfragen. Die dahinter liegenden Interessen lassen sich nur über die inhaltliche Auseinandersetzung und den Dialog zwischen allen beteiligten Parteien und Personen sichtbar machen.

Notwendig: Die Utopie des Friedens

Doch Friedenserziehung hat ihren Bezugspunkt nicht nur im Negativen durch die Bestimmung dessen, was unter Gewalt verstanden werden kann. Auch das, was unter Frieden verstanden werden soll, läßt sich benennen, wobei es eine allgemeingültige Definition von Frieden weder gibt noch geben kann. Frieden wird häufig als *Zustand* beschrieben, gemeint ist damit die Abwesenheit von Krieg (negativer

> *Ich habe einen Traum*
>
> »Ich habe einen einen Traum, daß meine vier kleinen Kinder eines Tages in einer Nation leben werden, in der man sie nicht nach ihrer Hautfarbe, sondern nach ihrem Charakter beurteilen wird. Ich habe einen Traum, daß eines Tages in Alabama, mit seinen bösartigen Rassisten, mit einem Gouverneur, von dessen Lippen Worte wie ›Intervention‹ und ›Annullierung der Rassenintegration‹ triefen, daß eines Tages genau dort in Alabama kleine schwarze Jungen und Mädchen die Hände schütteln mit kleinen weißen Jungen und Mädchen als Brüder und Schwestern.«
> *M.L. King in seiner Rede am 28.8.1963*[17]

Frieden). Doch dies reicht nicht aus, denn Frieden ist mehr als kein Krieg, ist mehr als das Schweigen von Waffen: Frieden wird auch definiert als ein zielgerichteter *Prozeß*, in dem es darauf ankommt, daß Menschen mit ihrem Engagement versuchen, Konflikte mit gewaltfreien Mitteln auszutragen, Menschenrechte, soziale Gerechtigkeit und Demokratie zunehmend zu verwirklichen (positiver Frieden).[16] Nach diesem Verständnis ist der Weg das Ziel, wie dies auch Mahatma Gandhi ausgedrückt hat. Dieser Prozeß kann nicht in einen Endzustand münden, der einmal erreicht ist und nicht wieder verloren werden kann. Wird Frieden als Prozeß verstanden, so kann auf der Grundlage der Abwesenheit von Krieg immer weiter an dessen Verwirklichung gearbeitet werden.

Friedenserziehung bezieht ihre Motivation auch aus Friedensutopien, aus den Visionen von Menschen, die gezeigt haben, daß Hoffnungen und Träume nicht nur individualistisch sind, sondern sich auch mit politischem Engagement verbinden lassen. Die Vision von Martin Luther King (»I have a dream«) gewinnt ihre Bedeutung nicht durch die Aufzählung von irgendwelchen Phantasien, sondern durch die auf diese Vision abgestimmten und für jeden/jede nachvollziehbaren und dadurch auch kritisierbaren Schritte der Gewaltfreiheit. Nur in diesem Sinne ist es auch sinnvoll, wenn seitens der Friedenserziehung auf die Notwendigkeit von »Vorbildern« verwiesen wird.

Erkenntnis: Krieg beginnt nicht nur in den Köpfen der Menschen

In vielen Schriften und Programmen steht als Begründung für Friedenserziehung ein Satz aus der Präambel der Verfassung der UNESCO aus dem Jahre 1945: »Da Kriege in den Köpfen der Menschen beginnen, muß in den Köpfen der Menschen Vorsorge für den Frieden getroffen werden«. Zu Recht wird aus dieser Aussage die Vorstellung abgeleitet, daß Menschen lernen können, wie man friedlich zusammenleben und wie Frieden auch weltweit vorbereitet werden kann. In der Friedenspädagogik weiß man entgegen vieler (auch wissenschaftlicher) Mythen, daß niemand »von Natur aus« gewalttätig ist, daß dem Menschen Veranlagungen gegeben sind, die sein Verhalten zwar mit beeinflussen, aber nie vollständig determinieren. Deshalb ist Erziehung prinzipiell sinnvoll und möglich. Ansatzpunkte für jegliche Form der Friedenserziehung sind die emotionalen und kognitiven Grundlagen des Verhaltens und darauf aufbauend die Einstellungen, Verhaltensweisen und Handlungsstrategien von Individuen und Gruppen. Doch bedeutet diese Vorstellung auch, daß sich durch Veränderungen subjektiver Einstellungen und (Vor-) Urteile Kriege und Gewalt abschaffen lassen? Selbstverständlich sind Menschen für Krieg und Gewalt verantwortlich und können diese – wenn sie es wollen und dazu fähig sind – auch beenden, verhindern oder unterlassen. Allerdings ist es oftmals ein weiter Weg, um von der Veränderung der Einstellungen einzelner auch zur Veränderung von gesellschaftlichen und internationalen Machtstrukturen zu gelangen. Ein erster Schritt hierzu ist es, diese Machtstrukturen und die dahinterliegenden Interessensunterschiede zwischen Menschen, Gesellschaften und Staaten sowie Ansätze für Konfliktlösungen überhaupt erkennen zu können. Eine der wichtigsten Erkenntnisse der Friedensforschung für die Friedenserziehung ist, daß es nicht ausreicht, Vorurteile und nationale Stereotypen für die Entstehung von Kriegen und Gewalt verantwortlich zu machen, obwohl diese zur subjektiven Kriegsbereitschaft beitragen und auch instrumentalisiert werden können. Deshalb wäre es trügerisch, sich in der Friedenserziehung nur auf die Veränderungen individueller Einstellungen zu konzentrieren, so wichtig diese auch sind. Die Analyse gesellschaftlicher und internationaler Machtstrukturen muß unverzichtbarer Bestandteil der Friedenspädagogik sein und dem Verstehen von und dem Umgang mit Konflikten auf allen Ebenen sollte eine zentrale Bedeutung zukommen.

In der Fachsprache wird dieses Problem – hier die mögliche Friedensfähigkeit des Menschen, dort die organisierte Unfriedlichkeit – als

Spannungsfeld zwischen Mikro- und Makroebene diskutiert.[18] Zur Mikroebene werden intrapsychische Komponenten von Personen, die individuellen Verhaltensweisen und Einstellungen von Kleingruppen gezählt, während der Makroebene Interessenverbände, einschließlich Medien und Parteien, Nationalstaaten, regionale Systeme und das internationale System zugeordnet werden. In der Friedenspädagogik müssen diese Ebenen miteinander in Verbindung gesetzt werden.[19] Dies bedeutet jedoch nicht, von unzulänglichen Kausalzusammenhängen auszugehen, sondern den Wirkungszusammenhang zu beachten: »Friedenserziehung muß das Spannungsverhältnis zwischen ›organisierter Friedlosigkeit‹ (Makrobereich) und individueller Friedensfähigkeit (Mikrobereich) für ihre Arbeit produktiv nutzen.«[20] Sie kann dies tun, wenn es gelingt, Wege von der persönlichen Betroffenheit hin zur politischen Handlungsfähigkeit zu finden.

Perspektiven: Veränderung von Einstellungen und die Beeinflussung von Politik

Friedenserziehung kann sich in vielen ihrer Aufgabenfelder auf wissenschaftliche Untersuchungen stützen. Über einige ist in diesem Buch zu lesen. Am wichtigsten scheint uns zu sein, daß es für das gesellschaftliche und politische Verhalten sowie für die jeweiligen Überzeugungen und Werthaltungen nicht gleichgültig ist, welchen Erziehungseinflüssen Kinder und Jugendliche ausgesetzt waren und sind.

Untersuchungen über die Sozialisationsbedingungen von Kriegsfreiwilligen und Kriegsdienstverweigerern haben zum Beispiel gezeigt, daß eine Erziehung, die eine Auseinandersetzung mit humanitären Werten ermöglicht, die auf gleichberechtigten Beziehungen aufbaut, die Emotionen nicht tabuisiert, die Lebensfreude und Sinn vermittelt und die diese Dinge nicht postuliert, sondern in den Lebensalltag integriert, bei Jugendlichen und jungen Erwachsenen dazu führt, daß diese eher Gewalt ablehnen, sich eher sozial und politisch engagieren sowie nach gewaltfreien Möglichkeiten der Konfliktaustragung suchen.[21]

Die bekannten Gehorsamsexperimente von Milgram und die darauf aufbauenden Nachfolge-Untersuchungen haben anschaulich gemacht, daß es einen engen Zusammenhang zwischen den Anweisungen einer vermeintlichen Autorität und der Bereitschaft zur Gewaltanwendung gibt.[22] Für die Friedenspädagogik zentral ist dabei die Erkenntnis, daß die Bereitschaft von drei Viertel der Versuchspersonen, einen Menschen zu quälen oder gar zu töten, nicht mit einem sogenannten angeborenen Aggressionstrieb zu erklären ist: »Etwas Gefährlicheres kommt ans Licht: Die Fähigkeit des Menschen, seine Menschlichkeit abzustreifen, wenn er seine individuelle Persönlichkeit mit übergeordneten Strukturen verbindet. Die Tugenden der Loyalität, der Disziplin und der Selbstaufopferung, die wir am einzelnen so hoch schätzen, sind genau die Eigenschaften, die eine organisierte Kriegs- und Vernichtungsmaschinerie schaffen und die Menschen an bösartige Autoritätssysteme binden.«[23] Friedenserziehung sollte vor diesem Hintergrund darauf ausgerichtet sein, Menschen zu mehr Skepsis gegenüber Autoritäten und zu mehr Verantwortlichkeit für ihr eigenes Handeln zu erziehen.

Eine weitere Erkenntnis ist von grundlegender Bedeutung für die Friedenserziehung. In der jüngsten Geschichte hat sich nämlich mit großer Deutlichkeit gezeigt, daß – wie beim Sturz der SED-Regierung – durch (Friedens-) Engagement sogar festgefahrene gesellschaftliche und politische Strukturen ohne Gewaltanwendung verändert werden können. Selbst in autoritären und totalitären Systemen bleibt Spielraum für Widerstand, der sorgfältig ausgelotet werden muß. Deutlich geworden sind auch die Möglichkeiten der Einflußnahme auf die internationale Politik durch Massenbewegungen. Denn nach dem sorgfältigen Abwägen aller Einflußfaktoren wird niemand den gewichtigen Beitrag der internationalen Friedensbewegung zum unblutigen Ende des Ost-West-Konfliktes in Abrede stellen können.

Friedenserziehung ist also notwendig und sinnvoll, weil Verhaltenseinstellungen und politische Veränderungen erreicht werden können.

Unübersehbar: Die Grenzen der Friedenserziehung

Doch in der Friedenserziehung muß auch realisiert werden, wie gering ihre Einflußmöglichkeiten und, wie vielfältig und stark die Einflüsse sind, welche ihren Zielen entgegenstehen. So weiß man in der Friedenspädagogik, daß Menschen in der Regel nicht nur durch das erzieherisch intendierte Verhalten von Eltern, LehrerInnen oder ErzieherInnen geprägt werden, sondern auch durch ihre alltäglichen Erfahrungen, durch die Art und Weise, wie das gesellschaftliche Zusammenleben organisiert ist und wie mit Problemen umgegangen wird. Vor diesem Hintergrund ist es wichtig, daß die Grenzen für die Friedenserziehung wahrgenommen und in das Handeln einbezogen werden, damit falsche Hoffnungen und Illusionen vermieden werden können. Am Beispiel des gegenwärtigen Umgangs seitens Politik und Gesellschaft mit dem (jugendlichen) Rechtsextremismus wird deutlich, wie eng die Grenzen für Friedenserziehung selbst dann gezogen sind, wenn ein großer Teil der Gesellschaft den Rechtsextremismus verurteilt. Denn Friedenserziehung kann weder gesellschaftliche Grundprobleme wie unzureichend vorhandene bzw. ungerecht verteilte materielle Ressourcen lösen noch die Vernachlässigung der Jugendbildung ausgleichen. Friedenserzieherische Maßnahmen gegen Rechtsextremismus werden erschwert, wenn politisch Verantwortliche in allen Parteien nicht in der Lage sind oder sein wollen, das gesellschaftliche Klima für AusländerInnen und Flüchtlinge freundlicher zu gestalten. Friedenserziehung wird der Boden entzogen, wenn – mit Blick auf schnelle Lösungen – Millionen-Beträge in Projekte gesteckt werden, die pädagogisch fragwürdig sind. Alle Bekenntnisse für ein friedliches Miteinander der Menschen bleiben Makulatur, wenn Mittel für Aufklärungskampagnen gekürzt, Fördermittel für kritische Filmprojekte gestrichen werden oder wenn bei der Ausbildung für ErzieherInnen und LehrerInnen gespart wird.

Friedenserziehung bedarf günstiger politischer Rahmenbedingungen, die ihre Institutionalisierung fördern und eine systematische und kontinuierliche Arbeit gewährleisten. Nur dann hat Friedenserziehung die Chance, ihre Wirksamkeit umfassend entfalten zu können. Dies war leider auch im Wohlstandsland Deutschland nie der Fall. So bleibt Friedenserziehung oftmals nicht viel mehr übrig, als kontinuierlich auf bedrohliche Situationen und Entwicklungen hinzuweisen, damit sie nicht vergessen oder verdrängt werden, die Verantwortlichen zu benennen, Gegenvorschläge zu unterbreiten und im Kleinen an der großen Veränderung zu arbeiten.

Die Nähe zur Umwelt-, Dritte-Welt- und Menschenrechtserziehung

Vor dem oben geschilderten Hintergrund wird deutlich, daß es nicht ausreicht, den Gegenstandsbereich der Friedenserziehung nur auf die Rüstungs- und Sicherheitsproblematik zu beziehen. Hans Nicklas und Änne Ostermann, die sich bei der Hessischen Stiftung Friedens- und Konfliktforschung mit Friedenspädagogik beschäftigen, schlagen vor, unter systematischen Gesichtspunkten zumindest diejenigen Aspekte der Umwelt- und Dritte-Welt-Problematik mit zum Gegenstandsbereich der Friedenserziehung zu zählen, welche Gewalt implizieren oder Gewalt hervorrufen.[24] Ein spezieller friedenspädagogischer Zugang zur Nord-Süd-Problematik ist zum Beispiel dieAusein-

andersetzung mit den Folgen der Rüstungsexporte der Industriestaaten in die Länder der Dritten Welt. Auch die Ursachen der Migrationsbewegungen und die abwehrenden Reaktionen in Europa oder das neu aufkeimende »Feindbild Islam« sind Themen, anhand derer die Nord-Süd-Problematik mit persönlichen Bezügen und Erfahrungen aufgearbeitet werden kann. Die ökologische Dimension der Friedenserziehung ergibt sich zum Beispiel in der Auseinandersetzung mit Konflikten, die aufgrund ökologischer Problemlagen entstehen (Streit um wichtige Ressourcen wie z.B. Wasser).

30 Friedenserziehung – Anmerkungen zu Theorie und Praxis

In der pädagogischen Praxis gibt es sowohl hinsichtlich der angesprochenen Inhalte als auch der angebotenen Methoden und didaktischen Modelle viele Überschneidungen zwischen der Friedenserziehung und den anderen Disziplinen der häufig so genannten »Überle-

---

Grundlegende Ansätze in der Umwelterziehung

Im Bereich der Umwelterziehung werden zwei grundlegende Ansätze unterschieden, wie umweltorientiertes Verhalten erreicht werden kann:
1. Die Förderung der Umweltmoral: Ein stärker umweltorientiertes Verhalten kann sich nur dann durchsetzen, wenn das Verantwortungsbewußtsein und das Wissen um die Probleme vermehrt werden. Wichtige Instrumente sind deshalb u.a. pädagogische Bemühungen in Kindergärten und Schulen sowie Aufklärungskampagnen und moralische Appelle.
2. Ökonomische Belohnung: Die zweite Position bezweifelt den Wert eines hohen Umweltbewußtseins und betont demgegenüber die Bedeutung von ökonomischen Anreizen. Gefordert wird, die Anreize so zu setzen, daß umweltgerechtes Verhalten dem einzelnen lohnenswert erscheint. Wichtige Maßnahmen aus der Sicht des »ökonomischen Weges« sind dabei zum Beispiel Preise, Steuern und Umweltzertifikate.
Empirische Untersuchungen haben deutlich gemacht, daß beide Positionen bei der Entwicklung von umweltorientiertem Verhalten wirksam sind.[28]

benserziehung«: der Umwelt- und der Dritte-Welt-Erziehung. Überschneidungen und Zusammenarbeit werden sich in Zukunft verstärken, denn die inhaltliche Verschachtelung der globalen Probleme und damit auch deren Dramatik nimmt zu. So gibt es seit Jahren kontroverse Diskussionen, inwieweit sich die unterschiedlichen pädagogischen Ansätze und Erfahrungen zusammenführen lassen, um das Lernen und Handeln angesichts globaler Probleme und einer wachsenden Internationalisierung von Lebenswelten (z.B. durch weltweite Kommunikationstechnologien) zu unterstützen bzw. neu zu organisieren.[25] Hinzu kommt jedoch auch, daß die für die pädagogischen und politischen Gegenmaßnahmen zur Verfügung stehenden Kapazitäten geringer werden und eine vertiefte Zusammenarbeit nicht nur inhaltlich fruchtbar sein könnte, sondern auch politisch-praktisch notwendig wird.

Ähnliche Ansätze wie die Friedenserziehung verfolgt auch die Menschenrechtserziehung, welche vor allem von internationalen Menschenrechtsorganisationen wie amnesty international gefördert wird. Dabei geht es hauptsächlich um die Vermittlung von Kenntnissen über die Ursachen von Menschenrechtsverletzungen, neuerdings auch um Hilfen für die Auseinandersetzung mit der Frage, ob (und welche) Menschenrechte universelle Gültigkeit beanspruchen können oder inwieweit sich mit dem Hinweis auf Menschenrechtsverletzungen Interventionen rechtfertigen lassen. Es geht aber auch um die Frage, wie diese Kenntnisse in konkretes Handeln umsetzbar sind: »Eine wirksame Menschenrechtserziehung ist folglich daran zu messen, inwieweit es durch Konfrontation mit Menschenrechtsverletzungen gelingt, objektive Erkenntnisse zu subjektiver Betroffenheit zu erweitern. (...) Die Konfrontation mit Menschenrechtsverletzungen als ›Erkenntnis- und Lernprinzip‹ sollte jedem einzelnen vermitteln, daß die Menschenrechte als politische Handlungskriterien und universale Moral im eigenen Land (für jeden selbst) aufs engste verbunden sind mit ihrer Verwirklichung in jedem anderen Land (für jeden anderen).«[26]

Gleiche Probleme?

Die Entwicklungspädagogik beschäftigt sich mit der Frage, was und wie in den Industriestaaten über die Länder in der »Dritten Welt« sowie über die »Nord-Süd-Beziehungen« gelernt wird und gibt Anregungen für die pädagogische Praxis. Ein wichtiger Schwerpunkt der Entwicklungspädagogik lag in der Vergangenheit auf der Entwicklung von Lernmodellen für die Grundschule, ein Bereich, welcher von der Friedenserziehung sehr vernachlässigt worden ist. Verfolgt man die Diskussion in der Entwicklungspädagogik, so steht diese Disziplin vor vergleichbaren Problemen wie die Friedenspädagogik. Trotz erheblicher theoretischer Fortschritte, einer großen Zahl von Lernmitteln (in den vergangenen dreißig Jahren sind mehr als zweieinhalbtausend entwicklungspolitische Unterrichts- und Arbeitsmaterialien erschienen!) und trotz relativ großer Fördermöglichkeiten ist heute von einer »Krise der Entwicklungspädagogik« die Rede.[27] Begründet wird diese These mit vier Beobachtungen: Die Entwicklungspädagogik habe erstens ihren Gegenstand verloren, weil man aufgrund zunehmender

Ausdifferenzierung immer weniger von der »Dritten Welt« reden könne. Die zahlreichen didaktischen Materialien und die praktizierte Methodenvielfalt führe zweitens zu einer Verunsicherung im Gebrauch von Methoden und einer »Kultivierung des pädagogischen Zufalls«. Schließlich sei drittens keine Theorietradition entstanden und es bleibe viertens die Institutionalisierung der Entwicklungspädagogik im Gesamtkontext der bildungsrelevanten sozialen Systeme marginal. So wurde beispielsweise in der staatlichen LehrerInnenfortbildung in Baden-Württemberg in den Jahren 1985 bis 1990 keine einzige entwicklungspolitische Veranstaltung angeboten – bei mehr als 800 LehrerInnentagungen pro Jahr.

Für alle vier Problembereiche lassen sich auch in der Friedenspädagogik Beispiele finden. Dem Verlust des Gegenstandes »Dritte Welt« entspricht in der Friedenspädagogik der Verlust des Gegenstandes »Ost-West-Konflikt«, auf welchen über Jahrzehnte hinweg viele Kräfte konzentriert wurden. Allerdings müßte man von einer vergleichbaren Krise auf unterschiedlichem Niveau reden, denn sowohl die Theoriebildung als auch der Grad der Institutionalisierung der Entwicklungspädagogik sind weiter vorangeschritten als dies bei der Friedenspädagogik der Fall ist.

Friedenserziehung und Sozialarbeit

Ohne soziale Gerechtigkeit, ohne Minderung von Not, Angst und Unfreiheit, kann kein Frieden erreicht werden. Wenn »Arbeit am Frieden« nicht nur politische Bildungsarbeit sein und bleiben möchte, muß sie Mittel und Wege finden, sich auch praktisch für die sozial Benachteiligten einzusetzen um ihnen zu helfen. Dies bedeutet, daß Friedenspädagogik sich auch auf die Bereiche des Umgangs mit Fremden, Asylbewerbern, Minderheiten, Randgruppen und Unterprivilegierten beziehen muß. Denn ein Ziel von Friedenserziehung und Friedensarbeit ist es, sich gegen Gewalt auf allen Ebene zu wenden, und dabei immer auch die Folgen und Auswirkungen von Gewalt zu minimieren. An diesem Punkt kommt Friedenspädagogik mit den Aufgaben und Tätigkeiten von Sozialarbeit in Berührung, ohne in ihr aufzugehen.

Sozialarbeit vollzieht sich vor allem im Bereich der freien Wohlfahrtspflege sowie in direkter staatlicher Verantwortung bzw. in staatlichem Auftrag. Sie soll vorrangig nicht die Ursachen von sozialer Deklassierung beseitigen, sondern deren Auswirkungen »abfedern«. Während soziale Arbeit in ihrem Selbstverständnis immer noch relativ politikfern ist, muß friedenspädagogisches Denken und Handeln gerade die jeweiligen politischen Hintergründe und Auswirkungen mit einbeziehen. Der wesentlichste Unterschied dürfte darin liegen, daß professionelle Sozialarbeit, bei allem Respekt vor individuell engagiertem Handeln, letztlich auf der Anwendung genau definierter gesellschaftlicher Regelungen und Ansprüche ausgerichtet ist, und neben der Hilfe oft auch den Aspekt der sozialen Kontrolle beinhaltet. Demgegenüber sieht sich Friedenspädagogik eher in der Opposition zu staatlichem Handeln und hat ihre Stärke in der Kritik und der Entwicklung von Alternativen.

Die Gemeinsamkeiten liegen vor allem im Bereich der Ideale und Ziele und stellen sich mehr über die Motivation und Intention der in diesem Arbeitsfeld Tätigen denn über die gesellschaftliche Funktionen von Sozialarbeit her. SozialarbeiterInnen wollen ebenso wie FriedenspädagogInnen zur Linderung von Angst und Not beitragen und ein Stück mehr soziale Gerechtigkeit schaffen. Verschiedene Ansätze im Bereich der Sozialarbeit haben das (mit Friedenspädagogik gemeinsame) Ziel, Hilfe zur Selbsthilfe zu leisten und sozial Benachteiligte nicht nur zu verwalten, sondern diese bei der Durchsetzung ihrer Interessen zu unterstützen.

Doch darf nicht übersehen werden, daß Sozialarbeit wie die »Arbeit am Frieden« von Personen betrieben wird, die relativ weit von den Machtzentren entfernt sind, sich vor allem mit den Auswirkungen von globalen Entwicklungen zu befassen haben und zudem weder über eine breite gesellschaftliche Akzeptanz noch über eine politische Lobby verfügen. Sich gemeinsam »unten« wiederzufinden, bedingt noch keine gemeinsame Handlungsstrategie. Dennoch zeigt sich die Nähe von Sozialarbeit und Friedenshandeln darin, daß man Zivildienst im sozialen Bereich gelegentlich als »Sozialen Friedensdienst« versteht.[29]

Die meisten Berührungspunkte mit Friedensarbeit und friedenspädagogischen Gesichtspunkten weist innerhalb des Spektrums der Sozialarbeit zweifellos die Gemeinwesenarbeit auf. Wenngleich heute Gemeinwesenarbeit als Aktivierungsmethode weitgehend verschwunden ist und eher von »stadtteilbezogenen Arbeitsansätzen« geredet wird, so bleiben Ziele und Handlungsansätze weitgehend erhalten. Vor allem die beabsichtigte Demokratisierung kommunaler Entscheidungsprozesse durch politisches Handeln, verbunden mit den Erfahrungen bei der Aktivierung und Beteiligung der Bevölkerung, zeigt die Nähe zu Vorstellungen der Friedenserziehung, bei der es ja gerade auch um solche Beteiligungs- und Mitspracherechte geht.

Auch in der Friedensbewegung werden Formen sozialer Arbeit aufgegriffen, etwa wenn Flüchtlinge aus Kriegsgebieten beherbergt, Medikamente gesammelt und an bedürftige Krankenhäuser in Krisengebieten verteilt werden oder wenn Initiativen Betreuungs- und Schutzdienste für gefährdete ausländische Familien organisieren. Diese Ansätze unterscheiden sich von herkömmlicher Sozialarbeit jedoch in mehreren Punkten:
- Solche Ansätze werden als Teil einer langfristigen, überregionalen friedenspolitischen Perspektive gesehen. Der Frankfurter Friedensforscher Egbert Jahn betont: »Erst wenn in diesem kleinen Frieden auch exemplarisch der weltweite, humane Frieden angelegt ist, wenn der Frieden im Kleinen nicht durch Kriegsbereitschaft im größeren Zusammenhang erkauft wird, wird Sozialarbeit zur Friedensarbeit.«[30]
- Der Einsatz für die Bedürfnisse und Lebensinteressen der Betroffenen wird verbunden mit dem Einsatz für die Beseitigung der Ursachen dieser Not.
- Bei diesem Engagement werden Formen von bereichs- und ressortübergreifendem Denken und Handeln angestrebt und die Zusammenarbeit von Betroffenen, Behörden und freien Initiativen ermöglicht und forciert.
- Mit der Linderung von Not und der Beseitigung von Ungleichheit verbunden wird die Suche nach Formen der Bürgerbeteiligung, die den verschiedenen Interessen und Kompetenzen der BürgerInnen Rechnung tragen kann.

Soziales Engagement wird so zu einem wichtigen Beitrag für den Aufbau einer gewaltfreien, basisdemokratisch organisierten Gesellschaft, zu der gerade die Unterprivilegierten einen nicht zu unterschätzenden Beitrag leisten. Dies ist zur Zeit kein populärer Aspekt, zumal Sozialpädagogik und Sozialarbeit in den letzten zehn Jahren ihrer Visionen weitgehend beraubt worden ist und Alternativen zur herkömmlichen Form des »Helfens« kaum mehr entwickelt werden.

Friedenserziehung und die Erfahrungen in der DDR

In den kirchlichen Friedenskreisen der DDR hat spätestens seit der Einführung des Wehrunterrichts an den Polytechnischen Oberschulen im Jahr 1978 eine intensive Auseinandersetzung mit Fragen der Frie-

Kennzeichen von Friedenserziehung

In der ehemaligen DDR:
- Friedenserziehung war mit einem hohen Grad an persönlichem Risiko verbunden;
- Friedenserziehung wurde in der Regel von kleinen Basisgruppen initiiert und durchgeführt;
- die Kirche konnte Freiräume für Friedenserziehung schaffen, ohne jedoch wirklichen Schutz vor staatlichen Repressionen bieten zu können;
- Friedenserziehung bedeutete, gegen die massiven staatlichen Einflüsse der vormilitärischen Erziehung ankämpfen zu müssen;
- Friedenserziehung war mit dem Geruch des Verrates am »Arbeiter- und Bauernstaat« verbunden und mit staatlichen Sanktionen belegt;
- Friedenserziehung war seit Mitte der 80er Jahre in die breite Oppositionsbewegung eingebettet und leistete dort einen Beitrag zu deren Entwicklung.

In der BRD:
- Friedenserziehung war kaum mit persönlichem Risiko verbunden;
- Friedenserziehung wurde von Einzelpersonen, Gruppen und gesellschaftlichen Einrichtungen getragen;
- Die Kirche spielte keine herausragende Rolle;
- Friedenserziehung fand in Konkurrenz zur Einflußnahme der Bundeswehr und (in der Schule) von Wehrkunde-Erlassen statt;
- Friedenserziehung war gesellschaftlich toleriert ohne wirklich gefördert zu werden. Bei radikaler Infragestellung des Militärs wurden ihre VertreterInnen als AußenseiterInnen (IdealistInnen) abgestempelt;
- Während der »Hochzeit der Friedensbewegung« (1981-1984) wurde sie als ein wichtiger Teilbereich der Bewegung angesehen. Ansonsten war Friedenserziehung nicht an Soziale Bewegungen gebunden.

denserziehung stattgefunden. Als Reaktion auf die staatlich verordnete Wehrerziehung an Schulen, die u.a. auch die Teilnahme an einem Wehrlager beinhaltete, wurde zum Beispiel die Forderung nach Einführung eines Faches »Friedenserziehung« erhoben. Davon versprach man sich eine kritische Behandlung von Fragen der Sicherheits- und Rüstungspolitik, des Themas »Wehrdienst oder Wehrersatzdienst?« bzw. den unterschiedlichen »Formen der Konfliktbewältigung in Familie und Arbeitskollektiv«.[31] Argumentativ versuchten Einzelpersonen und Gruppen, den seitens des Staates proklamierten außenpolitischen Friedenswillen in Widerspruch zu der inneren Militarisierung durch die Wehrerziehung, deren Teil der Wehrunterricht war, zu bringen.[32] In einem Thesenpapier des Wittenberger Friedenskreises anläßlich des Kirchentages in Halle 1988 heißt es: »Weil die nach außen gerichtete Friedenspolitik unseres Landes dann glaubhafter und wirksamer wird, wenn sie mit der gleichen Beharrlichkeit auch innerhalb der Gesellschaft gewährt wird, halten wir es für dringlich, im gesamten Erziehungskonzept vom Kindergarten bis zur Berufsausbildung und darüber hinaus aus dem jetzigen System der Wehrerziehung in ein neues System der friedlichen Konfliktbewältigung überzugehen.«[33] Demgegenüber wurde von staatlicher Seite und in den der Parteilinie verpflichteten wissenschaftlichen Arbeiten betont, daß die Wehrerziehung in der DDR selbstverständlich der Sicherung des äußeren Frieden diene, Friedenserziehung in sozialistischen Staaten unnötig und in kapitalistischen Systemen zum Scheitern verurteilt sei.[34]

Friedenserziehung galt im Rahmen der kirchlichen Friedensdiskussion prinzipiell als ein *wichtiges Element des politischen Engagements,* ja der Arbeit in den Kirchengemeinden überhaupt.[35] Dabei ist bemerkenswert, daß Friedenserziehung inhaltlich sehr *weit definiert* worden ist und deshalb auch über die kritische Auseinandersetzung mit dem Wehrunterricht hinausging, so wurden z.B. auch Umweltthemen in diesem Kontext aufgegriffen. Vor dem Hintergrund der Diskussionen in den Gemeinden und Friedenskreisen hat die Konferenz der Evangelischen Kirchenleitungen im September 1980 einem »Rahmenkonzept Friedenserziehung« zugestimmt. Darin heißt es:
»Erziehung zum Frieden ist eine Erziehung, die befähigt, ermutigt und anleitet
- zur Austragung und Bewältigung von Streit mit Mitteln des Gesprächs, der Verständigung und des Kompromisses;
- zur kritischen Gewaltkontrolle und zum Gewaltverzicht (Druck, Zwang, körperliche Züchtigung) im zwischenmenschlichen Bereich;
- zur Bereitschaft, in einem Konflikt den ersten Schritt zur Lösung zu tun;
- zur Gewährung von Vertrauen und zu vertrauensbildenden Schritten im Zusammenleben;
- zum Respekt vor der Überzeugung Andersdenkender und zur Zusammenarbeit mit ihnen;
- zur Sensibilität für die Leiden anderer, die auch in spürbaren Zeichen und Opfern zum Ausdruck kommt (›Solidarität‹) sowie zur Bereitschaft eigenen Leidens für andere, z.B. durch Verzicht;
- zur Selbständigkeit im Denken, Fühlen und Urteilen (›Mündigkeit‹);

- zum kritischen Hinterfragen vorgegebener, mit dem Anspruch der Allgemeingültigkeit auftretender Überzeugungen, Werturteile und Ansichten;
- zum sachlichen und argumentativen Aussprechen der eigenen Meinung;
- zur Mitverantwortung für öffentliche, kommunale, betriebliche, schulische Angelegenheiten (›gesellschaftliche Strukturen‹);
- zum Wahrnehmen, Nachdenken und Sprechen über globale Veränderungen und Probleme, auch wenn man als einzelner unmittelbar ›nichts dafür tun kann‹;
- zur Mitverantwortung für eine gesunde Umwelt;
- zu einem geschärften Bewußtsein für die Dringlichkeit echter Abrüstungsschritte und zu einem sachkundigen Interesse an den aktuellen politischen Abrüstungsbemühungen;
- zum Kampf für gerechte wirtschaftliche Beziehungen im Verhältnis von reichen zu armen Ländern;
- zur kritischen Auseinandersetzung mit ausschließlich militärischen Sicherheitsvorstellungen und -konzepten, die persönliche Entscheidung in der Frage des Waffendienstes eingeschlossen;
- zur Überwindung von irrationalen Angst- und Drohvorstellungen, Feindbildern und Haßgefühlen;
- zur Bereitschaft, die eigene Ruhe um des Friedens willen stören zu lassen – bis hin zum Annehmen persönlicher Nachteile.«[36]

Als positive Ansatzpunkte für Friedenserziehung werden die vorhandenen Kriegserfahrungen, die Sensibilisierung für globale Menschheitsprobleme, die Handlungsmöglichkeiten im Nahbereich, die Ablehnung der Militarisierungstendenzen (Wehrerziehung, Wehrunterricht), das Beispiel der historischen Friedenskirchen und die Vorbild- und Beispielwirkung genannt.

Ein weiteres Merkmal der Auseinandersetzung in der DDR mit Friedenserziehung war sicherlich die *Intensität der Diskussionen*. »Viele Jahre hindurch«, so Friedrich Schorlemmer bei seiner Dankesrede anläßlich der Verleihung der Carl-von-Ossietzky-Medaille im Jahr 1989, »haben wir in Referaten, Seminaren und Thesenpapieren, in Werkstätten und Synoden, in kleineren und größeren Aktionen (...) den Streit um die ›Bedingungen des Friedens‹ geführt«.[37] Über Friedenserziehung wurde nicht nur diskutiert, sie fand ihren Ausdruck auch in *konkreten Aktionen*, zum Beispiel den Spielzeug-Umtauschaktionen, den Initiativen für einen sozialen Friedensdienst oder den grenzüberschreitenden, persönlichen »Friedensverträgen«.

Anmerkungen

[1] Vgl. auch: Elise Boulding: Friedenserziehung als Friedensgestaltung. AFB-Text, November 1988.

[2] Die Verwendung des Begriffes »Friedenskompetenz« ist nicht einheitlich definiert. Gelegentlich wird Friedenskompetenz z.b. »nur« als Ausformung der sozialen Kompetenz bezeichnet. In seinen Empfehlungen zur Neuordnung der Sekundarstufe II spricht der Bildungsrat in diesem Zusammenhang von humaner, sozialer und fachlicher Kompetenz.

[3] Kurt Singer: Zivilcourage wagen. Wie man lernt, sich einzumischen. München 1992, S. 15.

[4] Vgl. Hanne-Margret Birckenbach: Grundlagen und Perspektiven von Friedenserziehung in den 90er Jahren. In: puzzle. Zeitschrift für Friedenspädagogik, Heft 3/1992, S. 5.

[5] In der Entschließung »Neue Wege in der Friedenspädagogik«, die 1992 auf einer internationalen friedenspädagogischen Fachtagung der Jugendakademie Walberberg verfaßt worden ist, heißt es z.B.: »Friedenserziehung muß sich mehr als bisher als eine ›Bewegungspädagogik‹ verstehen, die möglichst intensiv und zugleich in möglichst kurzer Zeit – in Untergruppen – eine Vertrauensbasis schafft, die zu Aktionen befähigt. (...) Kritische Distanz, Verweigerung und Ungehorsam müssen deshalb in der Friedenserziehung mehr denn je einen Lernort erhalten. Nicht durch Gehorsam sind die Probleme im Weltmaßstab zu lösen, sondern nur in der Aufkündigung der Ziele und Strukturen unserer Todeskultur. Zu diesen ›Grenzüberschreitungen‹ müssen sich Friedenserziehung und Friedensarbeit unverzüglich aufmachen.« Vgl. Presseerklärung der Jugend Akademie Walberberg vom 13.4.1992.

[6] Vgl. Friedrich Minssen: Umgang mit dem Konflikt – Kern der Friedenserziehung. In: Bundeszentrale für politische Bildung (Hrsg.): Probleme der Friedenserziehung. Bonn 1970, S. 54-70.

[7] Vgl. Paul Ackermann: Soziales und politisches Lernen für den Frieden als permanente Aufgabe des modernen Menschen. In: Jörg Calließ / Reinhold E. Lob (Hrsg.): Praxis der Umwelt- und Friedenserziehung. Band 1: Grundlagen. Düsseldorf 1985, S. 622 f.

[8] Vgl. für die Geschichte der Friedenserziehung in Deutschland z.B. Änne Ostermann / Hans Nicklas: Erziehung zur Friedensfähigkeit. In: Ulrike C. Wasmuht (Hrsg.): Friedensforschung. Darmstadt 1991, S. 165 ff.; Roland Bast: Friedenspädagogik. Möglichkeiten und Grenzen einer Erziehung zum Frieden. Düsseldorf 1982.

[9] Vgl. Brigitte Reich: Konzeptionen der Friedenserziehung: Bilanz und gegenwärtige Entwicklung. In: Frieden als Aufgabe der Kirchen III. Friedenserziehung und gesellschaftlicher Wandel. Loccumer Protokolle 33/1990. K. Peter Fritzsche: Frieden – ein Thema im Wandel. In: Ders. (Hrsg.): Frieden – Ein Thema in europäischen Schulgeschichtsbüchern. Hildesheim / Zürich / New York, 1992, S. 6 f.

[10] Johan Galtung: Gewalt, Frieden und Friedensforschung. Reinbek 1980, S. 9 f.

[11] Johan Galtung: Nach dem Kalten Krieg. Gespräch mit Erwin Koller. Zürich 1993, S. 54. Vgl. zu dem Begriff kulturelle Gewalt ausführlicher: Johan Galtung: Kulturelle Gewalt. Zur direkten und strukturellen Gewalt tritt die kulturelle Gewalt. In: Landeszentrale für politische Bildung Baden-Württemberg (Hrsg.): Aggression und Gewalt. Der Bürger im Staat. Heft 2 / 1993, S.106 f.

[12] Hans-Dieter Schwind / Jürgen Baumann u.a. (Hrsg.): Ursachen, Prävention und Kontrolle von Gewalt. Analysen und Vorschläge der Unabhängigen Regierungskommission zur Verhinderung und Bekämpfung von Gewalt (Gewaltkommission). Band 1, Berlin 1990, S. 36 f.

[13] Vgl. Peter-Alexis Albrecht / Otto Backes: Verdeckte Gewalt. In: Dies. (Hrsg.): Verdeckte Gewalt. Frankfurt/M. 1990, S. 7 ff.

[14] Andreas Flitner: Pädagogische Überlegungen zur Entstehung von Gewalt und zum Umgang mit gewaltbereiten Jugendlichen. In: Gustav-Heinemann-Initiative (Hrsg.): Ungerechtigkeit und Gewalt in Deutschland. Stuttgart 1993, S. 12.

[15] Vgl. Hanne-Margret Birckenbach, a.a.O., S. 5.

[16] Zur Diskussion in der Friedensforschung über den »Friedensbegriff« vgl. z.B.: Eva Senghaas-Knobloch / Dieter Senghaas: Si vis pacem, para pacem. In: Leviathan, Band 20, Heft 2/1992, S. 230 f.; Volker Rittberger: Ist Frieden möglich? In: Universitas, Heft 40/1985, S. 1139-1149.

[17] Zit. nach: Frederik Hetmann: Martin Luther King. Hamburg 1979, S. 93.

[18] Für die Friedenserziehung werden eine Reihe weiterer, u.E. jedoch untergeordneter Spannungsfelder genannt: Vgl. Ludwig Duncker: Unauflösbare Spannungsfelder in der Friedenserziehung. In: Günther Gugel / Klaus Lange-Feldhahn (Hrsg.): Mit brennender Geduld. Gedanken, Einblicke, Arbeitshilfen für die Praxis der Friedenserziehung. Tübingen 1985, S. 28 ff.

[19] Vgl. Dieter Senghaas: Der Diskussionsstand der Friedenswissenschaft. In: Bildung und Erziehung, Heft 25/1975, S. 5 ff.

[20] Paul Ackermann, a.a.O., S. 623.

[21] Vgl. David Mark Mantell: Familie und Aggression. Zur Einübung von Gewalt und Gewaltlosigkeit. Eine empirische Untersuchung. Frankfurt 1972.

[22] Stanley Milgram: Das Milgram-Experiment. Zur Gehorsamsbereitschaft gegenüber Autorität. Reinbek 1982.

[23] Milgram, a.a.O., S. 216.

[24] Hans Nicklas / Änne Ostermann: Friedensfähigkeit. Aspekte der bisherigen friedenspädagogischen Diskussion und Perspektiven für die Zukunft. In: Johan Galtung u.a. (Hrsg.): Gewalt im Alltag und in der Weltpolitik. Münster 1993, S. 61.

[25] Vgl. hierzu: Klaus Seitz: Eine Welt für alle? Herausforderungen für Dritte-Welt-Bewegung und Entwicklungspädagogik. In: Jahrbuch Frieden 1994. München 1993, S. 249 ff.

[26] Hildegard Karig: Vom Betroffensein zur Handlungskompetenz. Erziehung für die Menschenrechte. In: Heiner Bielefeldt u.a. (Hrsg.): amnesty international. Menschenrechte vor der Jahrtausendwende. Frankfurt/M. 1993, S. 224.

[27] Annette Scheunpflug / Klaus Seitz: Entwicklungspädagogik in der Krise? Versuch einer Zwischenbilanz. In: Dies. (Hrsg.): Selbstorganisation und Chaos. Entwicklungspolitik und Entwicklungspädagogik in neuer Sicht. Tübingen 1993.

[28] Vgl. Andreas Diekmann / Peter Preisendörfer: Wasser predigen, Wein trinken. Warum unser Engagement für die Umwelt oft nur ein Lippenbekenntnis ist. In: Psychologie heute, 5/94, S. 24.

[29] Um von »sozialem Friedensdienst« reden zu können, müssen eine Reihe von Bedingungen erfüllt sein: »4. Mit Sozialem Friedensdienst ist ein Prozeß von praktischer, sozialer und diakonischer Arbeit und deren theoretischer Reflexion gemeint, der allen Beteiligten soziales Leben ermöglicht. Dazu ist es erforderlich, daß alle Beteiligten den vielschichtigen Ursachen des Unfriedens nachgehen und zu sachgerechten Lösungen beitragen.
5. Deshalb kommen für den Sozialen Friedensdienst in der Regel nur solche Arbeitsmarktbereiche infrage;
– die dem Zivildienstleistenden die persönliche Begegnung mit den betreuten Menschen gewährleisten;
– die dem Zivildienstleistenden ermgölichen, Hilfe zu leisten und soziale Erfahrungen zu machen;
– in denen Konflikte, die die Zusammenarbeit behindern, nicht als Unglück beklagt, sondern als Chance gesehen werden, gemeinsame Lösungen im Sinne des Sozialen Friedensdienstes zu finden.«
Auszug aus den Leitlinien, die 1979 von den Zivildienstreferenten der Diakonischen Werke und den Beauftragten für Zivildienst der Evang. Landeskirchen entwickelt und 1984 in Beilstein bestätigt wurden.

[30] Egbert Jahn: Kann Sozialarbeit dem Frieden helfen? In Sozialmagazin, Oktober 1981, S. 31.

[31] So zum Beispiel in einem offenen Brief des Mitarbeiterkreises (MAK) der Evangelischen Studentengemeinde Naumburg vom 4. Mai 1978. In einem Brief des damaligen Pfarrers Rainer Eppelmann an Honecker vom 25.1.1980 wird von einem Fach »Friedens- und Lebenskunde« gesprochen.

[32] Mit am bekanntesten wurde dabei der sogenannte »Eppelmann-Appell« von 1981.

[33] Zit. nach: Friedrich Schorlemmer: Träume und Alpträume. Einmischungen 1982-1990. München 1993, S. 66.

[34] Vgl. z.B. Carl Ordnung: Erziehung zum Frieden. Möglichkeiten und Grenzen einer pädagogisch-politischen Konzeption und ihre Diskussion in den Kirchen. Berlin 1980, S. 97.

[35] Vgl. z.B.: Markus Meckel / Martin Gutzeit: Opposition in der DDR. Zehn Jahre kirchliche

Friedensarbeit – kommentierte Quellentexte. Düsseldorf 1994, S. 139.
[36] Zit. nach: Wolgang Büschner u.a. (Hrsg.): Friedensbewegung in der DDR. Texte 1978-1982. Hattingen 1982, S. 117 f.
[37] Zit. nach: Friedrich Schorlemmer, a.a.O., S. 125.

Weiterführende Ansätze für das zukunftsorientierte Lernen und Handeln

Innovatives Lernen und vernetztes Denken

Eine zukunftsfähige Entwickung unserer Erde und der auf ihr lebenden Menschen setzt ein ökologisch, wirtschaftlich und sozial verantwortliches Verhalten von Einzelnen, Gruppen und ganzen Völkern voraus. Nur dann kann der Vielzahl heutiger Bedrohungen konsequent und systematisch entgegengewirkt und die Entstehung einer zivilen und friedensfähigen Gesellschaft gefördert werden. Die heute anzutreffenden Wirtschaftsformen und Lebensweisen in den hochentwickelten Industrieländern sind allerdings nicht geeignet, auf diese Weise zur Sicherung der Zukunft beizutragen. Dies trifft auch dann zu, wenn es in den betreffenden Ländern Menschen und Bevölkerungsgruppen gibt, die sich bewußt für einen anderen Lebensstil einsetzen und diesen selbst praktizieren.

– Die Industrienationen übernutzen die Umwelt und bürden die Folgen den Bewohnern anderer Länder und den späteren Generationen auf.
– Trotz großer Fortschritte in der Verrechtlichung und Regelung der Austragung von Konflikten werden auch in den Industrienationen Konflikte immer noch durch Gewaltandrohung und Gewalteinsatz zu lösen versucht.
– Die Industrienationen haben ein Wohlstandsmodell geschaffen, das ihnen Privilegien sichert, den »Rest der Welt« jedoch ausgrenzt.
– Die Industrienationen haben hochwirksame wissenschaftlich-technische Verfahren entwickelt ohne die damit verbundenen Risiken und Gefahren unter Kontrolle zu haben.
– Die Industrienationen haben demokratische Verfahren in ihren Gemeinwesen eingeführt, aber nur mangelnde Möglichkeiten geschaffen, dem Machtmißbrauch und einer unzureichenden BürgerInnenbeteiligung entgegenzuwirken.

Doch wie können Bedingungen geschaffen werden, die es den Menschen ermöglichen, auf der Erde zu überleben, bzw. ein einigermaßen

»gutes« Leben zu führen? Über die Notwendigkeit von Veränderungen herrscht in Politik und Gesellschaft weitgehend Einigkeit – allerdings nur solange es um die Proklamation von Positionen geht. So besteht weitgehend Konsens darüber, daß »der Mensch« in den Mittelpunkt des Denkens und Handelns gestellt werden muß, daß das Handeln von Individuen und Institutionen an verantwortungsbewußten ethischen Maßstäben und nicht nur an ökonomischen zu orientieren ist und daß Solidarität mit Benachteiligten und Minderheiten sich auch im praktischen Lebensvollzug ausdrücken sollte. Was jedoch weitgehend fehlt, ist die Umsetzung dieser Einsichten in konkrete politische Programme bzw. praktische Handlungsalternativen. Für die Friedenserziehung müssen Antworten auf folgende Fragen gefunden werden:
– Wie kann es gelingen, Engagement für eine bessere Welt als attraktiv zu vermitteln?
– Wie können Menschen zu solidarischem Handeln befähigt werden?
– Wie kann eine Machtkontrolle bzw. stärkere BürgerInnenbeteiligung an politischen Entscheidungen erreicht werden?
Werthaltungen und Einstellungen, aber auch das Wissen um Probleme werden jedoch nur dann handlungsrelevant, wenn Menschen entsprechend motiviert sind, etwas zu tun oder zu unterlassen. Bislang haben

Warum das Gute tun?

»– Warum sollen Menschen statt rücksichtslos und brutal freundlich, schonungsvoll, gar hilfsbereit sein, warum soll schon der junge Mensch auf Gewaltanwendung verzichten und grundsätzlich für Gewaltlosigkeit optieren?
– Warum soll der Unternehmer (oder eine Bank) auch dann, wenn es niemand kontrolliert, sich unbedingt korrekt verhalten, warum der Gewerkschaftsfunktionär, auch wenn er seiner eigenen Karriere schaden sollte, sich nicht nur für seine Organisation, sondern auch für das Gemeinwohl einsetzen?
– Warum soll für den Naturwissenschaftler, den Fortpflanzungsmediziner und ihre Institute in Experiment und Therapie der Mensch nie Objekt der Kommerzialisierung und Industriealisierung (...), sondern immer Rechtssubjekt und Ziel sein?
Doch auch hier richten sich die Fragen an die großen Kollektive: Warum soll ein Volk dem anderen, eine Rasse der anderen, eine Religion der anderen Toleranz, Respekt, gar Hochschätzung entgegenbringen? Warum sollen Machthaber in den Nationen und Religionen sich in jedem Fall für den Frieden und nie für den Krieg engagieren?«[1]

sogenannte egozentrische Motive (Streben nach individueller Bequemlichkeit, unmittelbarem Genuß, Vermeidung von Unlust) zur Verstärkung von Problemen beigetragen. Viele Menschen in unserer Gesellschaft führen mit diesen Verhaltensweisen ein subjektiv scheinbar zufriedenes Leben. Warum sollten sie also diese Haltungen aufgeben?

Wenn individuelle (kurzfristige) Interessen mit den Interessen der Gemeinschaft, aber auch mit individuellen langfristigen Interessen kollidieren, dann muß der soziale Prestigewert von lebensförderndem Verhalten erhöht werden. Denn im Alltag wird aggressives und gewalttätiges Verhalten häufig von der sozialen Bezugsgruppe, aber auch von gesellschaftlichen Institutionen belohnt, weil es als Durchsetzungsvermögen oder Männlichkeitsbeweis interpretiert wird. Erziehung und Bildung sollten sich mehr als zuvor zukunftsorientiert den Anforderungen und Aufgaben der auf uns zukommenden Probleme zuwenden.[2] Dies setzt die Bereitschaft voraus, sich auf eine veränderte Sicht der Welt einzustellen und sich auf innovative Lernprozesse einzulassen.

Innovatives Lernen ermöglichen

Kreative Problemlösungen, die antizipatorisch mögliche Entwicklungen und zukünftige Gegebenheiten in die eigenen Überlegungen einbeziehen, müssen gelernt und zum allgemeinen Bildungsprinzip erhoben werden. Innovatives Lernen steht im Gegensatz zu einem tradierten Lernverständnis, dem es um den Erwerb festgelegter Auffassungen, Methoden und Regeln und somit letztlich um den Erhalt einer etablierten Lebensform geht.[3]

Innovatives Lernen orientiert sich an der Zukunft, berücksichtigt langfristige Trends sowie die Auswirkungen heutiger Entscheidungen auf spätere Generationen. Vor allem aber: es arbeitet auf die Realisierung wünschenswerter Ereignisse hin, es versucht Alternativen zu entwickeln und bereitzustellen. Nicht die Ansammlung von Wissen, sondern der Prozeß der Problemlösung steht dabei im Mittelpunkt des Lernens. Wobei sich der Lernprozeß nur gemeinsam mit allen Beteiligten vollziehen kann und ganzheitlich, d.h. mit »Kopf, Herz und Hand« vonstatten gehen muß. Das innovative Lernen verbindet also das vernetzte Denken sowie die gewaltfreie und solidarische Lebensform.

Vernetztes Denken vermitteln

Die ökologischen Katastrophen der letzten Jahrzehnte haben deutlich gemacht, daß sowohl bei der Problemanalyse als auch bei der Frage nach Handlungsmöglichkeiten nicht einzelne Entwicklungen und Phänomene isoliert betrachtet werden dürfen. Entscheidend ist das Zusammenwirken einzelner Ursachenstränge, so daß auch vielfältige Bearbeitungsansätze notwendig werden. Die isolierte Veränderung nur einer Variablen kann nicht nur zu unvorhergesehenen Reaktionen führen, sondern geradezu neue gravierende Probleme schaffen. Weder bei ökologischen Entwicklungen noch bei politischen Krisen oder Gewaltkonflikten gibt es also einfache Ursache-Wirkungs-Zusammenhänge. Häufig ist es jedoch schwer, das System hinter der Reihe von Einzelproblemen zu erkennen, obwohl dies der zentrale Erkenntnisschritt wäre.[4] Bereits in den siebziger Jahren hat Frederic Vester in der beginnenden Diskussion um ökologische Probleme darauf aufmerksam gemacht, daß wir in einem vernetzten System leben.[5] Das Denken in vernetzten Systemen ist ungewohnt und nur mühsam zu lernen.

Zum solidarischen Leben ermutigen

Eine dritte Anforderung bezieht sich auf die Möglichkeiten, durch den eigenen Lebensstil Solidarität mit anderen auszudrücken. Das Bild von der »Einen Welt« ist nicht nur eine Zukunftshoffnung. Es ist in vielen Bereichen bereits Wirklichkeit: Viele Produkte des täglichen Lebens stammen aus weit entfernten Ländern. Die täglichen Nachrichtensendungen berichten aus jedem Winkel der Erde. Mit Satellittenantennen lassen sich überall Fernsehprogramme empfangen und senden. Ausländische MitbürgerInnen und Flüchtlinge bringen Elemente anderer Kulturen in unseren Alltag. Urlaubsreisen in andere Länder sind selbstverständlich geworden. Die Weltwirtschaft ist eng miteinander verknüpft.

Dennoch realisieren wir in unserem Alltag kaum, wie die Lebensweisen der einen eng mit dem Schicksal der anderen zusammenhängen. Solidarisch, im Bewußtsein der »Einen Welt« zu leben, bedeutet, daß Auswirkungen des eigenen Lebensstils auf die Lebens- und Arbeitssituation anderer Menschen in anderen (oft weit entfernten) Ländern mit zu bedenken. So geht z.B. der seit Jahren niedrige Kaffeepreis zu Lasten der Erzeugerländer und der dort lebenden Menschen. Der enorme Verbrauch von Ressourcen (Energie, Rohstoffe usw.) bei uns ist nur möglich, weil andere sich bescheiden. Unser Wohlstands- und Konsummodell ist nicht auf andere Länder übertragbar. Was würde geschehen, wenn nur einige Länder der Dritten Welt ein ähnlich hohes Konsumniveau mit all seinen Folgen verwirklichen würden bzw. könnten?

Eine Umverteilung der vorhandenen Ressourcen ist notwendig, um die großen Probleme wie Hunger, Armut, Analphabetismus, Bevöl-

> *Die »Eine Welt«*
>
> Nicht nur in der Entwicklungspädagogik, sondern auch in der Friedens- und Umwelterziehung spielt das Bild von der »Einen Welt« seit einigen Jahren eine große Rolle. Damit soll dem Verständnis der globalen Zusammenhänge und Interdependenzen Ausdruck verliehen werden. So ist es nicht verwunderlich, wenn sich immer mehr »Dritte-Welt-Gruppen« in »Eine-Welt-Gruppen« umbenennen und das Lernen für die »Eine Welt« als gemeinsamer Nenner für die unterschiedlichen Ausprägungen der Überlebenserziehung vorgeschlagen wird. Doch Vorsicht ist geboten: Der Begriff »Eine Welt« birgt eine Reihe von Risiken in sich, weil er eine Homogenität und Einheit suggeriert, die von den Ressourcen und Entwicklungsmöglichkeiten der Länder her betrachtet in Wirklichkeit kaum oder gar nicht gegeben sind. Gerade das riesige Gefälle hinsichtlich der Zukunftsoptionen verschiedener Länder sollte aber den Kern von Entwicklungspädagogik bzw. einer wie auch immer definierten Überlebenserziehung ausmachen.[6]

kerungswachstum, Rohstoffverknappung und Umweltzerstörung angehen zu können. Denn diese sind allesamt wiederum Folgen und Ursachen von und für Konflikte.

Die reichen Länder können ihren Wohlstand nicht länger ungestraft weiter nur für sich behalten. Ein neuer Lebensstil, der geprägt ist von »Langfristigkeit«, von Genügsamkeit und »Gemächlichkeit«[7] ist Voraussetzung für eine gemeinsame Entwicklung der Erde. Der Club of Rome forderte in seinem Bericht 1992: »Wir brauchen eine Vision der Welt, in der wir gern leben wollen, wir müssen die vorhandenen materiellen, menschlichen und moralischen Ressourcen in unsere Überlegungen einbeziehen, damit unsere Vision realistisch und lebensfähig ist, und wir müsssen die menschliche Energie und den politischen Willen aufbringen, die neue globale Gesellschaft zu schaffen.«[8]

Prinzipien für das solidarische Leben

- Wenn wir einen Weg durch den vielschichtigen und verschlungenen Problemkomplex unserer Zeit finden wollen, ist notwendig, daß jeder einzelne einen engagierten Beitrag leistet.
- Wir müssen erkennen, daß den Motiven und Werten, die unser Verhalten bestimmen, die Möglichkeiten positiver Veränderung innewohnen.
- Wir müssen begreifen, daß das Verhalten einer Nation und einer

Gesellschaft das Verhalten ihrer Bürger widerspiegelt.
- Wir dürfen von seiten der Regierungschefs keine drastischen Lösungen erwarten, sondern müssen davon ausgehen, daß Tausende kleiner und kluger Entscheidungen, in denen sich das neue Bewußtsein von Millionen von Menschen widerspiegelt, notwendig sein werden, das Überleben der Gesellschaft zu sichern.
- Wir müssen dem Prinzip Geltung verschaffen, daß Privilegien von Individuen oder Nationen stets mit einem entsprechenden Maß an Veranwortung verbunden sein müssen[9].

Die Entwicklung von solidarischem Verhalten

Solidarisches Verhalten ist Teil jeder Arbeit für den Frieden. Es bezieht sich sowohl auf Situationen, in denen unmittelbare Hilfeleistungen notwendig sind, wie auch auf lebensfördernde, erst langfristig Veränderungen bewirkende Verhaltensweisen. In der sozialpsychologischen Forschung werden häufig drei Klassen von Motiven unterschieden, die für solidarisches[10] Verhalten förderlich sind.

1. Man kann durch den Wunsch motiviert werden, sich selber Gewinn zu verschaffen.[11] Man hilft anderen, mit dem (unbewußten) Ziel, soziale Anerkennung zu erhalten oder um Ablehnung bzw. Kritik wegen unterlassener Hilfe zu vermeiden.

2. Die Beachtung von Werten, Überzeugungen und Normen, die internalisiert, zu eigen gemacht bzw. durch Erfahrung entwickelt wurden, führen zu solidarischem Verhalten. Die Einhaltung eigener Werte, Überzeugungen und Normen kann Selbstbelohnung, positive Gefühle und eine erhöhte Selbstachtung zur Folge haben, wohingegen eine Abweichung von den eigenen Werten etc. zu Selbstbestrafung, Angst- und Schuldgefühlen sowie zu verminderter Selbstachtung führen kann.

3. Das Mitfühlen bzw. das Miterleben der Gefühle eines anderen Menschen; kann zu solidarischem Verhalten motivieren.[12]

Für die Entwicklung von solidarischem Verhalten spielen weniger moralische Appelle als vielmehr Lebenssituationen eine wichtige Rolle. Es ist kaum möglich, eine »moralische Haltung« durch die Diskussion moralischer Fragen und Konflikte zu fördern, wenn jemand in einer feindlichen und bedrohlichen Umwelt lebt, die Angst vor anderen Leuten, Feindseligkeit und eine ständige Sorge um das physische und

psychische Überleben bewirkt.
Sowohl die Sozialisation als auch die verschiedenen Erfahrungen der Kinder müssen bei der Persönlichkeitsentwicklung in Betracht gezogen werden:
»Eltern und Lehrer üben einen Einfluß durch die Art und Weise aus, wie sie mit den Kindern interagieren, wie sie sie disziplinieren, was sie ihnen zu vermitteln versuchen, welche Beispiele sie ihnen geben usw. Sie üben auch – zusammen mit dem größeren kulturellen Umfeld – einen Einfluß aus durch die von ihnen vorgenommene Strukturierungen der Umwelt. Wie ist die Familie organisiert? Wie demokratisch oder autokratisch ist sie? Welche Rollen stehen den Kindern (den Heranwachsenden und den Erwachsenen) in der Familie und in der Kultur zu Verfügung? Welche Pflichten und welche Aufgaben werden den Kindern übertragen bzw. von ihnen übernommen? Welche Struktur besitzt die Gruppe der Gleichaltrigen und wie beeinflußt sie die Interaktion zwischen Kindern? Zu welchen Verhaltensweisen werden Kinder angehalten und welche Verhaltensweisen werden auf sie gerichtet? (...) Welche Merkmale der Kultur, welche Sozialisierungspraktiken und welche Erfahrungen der Mitglieder dieser Kultur führen zu welchen Unterschieden im prosozialen Verhalten?«[13]

Neben prinzipiellen Erziehungs- und langfristigen Sozialisationseinflüssen sind auch situative Einflüsse für prosoziales Verhalten relevant. Folgende Zusammenhänge lassen sich dabei feststellen:[14]

Je eindeutiger die Situation, daß jemand Hilfe benötigt, desto mehr Hilfe wird die Folge sein. Fehlende Eindeutigkeit führt häufig zu der Überlegung, daß irgendwelche helfenden Maßnahmen unangemessen oder lächerlich erscheinen könnten.

Je stärker die Hilfsbedürftigkeit, desto mehr Hilfe wird der Betreffende erfahren. Dies gilt nicht, wenn der Aufwand von der helfenden Person als zu groß wahrgenommen wird oder die mit der Hilfe verbundene potentielle Gefahr nicht mehr kalkulierbar ist.

Je deutlicher die Umwelt einer bestimmten Person die Verantwortung aufbürdet, desto größer ist die Wahrscheinlichkeit, daß diese Person auch Hilfe leistet. Die Verantwortung konzentriert sich auf eine Person, wenn sie als einzige Zeugin der Hilfsbedürftigkeit eines anderen wird; wenn sie die einzige ist, die helfen kann, auch wenn sie nicht unbedingt die einzige Zeugin ist, wenn sie über besondere Fähigkeiten verfügt, die für die Hilfe erforderlich sind, wenn sie zu der hilfsbedürftigen Person in einer besonderen Beziehung steht, wenn ihr aufgrund einer Führungsposition quasi automatisch die Verantwortung für Hilfeleistung zukommt usw.

Räumliche Nähe und die Dauer der Konfrontation mit einer leidenden Person sowie der Umstand, wie leicht oder wie schwer es ist, sich der Gegenwart der leidenden Person zu entziehen, wirken sich stark auf den Aufforderungscharakter für Hilfe aus.

Wenn mehr Entscheidung und größere Initiative von den helfenden Personen verlangt werden, wird die Wahrscheinlichkeit von Hilfe geringer.

Je mehr Mühe, Zeit, Energie oder auch Risiko von dem Helfer gefordert werden, um so weniger kann man normalerweise Hilfe erwarten.

Wenn die zu leistende Hilfe unangemessen bzw. sozial nicht akzeptabel erscheint. So können situationsspezifische Regeln existieren die helfende Reaktionen hemmen, obwohl man das Leiden einer anderen Person wahrnimmt (beispielsweise daß es unangemessen ist, in einer fremden Umgebung in ein fremdes Zimmer zu gehen).

Eine enge Beziehung oder das Wissen, daß man der gleichen Gruppe angehört, können zur Identifikation mit einer anderen Person führen, wodurch mit größerer Wahrscheinlichkeit Mitgefühl und andere Motive, die zu Hilfe führen, geweckt werden. Feindseliger Einstellungen verringern die Wahrscheinlichkeit von Hilfe.

Unmittelbar vorausgehende positive oder negative Erfahrungen bewirken unterschiedliche psychische Zustände, die sich auf helfendes Verhalten auswirken: Wohlbefinden erhöht in der Regel die Wahrscheinlichkeit, anderen zu helfen, negative Zustände verringern sie zuweilen.

Diese Forschungsergebnisse bedingen Konsequenzen für friedenspädagogisches Denken und Handeln, zumal sie weit über den Bereich der Erziehung hinaus prinzipielle Relevanz besitzen.

Zu klären wäre es, wo und wie solidarisches Handeln eingeübt und erprobt werden kann, unter welchen Bedingungen auch in weniger eindeutigen Situationen solidarisches Handeln stattfindet, durch welche Maßnahmen individuelles und kollektives Verantwortungsbewußtsein in Situationen und für Personen zu entwickeln ist, ob und wie Hilfe auch gegen die soziale Gleichgültigkeit des Umfeldes möglich wird und vor allem, wie sich Erfahrungen des solidarischen Handelns weitervermitteln lassen.

Ein wichtiges Element scheint in diesem Zusammenhang die persönliche Bestätigung durch soziale Anerkennung des eigenen sozialen Umfeldes zu sein. Untersuchungen zeigen auch, daß sozial engagierte Personen oft psychisch gesünder sind und über eine robustere körperliche Verfassung verfügen.[15] Ihr Engagement führt zu einer Verbesserung des Selbstwertgefühls, zu größerem Verständnis für andere sowie zu einer stärkeren Bindung an eine Gemeinschaft.

Friedenserziehung und Interkulturelles Lernen

Die Entwickung »interkultureller Kompetenz« als Erweiterung der eigenen Wahrnehmungsfähgkeit für »Fremdes« sowie als die Fähigkeit, das »andere« als anders zu akzeptieren, wird von der UNESCO seit dem 43. Weltkongreß in Genf 1992 als Kern der Friedenserziehung bezeichnet.[16] In Deutschland wird der Begriff »interkulturelles Lernen« im Rahmen der Erziehungswissenschaften seit Anfang der 80er Jahre gebraucht und für die Erziehung von Kindern von Minderheitenkulturen oder für internationale Begegnungen verwendet. Er bezeichnet politische und pädagogische Programme, die Erziehung zur Völkerverständigung zu verwirklichen suchen.[17] Seit Beginn der 90er Jahre wird interkulturelles Lernen zunehmend in Zusammenhang mit der Vorstellung einer »Multikulturellen Gesellschaft« gebraucht.

Voraussetzung für interkulturelles Lernen ist die Begegnung mit anderen (fremden) Kulturen. In der Vergangenheit fanden solche Begegnungen auf freiwilliger Basis meistens im Ausland im Rahmen von Austauschprogrammen, Partnerschaftstreffen, Reisen oder Studienaufenthalten statt. Heute ist die Begegnung der Kulturen ein Teil des Alltags in der eigenen Gesellschaft geworden – und hat für viele unfreiwilligen und bedrohlichen Charakter. Mit der zunehmenden Einwanderung von ausländischen MitbürgerInnen besteht die Notwendigkeit der Verständigung und des für alle befriedigenden Miteinanderlebens. Eine permanente Diskriminierung und Vorenthaltung von Rechten ist nicht ohne Schaden an der demokratischen Verfaßtheit unserer Gesellschaft möglich.

Soll interkulturelles Lernen Erfolg haben, so bedarf es einiger wichtiger Voraussetzungen:
– des Gewaltverzichtes als Basis des gegenseitigen Umgangs;
– der Fähigkeit, die eigene Lebensweise und die damit verbundenen Normen und Werte als nur eine Art zu leben zu sehen, anzuerkennen und nicht zum Maßstab für andere zu machen. D.h. andere kulturelle Werte und Normen als gleichberechtigt gelten zu lassen und die eigenen in Frage stellen zu können;
– der Fähigkeit, Fremdes angstfrei ertragen zu können.[18] Darauf auf-

bauend wäre es wichtig, eine gewisse Neugier für das Anderssein zu entwickeln, um die vielfältigen Möglichkeiten, Leben zu gestalten (also Multikultur zu leben), als Bereicherung erleben zu können;[19]
- die Fähigkeit, Konflikte auszuhalten und konstruktiv auszutragen.

Interkulturelles Lernen bezieht sich auf innergesellschaftliche Prozesse und auf die internationale Ebene der Völkerverständigung. Der Kontakt und der Umgang mit Menschen aus vielerlei Kulturen bildet im innergesellschaftlichen Bereich den Ausgangspunkt für Lernprozesse, wobei Lernchancen vor allem bei freiwilligen Kontakten bestehen.

Anforderungen an interkulturelles Lernen
Interkulturelles Lernen hat heute die Aufgabe, einen Beitrag für die Achtung und Gewährleistung verschiedener Lebensformen und -stile zu leisten. Dies bedeutet konkret:

Ausländischen MitbürgerInnen Schutz vor Übergriffen bieten: Wie kann die physische Unversehrtheit in allen Lebensbereichen gewährleistet werden?

Diskriminierungen abbauen: Wie lassen sich Benachteiligungen und Diskriminierungen in Gesetzen und Verordnungen ebenso wie im realen Zusammenleben beseitigen?

Solidarisch sein: Welche Möglichkeiten gibt es, im alltäglichen Lebensvollzug Unterstützung und Hilfe für die Schwächeren zu geben?

Partizipation ermöglichen: Wie können Beteiligungsrechte für Minderheiten im politischen, gesellschaftlichen und wirtschaftlichen Bereich eingefordert und geschaffen werden?

Gleichheit verwirklichen: Wie läßt sich auf allen gesellschaftlichen Ebenen eine Chancen- und Beteiligungsgleichheit verankern?

Interkulturelles Lernen geht weit über die Veränderung von persönlichen Einstellungen hinaus. Es erfordert die Abkehr von einem völkischen Denken, das Beteiligungsrechte ausschließlich an durch Blutsbande erworbene Staatsangehörigkeit knüpft. Interkulturelles Lernen bedeutet in seiner politischen Dimension, innergesellschaftlich den freiwilligen Machtverzicht zugunsten gesellschaftlicher Minderheiten zu lernen. International bedeutet es, ein Denken und Handeln zu entwickeln, das den eigenen Lebensstil in seinen Auswirkungen auf die Bevölkerung anderer Länder hinterfrägt und relativiert. Ein erster Schritt hierzu ist die Überwindung der Annahme von der Überlegenheit der eigenen Kultur.

Für pädagogische Lernprozesse bedeutet dies, daß tiefe Verunsicherungen bei den Lernenden aufgefangen werden müssen. Denn solche Veränderungsprozesse sind stark emotional besetzt und mit vielfältigen Ängsten behaftet.

Bernd Sandhaas beschreibt verschiedene Stufen des interkulturellen Lernens:[20]

Aufmerksam werden für Fremdes ist der erste Schritt weg vom Ethnozentrismus. Er besteht darin, die fremde(n) Kultur(en) überhaupt wahrzunehmen – ohne sich vor ihr/ihnen zu fürchten bzw. sie als feindlich zu erleben.

Verständnis entwickelt sich, wenn jemand einzusehen beginnt, daß die andere(n) Kultur(en) eine eigene Identität und Komplexität besitzen.

Akzeptieren/Respektieren der fremden Kultur beginnt, wenn man kulturelle Differenzen, auf die man stößt, als für die fremde Gesellschaft gültig akzeptiert, ohne sie als schlechter oder besser zu bewerten.

Bewerten/Beurteilen findet statt, wenn man bewußt damit anfängt, Stärken und Schwächen der anderen Kulturen zu unterscheiden und für sich selbst einzelne Aspekte davon zu bewerten.

Selektive Aneignung neuer Einstellungen und neuen Verhaltens kann sich ereignen, wenn oder sobald man bewußt oder unbewußt auf spezifische Charakteristika der anderen Kultur stößt, die man als nützlich oder nacheifernswert empfindet.

Vielfältigkeit, Akzeptanz und Toleranz dürfen jedoch nicht in eine Beliebigkeit und scheinbare Gleichwertigkeit münden. An der für die Friedenserziehung grundlegenden Werteorientierung (z.B. Gewaltverzicht, Anerkennung der Menschenrechte) muß sich auch interkulturelles Lernen messen lassen.

Die Berücksichtigung des Geschlechterverhältnisses

In Medien, Politik und Gesellschaft werden die Männer- und Frauenrollen in weiten Bereichen von Stereotypen geprägt. Männer gelten als diejenigen, die Schlachtpläne entwerfen, das Vaterland verteidigen, die über (militärische und wirtschaftliche) Macht verfügen und auch die Ausdrucksformen in der Sprache dominieren. Sie gelten als Täter, die Gewalt anwenden und Kriege anzetteln.[21] Frauen hingegen sorgen für das Wohlergehen zu Hause und sind für die Kinder zuständig. Sie sind es, die Konflikte schlichten, Streitereien ausgleichen und auf Harmonie und Fürsorge bedacht sind. Und: sie gelten als Opfer, die unter Gewalt und Krieg leiden. Für die Friedenserziehung ist eine Auseinandersetzung mit diesen Stereotypen notwendig, wenn die Dominanz männlicher Denk- und Handlungsformen durchbrochen werden soll.

In der Tat gibt es in vielen Bereichen der Gesellschaft weiterhin reale Benachteiligungen und Unterdrückung von Frauen. So investieren z.B. Frauen nicht nur mehr Kraft und Zeit in die Kindererziehung als Männer, sondern opfern häufig genug hierfür auch Berufschancen und Karriere. Frauen werden nicht nur geringer entlohnt, sondern haben auch schlechtere Chancen beim Erreichen attraktiver beruflicher Positionen. Auch in sprachlichen Ausdrucksformen sind solche Diskriminierungen festzustellen: »Unsere Sprache schließt Frauen aus; sie sind allenfalls ›mitgemeint‹, selten aber wirklich genannt. Der Mann gilt als Standard und Norm für den Menschen schlechthin (›der Erwachsene‹, ›jeder einzelne‹). Häufig sind Frauen durch die Wortwahl explizit ausgeschlossen (›Regierungsmannschaft‹, ›zehn Mann hoch‹ – darunter drei Frauen).

Unsere Sprache erzeugt Bilder in den Köpfen: wo männliche Sprachformen vorherrschen, werden auch primär Assoziationen von männlichen Menschen geweckt (›Fachmann gesucht‹, ›zum Arzt gehen‹).«[22]

Es geht also nicht nur darum, daß Frauen durch Redewendungen oder Ausdrücke offen diskriminiert werden, sondern daß sich in der Struktur der Sprache die Vorherrschaft des männlichen Prinzips etabliert hat und dadurch auch die sich entwickelnden Denk- und Handlungsgewohnheiten von Kindern bewußt oder unbewußt beeinflußt werden. Egal ob diese Phänomene als Resultat männlicher Herrschaft oder als Ausdifferenzierung gegebener geschlechtlicher Unterschiede verstanden werden,[23] Kinder werden damit konfrontiert, daß »männliche Sichtweisen und Prinzipien« höherwertig sind als »weibliche«. Sie erfahren, daß das Engagement von Frauen auf politischer und gesellschaftlicher Ebene weniger akzeptiert wird als das der Männer. Sie lernen, wie selbstverständlich ungleiche Lebenschancen für Jungen und Mädchen sind und daß deshalb »weibliche Eigenschaften« kaum erstrebenswert sind.

Für die Auseinandersetzung mit dieser für die Erziehung zentralen Problematik ist es notwendig, wissenschaftliche Erkenntnisse und die Diskussionen aus der Frauenbewegung und Frauenfriedensforschung zu berücksichtigen.[24] Zu drei zentralen Streitfragen liegen dabei Ergebnisse vor, die auch Hinweise für die Friedenserziehung enthalten.

Die friedfertige Frau: Nur ein Mythos?

Der Aussage »Männer sind aggressiver als Frauen« stimmen spontan die meisten Menschen zu. In der Tat sind bei allen körperlichen Formen aggressiven Verhaltens die Männer eindeutig als Täter erheblich öfter beteiligt,[25] während Frauen bei Gewaltakten tatsächlich in der Opferrolle sind. Doch dies ist noch kein Beleg dafür, daß Männer tatsächlich aggressiver sind. Denn ebensogut wäre es möglich, daß Frauen nur andere, subtilere Formen der Gewalt anwenden[26] oder ihre Aggressionshandlungen weniger nach außen als vielmehr gegen sich selbst richten. Trotz dieses Einwandes ist heute unter EntwicklungspsychologInnen nicht die These strittig, daß es Geschlechtsunterschiede im aggressiven Verhalten gibt, sondern die Frage, wodurch diese zustande kommen. Verschiedene AutorInnen nehmen biologisch festgelegte Unterschiede an, da Männer in allen Kulturen aggressiver seien als Frauen. Andere AutorInnen bringen diese Unterschiede zu Recht in Verbindung mit geschlechtsrollenspezifischen Erwartungen und Sozialisationseinflüssen. Von Jungen werden aggressive Handlungen erwartet und sogar belohnt, während zum Rollenverständnis der Mädchen eher Hilfsbereitschaft und Sanftmut gehören. »Der Mythos der männlichen Überlegenheit führt dazu, daß Jungen alle Erfahrungen verdrängen oder umwerten müssen, die sie an ihrer grundsätzlichen Überlegenheit zweifeln lassen. Wenn der Sieg ein Kriterium für Männlichkeit ist, dann zeigt eine persönliche Niederlage die eigene Unmännlichkeit.«[27]

Gerade bei rechtsextremen Gewalttaten könnte diese Sichtweise zum Tragen kommen, da das Frauenbild der rechtsextremen Ideologie Frauen im Bereich von »Kinder und Küche« ansiedelt.[28] In diesem Zusammenhang darf nicht unberücksichtigt bleiben, daß traditionelle Frauenrollen die Möglichkeit bieten andere für sich kämpfen lassen. Projizieren Frauen eigene Aggressions- und Gewaltbedürfnisse auf Männer (den Ehemann, den Freund) und lassen diese stellvertretend für sie handeln?

Die Mittäterschaft der Frauen

Männer sind in Wirtschaft und Politik die eigentlichen Entscheidungsträger und haben die Entwicklungen im technischen, wirtschaftlichen, militärischen und ökologischen Bereich wesentlich zu verantworten. Doch sind Frauen deshalb bereits nur die Marionetten in einem von Männern inszeniertem Theater der Zerstörung, ober haben auch sie einen Anteil daran? Eine Reihe von Untersuchungen über die Rolle der Frauen bei der Inszenierung von Gewalt kommt zu dem Ergebnis, daß diese zwar nicht die eigentlichen »Täter« sind, aber durchaus eine Mittäterinnenschaft zu verantworten haben.[29] Diese These stößt in verschiedenen Kreisen der Frauenbewegung auf heftige Ablehnung,[30] wird jedoch von Seiten der feministischen Friedensforschung als wichtige Sichtweise so akzeptiert und formuliert.[31] Ausgangspunkt dieser Betrachtungsweise ist die Feststellung, daß Frauen in dieser Gesellschaft (und überhaupt im Patriarchat) kein ab- (oder aus-)gegrenztes Eigenleben führen (können), sondern ihre Verquikckung mit den Männerinteressen eben diese Mittäterinnenschaft herstellt. Dies geschieht, indem Frauen ergänzende und stützende Funktionen übernehmen oder aber auch sich die »männlichen Errungenschaften« aneignen anstelle die Politik der Männer zu bekämpfen und zu verhindern.[32] Hierzu gehört die geschlechtliche Arbeitsteilung ebenso wie der freiwillige (oder erzwungene) Gehorsam gegenüber Männern.

»Wie lange hielte sich ein militaristisches Männlichkeitsideal«, fragen die Friedensforscherinnen Tordis Batscheider, Susanne Lange und Ilse Petry, »wenn seitens der Frauen keinerlei Anerkennung zu erwarten wäre?« Denn diese geben durch ihre Bewunderung von »Helden« in Uniform einen psychologischen Anreiz, sich im Krieg »als Mann« zu bewähren und motiviern zum Durchhalten an der Front. Die Funktionsfähigkeit des Militärs ist auf die menschlichen wie technischen Hilfsfunktionen von Frauen angewiesen. Diese Hilfsfunktionen beziehen sich nicht nur auf die unmittelbaren Dienste als Schwesternhelferinnen in Hilfskrankenhäusern, als Köchinnen in Kasernen oder Arbeiterinnen in der Rüstungsindustrie, sondern vor allem auf die gesellschaftliche und private Fürsorgefunktion für Männer und das gesamte Sozialsystem. »Die Männerwelt funktioniert nur« so die Wissenschaftlerinnen, »wenn die Frauen funktionieren.«[33]

Die Mittäterinnenschaft bei kriegerisch-militärischen Gewaltakten umfaßt neben der aktiven Teilnahme auch die direkte und indirekte Zuarbeit, wobei eine wesentliche Dimension in der Mitverantwortung, passiven Duldung, stummen Akzeptanz und der Nicht-Gegenwehr liegt.[34] Frauen unterstützen die Handelnden also auch durch die Legitimation ihres Tuns. Als »Gegenleistung« erhalten sie Anerkennung und Bewunderung.[35]

Die Kategorie Mittäterinnenschaft dient nicht der Schuldzuschreibung, sondern soll dazu beitragen, Verantwortlichkeiten zu klären.[36] Mit dem Eingeständnis von Mittäterinnenschaft, meint Hanne-Margret Birckenbach, ändert sich das Verhältnis der Einzelnen zur gesellschaftlichen Gewalt.[37] Wer die Verantwortung für Gewalt an die (Männer)Welt nach oben wegschiebt, distanziert sich von der Tat. Eine Distanzierung macht jedoch nur dann Sinn, wenn die Gefahr wahrgenommen wird, für geschehenes Unrecht verantwortlich zu sein oder gemacht zu werden.»Wenn Frauen sich aus solcher MittäterInnenschaft befreien wollen, müssen sie – so ein Ergebnis der feministischen Diskussion – die Selbstdefinition als Opfer und Leidende aufgeben und anerkennen, daß sie voll für alles verantwortlich sind, was sie tun, einschließlich dessen, was sie sich und anderen antun lassen.«

Gibt es zwischen Männern und Frauen Unterschiede im Sozialcharakter?

Nicht nur in der Art des Umgangs mit Aggression und Gewalt sind Unterschiede zwischen den Geschlechtern festzustellen, sondern auch im gesamten Bereich des Denkens, Handelns und Fühlens. Untersuchungen weisen darauf hin, daß weibliche Formen des Denkens und der Erkenntnis eher auf sinnlicher Erfahrung beruhen und weniger auf abstrakten Gedankengebäuden. Frauen lassen es eher zu, daß Denken und Gefühl gleichzeitig stattfinden können und daß auch (scheinbare) Gegensätze nebeneinander existieren; damit sind sie ganzheitlicher in ihrem Denken und in ihrer Weltsicht.

Männliche Denkformen basieren eher auf einem dualistischen Konzept des »Entweder-oder«, d.h. etwas ist so oder es ist nicht so – eine dritte Möglichkeit gibt es nicht. Weibliche Denkformen gehen dagegen eher von einem polaren Konzept aus. Es besteht ein Spannungsverhältnis zwischen zwei Polen (z.B. Rationalität und Emotionalität). Es geht darum, diese Polarität des »Sowohl-Als-auch« wahrzunehmen und nicht durch ein »Entweder-oder« auszuschließen.[38]

Auch im Bereich der sozialen Beziehungen agieren Männer anders als Frauen: Männer erleben soziale Beziehungen zu andern eher als ein Verhältnis von Konkurrenz bis Feindschaft, so lange bis die Frage von Dominanz oder Unterordnung geklärt ist. Frauen sind eher darin trainiert, auszugleichen, verschiedene Ansprüche und Bedürfnisse miteinander zu vereinbaren.

Selbst in der Moralentwicklung sind gravierende Unterschiede festzustellen: Untersuchungen über weibliche Moral haben gezeigt, daß Frauen in konflikthaften Situationen ihre Entscheidung eher aufgrund von Empathie und Mitgefühl sowie mit Rücksicht auf Verantwortung und Bindungen innerhalb eines Beziehungsgeflechtes treffen. Männer entscheiden dagegen eher nach einer Moral des formalen Rechts und orientieren sich an hierarchischen Ordnungen. Diese Moralkriterien gelten weithin als die höherwertigen. Kinder werden zwar mit beiden Sicht-und Erlebnisweisen konfrontiert, dies aber in unterschiedlichem Ausmaß und mit unterschiedlicher Wertigkeit. Erziehung vermittelt so weitgehend unbewußt die als »normal« und »höherwertig« empfundenen männlichen Prinzipien und Verhaltensweisen. Wie aber können Grundlagen zur Friedensfähigkeit gelegt werden, wenn nur die eine Hälfte des »Menschseins« vermittelt wird und eingeschliffene Machtstrukturen als selbstverständlich hingenommen werden?

Anmerkungen

[1] Hans Küng: Projekt Weltethos. München 1989.
[2] Vgl. Hans H. Wilhelmi: Welche »Bildung« für die Zukunft. In: Zeitschrift für Entwicklungspädagogik, 15. Jg., Heft 1, März 1992, S. 2 ff.
[3] Diese Lernbegriffe werden in dem 1979 von Club of Rome herausgegebenen Bericht verwendet: Aureliao Peccei (Hrsg.): Das menschliche Dilemma. Zukunft und Lernen. Bericht an den Club of Rome. Wien u.a. 1979. Vgl. auch: Wilhelmi, a.a.O., S. 3.
[4] Vgl. Dietrich Dörner: Die Logik des Mißlingens. Strategisches Denken in komplexen Situationen. Reinbek 1992.
[5] Vgl. Frederic Vester: Unsere Welt, ein vernetztes System. Stuttgart 1978.
[6] Vgl. Bernhard Moltmann: Auf dem Weg zu einer entwicklungspolitischen Agenda. In: epd-Entwicklungspolitik, Heft 10-11/1992, S. N2.
[7] Vgl. Projektstelle UNCED '92 des Deutschen Naturschutzringes u.a. (Hrsg.): Unser trügerischer Wohlstand. Ein Beitrag zu einer deutschen Ökobilanz. Wuppertal 1992, S. 44.
[8] Zit. nach Projektstelle UNCED, a.a.O., S. 44.
[9] Spiegel Spezial 2/1991: Die Globale Revolutiion. Bericht des Club of Rome 1991.
[10] In der Literatur werden hierfür häufig die Begriffe »prosoziales Verhalten« bzw. »positives Verhalten« verwendet. Vgl. Erwin Staub: Entwicklung prosozialen Verhaltens: zur Psychologie der Mitmenschlichkeit. München u.a. 1981.
[11] Vgl. ebd., S. 61 ff.
[12] Vgl. ebd., S. 55 ff.
[13] Ebd. S. 61 f.
[14] Vgl. ebd., S. 52-54. Bei situativen Einflüssen muß allerdings in Rechnung gestellt werden, wie Menschen sie erleben, welche Bedeutung sie für sie haben und welche Motivationen sie in ihnen wecken. Da die Menschen unterschiedlich sind, gibt es nur wenige Situationen, die einheitliche Auswirkungen auf ihr Verhalten haben.
[15] Vgl. Psychologie Heute, Februar 1994, S. 8
[16] Vgl. Irmela Neu-Altenheimer: Gegen die kulturelle Verarmung von Bildung und Erziehung. 43. UNESCO-Weltkonferenz der Bildungsminister (43. ICE, Genf, 14. bis 19. September 1992). In: UNESCO heute extra 1992/1993, S. 368 ff.
[17] Vgl. Bernd Sandhaas: Interkulturelles Lernen – zur Grundlegung eines didaktischen Prinzips interkultureller Begegnungen. In: Internationale Zeitschrift für Erziehungswissenschaft, XXXIV (1988), S. 416 f.

[18] Dabei existieren zwei Dimensionen »des Fremden«: das Fremde außerhalb der eigenen Person und das Fremde als Teilbereich der eigenen Persönlichkeit. Der Umgang mit beiden Bereichen ist eng miteinander verknüpft.
[19] Vgl. Änne Ostermann: Deutsch-deutsche Konflikte. Die multikulturelle Gesellschaft als Problem der Friedensfähigkeit. In: Volker Buddrus / Gerhard W. Schnaitmann (Hrsg.): Friedenspädagogik im Paradigmenwechsel. Weinheim 1991, S. 304 f.
[20] Vgl. Sandhaas, a.a.O, S. 432 f.
[21] Horst Petri sieht so z.B. bei den Männern bzw. Vätern die Hauptverantwortung für das »unaufhaltsam anwachsende destruktive Potential«, das auch erbarmungslos gegen Kinder eingesetzt wird. Vgl. Horst Petri: Umweltzerstörung und die seelische Entwickung unserer Kinder. Stuttgart 1992, S. 145 ff.
[22] Vgl. Mechthild Cordes / Elke Begander: Berufsbezogene Weiterbildung: Gleichstellungsarbeit für Frauen. Die Frauenfrage. Tübingen 1993, S. 5.
[23] Vgl. ebd., S. 75. Geschlecht wird in diesem Zusammenhang nicht als biologische Kategorie im Sinne des englischen »sex« verwendet, sondern als soziale Zuschreibung im Sinne des englischen »gender«.
[24] Vgl. hierzu prinzipiell: Tordis Batscheider: Friedensforschung und Geschlechterverhältnis. Zur Begründung feministischer Fragestellungen in der kritischen Friedensforschung. Marburg 1993.
[25] Dies trifft auch auf rechtsextremistisch motivierte Straftaten zu. Während Frauen im rechten Spektrum mit ca. 30 Prozent vertreten sind, verüben sie »nur« ca. 3,7 Prozent der Strafttaten. Vgl. Sonja Balbach »Wir sind auch die kämpfende Front«. Frauen in der rechten Szene. Hamburg 1994, S. 14.
26 Vgl. Franz Petermann / Ulrike Petermann: Training mit aggressiven Kindern. Einzeltraining, Kindergruppen, Elternberatung. Weinheim 1991, S. 10.
[27] Dieter Schnack / Rainer Neutzling: Kleine Helden in Not. Jungen auf der Suche nach Männlichkeit. Reinbek 1990, S. 37.
[28] Allerdings muß berücksichtigt werden, daß »die Rechte« kein einheitliches Frauenbild besitzt und auch die Frauen, die sich in dieser Szene bewegen, ihre Rolle selbst sehr verschieden interpretieren. Sie reicht dabei von »Häkeln fürs Vierte Reiche« (wie die Frauenzeitschrift Brigitte titelte) bis zur emanzipierten »Kampfgefährtin«. Vgl. Balbach, a.a.O., S. 14 ff.
[29] »Die Kategorie MittäterInnenschaft erfaßt den individuellen und im Prinzip vermeidbaren Beitrag zu einem kollektiven Handlungszusammenhang, in dem Gewalt ausgeübt wird, die als Unrecht gegenüber Opfern erkennbar ist. Die Kategorie verbindet das gewachsene Gespür für die Unrechtmäßigkeit von Gewalt mit dem Ziel, objektive und subjektive Bedingungen verantwortungsbewußten Handelns zu erklären.« Hanne-Margret Birckenbach: »MittäterInnenschaft« als politikwissenschaftliche Kategorie in der Friedensforschung. In: Regine Mehl (Hrsg.): Am Ende der Marginalisierung? Ausgewählte Beiträge des ersten Symposiums des Netzwerks Friedensforscherinnen: Integration Europas – friedensfähig oder patriarchal? Bonn 1992, S. 43.
Vgl. Christina Thürmer-Rohr: Aus der Täuschung in die Ent-täuschung. Zur Mittäterschaft von Frauen. In: Beiträge zur feministischen Theorie und Praxis 8. Gegen welchen Krieg – für welchen Frieden? Köln 1983, S. 11 ff.
[30] Gegen die These von der Mittäterinnenschaft der Frauen wird vor allem eingewandt, daß Mittäterinnenschaft ein Begriff sei, der Frauen auf die Anklagebank bringe, dort aber eigentlich die Männer sitzen müßten. Sowie, daß dieser Begriff zu sehr dem Täter-Opfer-Denken verhaftet sei. Als alternative Bezeichnungen werden Mitläufertum, Mitwisserschaft, Mitverantwortlichkeit oder Mitschuld vorgeschlagen. Vgl. ebd.
[31] Vgl. Tordis Batscheider / Susanne Lange / Ilse Petry: Kriegerische Männer –

Friedliche Frauen. Friedensforschung aktuell, Ausgabe 24, Winter 1990, Frankfurt 1990.
[32] Vgl. Thürmer-Rohr, a.a.O, S. 13 ff.
[33] Batscheider, a.a.O., S. 6.
[34] Vgl. ebd.
[35] Vgl. C. Holzkamp / B. Rommelspacker: Frauen und Rechtsextremismus. In: Päd extra & demokratische Erziehung, Heft 1/1991, S. 36 f. Hanne-Margret Birckenbach schlägt vor, den Begriff MittäterInnenschaft als politikwissenschaftliche Kategorien in die Friedensforschung zu entwerfen, da er geeignet sei, die Erforschung von Problemen friedenspolitischer Willensbildung zu entwickeln. Damit könnten sowohl feministische Ansätze in die Friedensforschung integriert werden als auch Reflexivität über das eigene Handeln und der damit verbundenen Verantwortung geschaffen werden. Vgl. Birckenbach, a.a.O., S. 33 ff.
[36] »In Zusammenhang kollektiver Gewalt von MittäterInnenschaft zu sprechen, ist nur berechtigt, sofern die Individuen prinzipiell die Möglichkeit haben, staatlich organisierte Gewalt zu verhindern.« Vgl. Birckenbach, a.a.O., S. 50.
[37] Vgl. ebd., S. 41.
[38] Cordes / Begander, a.a.O., S. 44 f.

Pädagogische Modelle und Maßnahmen zum Umgang mit Gewalt und Konflikten

Der Umgang mit Aggression und Gewalt

Der konstruktive Umgang mit den eigenen aggressiven und gewalttätigen Tendenzen sowie die Suche nach gewaltfreien Reaktionsmöglichkeiten gegenüber aggressiven Personen und Situationen gehören zu den zentralen Herausforderungen für die Friedenserziehung. Beides beinhaltet sowohl eine aktuelle, auf situatives Handeln bezogene wie auch eine langfristig präventive Dimension, muß im sozialen Umfeld verankert sein und möglichst durch gesellschaftspolitische Initiativen begleitet werden.

Im *persönlichen Bereich* bedeutet dies die Auseinandersetzung mit den eigenen aggressiven Impulsen und Phantasien, die Reflexion des eigenen Handelns in gewaltträchtigen Situationen sowie die Förderung eines alternativen Verhaltensrepertoires, das den Rückgriff auf gewalttätige Handlungen nicht mehr für notwendig erscheinen läßt. Im *institutionellen Bereich* geht es um das Erkennen und Beseitigen von aggressionsfördernden Organisationsbedingungen, Strukturen und baulichen Maßnahmen. In den *gesellschaftlichen und internationalen Bereichen* muß die eigene Reaktion auf gesellschaftliche und staatliche Gewalt wahrgenommen und verstanden sowie Empathie für die Opfer entwickelt und praktiziert werden, um die Folgen von Gewalt abmildern bzw. beheben zu können. Letztlich heißt Umgang mit dieser Gewaltdimension auch, daß die politischen und gesellschaftlichen Strukturen so zu verändern sind, daß sie keine Gewalt mehr hervorbringen.

Hierzu lassen sich eine Reihe von allgemeinen Grundsätzen benennen:

Wahrnehmung von Verhaltensimpulsen und Situationsdefinitionen: Eine differenzierte Wahrnehmung von Verhaltensweisen und -impulsen kann verhindern, daß »neutrale Reize« bereits als Aggression oder Gewalt empfunden werden. So werden z.B. von aggressiven Kindern oder Jugendlichen schnelle Bewegungen oft als Angriff gewertet oder es ist ihnen nicht möglich, zwischen absichtlicher Schädigung und unbeabsichtigten Handlungen zu unterscheiden.

Aggressivem Verhalten geht oft die Wahrnehmung und Interpretation einer Situation als feindlich, gefährlich und damit die eigenen Interessen bedrohend voraus. Deshalb ist es notwendig, eine differenzierte Wahrnehmung zu trainieren.

Auseinandersetzung mit dem eigenen Aggressionspotential: Selbst ausgeübte Gewalt wird gerade von Personen, die eigentlich Gewalt ablehnen, häufig mit dem Schutz von Schwächeren vor der Mißhandlung, der Gefährdung durch Stärkere oder auch einer aufgezwungenen Selbstverteidigung (Notwehr) legitimiert.

Solche Gewaltformen sollten jedoch nicht als unproblematisch und selbstverständlich gehalten und verteidigt werden, sondern sind durchaus auch als Folge eigener latenter Gewaltsamkeit bzw. eines überraschend entdeckten persönlichen Gewaltpotentials zu identifizieren. Die Aufgabe muß hier sein, zu lernen, mit eigenen aggressiven Impulsen in Konfliktsituationen so umzugehen, daß eine willentliche Steuerung des eigenen Verhaltens ermöglicht wird. Dies setzt eine genaue Beobachtung und Kenntnis der eigenen Person voraus.

Das Spannungsverhältnis zwischen dem eigenen Selbstbild eines mehr oder weniger aggressionsfreien oder doch zumindest aggressionskontrollierten Individuums und der Wahrnehmung des eigenen Aggressionspotentials muß nicht nur ausgehalten werden, sondern sollte Ansporn für eine produktive Bearbeitung sein.

Aggressive Verhaltensweisen nicht zum Erfolg führen lassen: Aggressives Verhalten dient häufig dem Erreichen von Zielen. Deshalb

---

Jetzt stehe ich dazu

»Hast du das bereut eigentlich, daß du dem eine aufgelegt hast?«
»Ja, sicher, aber nachher habe ich gemerkt, das ist Wirklichkeit, das ist Tatsache, das ist passiert, dann habe ich es nicht mehr bereut.«
»Glaubst Du, daß das falsch war?«
»Jetzt bin ich der Meinung, daß es kein Richtig und Falsch gibt. Es gibt nur Situationen, dazu muß ich stehn, oder Situationen, dazu stehe ich nicht. Wenn ich als Erwachsener dazu stehe, ziehe ich auch die Konsequenzen daraus. In dem Richtig und Falsch sehe ich immer eine Beurteilung: ›Der ist schuld...‹.«
»Wenn du das beziehst auf deine Situation – hast du damals für dich richtig gehandelt?«
»Ja, jetzt stehe ich dazu, nur damals war ich völlig entsetzt. Jetzt stehe ich dazu, weil ich merke, das ist ein Teil von mir, damals habe ich so gehandelt, damals war das eine wichtige Handlung von mir.«[1]

sollten andere Mittel angeboten werden, mit denen die Ziele erreicht werden können. Dies setzt jedoch voraus, daß das Handlungsziel des anderen klar ist. Gerade im Bereich von Gewalthandlungen läßt das zu beobachtende Verhalten nicht immer ohne weiteres auf die angestrebten Ziele schließen. So ist z.b. bekannt, daß eine Reihe von Jugendlichen vor allem deshalb brutale Überfälle auf Ausländerwohnheime unternommen haben, um in der Medienberichterstattung aufzutauchen.

Anwendung von Gewalt eindeutig verurteilen: Aggressive und gewalttätige Verhaltensweisen, die ohne negative Konsequenzen und Mißbilligung bleiben, stellen eine Aufforderung dar, dieses Verhalten zu wiederholen. Aggression und Gewalt muß auf allen Ebenen eindeutig verurteilt und sanktioniert werden. Besonders problematisch erscheint, daß Aggression und Gewalt, die von Staatsorganen bzw. im Auftrag des Staates angewandt wird, anders beurteilt wird als individuelle Gewalttätigkeit.

Möglichkeiten der angemessenen Selbstbehauptung anbieten: Die (Über)Lebensfähigkeit eines Individuums in einer Gesellschaft hängt auch davon ab, eigene Bedürfnisse und Interessen verfolgen und auch durchsetzen zu können. Voraussetzung um Zivilcourage zu zeigen oder den eigenen Standpunkt zu behaupten ist dabei Kommunikationsfähigkeit, sowie ein gewisses Maß an Durchsetzungsvermögen. Damit ist ein spezifischer sozialer Antrieb gemeint, der häufig als »konstruktive Aggression« bezeichnet wird. Möglichkeiten der angemessenen Selbstbehauptung zu erlernen und einzuüben bedeutet, konstruktive Formen der Konfliktbewältigung zu erwerben, bei denen nicht nur die eigenen Interessen, sondern auch die der Anderen gesehen werden.

Neben diesen allgemeinen Grundsätzen zum Umgang mit Aggression und Gewalt gibt es inzwischen Erfahrungen, Vorschläge und Modelle, wie in besonderen Situationen auf Aggression und Gewalt reagiert werden kann bzw. welche präventiven Maßnahmen sinnvoll sind. Diese Erfahrungen und Vorschläge sind in der Regel sehr spezifisch und nur begrenzt verallgemeinerbar, da sie sich auf jeweils konkrete Handlungsfelder beziehen.

Das Trainingsprogramm von Franz und Ulrike Petermann: Kinder mit ihren Aggressionen nicht allein lassen

Das von dem Bremer Ärzteehepaar Petermann entwickelte Training mit aggressiven Kindern beruht im wesentlich auf Elementen der Verhaltensmodifikation, des Rollenspiels, des Beziehungsaufbaus und der familienbezogenen Beratung.[2] Vor dem Hintergrund von lerntheoretischen Annahmen wurde dieses Modell speziell für 7-13jährige Kinder entwickelt und beansprucht in der Regel sechs bis acht Monate Zeit. Da davon ausgegangen wird, daß kindliche Aggression durch die Umwelt des Kindes und speziell seiner Familie mitbedingt ist, werden die Eltern in das Training einbezogen. Bei ihrem Trainingsprogramm gehen die Petermanns realistischerweise davon aus, daß weder Eltern noch Kinder ganz freiwillig zu ihnen kommen, sondern daß häufig die Schule oder das Jugendamt nachdrücklich auf einer »Behandlung« bestehen.

Parallel zu dem fortschreitenden Abbau aggressiven Verhaltens wird kooperatives, helfendes und einfühlsames Handeln eingeübt. Als Voraussetzung hierfür erscheint es notwendig, daß das Kind Situationen und Probleme differenziert wahrnimmt sowie ein Mindestmaß an motorischer Ruhe besitzt. Die Notwendigkeit, aggressiv zu reagieren, wird auch allein schon dadurch verringert, daß das Kind lernt, sich angemessen selbst zu behaupten. Durch die Fähigkeit zur Selbstkontrolle werden darüber hinaus Hemmungspotentiale gegenüber Aggression geschaffen.[3]

Eine Vielzahl konkreter Übungen, die sich auf die sozialen Lernbereiche »Aufmerksamkeit«, »Gedächtnis«, »motorische Reproduktion« und »Motivation« beziehen, bilden den eigentlichen Inhalt des Trainings. Grundlage des Lernprozesses ist dabei die vertrauensvolle Beziehung des Kindes zum Therapeuten. In jeder Trainingsphase werden die verwendeten Übungen, Materialien und Medien (z.B. Autogenes Training, Selbstbeobachtungsbögen, Videofilme, Geschichten, Texte, Bilder usw.) speziell der Situation des jeweiligen Kindes angepaßt. Das Training ist also nach dem Baukastenprinzip gegliedert, bei dem Elemente ausgelassen hinzugefügt und individuell modifiziert werden können.

Die Arbeit mit dem Kind gliedert sich in das Einzeltraining (6-8 Stunden mit dem Therapeuten alleine), das Kennenlernen in der Kindergruppe (2-4 Stunden, in denen sich die Kindergruppe ohne Anleitung durch den Therapeuten trifft) und das Gruppentraining (drei bis vier Kinder üben in sechs bis zehn Sitzungen über Rollenspiele neues

Verhalten ein). Die Elternberatung bzw. die familienbezogene Beratung umfaßt insgesamt sechs Treffen. Wenn von seiten der Schule Kooperationsbereitschaft besteht, werden auch LehrerInnen in die Anfangs- und Endphase des Trainings einbezogen. Bei allen Kindern, die das Programm unter kontrollierter Bewertung absolvierten, zeigte sich, daß die aggressiven Verhaltensweisen (wie z.B. Boxen, Treten, Schlagen) weniger wurden und die kooperativen, kompromißbereiten Verhaltensweisen zunahmen.[4]

Das Konstanzer Trainingsmodell: Lehrerfortbildung zum Umgang mit Aggression

Für den schulischen Bereich wurde von einer Forschungsgruppe an der Universität Konstanz das »Konstanzer Trainingsmodell« (KTM)[5] entwickelt. Dieses auf die Schule bezogene Modell geht davon aus, daß jede/r LehrerIn bewußte und unbewußte Wissensbestände und (Alltags-) Theorien über Störungen im Unterricht und aggressive SchülerInnen besitzt und aufgrund dieser Theorien auch handelt. Hierzu gehören auch unausgesprochene, eher gefühlsgeleitete Annahmen und intuitive Überzeugungen. Deshalb stehen im Zentrum dieses Ansatzes nicht einzelne isolierte Lehrfertigkeiten, sondern die individuellen, im Verlauf der gesamten Sozialisation gewonnenen »Theorien«, Wissensbestände und Annahmen über aggressives, störendes Schülerverhalten und den angemessenen Umgang damit.

Das Trainingsmodell setzt bei den für den einzelnen Lehrer als problematisch (störend, belastend) empfundenen Unterrichtssituationen und Interaktionen an. Diese Situationen werden zum Ansatzpunkt des individuellen Trainings gemacht. Im Rahmen des Trainings werden dem Lehrer gezielt Hilfen für den Umgang mit derartigen Situationen angeboten. Die einzelnen Trainingselemente werden dabei direkt vom Lehrer ausgewählt. Diese beinhalten sowohl die kognitive Vermittlung neuer Wissensbestände zum Umgang mit aggressiven oder störenden Unterrichtssituationen als auch Anregungen und Elemente bereits bestehender und erprobter Lehrerfortbildungsverfahren. Ein entscheidender Ansatz dieses Trainings ist das »Tandem«. D.h. jede/r TeilnehmerIn an diesem Trainingsmodell sucht sich eine KollegIn, mit dem er/sie gemeinsam das Training durchführt. Mit diesem festen Trainingspartner werden nicht nur Verhaltensweisen und Situationen reflektiert, sondern auch gegenseitige Unterrichtsbesuche abgehalten.

Die verschiedenen Trainingselemente beziehen sich u.a. auf die Veränderung von Wahrnehmungsstrategien, von individuellen Erklä-

rungsmustern und Zieldimensionen aggressiven Verhaltens. Sie sollen desweiteren die Kommunikations- und Handlungsfähigkeit vergrößern und flexibler gestalten, indem z.B. für folgende Handlungsbereiche konkrete Hilfen angeboten werden:[6]
1. *Unerwünschtem Verhalten begegnen:* z.B. ignorieren, stoppen oder abbrechen durch direktes Eingreifen in die Situation; bereits im Keim ersticken durch entsprechendes nonverbales Verhalten.
2. *Negative Anreize vermindern:* z.B. überflüssige unangenehme Erfahrungen vermeiden, kein aggressives Modell bieten oder Unklarheiten im Unterrichtsverlauf und -stil vermeiden.
3. *Positive Anreize anbieten:* z.B. für Sachmotivierung und lernbezogene Abwechslung sorgen, Lernsituationen übersichtlicher gestalten, positives Verhaltensmodell bieten, Schüler ermutigen, gegenseitiges Einfühlen erlernen.
4. *Grundhaltungen (bei sich und bei den Schülern) verändern:* z.B. Störungen und Ärgernisse entdramatisieren, resignative Haltung angesichts von Aggressionen überwinden, aggressive Modelle kritisch sehen lernen.
5. *Erwünschtes Verhalten fördern:* z.B. kooperative Ansätze hervorheben, Umgang mit zwischenmenschlichen Konflikten und mit aggressiven Gefühlen üben, angemessen kommunizieren lernen.

Sich selbst schützen: Das Verhalten in Bedrohungssituationen einüben

Um gewalttätigen Übergriffen nicht völlig schutzlos ausgeliefert zu sein, haben verschiedene Aktionsgruppen Vorschläge und Verhaltensregeln für solche Situationen erarbeitet und als Kurzanleitung ver-

---

Verhalten in Bedrohungssituationen

Vorbereiten: Bereite Dich auf mögliche Bedrohungssituationen seelisch vor: Spiele Situationen für dich allein und im Gespräch mit anderen durch.
Ruhig bleiben: Panik und Hektik vermeiden und möglichst keine hastigen Bewegungen machen, die reflexartige Reaktionen herausfordern könnten.
Aktiv werden: Wichtig ist, sich von der Angst nicht lähmen zu lassen. Eine Kleinigkeit zu tun ist besser, als über große Heldentaten nachzudenken.

> *Gehe aus der Dir zugewiesenen Opferrolle!* Wenn Du angegriffen wirst, flehe nicht und verhalte Dich nicht unterwürfig. Sei Dir über Deine Prioritäten im klaren und zeige deutlich, was Du willst. Ergreife die Initiative, um die Siutation in Deinem Sinne zu prägen.
> *Halte den Kontakt zum Gegner/Angreifer!* Stelle Blickkontakt her und versuche, Kommunikation auszubauen bzw. aufrechtzuerhalten.
> *Reden und Zuhören!* Teile das Offensichtliche mit, sprich ruhig, laut und deutlich. Höre zu, was Dein Gegner bzw. der Angreifer sagt.
> *Nicht drohen oder beleidigen!* Mache keine geringschätzigen Äußerungen über den Angreifer. Versuche nicht, ihn einzuschüchtern, ihm zu drohen oder Angst zu machen. Kritisiere sein Verhalten, aber werte ihn nicht persönlich ab.
> *Hole Dir Hilfe!* Sprich nicht eine anonyme Masse an, sondern einzelne Personen. Dies gilt sowohl für Opfer als auch für Zuschauerinnen und Zuschauer, die eingreifen wollen.
> *Tue das Unerwartete!* Falle aus der Rolle, sei kreativ und nutze den Überraschungseffekt zu Deinem Vorteil aus.
> *Vermeide möglichst Körperkontakt!* Wenn Du jemandem zu Hilfe kommst, vermeide es möglichst, den Angreifer anzufassen, es sei denn, Ihr seid zahlenmäßig in der Überzahl, so daß Ihr jemanden beruhigend festhalten könnt. Körperkontakt ist in der Regel eine Grenzüberschreitung, die zu weiterer Aggression führt. Wenn möglich, nimm lieber direkten Kontakt zum Opfer auf.[8]

öffentlicht. Dabei wird übereinstimmend hervorgehoben, daß eine mögliche Flucht (Weglaufen) immer besser ist als eine direkte Konfrontation. Doch gibt es auch Situationen, in denen diese unausweichlich ist. Solche Verhaltensregeln bedürfen natürlich nicht nur der Diskussion und Ausdifferenzierung, sondern vor allem der Einübung in Rollenspielen und konkreten Übungen. Dies wird seit Jahren vor allem von Gewaltfreien Aktionsgruppen und Trainerkollektiven in Gewaltfreier Aktion[7] angeboten.

Sich gewaltfrei einmischen: Vorschläge zur gewaltfreien Nachbarschaftshilfe

Gewaltfreie Nachbarschaftshilfe[9] ist als Reaktion auf die zunehmende rechtsextreme Gewalt entstanden. Sie versteht sich zum einen als präventive Strategie zur Aktivierung von BewohnerInnen eines Stadtteils gegen Ausländerfeindlichkeit und Gewalt, zum andern aber auch als Möglichkeit der gewaltfreien Intervention bei Gewalttaten. Der Grundgedanke ist, daß der Schutz ausländischer MitbürgerInnen sich nur wirksam organisieren läßt, wenn es gelingt, die nächste Wohnumgebung, die NachbarInnen dafür zu gewinnen, der Gewalt sichtbar und öffentlich entgegenzutreten. Der Schutz soll dabei von den BürgerInnen nicht über die Köpfe der Betroffenen hinweg, sondern in Absprache und Kooperation mit ihnen organisiert werden. In speziellen Workshops setzen sich dann die beteiligten Personen mit der Organisation einer solchen Nachbarschaftshilfe sowie mit möglichen Verhaltensweisen in Bedrohungssituationen auseinander. Das von einem Tübinger Trainerkollektiv entwickelte Workshop-Konzept geht nach vier aufeinander aufbauenden Schritten vor: [10] Die TeilnehmerInnen sollten erst durch eine kurze theoretische Einführung mit einigen Möglichkeiten kreativer Erwiderungen auf Gewalt im Alltag

Die sieben Schritte der Nachbarschaftshilfe

1. AnwohnerInnen (deutsche und ausländische) in der Nachbarschaft/ der Straße/im Stadtviertel werden persönlich angesprochen und darum gebeten, beim Schutz bedrohter Personen (vor allem AusländerInnen, AussiedlerInnen, Flüchtlingen, farbigen Deutschen) mitzuwirken.
2. Die betroffenen Personen werden gebeten mitzuteilen, in welcher Bedrohungssituation sie sich erleben und in welcher Weise sie eine nachbarschaftliche Unterstützung als erwünscht ansehen würden.
3. Darüber hinaus können Veranstaltungen in kleinem Rahmen mit bedrohten Personenkreisen über deren Alltag und über Erlebnisse mit Fremdenhaß weiteren, bislang sich zurückhaltenden Personen Begegnungen und Kontaktaufnahme ermöglichen.
4. Alle, die sich zur Mitarbeit entschlossen haben, richten einen regelmäßigen Informationsaustausch ein. Dabei werden die vorhandenen Fähigkeiten und Mittel, die einen Schutz ermöglichen, zusammengetragen.
5. Wenn Personen bekannt sind oder werden, von denen Gefahr ausgeht oder ausgehen könnte, sollte Kontakt mit ihnen aufgenommen werden.
6. Einrichtung eines nachbarschaftlichen Alarmsystems zum Beispiel:
   - Telefonkette;
   - Verabreden von akustischen Signalen (z.B. Luftdrucksirene, Trillerpfeifensignale);
   - »Spaziergänger« mit der Aufgabe, zu bestimmten Zeiten auf der Straße zu sein, um so Aufmerksamkeit und Öffentlichkeit zu signalisieren. Diese »Spaziergänger« müssen auf ein gewaltfreies Verhalten in Konflikt- und Bedrohungssituationen vorbereitet werden.
7. An die Polizei und andere Behörden sollten die eigenen Erwartungen formuliert bzw. auch Zusammenarbeit vereinbart werden. [11]

vertraut gemacht werden. Im zweiten Schritt soll dann ein/e TeilnehmerIn schildern, wie sie mit einer gewalttätigen Situation konfrontiert wurde. Die geschilderte Situation wird dabei durch zahlreiche klärende Rückfragen ausgeleuchtet. Bislang gescheiterte Lösungsversuche werden dabei ebenso betrachtet wie die mitverantwortlichen strukturellen Ursachen.

Im dritten Schritt werden verschiedene Handlungsvorschläge gesammelt, die für zukünftige Situationen vielleicht eine Hilfe sein könnten. Es wird darauf geachtet, daß auch Vorschläge, die auf den ersten Blick unkonventionell, etwas gewagt oder gar unrealistisch bis utopisch erscheinen, nicht sofort wieder unterdrückt werden. Diese Ansätze weden gesichtet und mit dem Betroffenen kurz diskutiert.

Der vierte Schritt besteht in einer Serie von Rollenspielen, in denen immer wieder dieselbe Situation mit verschiedenen Lösungsansätzen durchgespielt wird, gefolgt von einer Auswertung über die Vor- und Nachteile der verschiedenen Lösungsversuche, ihren Stärken und ihren Mängeln, sowie ihrem Stellenwert auf der Suche nach wirklich gewaltfreien Alternativen der Konfliktlösung.

Gewaltsituationen begrenzen: Deeskalationsstrategien im Umgang mit rechtsextremen Jugendlichen

Deeskalationsstrategien zielen darauf ab, gewaltträchtige Situationen nicht weiter eskalieren und die aufgeheizte Stimmung abkühlen zu lassen. Diese Strategien wurden vor allem in Zusammenhang mit (Fußball-)Fanprojekten und im Rahmen der akzeptierenden Jugendarbeit entwickelt. Um einen Deeskalationsprozeß einleiten zu können, sind eine Reihe von Voraussetzungen und Verhaltensweisen notwendig:[12]

- Es müssen Kontakte zu den potentiell gewalttätigen Jugendlichen vorhanden sein bzw. aufgebaut werden.
- Potentiell gewalttätige Jugendliche sollten in eigenen Projekten betreut werden, wie dies z.B. bei Fanprojekten oder im Rahmen von Street-Work möglich ist.
- Diese Projekte müssen von politischer Propaganda freigehalten werden.
- Sie dürfen nicht als Ausgangspunkt für Gewaltakte verwendet werden.
- Es muß bereits bei der Planungen von Aktivitäten Einfluß auf die Jugendlichen genommen werden.
- Potentiell sich befehdende Gruppen müssen bei Veranstaltungen räumlich getrennt werden (wie dies z.B. inzwischen in den großen

Stadien bei Fußballspielen der Fall ist).
- Kontakte zu den Medien sollen bewirken, daß diese durch ihre Berichterstattung das öffentliche Klima nicht emotionalisieren oder gar »anheizen«.
- Die zuständigen staatlichen Organe müssen strafbare Handlungen unmißverständlich verfolgen.
- Das Umfeld der Jugendlichen darf Gewalt nicht tolerieren.

Gewalt als Kommunikationsform erkennen: Handlungsmöglichkeiten im Umgang mit gewalttätigen Psychiatrie-Patienten

Auf dem Hintergrund langjähriger Erfahrungen im Umgang mit gewalttätigen Psychiatriepatienten haben MitarbeiterInnen der psychiatrischen Universitätsklinik Bern folgende Regeln zum Umgang mit Gewalttätigkeiten formuliert:[13]

- Gewalttätigkeit ist eine Form von Kommunikation, eine recht verzweifelte Form, weil andere Mittel nicht zur Verfügung stehen. Ziel der Bemühungen ist es daher, mit dem Patienten in eine nichtschlagende Kommunikation zu treten.
- Gewalttätig wird, wer überfordert ist, wer den Überblick verliert, wer mit konventionellen Mitteln nicht zum Ziel gelangt. Es gilt also, soziale Verhaltensweisen, Gesichtszüge, Gesten detailliert wahrzunehmen um den Kontext einer Situation richtig zu erfassen und zu deuten. Wir achten auf eine genügende Beleuchtung im Raum, damit der Patient unsere Gesichtszüge erkennen kann und merkt, daß wir ihm gut gesinnt sind. Störende und ablenkende Lärmquellen wie Radio oder Straßenlärm durchs offene Fenster schalten wir aus, damit der Patient hört, was wir sprechen.
- Gewisse Patienten fühlen sich bedroht, wenn wir ihnen zu nahe treten. Wir achten also auf genügend Abstand, und wir lassen ihnen den Fluchtweg offen. Bisweilen – wenn wir uns selbst bedroht fühlen – ist es besser, uns selber den Fluchtweg offen zu lassen.
- Einer Gewalttätigkeit geht meistens eine symmetrisch eskalierende Beziehung voraus, in der zwei Beteiligte je auf ihrem Standpunkt beharren und immer lauter und immer beharrlicher darauf pochen, recht zu haben. Bisweilen gelingt es, dem Patienten recht zu geben, mindestens ein Thema oder einen Aspekt der Sache zu finden, in dem der Patient recht hat. Man erlaubt ihm damit, das Gesicht zu wahren. Wenn es zwischen einem Patienten und einem Betreuer zu einer Eskalation gekommen ist, dann dürfen notwendig

werdende Zwangsmaßnahmen nicht von dem bei der Eskalation beteiligten Betreuer vorgenommen werden, sonst kann es zu Gewaltausbrüchen kommen.
- Umgang mit Gewaltausbrüchen verlangt von allen Mitarbeitern Solidarität: Beim respektvollen Umgang mit den Gefühlen der KollegInnen, aber auch beim gemeinsamen Setzen von Grenzen, beim gemeinsamen Tragen von Entscheidungen.
- Es gibt Techniken, die bisweilen erfolgreich sind beim Umgang mit Erregten und Gewalttätigen:
  - »Die Bescherung betrachten.« Ich versuche, mich in die Haut des Patienten zu versetzen, die Situation durch seine Augen zu betrachten. Vielleicht schimpfe ich mit ihm eine Weile über sein Schicksal, über das wenige Geld, über Nebenwirkungen oder was ihn sonst bedrückt.
  - »Emotionales Erleben verbalisieren.« Ich versuche, mich in die Situation des Patienten einzufühlen und sie in Worte zu kleiden, dem Erleben des Patienten Ausdruck zu geben.
  - »Verstecken wir unsere Angst nicht!« Ich stehe ganz offen zu meiner Angst und ordne sie auch genau zu, d.h. ich bitte einen Patienten, ein bestimmtes Verhalten aufzugeben, weil er mir damit Angst macht.
  - »Die Ebene wechseln!« Bisweilen gelingt es, den Patienten abzulenken von dem Thema, das seine ganze Aufmerksamkeit in Beschlag nahm und das seine Wut auslöste. Hier können Techniken des »Ja, aber ...« und des »Ja, und außerdem noch ...« sehr hilfreich sein.
  - Patienten auffordern, nochmals zu wiederholen, was er eben gesagt hat. Damit unterbricht man den spontanen Ablauf, holt den Patienten aus der Regression heraus und bringt ihn zum Reflektieren.
  - Daran denken, daß Frauen in der Psychiatrie eher seltener angegriffen werden als Männer: Frauen wirken weniger bedrohlich. Als Mann frage ich mich also, wodurch ich bedrohlich wirke.
- Prophylaktische Maßnahme: Es sollte routinemäßig nach Aggressionsimpulsen gefragt werden sowie nach Art, Ort, Zeit des Auftretens, nach der Richtung und danach, wie der Patient damit umgeht.
- Wichtige Regeln: Unbedingt sich selber schützen – keine Heldentaten! Daran denken, daß Gewalt auch von uns ausgeht, wenn wir »Nein« sagen, Patienten einsperren oder zwangsbehandeln.

Sensibilisierung und Umorientierung: Trainingskurse für junge Gewalttäter

Seit 1987 wird im Hamelner Jugendvollzug ein Anti-Aggressivitäts-Training für gewalttätige Wiederholungstäter angeboten, an dem bis 1993 74 Skinheads, Hooligans und andere Schläger teilgenommen haben.[14] Als Vorbild dienen dabei pädagogische Maßnahmen für schwarze Gang-Jugendliche im US-Strafvollzug. Der Grundgedanke dieses Anti-Aggressivitäts-Trainings ist nicht einfühlsame Therapie, sondern Konfrontation und Provokation der aggressiven Jugendlichen. In wöchentlich zwei je vierstündigen Sitzungen, an denen 6-8 Jugendliche über ein halbes Jahr teilnehmen, wird versucht, den Tätern Betroffenheit über Gewalt zu vermitteln. Die Faszination der Gewalt zu begreifen und zu erschüttern und auf diesem Hintergrund mit den eigenen Gewaltimpulsen umgehen zu lernen, ist dabei das Ziel des Trainings.

Dies wird versucht durch Konfrontation mit den möglichen Folgen des eigenen Handeln sowie durch Einfühlungsvermögen in die Situation der Opfers. Verlangt und trainiert wird auch die Distanzierung von der alten Schlägerclique per Telefon oder per Brief. In Gruppensitzungen werden z.B. mit Hilfe des »heißen Stuhls« (einer aus der Gestalttherapie entlehnten Methode) Provokationstests von leichten Belästigungen bis zu aggressivitätsauslösenden Provokationen durchgeführt. Diese Tests zielen darauf ab, die Erregungsschwelle des Einzelnen zu erhöhen, sie aber nicht zu überschreiten.

»Das Erzeugen von Betroffenheit, das Infragestellen von Gewaltrechtfertigungen, das Einmassieren der Opferperspektive in den Kopf des rechtsorientierten Gewalttäters ermöglichen einen Umdenkungsprozeß im Rahmen des Anti-Aggressivitäts-Trainings.«[15]

Doch es gibt auch Kritiker des Modells, wie der Kriminologieprofessor Pfeiffer.[16] Er sieht vor allem die Gefahr, daß die Erfolge des Anti-Aggressions-Training im Gefängnis Jugendrichter zu einer freizügigeren Verhängung von Freiheitsstrafen verführen könnten, anstatt vorbeugende Maßnahmen in Freiheit zu entwickeln, um so überhaupt Gewaltkarrieren zu verhindern.

Der Umgang mit Konflikten

Konflikte sind integraler Bestandteil jeglichen Zusammenlebens. Da Konflikte häufig als Kampfsituationen wahrgenommen werden, die gewonnen werden müssen,[17] entfaltet sich oft eine innere Konfliktdynamik, die eine friedliche, konstruktive und gewaltfreie Regelung nicht mehr möglich macht. Dabei ist die Einstellung, daß der eigene Gewinn nur durch den Verlust des Gegners zu erzielen sei (sogenanntes Nullsummenspiel) weit verbreitet. Untersuchungen über das Verhalten von Menschen in Konfliktsituationen haben gezeigt, daß eine Mehrheit der Versuchspersonen dazu neigt, den eigenen Vorteil durch immer intensiveren Einsatz oder striktes Beharren auf der eigenen Position wahrzunehmen und dies selbst dort, wo sich Mißerfolge abzuzeichnen begannen. Dieses Verhaltensmuster wurde begleitet durch eine fortschreitende Einschränkung der Wahrnehmungs- und Entscheidungsfähigkeit.[18]

Die neun Stufen der Konflikteskalation

1. Verhärtung: Die Standpunkte verhärten sich und prallen aufeinander, aber es besteht noch die Überzeugung, daß die Spannungen durch Gespräche lösbar sind. Noch keine starren Parteien oder Lager.
2. Debatte: Polarisation im Denken, Fühlen und Wollen, Schwarz-Weiß-Denken, Sichtweise von Überlegenheit und Unterlegenheit.
3. Taten: »Reden hilft nichts mehr«. Strategie der vollendeten Tatsachen. Die Empathie geht verloren, Gefahr von Fehlinterpretationen.
4. Images Koalitionen: Die Parteien manövrieren sich gegenseitig in negative Rollen und bekämpfen sich. Werbung um Anhänger.
5. Gesichtsverlust: Öffentliche und direkte Angriffe, die auf den Gesichtsverlust des Gegners zielen.
6. Drohstrategien: Drohung und Gegendrohung. Konfliktbeschleunigung durch Ultimatum.
7. Begrenzte Vernichtungsschläge: Der Gegner wird nicht mehr als Mensch gesehen. Begrenzte Vernichtungsschläge als »passende« Antwort. Umkehrung der Werte. Ein kleiner eigener Schaden wird bereits als Gewinn bewertet.
8. Zersplitterung: Zerstörung und Auflösung des feindlichen Systems als Ziel.
9. Gemeinsam in den Abgrund: Totale Konfrontation ohne einen Weg zurück. Die Vernichtung des Gegners zum Preis der Selbstvernichtung wird in Kauf genommen.[20]

»Konflikte beeinträchtigen unsere *Wahrnehmungsfähigkeit* und unser *Denk- und Vorstellungsleben* so sehr«, schreibt der Leiter von Konfliktseminaren, Friedrich Glasl, »daß wir im Lauf der Ereignisse die Dinge in uns und um uns herum nicht mehr richtig sehen. Es ist so, als würde sich unser Auge immer mehr trüben; unsere Sicht auf uns und die gegnerischen Menschen im Konflikt, auf die Probleme und Geschehnisse wird geschmälert, verzerrt und völlig einseitig. Unser Denk-und Vorstellungsleben folgt Zwängen, deren wir uns nicht hinreichend bewußt sind.«[19]

Konflikte werden auch heute noch durch verschiedene »traditionelle« Methoden zu lösen bzw. zu regeln versucht,[21] deren Wirkungslosigkeit längst augenscheinlich geworden ist.[22] Hierzu gehören u.a. Zwangs-, Einschüchterungs- und Drohstrategien, durch die Konfliktparteien unter Ankündigung von Sanktionen gezwungen werden sollen, ihre Feindseligkeiten einzustellen. Auch der Appell an bestimmte ethischen Werte und Überzeugungen, die von den Konfliktparteien nicht in Frage gestellt werden, zielt darauf ab, wenigstens eine weitere Eskalation des Konfliktes zu verhindern. Die Trennung der Konfliktparteien oder aber auch die Bewältigung gemeinsamer Aufgaben wird immer wieder versucht, um neue Sichtweisen des Konfliktes zu ermöglichen.[22]

Diese Strategien mögen zwar eine situative Abkehr von der offenen Konfliktaustragung bewirken, sie leisten jedoch keinen Beitrag um die Konfliktursachen zu bearbeiten.

Grundsätzliche Anforderungen an konstruktive Konfliktlösungen

Die Möglichkeiten der Konfliktbearbeitung hängen von der Art des Konfliktes[24] sowie von dessen Eskalationsstufe ab. Desweiteren muß bedacht werden, ob es sich um Konflikte zwischen Einzelpersonen, zwischen Gruppen oder Institutionen im gesellschaftlichen Nahbereich oder auf gesamtgesellschaftlicher oder gar internationaler Ebene handelt, sowie, ob der Konflitk latent vorhanden oder bereits manifest ausgebrochen ist.

Die folgenden Aussagen über den Umgang mit Konflikten beziehen sich zunächst auf soziale Konflikte, die in Form einer Interaktion zwischen verschiedenen Akteuren bestehen. Unvereinbarkeiten im Denken, Fühlen, Wollen und Handeln werden so erlebt, daß sie als Beeinträchtigung durch den anderen gesehen werden.[25]

Der Umgang mit Konflikten kann darauf ausgerichtet sein, im Sinne einer präventiven Strategie der Entstehung von Konflikten vorzubeugen oder er kann sich auf das Handeln in Konfliktsituationen beziehen. Letzteres kann bedeuten, das Konfliktpotential als solches zu entschärfen, den Verlauf eines Konfliktes möglichst gewaltarm zu steuern

oder auch die Folgen des Konfliktes für alle Beteiligten abzumildern.[26] Mit das schwierigste Unterfangen ist es, die strukturellen Ursachen eines Konfliktes zu beseitigen, also eine entgültige Auflösung der Differenzen und Spannungen der Konfliktparteien zu erreichen.[27]
Für eine Konfliktbearbeitung unter friedenspädagogischen Gesichtspunkten sind eine Reihe prinzipieller Prämissen entscheidend:
Die grundsätzliche Sichtweise für Konfliktlösungen ändern: Konflikte sollten nicht unter dem Aspekt von eigenem Gewinn und gegnerischem Verlust betrachtet, sondern unter dem des anzustrebenden gemeinsamen Gewinns gesehen werden. D.h. der Konflikt wird von Anfang an mit dem Ziel ausgetragen, daß beide Konfliktparteien ihre Ziele partiell erreichen können.[28]
Auf Androhung und Einsatz von Gewalt verzichten: Die herkömmlichen Kommunikationsmuster der Drohung und Beschuldigung müssen abgelöst werden durch kooperative Muster des Verstehens und Erklärens.[29] Eine unabdingbare Voraussetzung für eine Deeskalierung und eine konstruktive Konfliktlösung ist es, keine Gewalt anzudrohen oder anzuwenden.
Die eigene Wahrnehmung nicht als die alleinige richtige vertreten: Da die Einschränkung einer differenzierten Wahrnehmungsfähigkeit ein typisches Kennzeichen von eskalierenden Konflikten ist, ist es

notwendig, die eigene Wahrnehmung und damit auch verbunden die Interpretation der Ereignisse nicht absolut zu setzen, sondern einer Überprüfung und Korrektur zu unterwerfen und damit auch die eigenen Anteile am Konflikt zu erkennen. Die Bereitschaft hierfür ist bereits ein wichtiger Schritt zur Anerkennung von Rechten der anderen Konfliktpartei.

Eine Dritte Partei einbeziehen: Die Überprüfung der Wahrnehmung kann am ehesten durch die Einbeziehung einer unabhängigen Dritten Partei geschehen. Diese kann als Vertrauensinstanz für beide Seiten dazu beitragen, eine gemeinsame Sicht der Dinge zu erreichen. Doch dies ist nicht ausreichend, der Wille zu einer kooperativen Lösung muß hinzukommen.

Gemeinsame Gespräche statt vollendete Tatsachen: Die Schaffung von Tatsachen wirkt sich auf den weiteren Konfliktverlauf in der Regel eskalierend aus, da die Gegenseite diese nicht ohne Gesichtverlust hinnehmen kann. Um gemeinsame Gespräche realisieren zu können, sind in bestimmten Situationen Vorgespräche notwendig. Sie dienen dazu, den Weg für solche Verhandlungen zu ebnen und haben den Vorteil, vom Druck des Erfolgs entlastet zu sein. Gemeinsame Gespräche können in vielerlei Formen geführt werden. In Form von

»Runden Tischen« haben sie in den letzten Jahren Eingang in die politische Kultur gefunden. *Lösungen an den Interessen aller Beteiligten und denen, die die Folgen zu tragen haben, orientieren:* Konfliktlösungen dürfen nicht durch die Interessen der stärkeren Partei diktiert werden. Sie müssen so geartet sein, daß sie möglichst allen Parteien Vorteile verschaffen und damit nicht wiederum Ausgangspunkt für neue Konflikte sind. Darüberhinaus haben sie auch einen Beitrag zum Abbau von struktureller Gewalt zu leisten und müssen sich an ethischen Maßstäben messen lassen. Angestrebt wird eine rationale Konfliktaustragung anstelle einer unkontrollierten Konflikteskalation.[30]

Der Umgang mit Konflikten sieht je nach Konflikttyp und Konfliktebene sehr verschieden aus. Allen friedenspädagogisch relevanten Umgangs- und Lösungsmethoden ist gemein, daß sie bewußt auf den Einsatz von Gewalt und Drohstrategien verzichten und stattdessen auf der Verhandlungs- und Kooperationsebene eine Lösung anstreben. Hierfür liegen zahlreiche Erfahrungen vor, die immer wieder in Handlungsanweisungen umgemünzt wurden. Im folgenden werden deshalb sowohl prinzipielle Ansätze als auch solche »Kurzanleitungen« vorgestellt.

Fragen zum Umgang mit Konflikten

- Worum geht es? Welches ist die eigentliche Streitfrage?
- Wer sind die Konfliktparteien?
- Über welche Unterstützung bzw. Einflußmöglichkeiten verfügen die Konfliktparteien?
- Wie ist der Konflikt entstanden, wie hat er sich (aus der Sicht der jeweiligen Kontrahenten) entwickelt?
- Läßt sich die Streitfrage in Teilprobleme auflösen?
- Welches sind die hinter der offenen Streitfrage liegenden Probleme und Interessen?
- Warum und wozu begeben sich die Konfliktparteien in den Konflikt? Was wollen sie damit gewinnen? Was setzen sie dafür ein?
- Wie lassen sich die Ziele der verschiedenen Konfliktparteien legitimieren?
- Wo gibt es Gemeinsamkeiten, was ist das Trennende?
- Was soll gemeinsam bearbeitet werden?
- Wie kann die eigene Sichtweise der Dinge überprüft werden?
- Wie kann eine gemeinsame Sicht des Konfliktes erreicht werden?
- Soll eine neutrale dritte Person oder Instanz hinzugezogen werden? Wessen Wunsch ist dies?
- Ist eine weitere Zuspitzung notwendig, um an den Kern des Konfliktes heranzukommen?
- Wie können die Kommunikationskanäle offengehalten werden?
- Wie läßt sich eine symmetrische, d.h. sich gegenseitig als gleichwertig anerkennende Kommunikation herstellen?
- Lassen sich (zumindest zeitlich begrenzt) bestimmte Verhaltensregeln, die deeskalierend wirken, vereinbaren?
- Welche Formen der Kooperation sind denkbar, welches Maß an Konfrontation ist notwendig?
- Wie läßt sich der mögliche Konfliktverlauf prognostizieren?
- Lassen sich die Ursachen des Konfliktes beseitigen oder nur dessen Austragung regeln?
- Lassen sich die angewandten Mittel des Konfliktaustrages rechtfertigen?
- Welche Arten von Lösungen sind vorstellbar? Wer entwickelt Lösungsvorschläge?
- Entspricht die angestrebte Lösung allgemein akzeptierten Wertmaßstäben?

Zum Umgang mit Konflikten auf der persönlichen Ebene

Auf der individuellen Ebene gibt es eine Vielzahl von Anleitungen zum Konfliktaustrag, die je nach der wissenschaftlichen Orientierung der AutorInnen eher verhaltenstherapeutisch, psychoanalytisch oder interaktionistisch gestaltet sind und in der Regel aus den Bereichen Partnerschaftstraining bzw. Ehe- und Familienberatung stammen.[31] Solche Anleitungen basieren sehr häufig auf den grundlegenden Erkenntnissen der Kommunikationsforschung und wenden diese konsequent für Konfliktsituationen an. Ein Beispiel für »Merksätze« zum Umgang mit Konflikten sind folgende Regeln:[32]

1. Das Problem sofort ansprechen: Nicht zu lange abwarten, wenn ungute Gefühle sich aufstauen. Möglichst in der Situation oder kurz danach, wenn Gelegenheit dazu ist, das Problem ansprechen.

2. In der Ich-Form sprechen: Je mehr ich bei Konflikten von meinen Gefühlen und meinen Empfindungen spreche, um so besser lernt mich mein Gegenüber kennen und verstehen. In einer Streitsituation »ich« anstatt »du« zu sagen, hat noch einen weiteren Vorteil: Ich muß Farbe bekennen und mir selbst klar werden, was ich nun eigentlich möchte. Meine Offenheit fördert zudem die Offenheit der andern.

3. Sich nicht unterbrechen: Ich lasse mein Gegenüber ausreden und höre aufmerksam zu, ohne sie/ihn zu unterbrechen. Dabei achte

ich insbesondere auf Gefühle, Bedürfnisse, Interessen, die sie/er äußert. Ich versuche, die Interessen, Bedürfnisse, Gefühle der anderen herauszuhören und darauf einzugehen.

4. Mein Gegenüber direkt ansprechen und dabei anschauen: Wenn ich etwas mitteilen oder loswerden möchte, spreche ich die betreffende Person direkt an. Also nicht zur ganzen Gruppe sprechen, wenn nur eine/r gemeint ist.

5. Eine gemeinsame Problemsicht finden: Worum geht es bei dem Streit? Wo werden von mir die Ursachen, wo werden sie von meinem/r KonfliktpartnerIn gesehen? Ist es möglich, eine gemeinsame Problemsicht zu finden?

6. Beim Thema bleiben: Ich bleibe beim Problem, für das ich meine Lösung suche. Ich lasse auch nicht zu, daß mein/e KonfliktpartnerIn von einem Thema zum anderen springt.

7. Beschuldigungen und Verletzungen vermeiden: Gegenseitige Vorwürfe bringen keine Klärung und Lösung des Problems, sondern verhärten die Fronten.

Umgang mit Konflikten in Gruppen

Für den Umgang mit Konflikten in Gruppen soll hier exemplarisch die von Lutz Schwäbisch und Martin Siems empfohlene Vorgehensweise

dargestellt werden.³³ Es handelt sich dabei um einen gruppendynamischen Ansatz, der vor allem die Kommunikationsebene thematisiert. Damit in einer Gruppe Konflikte angemessen gelöst werden können, muß Vertrauen in die Gruppe vorhanden sein. Im konkreten Konfliktgespräch müssen zunächst die Verschiedenheiten akzeptiert und Verständnis für die verschiedenen Interessen vermittelt werden. Erst wenn alle GruppenteilnehmerInnen verstehen, worum es eigentlich geht, sollte an Lösungen gedacht werden.
Schwäbisch/Siems schlagen folgendes Schema für ein konkretes Konfliktgespräch vor:³⁴

1. Anmeldungen der Störungen: Ein Gruppenmitglied spricht davon, was es in der Gruppe stört. Es soll dabei seine Gefühle direkt ausdrücken und den anderen Gruppenmitgliedern keinen Vorwurf und kein schlechtes Gewissen für seine Störung machen.

2. Sammlung der verschiedenen Meinungen zu dem Streitpunkt: Die anderen Gruppenmitglieder stellen nun ihre Meinungen dar. Dabei sollen alle diese verschiedenen Einstellungen zu dem Konfliktpunkt additiv nebeneinandergestellt werden, das heißt mit der Haltung: »Du bist der Meinung, und ich bin dieser Meinung.« Die Gruppenmitglieder sollten darauf achten, daß sie nicht das Spiel spielen: »Meine Meinung ist besser als deine.«

3. Herausarbeiten der Hintergrundbedürfnisse: Das Gruppenmitglied, das zunächst seine Störung geäußert hat, erhält die Gelegenheit, seine Bedürfnisse weiter zu klären und alle seine Gefühle zu äußern, die mit dem Punkt zusammenhängen. Auch die anderen Gruppenmitglieder sollten ihre Hintergrundbedürfnisse klären können. Wichtig ist dabei, daß zunächst nicht an Lösungen gedacht wird und es in dieser Phase nur darum geht, erst einmal zu hören und zu verstehen, was denn die verschiedenen Motive und Interessen sind. Dabei ist es das Beste, wenn alle Gruppenmitglieder partnerzentriert reagieren, wenn ein Gruppenmitglied sich öffnet.

4. Formulierung von Wünschen: Alle Gruppenmitglieder formulieren ihre Störungen und ihren Ärger in Wünsche um. Diese Wünsche müssen ganz konkret sein, so daß die anderen auch Stellung dazu nehmen können.

5. Brainstorming über mögliche Lösungen: Alle Gruppenmitglieder nehmen an einem Brainstorming teil, bei dem alle möglichen Lösungs-

möglichkeiten aneinandergereiht werden, ohne daß sie auf ihre Praktizierbarkeit untersucht werden. Es soll also kein Vorschlag kritisiert werden und so viele Vorschläge wie möglich aufgezählt werden. Diese können lustig oder unsinnig sein; dadurch wird die Phantasie angeregt. Die Gruppe erlebt, daß es auch bei unterschiedlichen Interessen entspannt zugehen kann – auf diese Weise können kreative Lösungen gefunden werden.

6. Bemühungen, eine Lösung zu finden, die alle zufriedenstellt: Die Gruppe bemüht sich, sich auf eine Lösung zu einigen, die alle oder die meisten Gruppenmitglieder befriedigt. Die Wahrscheinlichkeit für »gute« Lösungen ist jetzt recht groß, da die Gruppenmitglieder sich verstanden fühlen und im Laufe des Konfliktgesprächs gemerkt haben, daß die anderen ihre Interessen wichtig nehmen und darüber nachdenken. Sie sind deswegen auch selbst bereit, sich auf Kompromisse zu einigen – zumal jetzt die sachlichen Gesichtspunkte realistischer aufgenommen werden können.

Umgang mit Konflikten im gesellschaftlichen Bereich
Leitfaden zur Analyse politischer Konflikte
Um konstruktive Lösungen für Konflikte erarbeiten zu können, müssen diese zunächst in ihren Grundlagen, Ausformungen und Eskalationsstufen analysiert werden. Erst vor dem Hintergrund dieser Analyse läßt sich der Konflikt nicht nur verstehen, sondern es lassen sich auch alternative Lösungswege suchen. Die folgenden Lewitfragen wurden von der Berliner Friedensforscherin Ulrike C. Wasmuht entwickelt: [35]

1. Konfliktbeschreibung: Wie heißt das Konfliktthema? Worum handelt es sich inhaltlich? Warum handelt es sich hier um einen Konflikt? Handelt es sich um einen Mikro- oder Makrokonflikt? Handelt es sich um einen Konflikt, bei dem die Konfliktparteien auf der gleichen Ebene stehen (symmetrischer Konflikt) oder verfügen sie über unterschiedliche Macht- und Einflußbereiche (asymetrischer Konflikt)? Um welche Analyseebene geht es: den interpersonellen, den sozialen (politischen), den internationalen Konflikt? Welche Dimensionen von Gewalt sind in Bezug auf die Konfliktaustragungsformen und die Konfliktfolgen zu erkennen?

2. Konfliktgeschichte: Welche strukturelle Ursache hat der konkrete Konflikt? Ist dieser Konflikt nur ein Symptom, ein Ausdruck für einen tieferliegenden gesellschaftlichen Konflikt? Welche gesellschaftlichen Faktoren haben diesen Grundkonflikt produziert und ermöglicht? Wie sieht die Geschichte dieses Grundkonfliktes aus?

Welche konkreten Ursachen hat der aktuelle Konflikt? Was war der auslösende Faktor? Wo und in welchem Zeitraum findet der Konflikt statt? Wer ist beteiligt? Welche Interaktionen, welche Konfliktaustragungsformen gibt es zwischen den konfligierenden Parteien? Gibt es interessierte dritte Parteien, die vermitteln? Welche Eskalationsstufen gab und gibt es im Konfliktgeschehen?

3. Konfliktzusammenhang: Wie hängen die strukturellen Ursachen mit dem aktuellen Konflikt – vom Allgemeinen zum Besonderen – zusammen? Welche Rolle spielen einzelnen Personen oder Gruppen? Welches Beziehungsgefüge besteht zwischen den gesellschaftlichen (politischen) Strukturen einerseits und dem Enstehen und Austrag des aktuellen Konflikts andererseits? Welche Beziehungen bestehen zwischen den direkt betroffenen, den indirekt betroffenen KonfliktakteurInnen, den parteiischen und den unparteiischen Dritten?

4. Konfliktparteien: Wer sind die beteiligten Konfliktparteien, die einen entscheidenden Einfluß auf das Konfliktgeschehen haben? Direkt betroffene Personen und/oder Gruppen, deren Ziele unvereinbar und die direkt im Konfliktgeschehen involviert sind, um ihre Ziele durchzusetzen.

Wie sind sie betroffen und was hängt für sie vom Konfliktergebnis ab? Indirekt betroffene Personen und/oder Gruppen, die nicht direkt am Konflikt beteiligt sind, aber von den Konfliktfolgen berührt werden. Interessierte, nicht-neutrale dritte Parteien, die für eine Konfliktpartei votieren und ein Interesse daran haben, daß diese ihre Ziele erreicht. Interessierte, neutrale dritte Personen, die ein Interesse daran haben, im Konflikt zu vermitteln, ihn auf gewaltfreie Weise zu regeln und ein Konfliktergebnis zu erzielen, das nicht zum Nachteil für eine der konfligierenden Parteien gereicht.

5. Konfliktorientierung: Um welche Art von Konflikt handelt es sich? Handelt es sich um einen inhaltsorientierten Konflikt, bei dem es um eine konkrete Sache geht? Handelt es sich um einen wertorientierten Konflikt, bei dem es darum geht, was sein sollte? Handelt es sich um einen interessenorientierten Konflikt, bei dem es z.B. um die Verteilung knapper Ressourcen geht? Handelt es sich um einen machtorientierten Konflikt, bei dem es darum geht, Macht- und Herrschaftsverhältnisse zu klären? Handelt es sich um einen nicht-rational orientierten Konflikt, bei dem unbewußte psychische Motive eine wesentliche Rolle spielen?

6. Konfliktdynamik: Hier muß nochmals die Konfliktentwicklung unter dem Aspekt der Wechselwirkung zwischen den strukturellen und den aktuellen Konfliktursachen untersucht werden. Die einzelnen Eskalationsstufen werden in Bezug auf die Einflußnahme der einzelnen

AkteurInnen, auf die Konfliktpolarisierung sowie die sich verändernde gegenseitige Wahrnehmung (Feindbildaufbau) analysiert.
7. Praktizierte Konfliktregelung: Wie wird der Konflikt ausgetragen? Welche Regelungen wurden gefunden? Welche Konfliktfolgen gibt es bzw. sind zu erwarten? Warum sind die praktizierten Konfliktregelungsmuster abzulehnen?

Konsensorientierte Argumentation
Unter konsensorientierter Argumentation wird eine Argumentation verstanden,
- deren Gegenstand nicht die Verteidigung oder Durchsetzung der je eigenen Position gegen die eines Widersachers ist;
- sondern deren Gegenstand die Verteidigung der Grundannahme darstellt, daß es eine für alle Konfliktparteien tragfähige Lösung des Konfliktes gibt – und daß diese gefunden werden kann.

Die argumentative Konfliktbearbeitung,[36] die von dem Konstanzer Friedensforscher Wilhelm Kempf entwickelt wurde, wird nicht als ein Prozeß gegenseitiger Konkurrenz aufgefaßt, sondern als Prozeß der Kooperation. Dies hat wesentliche Auswirkungen auf die Kommunikation, Wahrnehmungen, Einstellungen und Aufgabenorientiertheit der Konfliktparteien:
- Prozesse der Kooperation sind durch eine offene und aufrichtige Kommunikation charakterisiert, während Konkurrenzprozesse oft durch mangelnde oder irreführende Kommunikation geprägt werden.
- Prozesse der Kooperation erhöhen die Sensitivität für Ähnlichkeiten und gemeinsame Interessen, während Konkurrenzprozesse die Sensitivität für Unterschiede und Gefahren schärfen.
- Prozesse der Kooperation führen zu einer vertrauensvollen, freundlichen Einstellung der Parteien zueinander und erhöhen die Bereitschaft, hilfreich auf die Nöte und Bitten des anderen einzugehen. Konkurrenzprozesse führen dagegen zu einer mißtrauischen, feindseligen Einstellung und erhöhen die Bereitschaft, die Bedürfnisse des anderen auszubeuten.
- Prozesse der Kooperation ermöglichen es den TeilnehmerInnen auf beiden Seiten, divergierende Interessen als gemeinsames Problem anzugehen, das durch gemeinsame Anstrengungen gelöst werden kann. Konkurrenzprozesse verleiten dagegen zu der Ansicht, daß die Lösung eines Konfliktes nur eine Lösung sein kann, welche die eine Seite der anderen aufdrängt.

Es gibt mindestens drei Ansatzpunkte für eine konstruktive Verände-

rung von Konflikten:[37]
1. Der Konflikt kann durch handelndes Eingreifen verändert werden, durch welches auf die Milieubedingungen Einfluß genommen wird, auf denen der Konflikt beruht. So kann man z.b. versuchen, Verteilungskonflikte durch eine Steigerung der Produktivität zu lösen.
2. Der Konflikt kann durch die Ausbildung eines neuen Situationsverständnisses verändert werden. So kann man z.b. die Knappheit von Ressourcen als ein gemeinsam zu lösendes Problem ansehen und die ursprüngliche Konkurrenzsituation als Kooperationsaufgabe neu definieren.
3. Der Konflikt kann dadurch verändert werden, daß andere Situationsaspekte handlungsrelevant werden. So kann man z.b. nicht mehr die Frage stellen, ob in einem Verteilungskonflikt auch wirklich alle gleich viel bekommen und stattdessen fragen, ob jede/r das bekommt, was er/sie braucht.

Mediation

Mediation[38] wurde in den 60er Jahren in den USA als Vermittlungsverfahren in Konflikten entwickelt und in der Folgezeit vor allem in Scheidungsverfahren, als Täter-Opfer-Ausgleich bei Strafverfahren oder in Umweltkonflikten angewendet. Es ist ein Verfahren das sowohl im persönlichen Bereich, im Bereich von Gruppen als auch im gesellschaftlichen Bereich mit Erfolg eingesetzt werden kann. Von der Friedensbewegung wurde »Mediation« Ende der achtziger Jahre »entdeckt« und für die Anforderungen bei der Vermittlung in politischen Konflikten modifiziert.

Mediation geht davon aus, daß Konfliktparteien alleine oft überfordert sind und nicht zu einer befriedigenden Lösung kommen, während das Vorhandensein einer »Dritten«, unabhängigen Partei hilfreich und anspornend für einen Lösungsprozeß sein kann.

Die wichtigsten Merkmale des Mediationsverfahrens sind:[39]
- die informelle, außergerichtliche Ebene;
- die Freiwilligkeit der TeilnehmerInnen;
- Selbstbestimmung in Bezug auf Vorgehen und Ergebnisse;
- die Einbeziehung aller Konfliktparteien;
- die Einbeziehung der Gefühlsebene;
- die Anwesenheit der vermittelnden ModeratorInnen;
- die Achtung und Akzeptanz der Konfliktpartner durch die MediatorInnen;
- der Wille zur (begrenzten) Kooperation.

Ziel des Meditationsprozesses ist es, eine Lösung in Form einer verbindlichen Vereinbarung für alle Konfliktparteien zu finden und auch umzusetzen. Um dies zu erreichen, sollen die Konfliktparteien die Verantwortung für den Verlauf und das Ergebnis übernehmen lernen. Bei der konkreten Durchführung des Vermittlungsgespräches werden Techniken aus der Beratungsarbeit, der Gesprächstherapie und der Kommunikationsforschung angewendet. Solche Techniken beziehen sich auf den Umgang miteinander (z.B. ausreden lassen, keine Beleidigungen usw.), auf das Herausarbeiten der je spezifischen Sichtweise und der Interessen der Konfliktparteien, auf die Einbeziehung von Gefühlen sowie auf die Entwicklung von Lösungsmöglichkeiten.

Die ModeratorInnen müssen dabei von allen Konfliktparteien akzeptiert sein und keine eigenen Interessen mit dem Konfliktausgang verbinden. Sie sollen im Vermittlungsprozeß Machtungleichgewichte ausgleichen helfen, den Konfliktparteien bei der Artikulation ihrer Sichtweise behilflich sein, den Vermittlungsprozeß in Gang halten sowie darauf achten, daß keine unrealistischen Vereinbarungen abgeschlossen werden.

Mediationsverfahren sind nicht bei allen Konflikten sinnvoll und anwendbar. Sie sind dann angezeigt, wenn genügend Zeit für ein Vermittlungsverfahren zur Verfügung steht, die beteiligten Parteien eine Lösung wollen und bisherige direkte Verhandlungen nicht zu einem Ergebnis geführt haben.

Die Gewaltfreie Aktion
Gewaltfreie Aktion[40] ist eine Form der gesellschaftlichen und politischen Auseinandersetzung und des Konfliktaustrages, die auf der Grundhaltung der Gewaltfreiheit beruht. Sie ist mehr als die bloße Ansammlung von Aktionsmethoden, die zur Erreichung von Zielen eingesetzt werden und beinhaltet die Utopie einer gerechten, sozialen, sich frei entfaltenden und herrschaftsfreien Gesellschaft. Bei einer Gewaltfreien Aktion wird Gewalt gegen Personen und Sachen bewußt vermieden. Zentral ist die Verknüpfung von Mittel und Ziel sowie die Erarbeitung konstruktiver Alternativen zu den bekämpften Mißständen. Dabei wird die prinzipielle Wandelbarkeit des Gegners unterstellt und damit auch zwischen Personen (als zu überzeugende Menschen) und Rollen (Funktionen) unterschieden. Der Erfolg der Gewaltfreien Aktion beruht jedoch nicht nur auf Überzeugung, sondern ganz wesentlich auch auf der Ausübung von Druck, Zwang und Gegenmacht. Ein wichtiges Ziel der gewaltfreien Aktion ist es, bislang unbeteiligte Bürger bzw. Bevölkerungsteile zur Stellungnahme zu bewegen, sie zu

mobilisieren und für die eigene Sache zu gewinnen. Gewaltfreie Aktion meint dabei nicht eine einmalige Aktion, sondern ein zielgerichtetes politisches Einflußnehmen mit Hilfe aufeinander aufbauender Aktionsformen. Diese Aktionsformen reichen von Formen der Öffentlichkeitsarbeit über Verhandlungsstrategien bis zum Übertreten von als ungerecht angesehenen Gesetzen (Zivilem Ungehorsam). Die klassischen Formen der Gewaltfreien Aktion, wie Streiks, Boykotts, Go-ins, Ziviler Ungehorsam usw. wurden von Mahatma Gandhi im indischen Unabhängigkeitskampf sowie von Martin Luther King in der amerikanischen Bürgerrechtsbewegung entwickelt und erprobt. Seitdem wurden und werden diese Methoden bei zahllosen gesellschaftlichen Konflikten, bei denen es um die Durchsetzung von Menschenrechten oder um die Verhinderung von menschengefährdenen Projekten geht, angewendet.

Umgang mit Konflikten auf der internationalen Ebene

Einige der genannten Modelle für Konfliktbearbeitung finden auch auf der internationalen Ebene Anwendung. So sind zum Beispiel im Verlauf des Nahost-Konfliktes wiederholt Vermittler eingesetzt worden, um

---

Nichtmilitärische Konfliktbearbeitung

»Was unter *nichtmilitärischer Konfliktbearbeitung* zu fassen ist, läßt sich am besten durch die Antwort auf die dreigeteilte Fragen nach dem Was, dem Wer und dem Wozu bestimmen:
– *Sie umfaßt* die Hilfe beim Aufbau politischer und sozialer Institutionen der Problemlösung sowie der Kompromiß- und Konsensbildung mittels wechselseitiger Information, Vermittlung und Dialog; sie umfaßt ferner den Einsatz von Machtmitteln und Zwangsmaßnahmen in Form von Boykott und Embargo. Ausgeschlossen sind die Androhung und Anwendung direkter Gewalt sowie Maßnahmen zu deren Unterstützung.
– *Sie wird ausgeübt* von zivilen Personen, Institutionen und Initiativen, die ein Interesse an der friedlichen Konfliktbewältigung artikulieren; dies können sowohl unmittelbar am Konflikt beteiligte Akteure sein oder solche, die als eine außenstehende, sogenannte Dritte Partei agieren. Regierungen und Regierungsorganiationen bzw. ihre VertreterInnen kommen ebenso infrage wie Nichtregierungsorganisationen und ihre RepräsentantInnen. Ausgeschlossen sind jedoch Soldaten bzw. das Militär.
– *Sie hat zum Ziel*, durch Gewaltprävention bzw. Gewaltbeendigung die Bedingungen für tragfähigen Frieden zu verbessern.[41]

informell überhaupt die notwendigen Gesprächsfäden zwischen den beteiligten Konfliktparteien herzustellen und eine Verständigung über Konflikt- oder Verhandlungsgegenstand, über die Formen der Konfliktbearbeitung oder gar die Konfliktlösungen zu ermöglichen. So gelang es 1978 dem amerikanischen Präsidenten Jimmy Carter, nicht nur durch außenpolitischen Druck, sondern auch durch intensive Vermittlung zwischen Ägypten und Israel, die Bereitschaft zur Unterzeichung des Camp-David-Abkommens zu erreichen. Und nur durch die geduldige und einfühlsame Vermittlungsarbeit norwegischer DiplomatInnen ist es zuletzt ermöglicht worden, 1994 die Unterzeichnung des Gaza-Jericho-Abkommens herbeizuführen.[42]

Vermittlung als ein Instrument der friedlichen Streitbeilegung existiert in Form der Schiedsgerichtsbarkeit bereits seit dem Altertum.[43] Auf der Haager Friedenskonferenz 1899 wurden die sog. Guten Dienste, die Vermittlung durch Dritte, die Einsetzung von Untersuchungskommissionen und der ständige Schiedsgerichtshof in Den Haag als Institutionen der Konfliktbearbeitung völkerrechtlich festgeschrieben. Durch den Völkerbund und vor allem im Rahmen der Vereinten Nationen oder der KSZE wurden weitere Elemente hinzugefügt.

Als niedrigste Form der Einflußnahme von Dritten gelten die *Guten Dienste*, wobei sich eine neutrale dritte Partei anbietet, den gestörten Dialog zwischen den Konfliktparteien wiederherzustellen. Dies kann z.B. durch die Zurverfügungstellung neutraler Räumlichkeiten oder durch Schutzgarantien für die beteiligten Personen geschehen. Im Rahmen von Verhandlungen werden eine Reihe weitere Formen von Interventionen durch Dritte praktiziert, die oftmals ineinander übergehen. Bedeutsam ist zum Beispiel die *problemlösungsorientierte Beratung* im Rahmen von Workshops oder Runden Tischen. Dabei geht es noch nicht um die Präsentation eigener Vorschläge durch die dritte Partei, dies kann erst in einer weiteren Stufe, der eigentlichen *Mediation*, sinnvoll sein.

In der »Agenda für den Frieden«, die der UN-Generalsekretär Boutros-Ghali im Juni 1992 vorgelegt hat, wird der Ausbau des völkerrechtlich schärfsten Instrumentes nichtmilitärischer Formen der Konfliktbearbeitung vorgeschlagen, nämlich die Stärkung des Haager Gerichtshofes.

Eine andere Form der Konfliktbearbeitung sind *Internationale Regime*. Regime werden definiert als Übereinkünfte zwischen Staaten mit dem Ziel, nationale Handlungen innerhalb eines Problemfelds zu regulieren. Regime definieren die Reichweite erlaubten staatlichen Handelns nach Maßgabe expliziter Anordnungen. In der Friedensforschung wurden eine ganze Reihe von internationalen Regimen identifiziert, denen die Wirkung zukommt, auf der Grundlage allgemein anerkannter Prinzipien und Normen, Konflikte zwischen Staaten dauerhaft verregelt zu machen. Sie trugen somit dazu bei, die Staatenbeziehungen zu »zivilisieren«. Als Beispiele werden häufig die vertrauens- und sicherheitsbildenden Maßnahmen in Europa, das Nichtverbreitungsregime für Atomwaffen oder das Regime zur Reinhaltung der Ostsee genannt.

Ein wichtiges Ergebnis der Forschung ist, daß solche zivilen Methoden der Konfliktbearbeitung auch schwere Krisenzeiten wie (z.b. den sogenannten Zweiten Kalten Krieg 1979 bis 1986) unbeschadet überstanden haben. Allerdings läßt sich beobachten, daß sich internationale Regime sehr schwer in Bereichen herausbilden, die entweder die Souveränität von Staaten (z.b. in Fragen der Herrschaft und der Sicherheitspolitik) in Frage stellen oder in denen es keine gegenseitige

---

Acht Prinzipien für eine Konfliktlösung

MitarbeiterInnen der Stiftung für Friedens- und Zukunftsforschung in Schweden haben angesichts des Krieges in Jugoslawien acht Prinzipien entwickelt, um Konflikte zu verstehen und zu lernen, gewaltfreie Lösungsmöglichkeiten zu finden.
1. *Interessen:* Versuche Interessen zu erkennen und begnüge Dich nicht mit offiziellen Erklärungen!
2. *Menschen:* Unterscheide zwischen den Menschen und dem Problem!
3. *Optionen:* Überlege Dir viele Handlungsmöglichkeiten, bevor Du Dich entscheidest, was zu tun ist. Durchdenke nicht nur Deinen eigenen Schritt, sondern eine Reihe von möglichen Schritten und Gegenbewegungen!
4. *Kriterien:* Achte darauf, daß das Ergebnis allgemein verbindlichen Kriterien genügt!
5. *Wahrheit:* Es gibt mehrere Wahrheiten: Deine, ihre und vielleicht eine weitergehende.
6. *Mittel:* Beachte die Einheit von Mittel und Ziel!
7. *Prämissen:* Halte Dich an Prinzipien und baue darauf Deine eigene Strategie auf. Verfolge nur solche Ziele, die sowohl für Dich wie für die andere Seite gut sind, auch wenn die andere Seite sich nicht entsprechend verhält!
8: *Macht:* Macht ist die Fähigkeit, die eigenen Ziele zu erreichen, nicht andere zu bestrafen![44]

Abhängigkeit gibt. Unter welchen Bedingungen Regime entstehen, wie diese Bedingungen erzeugt werden können und inwieweit Regime Auswirkungen auf die Gesamtbeziehungen von Staaten über das verregelte Problem hinaus haben, sind Fragen, denen sich die Forschung derzeit widmet.[45]

Mehr als je zuvor wird schließlich die Notwendigkeit anerkannt, daß auch für internationale Konflikte Lösungsansätze von »unten« mehr an Bedeutung gewinnen sollten. Angesichts des konkreten Leidens von Millionen Menschen in den Kriegs- und Krisengebieten haben viele FriedensaktivistInnen und -expertInnen den Schluß gezogen, daß es notwendig ist, eine Infrastruktur der friedlichen Konfliktbearbeitung zu entwickeln. Dieses Konzept setzt erstens auf die Entwicklung der zivilen Gesellschaft, zweitens auf Kommunikation, Information, Vermittlung und Empowerment (Kompetenzerwerb) und drittens auf die Vernetzung verschiedener gesellschaftspolitischer Ebenen: lokale Friedens- und Menschenrechtsgruppen, transnational agierende Friedensinitiativen und Nicht-Regierungsorganisationen (NGOs), internationale Organisationen und aufgeschlossene PolitikerInnen in den Regierungen und Parlamenten. »Ein solches Konzept delegiert die Friedensaufgabe nicht an einen Akteur (den Staat), sondern setzt auf die Vielfalt der Akteure in vielen Ländern (auf BürgerInnen, Interessengruppen, unabhängige Institutionen, transnationale und internationale Organisationen). Es versteht Frieden als transnationale Gesellschaftspolitik im ›fremden‹ wie im ›eigenen‹ Land, die auf die Sicht aller Betroffenen – einschließlich der Asylsuchenden, Kriegsflüchtlinge, Deserteure und oppositionellen Kräfte – Rücksicht nimmt. Friedenspolitik wird dadurch nicht bequemer. Im Gegenteil, die Ansprüche an die Verantwortungsbereitschaft von BürgerInnen wachsen.«[46]

Anmerkungen

[1] Reiner Steinweg: Gewalt in der Sicht von Beamten und Angestellten. Manuskript 1993, S. 15. Vgl. auch: Ders.: Gewalt in der Stadt. Wahrnehmungen und Eingriffe. Das Grazer Modell. Münster 1994.
[2] Vgl. Franz Petermann / Ulrike Petermann: Training mit aggressiven Kindern. Einzeltraining, Kindergruppen, Elternberatung. Weinheim 1991. In diesem Band ist das gesamte Trainingsprogramm mit den verschiedenen Materialien enthalten.
[3] Vgl. Ebd., S. 15. ff.
[4] Vgl. Ariane Barth: »Ich gegen meinen Bruder«. Über Aggression und Zivilisation. In: Der Spiegel, Nr. 3/1994, S. 90.
[5] Kurt-Christian Tennstädt u.a.: Das Konstanzer Trainingsmodell. Neue Wege im Schulalltag: Ein Selbsthilfeprogramm für zeitgemäßges Unterrichten und Erzie-

hen. Band 1: Trainingshandbuch. Bern u.a. 2. Aufl. 1990. Kurt-Christian Tennstädt: Das Konstanzer Trainingsmodell (KTM) Band 2: Theoretische Grundlagen, Beschreibung der Trainingsinhalte und erste empirische Überprüfung. Bern u.a. 1987.

[6] Ebd. S. 58.

[7] Solche Trainings werden u.a. angeboten von der Gewaltfreien Werkstatt Baden, dem Bund für Soziale Verteidigung und dem Fränkischen Bildungswerk für Friedensarbeit.

[8] Dieses Konzept wurde von Milan / Graswurzelrevolution entworfen. In: Forum buntes Deutschland, Nr. 4/1993, S. 5. Vgl. auch: Han Horstink: Ohne Gewalt gegen Gewaltkriminalität. Selbstverteidigung mit oder ohne Gewalt. In: Gewaltfreie Aktion. Vierteljahreshefte für Frieden und Gerechtigkeit, 24. Jg, Heft 91/92, 1.+2. Quartal 1992, S. 27-47. Thomas Mücke: Wie kann ich mich schützen? Erfahrungen eines Streetworkers. In: Gewaltfreie Aktion, a.a.O., S. 48-50.

[9] Vgl. Detlef Beck / Barbara Müller / Uwe Painke: »Man kann ja doch was tun«. Gewaltfreie Nachbarschaftshilfe. Kreatives Eingreifen in Gewaltsituationen und gemeinschaftliche Prävention fremdenfeindlicher Übergriffe. Ein Handbuch für die Praxis. Minden 1994, S. 96 ff.

[10] Vgl. Uwe Painke in Beck / Müller / Painke, a.a.O.

[11] Vgl. Detlef Beck, Neuss, Gewaltfreie Aktionsgruppe DÜNE, Barbara Müller, Wahlenau, Bund für Soziale Verteidigung. In: Beck / Müller / Painke, a.a.O.

[12] Reinhard Koch: Deeskalation der Gewalt. Erfahrungen aus Projekten mit gewaltbereiten Jugendlichen in Sachsen-Anhalt. In: Hans-Uwe Otto / Roland Merten (Hrsg.): Rechtsradikale Gewalt im vereinigten Deutschland. Jugend im gesellschaftlichen Umbruch. Opladen 1993, S. 350-355. Im zweiten Zwischenbericht des ISS Frankfurt zum Aktionsprogramms gegen Aggression und Gewalt (AgAG) wird als Handlungsrepertoire zur Deeskalationen genannt: Kommunikation (verbales Eingreifen, zur Rede stellen), Prävention (Einfluß auf die Gruppe nehmen, um dadurch Gewalthandlungen zu beeinflussen), Kompensation (Gewaltakteure durch Aufgabenbeteiligung einbeziehen), Sanktion (Entzug von Privilegien, zeitweiliger Ausschluß von Angeboten). Vgl. Bundesministerium für Frauen und Jugend (Hrsg.): KABI, Konzertierte Aktion Bundesinnovation, Nr. 17, 13.5.1994.

[13] Vgl. Tedy Hubschmid: Gewalt in der Ohnmacht. Vom Umgang mit gewalttätigen Psychiatriepatienten. In: Gruppenpsychotherapie & Gruppendynamik, Bd. 27, Heft 2, Juli 1991, S. 111-119.

[14] Vgl. Jens Weidner: Anti-Aggressivitäts-Training für Gewalttäter. Ein deliktspezifisches Behandlungsangebot im Jugendvollzug. Bonn 1990. Monika Geretshauser / Thomas Lenfert / Jens Weidner: Konfrontiert rechtsorientierte Gewalttäter mit den Opferfolgen. In: Hans-Uwe Otto / Roland Merten, a.a.O., S. 374-381. Vgl. auch: Uschi Müller / Peter Schran: Heißer Stuhl im Knast. Therapie: Macht Gewalt-Skins zu Lämmern? In: Wiener, Februar 1993, S. 22-26.

[15] Monika Geretshauser u.a., a.a.O.

[16] Vgl. Wiener, Februar 1993, S. 26.

[17] Vgl. Kurt R. Spillmann: Konfliktdynamik und Kommunikation. Strategien der De-Eskalation. In: Manfred Prisching / Gerold Mikula (Hrsg.): Krieg, Konflikt, Kommunikation: Der Traum von einer friedlichen Welt. Wien 1991, S. 51 ff.

[18] Vgl. ebd.

[19] Vgl. Friedrich Glasl: Konfliktmanagement: Ein Handbuch zur Diagnose und Behandlung von Konflikten für Organisationen und ihre Berater. 3. Aufl. Bern / Stuttgart, 1992.

[20] Vgl. Glasl, a.a.O.,S. 218 f.

[21] Vgl. Ebd., S. 302ff.

[22] Konfliktlösung durch Integration bzw. Dissoziation und Distanz sind die häufigsten und gebräuchlichsten Formen der Konfliktbearbeitung. Vgl. hierzu das klassische Experiment von Sherif u.a. beschrieben in: Peter R. Hofstätter: Gruppendynamik. Hamburg 1957, S. 108 f.

[23] Hans Nicklas: Friedensfähigkeit als Ziel von Erziehung und Bildung: Begründungszusammenhänge und Lernziele. In: Jörg Calließ / Reinhold E. Lob (Hrsg.): Handbuch Praxis der Umwelt- und Friedenserziehung. Band 3: Friedenserziehung. Düsseldorf 1988, S. 28.

[24] Häufig werden Sach-Konflikte, Interessen-Konflikte, Beziehungs-Konflikte, Werte-Konflitke und Struktur-Konflikte unterschieden. Vgl. Chr. Besemer: Mediaton, Karlsruhe 1993, S. 21.

[25] Vgl. Glasl, a.a.O. S. 14 ff. Zum Konfliktbegriff siehe auch die grundsätzlichen Anmerkungen von Ulrike C. Wasmuht: Friedensforschung als Konfliktforschung. Zur Notwendigkeit einer Rückbesinnung auf den Konflikt als zentrale Kategorie. AFB-Texte, Nr. 1/1992, S. 4 ff.

[26] Glasl verwendet hierfür die Begriffe: Beeinflussung des vorhandenen Konfliktpotentials, Beeinflussung des Konfliktprozesses und Beeinflussung der Konfliktfolgen. Unter Konfliktlösung versteht er die Beseitigung der Quellen des Konfliktes. Vgl. Glasl, a.a.O., S. 18 f.

[27] Bei einer Reihe von grundsätzlichen Interessenkonflikten ist dies überhaupt nicht möglich.

[28] Vgl. Wasmuht, a.a.O., S. 35.

[29] Voraussetzung hierzu ist natürlich, daß beide Seiten ethisch legitimierte Ziele verfolgen.

[30] Anatol Pikas: Rationale Konfliktlösung. Heidelberg 1973. Nicht übersehen werden darf jedoch, daß manche Konflikte erst einer weiteren Zuspitzung bedürfen um sie überhaupt bearbeiten zu können.

[31] Vgl. Jörg Willi: Therapie der Zweierbeziehung. Reinbek 1978. George R. Bach / Peter Wyden: Streiten verbindet. Spielregeln für Liebe und Ehe. Köln, 8. Aufl. 1982. Thomas Gordon: Familienkonferenz. Die Lösung von Konflikten zwischen Eltern und Kind. Reinbek 1980.

[32] Vgl. Walter Kern: Friedenserziehung heißt: Streiten lernen. In: Suchtpräventionsstelle der Stadt Zürich (Hrsg.): Leben hat viele Gesichter. Lausanne 1993.

[33] Vgl. Lutz Schwäbisch / Martin Siems: Anleitung zum sozialen Lernen für Paare, Gruppen und Erzieher. Kommunikations- und Verhaltenstraining. Reinbek 1974, S.135 ff. Für weitere Ansätze im Bereich von Gruppen. Vgl.: W. Berner: Jugendgruppen organisieren. Reinbek 1983. Klaus Antons: Praxis der Gruppendynamik. Übungen und Techniken. 3. Aufl. Göttingen u.a. 1975, S. 163 ff.

[34] Schwäbisch / Siems, a.a.O., S. 136 f.

[35] Vgl. Wasmuht, a.a.O.

[36] Vgl. Wilhelm Kempf: Argumentative Konfliktbearbeitung. Diskussionsbeiträge Nr. 24/1993 der Projektgruppe Friedensforschung, Projekt 13/85, Universität Konstanz.

[37] Ebd., S. 15.

[38] Vgl. Christoph Besemer: Mediation. Vermittlung in Konflikten. Königsfeld 1992.

[39] Ebd. S. 7.

[40] Vgl. Theodor Ebert: Gewaltfreier Aufstand. Alternative zum Bürgerkrieg. Waldkrich 1979. Günther Gugel / Horst Furtner: Gewaltfreie Aktion. Tübingen 1983.

[41] Hanne-Margret Birckenbach / Uli Jäger / Christian Wellmann: Im Brennpunkt: Nichtmilitärische Konfliktbearbeitungen – Bilanz und Perspektiven der Friedensentwicklung 1993/94. In: Jahrbuch Frieden 1995, Müchen 1994, S. 13.

[42] Vgl. Bernhard J. Trautner: Sanfte Vermittlung auf dem Nebengleis: Das Gaza-Jericho-Abkommen. In: Hanne-Margret Birckenbach / Uli Jäger / Christian Wellmann (Hrsg.): Jahrbuch Frieden 1995, München 1994, S. 86-98.

[43] Vgl. zu den folgenden Ausführungen: Thania Pfaffenholz: »Die Waffen nieder!« Konzepte und Wege der Kriegsbeendigung. In: Volker Matthies (Hrsg.): Frieden durch Einmischung? Bonn 1993, S. 57-68.

[44] Marta Henricson-Cullberg u.a.: After Jugoslavia what? Report by a Conflict-Mitigation Mission to Croatia, Slovenia and Serbia. O.O., 1991.

[45] Vgl. Volker Rittberger: Frieden durch Assoziation und Integration? Anmerkungen zum Stand der Forschung über internationale Organisationen und Regime. In: Bernhard Moltmann / Eva Senghas-Knobloch (Hrsg.): Konflikte in der Weltgesellschaft und Friedensstratregien. Baden-Baden 1989, S. 189 ff.

[46] Hanne-Margret Birckenbach / Uli Jäger / Christian Wellmann: Aus Kriegen lernen, aber was? – Bilanz und Perspektiven der Friedensentwicklung 1992/93. In: Dies. (Hrsg.): Jahrbuch Frieden 1994. München 1993, S. 15 f.

Problemfelder

Aktuelle Herausforderungen für Friedenserziehung

Die neue Welt(un)ordnung?
Krieg und Gewaltpotentiale nach dem Ost-West-Konflikt

Erledigte Probleme, neue Herausforderungen

Das Ende des Ost-West-Konfliktes stellt auch die Friedenserziehung vor neue Herausforderungen, denn mit dieser grundlegenden Veränderung der weltpolitischen Konstellationen sind zwar eine Reihe alter Probleme weggefallen, neue sind jedoch hinzugekommen. Über viele Jahre hinweg gehörte zum Beispiel die *Auseinandersetzung mit der Gefahr eines drohenden Atomkrieges* zu den Kernthemen der Friedenserziehung. Im Mittelpunkt stand die Frage, wie mit dieser umfassenden Vernichtungsdrohung umgegangen werden kann, um Verdrängung, Zynismus oder Apathie überwinden und Handlungsmöglichkeiten deutlich machen zu können. Dabei mußten die Ängste der Kinder genauso thematisiert werden wie die Tendenzen bei den Erwachsenen, sich an das Leben »mit der Bombe« zu gewöhnen. Durch den Wegfall der Blockkonfrontation und die dadurch möglich gewordene atomare Abrüstung ist die Wahrscheinlichkeit eines Atomkrieges rapide zurückgegangen. Zwar laufen die technischen Entwicklungslinien weiterhin darauf hinaus, die Atomwaffen »kriegsführungsfähiger« zu machen und ein Einsatz in einem begrenzten Krieg ist bei weitem noch nicht gänzlich ausgeschlossen. Auch sind die heutigen Kernwaffenstaaten nicht zum vollständigen Verzicht bereit und die NATO hält weiterhin an der Option eines nuklearen Ersteinsatzes fest. Schließlich nimmt die Gefahr einer nuklearen Proliferation eher zu als ab. Was jedoch historisch überwunden erscheint, ist die Gefahr eines umfassenden, tendenziell die gesamte Menschheit vernichtenden Atomkrieges. Dies ist eine Entwicklung von friedenspolitisch unschätzbarem Wert.

Nicht mehr haltbar sind auch die jahrzehntelang gebetsmühlenhaft vorgetragenen Begründungen einflußreicher PolitikerInnen für die »Bedrohung aus dem Osten«. Eine der mühsamsten Aufgaben für Friedenserziehung bestand darin, das dieser Bedrohungsanalyse zugrunde liegende, festgefahrene und immer wieder neu aufgebaute *Feindbild zu hinterfragen*. Anfeindungen und Diffamierungen setzten sich diejenigen aus, die sich um eine nüchterne Bestandsaufnahme der Bedrohungspotentiale und um Empathie mit den in den sozialistischen Staaten lebenden Menschen bemühten. Viele Menschen hier mußten erst ermutigt werden, sich ein eigenes Bild von den Menschen und der Politik jenseits der Grenzen zu machen. Heute stellt sich die Frage, ob und welche neuen Feindbilder von den politisch Verantwortlichen aufgebaut werden, um Rüstung und Militär erneut zu begründen und inwieweit sie damit der Suche der Menschen nach Sicherheit und klaren Zuordnungen entgegen kommen. Besonders bedenklich sind dabei Tendenzen, fundamentalistische Strömungen innerhalb des Islam zu nutzen, um generell vor einer neuen Gefahr aus dem Süden der Erdkugel zu warnen. Es droht die Gefahr, daß sich außenpolitische Bedrohungsszenarien und fremdenfeindliche Stimmungen im Innern gegenseitig verstärken.

Eine wichtige Rolle spielt hierbei die *Neudefinition des Sicherheitsbegriffes*. Während des Ost-West-Konfliktes wurde die Doktrin der nuklearen Abschreckung und die Aufrechterhaltung riesiger Militärpotentiale durch die beiden Militärblöcke NATO und Warschauer Vertragsorganisation (WVO) seitens der Friedensforschung und innerhalb der Friedenserziehung auch deshalb heftig kritisiert, weil sich der von den Regierungen verwendete »Sicherheitsbegriff« vor allem auf die – realen oder fiktiven – militärischen Bedrohungen konzentrierte. Ausschließlich die militärische Bedrohung prägte das Sicherheitsdenken und -handeln während der Zeit des Kalten Krieges. Die KritikerInnen dieses Denkens führten an, daß es eine Reihe weitaus wichtigerer, weil globaler Gefährdungen des Friedens gebe, auf welche sich ein neuer Sicherheitsbegriff beziehen müsse. Als Gefährdungen wurden z.B. genannt:
- Umweltzerstörungen;
- Soziale Ungerechtigkeiten;
- Verletzungen der Menschenrechte;
- Flucht- und Wanderungsbewegungen;
- Verschuldungskrise in der Zweidrittel-Welt.

Zu Recht wurde festgestellt, daß zur Bekämpfung der Ursachen, die für diese Gefährdungen verantwortlich gemacht werden müssen, das Militär unbrauchbar und deshalb eine Demilitarisierung das Gebot der Stunde sei. Nach dem Ende des Ost-West-Konfliktes berufen sich auch immer mehr Anhänger einer auf militärische Mittel gestützten Sicherheitspolitik auf einen »erweiterten Sicherheitsbegriff«. Die Berufung auf den erweiterten Sicherheitsbegriff droht, so der Friedensforscher Lothar Brock, mehr zur Militarisierung der Reaktionen auf sogenannte nichtmilitärische Friedensgefährdungen beizutragen als zu der verlangten De-Militarisierung der Sicherheitspolitik. In dem 1994 erschienenen »Weißbuch zur Sicherheit der Bundesrepublik Deutschland und zur Lage und Zukunft der Bundeswehr« des Bundesministeriums für Verteidigung heißt es: »Risikoanalysen über künftige Entwicklungen müssen von einem weiten Sicherheitsbegriff ausgehen. Sie dürfen sich nicht auf Europa beschränken, sondern müssen die Interdependenz von regionalen und globalen Entwicklungen berücksichtigen. Sie müssen gesellschaftliche, ökonomische und ökologische Tendenzen einbeziehen und in Beziehung setzen zur Sicherheit Deutschlands und seiner Verbündeten. Künftig gilt es, alle Faktoren in einer umfassenden politischen und strategischen Lagebeurteilung in Rechnung zu stellen«.[1]

Vor einer Renaissance militärischer Gewaltanwendung?
Besteht die Gefahr, daß der »große Krieg« zwar verhindert ist, die Führung von kleinen Kriegen jedoch wieder denkbar wird? Zwar gibt es keinen Anlaß dazu, vor einem neuen zwischenstaatlichen Krieg in Europa zu warnen, denn zu Recht wird zumindest das Europa der Europäischen Union zu einer Zone stabilen Friedens erklärt.[2] Aber die Bereitschaft mancher Staaten scheint nach dem Wegfall der ideologischen Schranken zu wachsen, mit Zustimmung der UNO oder anderer internationaler Organisationen Konflikte mit militärischen Mitteln anzugehen. Die Anti-Irak-Koalition der Alliierten im Zweiten Golfkrieg ist hierfür ein immer wieder genanntes Beispiel, wobei sich dieser spezifische Fall von Kooperation und Kriegsbereitschaft kaum mehr wiederholen wird. Gleichwohl wird im Rahmen der Auseinandersetzungen um die Notwendigkeit von »friedensschaffenden« oder »friedenserhaltenden« Maßnahmen gerade im vereinigten Deutschland Militär und die Fähigkeit, Kriege führen zu können, nicht mehr ausschließlich als Mittel zur Verteidigung angesehen. Die Aufstellung von »Krisenreaktionsstreitkräften« und die Legitimation von Bundeswehreinsätzen auch außerhalb des NATO-Gebietes lassen zu Recht eine wachsende Militarisierung der deutschen Außenpolitik trotz des Widerspruchs in der Bevölkerung befürchten: »Der bisherige politische Konsens über die Selbstbeschränkung der Bundeswehr auf Landesverteidigung im Bündnisrahmen wurde zerbrochen, ein neuer politischer Konsens auf der Basis einer militarisierten Außenpolitik ist unter den gegenwärtigen Bedingungen schwer erreichbar. Dieser Befund schützt allerdings nicht davor, daß es gegen eine relevante politische Minderheit doch eine politische Mehrheit für eine optimierte Bundeswehr geben kann, die sich aus dem Kriegsgeschehen legitimiert.«[3]

Für die Friedenserziehung ist es wichtig, diese Tendenzen kritisch zu beobachten und mit Nachdruck auf die Priorität nichtmilitärischer Formen der Konfliktbearbeitung hinzuwirken. Der Sprachwissenschaftler Jürgen Link hat in diesem Zusammenhang auf neue Sprachregelungen, die zu Verharmlosungen führen können, aufmerksam gemacht: »Ich möchte vorschlagen, hier und heute mit der Resistenz gegen diese Art sprachlicher und diskursiver Kriegs-Verharmlosung zu beginnen. Die Frauen haben es immerhin durchsetzen können, daß heute selbst Volker Rühe von deutschen Wüstenstürmern und Wüstenstürmerinnen reden müßte. Auch ›Asylanten‹ wird heute bloß noch von den verkommensten Journalisten gesagt. Machen wir also auch Schluß mit den ›Friedensmissionen‹, den ›friedensschaffenden‹ und ›friedenserzwingenden‹ Maßnahmen. Nennen wir sie Krieg, wie es sich gehört, von mir aus UNO-Krieg, aber nicht Frieden.«[4]

Mit dieser konstatierten Verunstaltung des Begriffes »Frieden« wird im übrigen ein äußerst fragwürdiges Element der DDR-Volksbildung in das vereinigte Deutschland übernommen, denn kaum ein Begriff war in der DDR negativer besetzt als der Begriff »Frieden«!

Im Mittelpunkt: »neue« Konflikte in Europa

Neue Begründungen für die Aufrechterhaltung militärischer Apparate ergeben sich heute durch neue Konfliktkonstellationen und Kriege. Denn am allerwenigsten hatte ernsthaft jemand damit gerechnet, daß nach dem Ende des Ost-West-Konfliktes an so vielen Stellen in Europa Konfliktherde entzündet und Kriege mit großer Brutalität geführt werden. Vor allem die Kriege im ehemaligen Jugoslawien und in den Nachfolgestaaten der ehemaligen Sowjetunion haben nicht nur großes Leid für die Betroffenen gebracht, sondern auch Entsetzen und teilweise irrationale Ängste bei den Menschen ausgelöst, die in Ländern leben, welche von der kriegerischen Gewalt verschont geblieben sind. Sorgen um den eigenen Wohlstand bzw. Ängste vor »Flüchtlingsströmen« und vor einer unkontrollierbaren weltweiten Gewalteskalation wecken Bedürfnisse nach Abschottung und Verdrängung. Hinzu kommt, daß mit dem Ende der umfassenden atomaren Vernichtungsdrohung das tatsächliche Sterben von Menschen und die tatsächliche Zerstörung ihrer Lebensbedingungen nicht mehr durch das bloß vorgestellte Sterben der Menschheit überlagert wird. Aufmerksamer, ängstlicher und sensibler als zuvor wird das Ausmaß der Gewalttätigkeiten – Krieg, Hunger, Flucht, Vertreibung, Elend – wahrgenommen. Darauf sind Politik und Gesellschaft nicht vorbereitet.

Die Unsicherheit bei den Menschen findet dann neue Nahrung, wenn in Wissenschaft und Publizistik pauschalierend von der Rückkehr zur »Herrschaft der Stämme« (Ralf Dahrendorf) gesprochen oder gar die Gefahr einer Eskalation der »molekularen Bürgerkriege« zum »Flächenbrand« (Hans Magnus Enzensberger) beschworen wird. In den Bürgerkriegen der Gegenwart, so der Schriftsteller, sei jede Legitimation »verdampft« und die eskalierende Gewalt habe sich von ideologischen Bindungen vollkommen freigemacht. Steht der Welt, steht Europa ein Rückfall in die Barbarei bevor? Doch Vorsicht ist bei solchen Beurteilungen geboten. Die im Zentrum des öffentlichen Interesses stehenden Konflikte zwischen Angehörigen sich unterschiedlich definierender Bevölkerungsgruppen führen weder unvermeidlich zum Krieg noch gibt es für sie nur »Endlösungen«, wie gelegentlich suggeriert wird. Denn obwohl die Politik der »ethnischen Säuberungen« im ehemaligen Jugoslawien zeigt, zu welchen schrecklichen Folgen derartige Konstellationen führen können, darf nicht vergessen werden, daß weiterhin in vielen Ländern und Regionen Europas ein friedliches Zusammenleben verschiedener Bevölkerungsgruppen möglich ist und daß erst das Aufeinandertreffen mehrerer Ursachenkomplexe zur Eskalation geführt hat. Doch weltweit ist die Zahl der ethno-nationalen Konflikte in den vergangenen Jahren unverkennbar gestiegen und es gibt genügend Anlaß zu der Sorge, daß auch in absehbarer Zeit die Existenz der über 200 Minderheiten in Europa, die sich einer anderen Kultur als die Mehrheit der jeweiligen Staatsbevölkerung verbunden fühlen, vermehrt zu Konflikten und Kriegen in Europa führen kann. Nach der fast vollständigen Aufteilung der Welt in souveräne Nationalstaaten melden sich immer mehr gewählte oder selbst ernannte VertreterInnen von Ethnien zu Wort, die sich auf das Selbstbestimmungsrecht der Völker berufen und nach Autonomie für die sich zusammengehörig

fühlenden Menschen verlangen. In den 191 Nationalstaaten dieser Erde leben nach verschiedenen Schätzungen rund 2.500 bis 5.000 verschiedene Ethnien, die jedoch in der Regel keinen Anspruch auf Eigenstaatlichkeit erheben.[5] Gleichwohl wird der Trend zum Seperatismus heute dadurch verstärkt, daß während des »Kalten Krieges« eine Reihe von diesbezüglichen Konfliktpotentialen durch ideologische Einbindung und zentralstaatliche Repression quasi eingefroren waren und nun mit Macht aufbrechen. Dies gilt besonders für den ehemaligen Einfußbereich der realsozialistischen Systeme. Allein für das Territorium der ehemaligen Sowjetunion wurden im Frühjahr 1992 die Zahl der ethnischen und nationalen Streitigkeiten auf 180 geschätzt. Denn etwa 65 Mio. Menschen leben in der Ex-UdSSR außerhalb ihrer nationalen Gebietskörperschaften, davon allein 25 Mio. Russen außerhalb Rußlands.

Der gesellschaftliche, soziale und politische Zusammenbruch von Systemen, die Unübersichtlichkeit der modernen Welt und das Fehlen ziviler Gesellschaften mit eingespielten demokratischen Verfahrensregeln fördern die Sehnsucht und die Suche nach eigentlich schon als überkommen abgeschriebenen Identifikationsmerkmalen und erleichtern auch die machtpolitische Instrumentalisierung. Handelt es sich eher um *ethno-soziale*, denn um *ethno-nationale* Konflikte, ist die Ethnizität als Kriegsursache gar ein »Mythos«? Zu Recht wird vor eingängigen Interpretationen der sich daraus entwickelnden neuen Kriege gewarnt: »Gegenüber allen Interpretationen von natürlicher, gar biologisch bedingter oder unabänderlicher historischer Feindschaft und Unverträglichkeit ist daran festzuhalten, daß es sich bei diesen Kriegen um bewußt inszenierte Verfeindungen zum Zwecke der Herrschaftssicherung handelt.«[6]

Nur durch genaue Analysen der einzelnen Konflikte und Kriege kann der gerade für die Friedenserziehung großen Gefahr entgangen weden, daß Krieg wieder verstärkt als »Naturkonstante« interpretiert wird und daß die Bereitschaft der Menschen wächst, auf »militärische Lösungen« zurückzugreifen.

Hinzu kommt, daß der *Zusammenhang zwischen Frieden und Menschenrechten* auch seitens der Friedenserziehung neu aufgegriffen werden muß. Denn ethnische Minderheiten sehen sich häufig mit Strukturen und politischen Entscheidungen konfrontiert, die zu ihrer Benachteiligung führen. Minderheiten müssen oftmals damit »leben«,
- daß sie ökonomisch gegenüber der herrschenden Mehrheit benachteiligt werden;
- daß ihnen der Zugang zu politischen und gesellschaftlichen

Schlüsselpositionen versperrt wird und sie kaum oder keine politischen Partizipationsmöglichkeiten haben;
- daß sie sich mit einem Verbot der Ausübung der eigenen Kultur, des Gebrauchs der eigene Sprache und der Religion konfrontiert sehen;
- daß sie der offenen Repression durch staatliche Sicherheitskräfte ausgesetzt sind und über keinen Schutz vor Übergriffen durch andere Ethnien verfügen.

Der Friedensforscher Dieter Senghaas unterscheidet prinzipiell drei Faktoren, die ethnonationalistische Konflikte auslösen können:

Assimilationsabwehr: Ethnonationalistische Bestrebungen ergeben sich am häufigsten aus dem Versuch einer Minderheit, sich gegen den »Assimilationsdruck« der Mehrheit zu wehren. Assimilationsdruck bedeutet erzwungene Anpassung. Die Besonderheiten der Minderheiten in Kultur, Sprache und politischer Tradition werden ignoriert.

Räumlichkeiten (z.B. für Schulen) und Institutionen werden ihnen verweigert. Auch in der offiziellen Sprache wird die Eigenständigkeit geleugnet. In der Türkei ist deshalb z.b. nicht von Kurden, sondern von »Bergtürken« die Rede.

Überfremdungsabwehr: Eine Ethnie wird in einem staatlichen Gebilde von anderen Ethnien dominiert, wobei oftmals eine gezielte »Zuwanderungspolitik« betrieben wird. Diese wird als Angriff auf die eigene Identität gewertet, weil dadurch sogar aus der regionalen, ethnischen Mehrheit eine Minderheit werden kann. Die Weigerung des Zentralstaates, den Minderheiten das Sprechen, Lehren und Lernen der eigenen Sprache und das Ausüben der traditionellen Kultur zuzugestehen, ist häufig Kristallisationspunkt für ein Autonomiestreben. Dieses Verbot betrifft die Identität der Menschen, und die Diskriminierung wird als besonders schmerzlich wahrgenommen.

Besitzstandswahrung: Innerhalb eines Vielvölkerstaates liegt ein starkes soziales Gefälle vor: Die Volksgruppe des bessergestellten Landesteiles fühlt sich in der Rolle des Versorgers, der seinen Reichtum abgeben muß, statt ihn allein verwenden zu können. Mit einer staatlichen Abspaltung verbindet sich die Hoffnung, daß die erwirtschafteten Güter der eigenen Region zugute kommen. Ein »Nationalismus der Besitzstandswahrung« lag z.B. im Falle der Abspaltung Sloweniens vom jugoslawischen Bundesstaat vor. Dieser Konflikttyp ist jedoch eher selten.[7]

Konflikte können in dieser Situation eine identitätsstiftende Funktion haben: »Indem Gemeinschaften, Volksgruppen und entsprechende Kollektive sich zu Konfliktparteien herauskristallisieren, definieren sie in diesem Vorgang allmählich ihre Identität«[8]. Vor diesem Hintergrund wird die besonders auffällig große Ausdauer und Verbissenheit, die bei den Konfliktparteien ethnisch geprägter Konflikte zu beobachten ist, wenigstens etwas verständlicher. Man denke nicht nur an die Konfliktparteien im ehemaligen Jugoslawien, sondern auch etwa an die anhaltende Bereitschaft zur Unterstützung des Kampfes der baskischen Separatisten in Spanien oder der korsischen Gruppen gegen die französische Zentralregierung. Auch ist anzumerken, daß die nach Autonomie oder Separation strebenden Gruppen nicht immer bereit sind, die von ihnen geforderten Maßstäbe selber gegenüber anderen gesellschaftlichen Gruppen anzuwenden.

Generell ist es jedoch offensichtlich, daß solche identitätsstiftenden Momente gerade in internationalen Umbruchsituationen oder bei der Auflösung von Vielvölkerstaaten an Bedeutung gewinnen.

»Sinnstiftung« in Krisenzeiten: Der neue Nationalismus

Fest steht auch, daß die gewaltigen Umbrüche der politischen Landschaft in den letzten zehn Jahren nicht nur zu mehr Freiheit und Sicherheit geführt haben, sondern gleichzeitig ein Phänomen wiederbelebten, das viele bereits für überwunden glaubten: den völkischen Nationalismus. Dieser bietet sich in Krisenzeiten als identitätsstiftende Ideologie an.

Seit dem 19. Jahrhundert gilt der Nationalstaat als der erstrebenswerte politische »Normalzustand«. Als damit untrennbar verbunden wird das Recht auf »nationale Selbstbestimmung« gesehen. Der Nationalstaat wird dabei von vielen gleichgesetzt mit einer ethnisch homogenen Gruppe, die das Staatsvolk bildet. Staatsvolk und Bevölkerung des Nationalstaates werden als identisch betrachtet. Eine solche Vorstellung eines völkisch geprägten Nationalstaates ist jedoch höchst konfliktträchtig, da sie die Ausgrenzung (all derer, die einer anderen ethnischen Gruppe zugehören) und das Inanspruchnehmens von Vorrechten (für die eigene Gruppe) in sich trägt.

Die ideologische Grundlage der Einheit von Volk und politischer Nation wurde im deutschen Idealismus und in der Romantik von Herder, Fichte und Schelling entwickelt.[9] Diese Grundlage basiert nicht auf geschichtlichen Fakten, sondern ist ein Konstrukt, bei dem »Natur« (ethnische Abstammung) und »Gesellschaft« miteinander verschmolzen wurden. Die deutsche Nation wird dabei als ein immer schon vorhandener Tatbestand postuliert, indem Deutsche und Germanen als quasi von Anfang an vorhandenes homogenes Großvolk konstruiert wurden, die im mittelalterlichen Kaiserreich angeblich eine »deutsche Einheit« verwirklicht hätten.[10] Solche Vorstellungen haben zwar mit der historischen Wirklichkeit nichts zu tun, da es auf dem geographischen Gebiet des heutigen Deutschlands bis ins 19. Jhd. stets eine Vielzahl verschiedener ethnischer Gruppen und Verbände gab. Die Vorstellung, daß man Deutscher durch deutsche Vorfahren wird und die deutsche Nation aus dem deutschen Volke bestehe, fand dennoch große Resonanz. Sie spiegelt die Grundannahme des Nationalismus wider, daß alle Angehörigen des Volkes dem ethnischen Stammesstaat angehören sollten.

Die Menschheit wird in dieser Vorstellung nicht als Einheit gesehen, sondern die eigene Nation wird vielmehr von anderen abgegrenzt, wobei das Engagement für die Interessen und das »Überlebensrecht« der eigenen Nation im Vordergrund stehen. Die Staatsangehörigkeit wird durch die Zugehörigkeit zum Staatsvolk erworben und nicht durch Zuzug oder durch Bekenntnis zur Verfassung. In dieser Vorstellung müssen universelle Menschenrechte von nationalen (ethnisch begründeten) Rechten abgegrenzt werden.

Neben dieser Vorstellung des Nationalstaates entwickelten sich auch republikanische Verfassungen, die auf einem weltbürgerlichen Wertefundament beruhen, die universelle Gültigkeit der Menschenrechte betonen und sich für deren Schutz einsetzen. Nach einer solchen Vorstellung können alle Menschen Bürger eines Staates werden, die sich zu dessen Verfassung bekennen. Diese Haltung wird auch als Verfassungspatriotismus bezeichnet.[11]

Heute versteht sich jeder souveräne Staat als Nationalstaat.[12] Seine Ideologie, der Nationalismus, ist weltweit verbreitet, universal anerkannt und so fest etabliert wie kein anderer politischer Gedanke. Die Gliederung der Welt in Nationalstaaten wird als selbstverständlich, natürlich und unhinterfragbar angesehen. Denn was als »national« bezeichnet wird, ist in der politischen Wertordnung weitgehend gleichbedeutend mit rechtmäßig, unantastbar und unverzichtbar.

Daß diese Gleichsetzung jedoch einen ideologischen Charakter trägt und äußerst problematisch ist, zeigte nicht nur die Zeit des Nationalsozialismus, sondern zeigen auch die zahlreichen ethnischen Konflikte in Europa. Der Krieg im ehemaligen Jugoslawien ist dabei das jüngste und eindrücklichste Beispiel, wie die Definition nationalethnischer Interessen für machtpolitische Zwecke mißbraucht wird.

«Die Lebenslüge des Nationalstaates» schreibt der Politikwissenschaftler Erwin Häckel, »ist die Identifizierung der herrschenden Ordnung (Staat) mit dem beherrschten Volk (Nation) und – eng damit zusammenhängend – die krasse Unterscheidung zwischen ›innen‹ und ›außen‹, zwischen ›uns‹ und den ›anderen‹«.[13]

Der in den letzten Jahren neu entflammte Nationalismus bringt in seinem Gefolge mit sich, daß vorhandene Konflikte häufig als ethnische Konflikte um- oder neudefiniert werden. Soziale Konflikte und soziale Ungleichheiten werden so durch Bilder ethnischer Ungleichheit und Ungleichwertigkeit überlagert.[14] Ethnisierung meint dabei einen sozialen Prozeß, in dem das Anders-Sein von Individuen und Gruppen eine zunehmend stärkere Rolle bei deren Bewertung spielt. Während die eigene Gruppe überhöhte ethnische Zuschreibungen erhält, werden die anderen Gruppen abwertend und herabsetzend beurteilt. Diese Ethnisierung wird immer mehr zu einer politisch-geistigen Strömung. Zwar gehören solche Beurteilungskriterien schon längst zur Ideologie rechtsextremer Gruppierungen, inzwischen finden sie jedoch auch in konservativen Bevölkerungskreisen Anklang.

Bei der Austragung solcher Konflikte geht es dann nicht mehr um einen Interessenausgleich, sondern nur noch um das (eigene) Überleben oder Untergehen. Deshalb werden solche Konflikte auch mit einer ungeheueren Gewalttätigkeit und Brutalität geführt.

Diese Ethnisierung trifft auf eine weltpolitische Situation, die von gewaltigen Flucht- und Migrationsbewegungen gekennzeichnet ist. Weltweit sind über 20 Millionen Menschen auf der Flucht. Doch Flüchtlinge werden in ihren Zielländern nicht wohlwollend aufgenommen und versorgt, sondern zunehmend als Konkurrenten mißtrauisch beäugt, wenn nicht gar wieder abgeschoben und verfolgt. Gerade die reichen Länder des Nordens spielen hier eine sehr unrühmliche Rolle.

Die Bemühungen der westeuropäischen Länder um eine engere Zusammenarbeit und Integration können diese Tendenzen nicht aufhalten. Sie werden vom »Rest der Welt« sowieso eher als Abschottung und Absicherung des eigenen Wohlstandes erlebt denn als ein zukunftsweisendes Modell zwischenstaatlicher Organisation. Dies gilt umso mehr als sich nationalistische und rechtsextremistische Überzeugungen bei einem erheblichen Teil der Bevölkerung zunehmender Beliebtheit erfreuen.

Der SPD-Politiker Peter Glotz nennt drei nationalistische »Denkfiguren« die sich in den Köpfen festgesetzt haben und von denen wir uns verabschieden müssen:[15]

1. Der Sprachnationalismus, also die Fiktion, als ob alle, die die gleiche Sprache sprechen, desselben Geistes seien – und die darauf aufbauende machtpolitische Folgerung, daß sie deshalb möglichst alle in einem Staat und auf einem Stück Land zusammenleben müßten.

2. Die Mystifizierung der Ortsansässigkeit, also die Idee, daß es eine Art systematischen Zusammenhang zwischen einem Volk und einem Territorium gebe.

3. Die Idee, daß das Selbstbestimmungsrecht der Völker auch in jedem Fall das Recht auf politische Selbständigkeit bedeutet. Denn die Selbständigkeit des Ganzen und der Teile wird nicht allein durch das eigene Recht bestimmt, sondern auch durch das Recht der anderen, und über die Selbständigkeit entscheiden stets und überall nicht allein nationale und sprachliche Rücksichten, sondern auch wirtschaftliche.

Globale Herausforderungen

Schließlich haben in den letzten Jahren eine Reihe von Problemen globale Ausmasse angenommen, weil sich auf der einen Seite deren Folgen in vielen Teilen der Welt – wenn auch mit unterschiedlicher Intensität – negativ bemerkbar machen, und weil auf der anderen Seite für ihre Bearbeitung Lösungskonzepte erforderlich sind, welche eine die Nationalstaaten übergreifende Zusammenarbeit erforderlich macht. Die Umsetzung dieser neuen, überstaatlichen Regelungen in politische Praxis führt zu Kontroversen und Konflikten, weil immer nationalstaatliche Interessen berührt sind.[16]

Die Probleme liegen vor allem im Bereich Ökologie (z.B. Ozonloch, Abholzung der Regenwälder), Sicherheit (Existenz von Massenvernichtungswaffen und deren weitere Verbreitung) und Entwicklung (Verschuldungskrisen, Wanderungsbewegungen).

Umstritten: Langfristige Entwicklungtrends im Prozeß der Zivilisierung

Was läßt sich jenseits der konkreten neuen Herausforderungen über zukünftige, weltweite Entwicklungstrends sagen? Die diesbezüglichen Analysen und Prognosen vieler WissenschaftlerInnen gehen bei aller Unterschiedlichkeit davon aus, daß auch zukünftig die Bereitschaft zum gewaltsamen Konfliktaustrag sehr hoch sein wird.

Die Diskussion über längerfristige Perspektiven einer Überwindung des Krieges orientiert sich, in Anlehnung an den Soziologen Norbert Elias, an der Denkfigur des »Prozesses der Zivilisation«.[17] Diesen Überlegungen zufolge kam es in der Geschichte Europas als Folge bürgerlich-kapitalistischer Vergesellschaftung zu staatlicher Gewaltmonopolisierung, arbeitsteilig-funktionaler Differenzierung der Gesellschaft und zur psychischen Verinnerlichung des Gewaltverbotes. Nach vielen Ausscheidungs- und Hegemoniekämpfen auf verschiedenen sozialen Ebenen und im Gefolge von langfristigen politischen, sozio-ökonomischen und kulturellen Wandlungsprozessen bildeten sich nach innen konsolidierte Nationalstaaten mit als legitim angesehenen politischen und sozialen Ordnungen sowie mit nichtgewaltförmigen, friedlich geregelten und verrechtlichten Formen des Konfliktaustrags heraus. Betrachtet man die gegenwärtige Problematik von Krieg und Frieden zum Beispiel in der Zweidrittel-Welt, so scheinen die Analogien zu Europa unverkennbar zu sein. Wenn es schon keine prinzipiell andersartigen Kriegsursachen in der Zweidrittel-Welt als in Europa gibt, so werden sich aller Wahrscheinlichkeit nach auch die Grundprobleme der europäischen Staaten- und Nationenbildung in den meisten Gesellschaften außerhalb des Nordens wiederholen. Zudem weist das aktuelle Aufbrechen kriegerischer Konflikte in Europa

darauf hin, daß offensichtlich auch hier der Prozeß der Zivilisation noch nicht abgeschlossen ist
Der Friedensforscher Dieter Senghaas macht darauf aufmerksam, daß sich die Welt seit dem 18. Jahrhundert in einem tiefgreifenden Umwandlungsprozeß befindet, der heute, nach dem Ende des Ost-West-Konfliktes, verstärkt wird und ins Bewußtsein dringt. In der Folge von Modernisierungsprozessen verschwinden immer mehr traditionale Gesellschaften bzw. wandeln sich in moderne Gesellschaften um. Diese Übergangsprozesse sind in der Regel von tiefgreifenden Konflikten begleitet, da die damit einhergehende Politisierung der Gesellschaft und die Ausbildung von Pluralität im Sinne von Interessengegensätzen selten durch die Ausbildung von Konfliktkultur und die Verfügbarkeit ausreichender ökonomischer Ressourcen begleitet wird. Als Folge wird geradezu eine »Konflikt-Automatik« angenommen: »Solchermaßen mündig gewordene Gesellschaften sind per definitionem konflikt- und tendenziell gewaltträchtige Gebilde. Auf sie bezogen ist die Antwort auf die Frage nach der ›Natur des Menschen‹ – ist der Mensch an und für sich gut oder aggressiv-böse – ziemlich ohne Belang: Auch mit einer optimistischen Anthropologie – einer best-case-Anthropologie – ließe sich der Zusammenhang zwischen geschilderter Transformation bzw. Emanzipation und Konfliktausweitung (mit dem Grenzfall des gewalttätig ausgetragenen Konfliktes) nicht einfach definitorisch aus der Welt schaffen. (...) Die Konfliktträchtigkeit in der Welt wird deshalb in der Tendenz weiter zunehmen und mit ihr die Gefahr des Übergleitens von Konflikt- in Gewaltträchtigkeit und tatsächliche Gewaltanwendung.«[18] Selbst in Gesellschaften, die es geschafft haben, gewaltarme Konfliktaustragungsmodi zu institutionalisieren, ist der erreichte Frieden immer gefährdet.

Der amerikanische Wissenschaftler Samuel P. Huntington geht sogar davon aus, daß neue Konflikte zwischen Nationen und Gruppen unterschiedlicher »Zivilisationen« denkbar und wahrscheinlich sind. Seine zentrale These lautet, daß die Konflikte nach dem Ende des Kalten Krieges nicht mehr in erster Linie ideologisch und ökonomisch begründet sind, sondern kulturell und zivilisatorisch.[19]

Von der Staaten- zur Gesellschaftswelt?

Ein weltweiter Entwicklungstrend ist die Verschiebung von der Staaten- hin zur Gesellschaftswelt. Unumstritten ist nämlich, daß Gesellschaften und einzelne gesellschaftliche Gruppen immer mehr Gewicht bekommen. Dies zeigt sich nicht zuletzt am Zerfall von Staaten und dem Einflußgewinn einzelner Gruppen. Neben die Nationalstaaten

> *Gesellschaftswelt*
>
> »Subjekte in der internationalen Politik sind nicht mehr, wie in der Staatenwelt, nur die Regierungen, sondern auch schon die Gesellschaften. (...) Bedeutung und Einwirkung der Gesellschaften sind in den Weltregionen höchst unterschiedlich verteilt. Nirgendwo aber sind sie, wie früher, irrelevant.
> Diese Entwicklung läßt sich mit der politischen Metapher der ›Gesellschaftswelt‹ wiedergeben. Der Begriff soll ausdrücken, daß die Welt noch keine Weltgesellschaft, aber auch keine Staatenwelt mehr ist, daß sie nach wie vor eine staatlich geordnete Welt darstellt, in der aber das politische Gewicht der Gesellschaften wächst. In Osteuropa haben sie die kommunistischen Herrschaftssysteme gestürzt. In der ganzen Welt drängen die Gesellschaften auf Mitbestimmung an den herrschaftlich organisierten Entscheidungsprozessen. (...)
> Die Erhaltung der Existenz als Voraussetzung für ihre Entfaltung wird notwendig zum obersten Ziel in einer Welt, die nicht mehr von Untertanen, sondern von Bürgern besiedelt wird. Frieden, verstanden als gewaltfreie Konfliktlösung, ist das wichtigste Thema der Gesellschaftswelt. Je mehr sie sich ausbildet, desto schwächer wird die Akzeptanz des Krieges, desto stärker die Kritik an einer Politik, die das Mittel der bewaffneten Gewalt einsetzt. Aus diesem Bewußtsein entsprangen die Friedensbewegungen, entspringt der Zweifel an der These vom gerechten Verteidigungskrieg, der letzten Bastion veralteten Denkens. Zur Diskussion steht nicht die sittliche Berechtigung der Verteidigung, sondern die strategische Inkompetenz (oder das politische Kalkül) der Akteure, die den Verteidigungsfall nicht verhindert haben. Präsident Bush wurde immer wieder gefragt, warum amerikanische Soldaten durch Waffen sterben sollten, die westliche Staaten und Firmen an den Irak geliefert hatten. In der Gesellschaftswelt hat die Außenpolitik aufgehört, die letzte Domäne zu sein, in der die Staatsraison unbefragt und kritisch ihre Opfer fordern kann.«[20]

sind viele tausende nicht-staatliche Akteure getreten, die regionale und globale Netzwerke bilden: »Dynamische Wirtschaftsunternehmen, staatsunabhängige Zentralbanken, Devisenspekulanten, kommunale und regionale Spitzenbehörden, politische Parteien, ethnische Minderheiten, Berufsverbände, menschenrechtliche und ökologische ›pressure groups‹, Syndikate der organisierten Kriminalität – all diese Institutionen, Gruppen und auch Einzelpersonen reagieren nicht nur auf internationale Politik; sie konstituieren ihre eigenen ›Welten‹ und schaffen Rahmenbedingungen, auf die die Staatenwelt reagieren muß.«[21] Diese Entwicklung birgt Chancen und Gefahren für die friedenspolitische Gestaltung in den internationalen und innergesellschaftlichen Beziehungen. Einerseits können gesellschaftliche Gruppen, deren Zielsetzung transnationale Zusammenarbeit und internationale Verständigung ist, mehr als zuvor Weltpolitik mitgestalten und dem Nationalismus entgegentreten. Andererseits stellt sich die Frage nach der Kontrolle über die vorhandenen Gewaltmittel und deren Verfügbarkeit für Banden, aber auch für sich aufgrund bestimmter ethnischer Merkmale definierender Gruppen. Der Politologe Ernst-Otto Czempiel mahnt, daß die neue Gesellschaftswelt erst langfristig weniger Gewalt aufweisen wird als die Staatenwelt des Ost-West-Konfliktes, kurzfristig könne die Gewalt sogar zunehmen.

Vor dem Hintergrund des Kompetenzverlustes der Staaten und ihrer Regierungen und deren Beharren auf militärischen Mitteln zur Konfliktaustragung gewinnt das nicht-militärische, grenzüberschreitende Engagement der BürgerInnen und vor allem der nichtstaatlichen Organisationen an Bedeutung: »Jetzt gilt es umzudenken, sich nicht darauf zu verlassen, die Gewaltanwendungen zu bestrafen, sondern ihre Entstehung zu verhindern, indem man frühzeitig gewaltfrei interveniert. Das Verbot, sich in die ›inneren Angelegenheiten‹ eines anderen Staates einzumischen, stammt aus dem Absolutismus und ist längst passé. In der Gesellschaftswelt der Gegenwart gehört die gewaltfreie Einmischung in die politisch-gesellschaftlichen Zustände der internationalen Umwelt zum wichtigsten Instrumentarium der Außenpolitik.«[22]

Neue Weltordnung – Neue Friedensordnung?

In einer oft zitierten Rede vor dem amerikanischen Kongreß verkündete 1990 der damalige Präsident George Bush den Beginn einer »neuen Weltordnung«: Frieden und Sicherheit, Freiheit und Rechtsstaatlichkeit könnten nach dem Ende des Ost-West-Konfliktes endlich weltweit verwirklicht und durchgesetzt werden. Die Unzulänglichkeit dieser Vision ist vor dem Hintergrund der neuen Konfliktherde und Kriege offensichtlich und wird für viele Menschen aufgrund der bedrückenden Erfahrung, daß die Fähigkeit der Nationalstaaten zur Konfliktprävention und nichtmilitärischen Konfliktbearbeitung keineswegs zugenommen hat, zur Farce.

Wenn aber die die Tendenz hin zur Gesellschaftswelt ernst genommen wird, so liegt es mehr als jemals zuvor in der Hand der BürgerInnen, die Art und Weise, wie Konflikte ausgetragen werden, mitzubestimmen. Die Unterstützung dieses »Eingreifens« im Sinne eines nichtmilitärischen Konfliktaustrages wird damit zur zentralen Herausforderung für die Friedenserziehung.

Anmerkungen

[1] Bundesministerium für Verteidigung (Hrsg.): Weißbuch zur Sicherheit der Bundesrepublik Deutschland und zur Lage und Zukunft der Bundeswehr. Bonn 1994, S. 26.

[2] Vgl. zum Beispiel Dieter Senghaas: Friedensprojekt Europa. Frankfurt/Main 1992. Senghaas spricht auch von einem »OECD-Frieden«.

[3] Hanne-Margret Birckenbach / Uli Jäger / Christian Wellmann: Aus Kriegen lernen, aber was? Bilanz und Perspektiven der Friedensentwicklung 1992/93. In: Dies. (Hrsg.): Jahrbuch Frieden 1994. München 1993, S. 13.

[4] Jürgen Link, Sprachwissenschaftler, zit. nach: Frankfurter Rundschau, 16.11.1992, S. 13.

[5] Vgl. Stiftung Entwicklung und Frieden. Globale Trends 93/94. Daten zur Weltentwicklung. Frankfurt 1993, S. 42 ff.

[6] Andreas Buro: Friedensbewegung und ethno-soziale Konflikte. In: Friedensbericht 1994. Zürich 1994, S. 198. Vgl. auch: Jens Siegelberg: Ethnizität als Kriegsursache: Realität oder Mythos? In: Jahrbuch Frieden 1995. München 1994, S. 29-42.

[7] Vgl. Dieter Senghaas, a.a.O., S. 118 f.

[8] Ebd.

[9] Vgl. Dieter Oberndörfer: Nationalismus und Republikanismus im Grundgesetz der Bundesrepublik Deutschland. In: Ökumenischer Vorbereitungsausschuß zur Woche der ausländischen Mitbürger (Hrsg.): Die Würde des Menschen ist unantastbar. Frankfurt 1989, S. 7 ff.

[10] Vgl. Rudolf Walther: Die Erfindung der Vergangenheit durch die Gegenwart. In: Die Zeit, Nr. 3, 14.1.1994, S. 48.

[11] Vgl. Günter C. Behrmann / Siegfried Schiele (Hsg.): Verfassungspatiotismus als Ziel politischer Bildung? Schwalbach 1993.

[12] Vgl. Erwin Häckel: Ideologie und Außenpolitik. In: Wichard Woyke (Hrsg.): Handwörterbuch Internationale Politik. Bonn 1990, S. 203 ff.

[13] Ebd., S. 204.

[14] Vgl. Hans-Gerd Jaschke: Formiert sich eine neue soziale Bewegung von rechts? Folgen der Ethnisierung sozialer Konflikte. In: Blätter für deutsche und internationale Politik, 12/1992, S. 1441 f.

[15] Peter Glotz: Ende des Nationalismus: Blut, Boden und Babylon gelten nicht. In: Frankfurter Rundschau, 29.9.1990, S. 14f.

[16] Vgl. Dieter Senghaas, a.a.O., S. 163.

[17] Vgl. Norbert Elias: Über den Prozeß der Zivilisation. Frankfurt 19..

[18] Dieter Senghaas: Frieden und Krieg in dieser Zeit. In: Sicherheit und Frieden, Heft 3/1993, S. 160 f.

[19] Darstellung und Kritik der These von Huntington in: Norman Paech: Krieg der Zivilisation oder dritte Dekolonisation? In: Blätter für deutsche und internationale Politik, Heft 3 / 1994, S. 310 ff.

[20] Ernst-Otto Czempiel: Weltpolitik im Umbruch. 2. Auflage, München 1993.

[21] Stiftung Entwicklung und Frieden, a.a.O., S. 27f.

[22] Ernst-Otto Czempiel: Frieden schaffen – mit Waffen? In: Der Spiegel, Heft 37/1992, S. 48.

R(echte) Provokationen: Rechtsextremismus, Fremdenfeindlichkeit, Gewalt gegen Minderheiten

Die Auseinandersetzung mit Rechtsextremismus und Fremdenfeindlichkeit gehört seit vielen Jahren zum Aufgabenfeld der Friedenspädagogik. Seit Ende der achtziger Jahre gibt es in ganz Europa, speziell aber auch in Deutschland, eine Renaissance rechtsextremistischer Ideologien und eine Eskalation von Gewalttaten gegen AusländerInnen und andere Minderheiten.

Der »neue« Rechtsextremismus im gesellschaftlichen Umfeld

Die Parteien und Organisationen: Rechtsextremistische Parteien sind in einer wachsenden Zahl von Ländern Europas in den Parlamenten vertreten und stellen seit 1989 Abgeordnete im Europäischen Parlament. VertreterInnen von NPD, der Deutschen Volksunion (DVU) und den Republikanern (REP) sitzen in verschiedenen Landtagen und in vielen Kommunalparlamenten der Bundesrepublik. Das politische »Profil« dieser Parteien läßt sich auf zwei Schlagworte verkürzen: »Deutschland den Deutschen« und »Ausländer raus«. Ende 1993 gab es in der Bundesrepublik Deutschland 80 rechtsextremistische Organisationen und sonstige Zusammenschlüsse. Insgesamt gehörten ihnen ca. 60.000 Menschen an.[1] Die meisten organisierten Rechtsextremisten gehören zu einigen wenigen mitgliederstarken Parteien wie den REP und der DVU. Ca. 1.400 Personen werden nationalsozialistischen Gruppierungen zugerechnet. Darüberhinaus wird von mehreren tausend rechtsextremistisch orientierten Skinheads ausgegangen.[2]

Die Lektüre: In Deutschland gibt es über 70 rechtsextremistische Publikationen mit einer Gesamtauflage von über 7 Millionen Exemplaren.[3] Besonders auffällig ist, daß in jüngster Zeit die Periodika der »Neuen Rechten« an Bedeutung gewinnen, weil der Kreis der AutorInnen und die Gruppe der AdressatInnen durch neue Projekte immer größer wird. Eine besonders spektakuläre Neugründung war 1993 die Etablierung der Wochenzeitschrift »Junge Freiheit«.

Die Straf- und Gewalttaten: 1993 wurden 8.109 rechtsextremistische und/oder fremdenfeindliche Straftaten begangen. Dabei wurden 23 Personen getötet und ca. 900 verletzt. Über zwei Drittel dieser Straftaten wurden von Jugendlichen unter 21 Jahren verübt. Jeder zehnte gehörte rechtsextremistischen Gruppen oder Organisationen an, jeder neunte war ein Skinhead.[4] Rechtsextremistische Gruppen sehen in der Gewalt ein unverzichtbares Mittel der politischen Auseinandersetzung. Sie fordern offen zur Gewaltanwendung auf, wobei ihre Ziele vor allem AusländerInnen und deren Unterkünfte, jüdische Friedhöfe und Synagogen sowie Einrichtungen »linker« Gruppierungen sind. Durch veröffentlichte Adresslisten und genaue Ortsbeschreibungen wird gezielt Terror gegen unliebsame Personen ausgeübt.[5]

Rechtsextreme Organisationen und Gewalttäter können nur deshalb offen und öffentlich agieren, weil sie sich von einem Teil der Gesellschaft geduldet, wenn nicht akzeptiert und unterstützt sehen. Dies trifft auch für manche der politischen Entscheidungen der großen Volksparteien (etwa in der Asylpolitik) zu.

Elemente und Ursachen des Rechtsextremismus

Einzelne Erklärungen oder einzelne Ursachen für die genannten Entwicklungen ausmachen zu wollen, greift zu kurz. Bereits über die Definition dessen, was unter Rechtsextremismus verstanden werden soll bzw. wer dann als rechtsextremistisch einzustufen wäre gibt es Differenzen. Der Historiker Wolfgang Benz zählt folgende Elemente zum Kernbestand des rechtsextremistischen Verhaltens:
- »Nationalismus in aggressiver Form, verbunden mit Feindschaft gegen Ausländer, Minderheiten, fremde Völker und Staaten; militant-deutschnationales oder alldeutsches Gedankengut.
- Antisemitismus und Rassismus, biologistische und sozialdarwinistische Theorien.
- Intoleranz, der Glaube an Recht durch Stärke, Unfähigkeit zum Kompromiß in der politischen Auseinandersetzung, elitär-unduldsames Sendungsbewußtsein und Diffamierung Andersdenkender.
- Militarismus, Streben nach einem System von ›Führertum‹ und bedingungsloser Unterordnung nach einer entsprechenden autoritären oder diktatorischen Staatsform.
- Verherrlichung des NS-Staats als Vorbild und Negierung oder Verharmlosung der in seinem Namen begangenen Verbrechen.
- Neigung zu Konspirationstheorien (z.B. die Annahme, Regierung, Wirtschaft, Gesellschaft usw. seien durch irgendwelche bösartigen Minderheiten korrumpiert).

- Latente Bereitschaft zur gewaltsamen Propagierung und Durchsetzung der erstrebten Ziele.«[6]

Nach einer anderen gängigen und sehr plausiblen Definition kann von Rechtsextremismus gesprochen werden, wenn Ideologien von Ungleichheit vertreten werden und gleichzeitig Gewaltakzeptanz und Gewaltbereitschaft vorzufinden ist. Unter Ideologien der Ungleich versteht man zum Beispiel die Betonung rassischer Überlegenheit oder die Zustimmung zur sozialen, politischen oder ökonomischen Ungleichbehandlung von Menschengruppen. Zur Gewaltakzeptanz gehört nicht nur die Bereitschaft, Gewaltanwendung zu akzeptieren oder sogar selbst zur Gewalt zu greifen, sondern auch die Überzeugung, Gewalt sei dem Menschen quasi von Geburt an eigen und so ein »natürliches« Instrument zur »Lösung« gesellschaftlicher und internationaler Konflikte.[7]

Für die unverkennbar steigende Zustimmung zu Ideologien der Ungleichheit gibt es heute mehrere Ursachen und Faktoren. Dabei ist der verklärte Blick zurück in die Vergangenheit und die Verherrlichung einer wie auch immer gearteten »Ideologie der Herrenrasse« auch für den heutigen Rechtsextremismus bedeutsam. Dies gilt für manche der rechtsextremistischen Parteien, für etliche Wortführer der rechten Szene, und für die »Ewiggestrigen«. Doch eine große Anziehungskraft geht – glücklicherweise – von diesen Apologeten nicht mehr aus. Andere weltanschaulichen Elemente spielen eine viel brisantere Rolle: Die Angst vor dem Verlust des erreichten Wohlstandes nährt die Akzeptanz sozialer und ökonomischer Ungleichheit (national und weltweit!); die Perspektivlosigkeit der Opfer der Modernisierung und das Gefühl, nicht gebraucht zu werden, fördern die Bereitschaft, die noch Schwächeren (seien es AsylbewerberInnen, Obdachlose oder Behinderte) als Sündenböcke ausfindig zu machen. Schwierigkeiten bei der Orientierung in einer immer komplexer werdenden Welt und der Verlust traditioneller Bindungen gehen einher mit sozialer Ausgrenzung und Arbeitslosigkeit. Viele sehen lediglich in der Besinnung aufs Nationale und der Abgrenzung vom vermeintlich »Fremden« noch eine Chance, ihre »Identität« zu finden.

Ohne Zweifel sind die Probleme nach dem Ende des Ost-West-Konfliktes und der Vereinigung der beiden deutschen Staaten nicht weniger geworden, und globale Herausforderungen wie Arbeitslosigkeit, Armut, Wanderungsbewegungen und das Auseinanderbrechen von Staaten fördern die materielle und psychische Verunsicherung der Menschen. Doch es gibt auch schwerwiegende Fehler bei der Gestaltung und der Prioritätensetzung in der Sozial-, der Ausländer-, Jugend- und Arbeitsmarktpolitik sowie anderen verantwortlichen Politikfeldern. Jede persönliche, gesellschaftliche oder politische Form der Zustimmung zu den Ideologien der Ungleichheit vergrößert die Anzahl derjenigen, die sich offen – und vielleicht irgendwann auch gewaltsam – gegen die scheinbaren »Feinde« zur »Wehr setzen«.

Warum ist die Gewaltakzeptanz so hoch?

Noch glaubt die große Mehrzahl der Jugendlichen und der Erwachsenen an die Notwendigkeit und die Möglichkeit, Probleme und Konflikte ohne Gewalt lösen zu können. Dies ist ein unschätzbarer Gewinn, der nicht leichtfertig verspielt werden darf. Denn die Verunsicherung darüber, wann Gewalt als legitim eingeschätzt wird, scheint zu wachsen und Hemmschwellen sind, wie die Angriffe auf AusländerInnen und andere Minderheiten zeigen, gefallen. Es beginnt in der Schule: Nach Meinung von ExpertInnen ist zwar nicht nachgewiesen, daß die Gewalt an Schulen gestiegen ist, wohl aber hat der Grad der Brutalität zugenommen. Viele sehen in der Berichterstattung der Medien, im Konsum von Gewalt- und Horrorvideos eine der Hauptursachen der Gewalt vor allem bei jungen Menschen. Doch die Medien und andere Konsumangebote sind nur ein Spiegelbild der Gesellschaft, und hier ist die Ablehnung von Gewalt oftmals nur ein Lippenbekenntnis und eher halbherzig. Der Jugend- und Rechtsextremismusforscher Wilhelm Heitmeyer: »Der Weg von Jugendlichen in das fremdenfeindliche oder rechtsextremistische Terrain verläuft nicht in erster Linie über die Attraktivität von Parolen, die eine Ideologie der Ungleichheit und Ungleichwertigkeit betonen, um diese mit Gewalt durchzusetzen, sondern über Gewaltakzeptanz, die im Alltag entsteht und dann politisch legitimiert wird«.[8]

Rechtsextremismus als Jugendproblem?

Im Mittelpunkt des öffentlichen Interesses steht heute häufig der Rechtsextremismus bei Jugendlichen. Viele Studien sind über rechtsextreme Einstellungen bzw. Orientierungen und deren Verbreitung bei Jugendlichen erstellt worden. In ihnen wird deutlich, daß Ausländerfeindlichkeit, Autoritarismus, Umdeutung der Geschichte, Antipathie gegen Türken oder Polen und Antisemitismus in spezifischen Subgruppen der Jugendlichen sogar mehrheitlich verbreitet sind.[9]
Eine Tübinger Forschungsgruppe kommt zu der Erkenntnis, daß es

> *Verbreitung rechtsextremistischer Orientierungen bei Jugendlichen*
> - Von Ausländern gestört fühlen sich in Westdeutschland fast 40 Prozent der Jugendlichen, in Ostdeutschland sogar über die Hälfte. Dafür, daß alle Ausländer Deutschland verlassen sollten, plädieren knapp 30 Prozent der westdeutschen und 40 Prozent der ostdeutschen Jugendlichen.
> - In Westdeutschland haben fast 40 Prozent, in Ostdeutschland »nur« ein gutes Viertel der Jugendlichen latent antisemitische Einstellungen.
> - Etwa die Hälfte der Jugendlichen im Osten und ca. 40 Prozent der im Westen zeigen autoritäre Denkmuster. Die größere Anfälligkeit ostdeutscher Jugendlicher gegenüber autoritären Denkmustern resultiert nicht zuletzt aus den Bedingungen eines autoritären Staates, was entsprechende Auswirkungen auf die schulische und zum Teil auch familiale Sozialisation hatte.
> - Historisch-nationalistische Einstellungen, die auch stark mit den Begriff des »Vaterlandes« verbunden sind und »Macht und Stärke« als beste Voraussetzung für die Friedenssicherung sehen, sind mit ca. 40 Prozent bei westdeutschen und ca. 25 Prozent bei ostdeutschen Jugendlichen anzutreffen.[10]

nicht die benachteiligten Jugendlichen sind, die eher zu rechtsextremen Meinungen neigen, sondern die ganz »normalen« Durchschnittsjugendlichen. Aufsehen erregt hat auch das Untersuchungsergebnis, daß rechte Orientierungsmuster schon bei 14- bis 15jährigen in erheblichem Ausmaß vorhanden sind und immer mehr jüngere Menschen zu rechtsextremen Meinungen neigen. »Je jünger desto rechter« ist die Kurzformel für dieses Phänomen.[11]

Rechtsextremistisches Gedankengut im Alltag der Jugendlichen

Für die Übernahme von rechtsextremen Einstellungen sind für Jugendliche nicht so sehr die eigentlichen rechtsextremistischen Gruppen mit ihren schockierenden Gewalttaten gegen AusländerInnen, ihren Hakenkreuzschmierereien oder der Verwüstung von jüdischen Friedhöfen wichtig, sondern die Allgegenwart und das langsame Durchdringen rechtsextremistischen Gedankenguts im Alltag, in der Sprache und in den Programmen auch der Parteien.

Hierzu zählen z.B.:[12]
- die Relativierung, Normalisierung oder gar Rehabilitierung des Nationalsozialismus. Dazu zählt auch die Unterscheidung zwischen

> *»Begründungen« für Fremdenfeindlichkeit*
>
> Die 14- bis 18jährigen lehnen Ausländer vor allem deshalb ab,
> - weil sie die komplizierte Wohnungslage verschärfen (74 Prozent);
> - weil sie auf Kosten Deutschlands gut leben wollen (58 Prozent);
> - weil sie uns die Arbeitsplätze wegnehmen (55 Prozent);
> - weil sie schnell zu Gewalt und Kriminalität neigen (38 Prozent).[13]

den »guten« und den »schlechten« Seiten des Nationalsozialismus und die Umschreibung der Täter zu Opfern;
- die Bevorzugung autoritärer Lösungsmuster für persönliche und gesellschaftliche Probleme;
- die Vereinfachung von Konflikten zu einem Kampf zwischen Gut und Böse;
- die Bejahung von Gewalt als natürlichem und ordnendem Prinzip, von Kampf als praktischer Politikform;
- das Festhalten an einem reaktionären Frauenbild;
- die Hinwendung zu nationalistischen Denkmustern, zur Feindseligkeit gegenüber Fremden und AusländerInnen.

Diese Orientierungen werden z.T. auch durch die Medien der rechten Jugendkultur, wie z.B. rechte Jugendzeitschriften, »Nazi-Computerspiele« und Rechts-Rock (sog. »Oi-Oi-Musik«)[14] transportiert. Computerspiele sind dabei Teil eines umfassenden Medienverbundes, der auch Symbole, Figuren und Inhalte der rechten Szene vermarktet. »Nazisoftware« zeichnet sich bislang dadurch aus, daß sie unter der Hand in Form von selbstgefertigten Spielen gehandelt bzw. weitergegeben wird. Bei nazistischen Computerspielen geht es fast ausschließlich um die Vernichtung von Juden und Türken und die Verherrlichung der nationalsozialistischen Epoche. Diese Elemente werden in vielen Varianten und Szenarien, sei es als KZ-Spiel »Auschwitz« oder als »Anti-Türken-Test«, aufgegriffen.[15]

Zwei Drittel aller Computerspiele drehen sich um die Anwendung von Gewalt in Form von Eroberung und Zerstörungen, »Nazi-Computerspiele« propagieren außerdem rassistische Weltbilder und politische Vorstellungen. Diese knüpfen zum einen an vorhandene Defizite und unbefriedigte Bedürfnisse der Jugendlichen an, zum andern setzen sie auch auf die kümmerlichen Kenntnisse der Jugendlichen über den Nationalsozialismus.

Ganz ähnlich verhält es sich mit dem »Rechts-Rock«. Viele dieser

Titel sind im legalen Plattenhandel erhältlich. In den Liedern werden KZ-Brutalitäten besungen (z.b. im Lied »Angel of Death« der Gruppe »Slayer«), wird Ausländerhaß geschürt (z.b. in »One in an million« der Gruppe »Guns N Roses«) oder wird die rechte Skinszene glorifiziert (z.b. in »Söldner« von der Gruppe »Störkraft«).

Ein Death Metal-Bandleader meint zu dieser Art von Musik: »Die Politiker und andere Bonzen können doch froh sein, daß wir die Jugendlichen ruhigstellen mit unserer Musik«.[16] Zwischenzeitlich hat die Jugendministerin Angela Merkel angekündigt, Schallplatten und CDs mit rechtsradikaler Musik verbieten zu lassen.[17]

Die Mitgliedschaft in rechtsextremen Gruppen

Neben dem relativ großen Bereich der nichtorganisierten SympatisantInnen rechtsextremer Ideologien gibt es einen harten Kern von AktivistInnen, die streng in Gruppen organisiert sind.

Rechtsextreme Vereinigungen werben mit Flugblättern, einer eigenen Jugendpresse und Veranstaltungen um neue Mitglieder; Jugendliche werden gezielt zu Ferien- und Freizeitangeboten eingeladen. Dabei werden Werte wie Kameradschaft und Gemeinschaft betont sowie das Erleben von Abenteuern in Aussicht gestellt. Jugendliche, die sich rechtsextremen Gruppierungen angeschlossen haben, kommen nur schwer wieder davon los. In der Gruppe laufen sie Gefahr, ihre eigene Identität aufzugeben, da sie die Ideologie der Gruppe übernehmen und auch zur Gewaltanwendung bereit sein müssen. Vor dem Hintergrund der Morde von Mölln und Solingen bekannte ein neonazistischer Aktivist aus Tübingen: »Da waren Leute bei uns dabei, die hätten so etwas gemacht, wenn ich es ihnen gesagt hätte. Die glauben es, wenn du ihnen erzählst, es habe keine Judenvergasung gegeben. (...) Die Leute werden in solchen Gruppen verführt«.[18]

Jugendliche, die nicht nur mit rechtem Gedankengut experimentieren, sondern sich rechtsextremen Gruppen zugehörig fühlen, sind dogmatischer, risikobereiter und gewalttätiger als andere. Rechtsextreme Positionen vermitteln ihnen »ein Gefühl von Stärke und ihre Organisationsformen ein Gefühl des Aufgehobenseins. Außerdem bieten sie Jugendlichen die Möglichkeit, etwas zu tun, das idealisiert werden kann. Sie können etwas erleben (z.B. einen Angriff auf ein Flüchtlingsheim durchführen) und gleichzeitig im Glauben leben, daß sie dies nicht für sich, sondern für das ›deutsche Volk‹ täten.«[19]

Erklärungsversuche für den Rechtsextremismus bei Jugendlichen

Die Unsicherheit ist groß, ob und inwieweit manche der öffentlich anstößigen Verhaltensweisen von Jugendlichen als rechtsextremistisch zu bezeichnen sind. So stellt z.B. das Pädagogische Landesinstitut Brandenburg fest: »Wir tun uns schwer, das Verhalten einiger Schüler als ›rechtsextremistisch‹ zu kennzeichnen. Offenkundig ist, daß viele Äußerungen dieser Schüler wenig durchdacht erscheinen, daß manches einfach Provokation zu sein scheint oder auch, daß diese Schüler kaum ein gefestigtes Weltbild formulieren, sondern eine Mischung verschiedenster Positionen vertreten.

Auf der anderen Seite stellen wir fest, daß Nationalsozialismus und Fremdenfeindlichkeit von vielen Schülern nicht mehr hinterfragt werden.«[20]

Für viele Jugendliche ist die Hinwendung zu rechtsextremistischen Parolen und Orientierungen, zu informellen oder organisierten Gruppen sowie zur Stimmabgabe für eine rechtsxtreme Partei der Versuch, ihre persönlichen Schwierigkeiten zu lösen und Strategien für die Bearbeitung gesellschaftlicher Probleme zu finden.

Rechtsextremismus und Neonazismus setzen an den Bedürfnissen und Problemen der Jugendlichen an, indem sie Möglichkeiten der Identifikation bieten, die Jugendliche anderswo vermissen: die pseudoreligiöse Beschwörung der Geschichte, einen sozialen Bezugsrahmen, die Vorgabe klarer Normen, Verhaltensrituale, Symbole und Attitüden, die Einheit, Sinn und Sicherheit schaffen. Die rechtsextremistische Ideologie bietet scheinbar vernünftige Erklärungen für komplexe Zusammenhänge und scheinbar einfach durchzusetzende Lösungen schwieriger Probleme. Damit liefert sie eindeutige Orientierungen und Identifikationen gerade für solche Jugendlichen, die unter dem Druck der unübersichtlichen Probleme das Gefühl haben wollen, die richtigen Entscheidungen zu treffen, und daraus Sicherheit im Verhalten zu beziehen hoffen.[21] Bei der Suche nach den Ursachen für die Übernahme rechtsextremer Orientierungsmuster werden in der Wissenschaft und Politik verschiedene Hypothesen diskutiert. Als eine der wesentlichsten Ursachen wird dabei der sich vollziehende globale Wandel der Gesellschaft (Modernisierung) mit seinen Konsequenzen für das Individuum (u.a. Notwendigkeit der Mobilität, Individualisierung) gesehen. Neben dieser grundlegenden Annahme gibt es weitere Erklärungsmuster, die sich an verschiedenen Problembereichen von Gesellschaft und Politik orientieren.[22]

Gesellschaftskritische Erklärungsansätze gehen davon aus, daß rechtsextreme Orientierungen bei Jugendlichen die aktuelle Ausprägung jugendlichen Protestverhaltens sind, die Jugendliche bei ihrer Suche nach Leitbildern, lebenswerten Zielen und der Befriedigung ihrer Bedürfnisse übernehmen.

Ein eher *ökonomisch orientierer Erklärungversuch* greift die Verschlechterung der ökonomischen Bedingungen insbesondere in den Bereichen Arbeit und Wohnen auf. Die starken Konkurrenzbeziehungen im Arbeitsleben werden dabei insbesondere im Verhältnis zu den Fremden gesehen. Die Differenz zwischen dem eigenen Anspruchsniveau und den tatsächlichen Möglichkeiten, dieses zu erreichen, erzeugt Unzufriedenheiten, die sich gegen die (vermeintlichen) Verursacher bzw. Nutznießer der eigenen Misere wenden.

Ein eher *politischer Erklärungsversuch* stellt den Vertrauensverlust der politischen Parteien und Funktionsträger in den Mittelpunkt der Betrachtung. Gesellschaftliche und politische Probleme werden nicht (mehr) zufriedenstellend angegangen und gelöst. Jugendliche wenden sich von dieser ritualisierten Art der Politik ab und suchen radikale Alternativen.

Der *historische Erklärungsversuch* bemängelt die unzureichende Aufarbeitung der NS-Verangenheit. Die Verleugnung und Verdrängung der Geschichte begünstige rechtsextreme Einstellungen.

Nicht übersehen werden darf auch,
- daß der »verordnete Antifaschismus« in der DDR keine aufgeklärte Auseinandersetzung mit Nationalismus, Rassismus und Ausländerfeindlichkeit ermöglichte und damit auch keine tragfähigen Modelle des Umgangs mit Fremden entstehen konnten;
- daß die Versäumnisse der Politik in der Frage des Umgangs mit Einwanderern und Flüchtlingen zu einer ungeheuren Emotionalisierung der öffentlichen Debatte geführt hat, die Ängste z.T. bewußt anheizte und eine rationale Auseinandersetzung nicht mehr möglich machte;
- daß die Übernahme rechter Positionen durch bürgerliche PolitikerInnen und Parteien diesen Parteien und Organisationen den Rükken stärkte;
- daß der deutsche Vereinigungsprozeß zu einer Konzentration aller Kräfte auf »nationale« Aufgaben geführt hat, wodurch andere Problembereiche als störend empfunden werden.

Für die Jugendlichen, die sich solchen Orientierungsmustern zuwenden, haben diese eine Reihe nützlicher Funktionen: Sie bieten Ordnung und Orientierung in einer diffusen Welt; sie bieten das Gefühl von

Akzeptanz und Zugehörigkeit gegen die Bedrohung der Vereinzelung, sie bieten Möglichkeiten des Handels und der Machtausübung gegen das permanente Erlebnis der Ohnmacht, sie bieten letztlich eine Identität, auf die man stolz sein kann und lassen die permanente Infragestellung und Unsicherheit der eigenen Person vergessen.

Schließlich ist auch festzuhalten, daß rechtsextreme Orientierungen offenbar stark mit dem Geschlecht sowie dem angestrebten bzw. erreichten Bildungsniveau zu tun haben. So zeigen die Ergebnisse einer Studie deutlich, daß weibliche Jugendliche weniger zum Rechtsextremismus neigen als männliche Jugendliche sowie daß Jugendliche mit einem höheren Bildungsabschluß bzw. mit dem Ziel eines höheren Bildungsniveaus weniger anfällig für rechtsextreme Ideologien sind. Das Bildungsniveau wird auch heute noch stark von der sozialen Herkunft mitbestimmt.[23]

Die Angst vor dem Fremden

Im Mittelpunkt der rechtsextremistischen Agitation steht ein aggressiver Fremdenhaß, für dessen Propagierung aktuelle Auseinandersetzungen wie die Diskussionen um das Asylrecht genützt werden. Dabei werden geschickt wirtschaftliche Entwicklungen und persönliche Ängste verbunden und auf die Fremden als vermeintliche Verursacher der Misere, projeziert. Diese Sichtweise ist jedoch nicht auf das rechtsextreme Spektrum beschränkt, sondern wird inzwischen von großen Teilen der Bevölkerung mitgetragen.

In der Bundesrepublik leben 6,5 Millionen AusländerInnen. Sie werden auch dann als AusländerInnen bezeichnet, wenn sie bereits 20 Jahre oder länger hier leben und arbeiten, und auch dann, wenn sie als Kinder ausländischer Eltern hier geboren wurden.

Fremde, d.h. vor allem ausländische ArbeitnehmerInnen und Asylsuchende, sind in der Bundesrepublik nicht nur vielfältigen Formen von Diskriminierung ausgesetzt, sondern werden seit der deutschen Vereinigung auch offen bedroht, überfallen, geschlagen und ermordet.

Der alltägliche Umgang mit Fremden ist in vielen Fällen von Unsicherheiten geprägt, oft angstbesetzt und nicht selten von einem undefinierbaren Konkurrenz- und Haßgefühl begleitet.[24]

Es ist nicht die scheinbar große Zahl der AusländerInnen, die zur Fremdenfeindlichkeit anstachelt. Vielmehr sind ihr Verhalten, ihre Weltanschauungen, ihre Umgangsformen, ihre Gebräuche und Sitten eine ständige Anfrage an das, was vertraut ist und für »normal« gehalten wird. Diese permanente Konfrontation verunsichert, wird als Provokation der eigenen Werte und Lebensweise empfunden. Anstatt sich damit auseinanderzusetzen, wird diese Provokation abgewehrt, abgewertet und verdrängt.[25]

Dabei bleibt das Gefühl der Überlegenheit und Stärke erhalten, das in Wirklichkeit Unsicherheit und mangelndes Selbstbewußtsein repräsentiert. Durch die Herabsetzung des Fremden wird versucht, solche Schwächen in ein Überlegenheitsgefühl, eine Überlegenheitsillusion umzukehren. Nicht die kritische Auseinandersetzung wird gesucht, sondern die Abwehr praktiziert.

Das Bild dessen, was fremd ist, entsteht schon sehr früh, fast gleichzeitig mit dem Bild dessen, was uns am vertrautesten ist, der Mutter.[26] In seiner primitivsten Form ist »das Fremde« die Nicht-Mutter, und die bedrohliche Abwesenheit der Mutter läßt Angst aufkommen. So bedarf es stets einer Überwindung der Angst, sich dem Fremden zuzuwenden.

Die Kraft zur Überwindung der Angst stammt aus der Faszination, die das Fremde ausübt. In gewissen Situationen ist diese Faszination lebensnotwendig. Denn ein Kind darf nicht einzig und allein auf die Mutter fixiert sein – wäre es das, so wären seine Überlebensmöglichkeiten stark eingeschränkt: Würde der Mutter etwas zustoßen, müßte auch das Kind sterben.

Neben dieser sozialpsychologischen Ebene gibt es weitere Faktoren, die die Angst vor dem Fremden beeinflussen. Hierzu gehören vor allem die soziale Unsicherheit, das Gefühl, selbst zu kurz gekommen zu sein, die politische Ohnmacht und mangelnde bzw. bedrohte Lebensperspektiven.

Ausländische MitbürgerInnen werden in einer solchen Situation leicht zu Sündenböcken, die von den wirklichen Ursachen der sozialen Misere ablenken und eine Beschäftigung damit nicht mehr notwendig machen. Sie sind so Opfer von Vorurteilen und Feindbildern, die nicht an die reale Existenz von und Erfahrungen mit AusländerInnen gebunden sind. Solche Vorurteile erfüllen vielfältige Funktionen: Sie helfen die Welt zu ordnen, sie stabilisieren das eigene Selbstwertgefühl, sie wehren Angst und Unsicherheit ab und sie ermöglichen eine gesellschaftlich gebilligte Aggressionsabfuhr.

»Wer sich im eigenen Volk entwertet fühlt, ›keine Zukunft‹ zu haben scheint (oder vielleicht wirklich keine Zukunft hat?), nicht sicher ist, ob er dazugehören darf zu den ›richtigen und reichen Deutschen‹, der muß die Grenzen Deutschlands nach außen betonen. Die Grenzen zwischen Gut und Böse haben sich für viele Deutsche von der Elbe an die Oder verschoben; dort versuchen sie nun den Unterschied zwischen Deutschen und Nicht-Deutschen klarzumachen. Im eigenen Land schafft das gemeinsame Feindbild ›Ausländer‹ auch eine Verbindung der Deutschen aus West und Ost. (...)

Das ›neue Deutschland‹ hat an Orientierungsmöglichkeiten kaum etwas Besseres zu bieten als die Trennung zwischen (wirtschaftlich) Erfolgreichen und Erfolglosen. Da jetzt nur noch die wirtschaftlich Erfolglosen die Deutschen zweiter Klasse sind (früher waren es pauschal die Bürger der DDR), müssen sie zusammen mit den Erfolgreichen um den Erhalt ›unserer‹ Macht und ›unseres‹ Reichtums gegen die Armen draußen kämpfen. So gehören sie doch wenigstens zu den ›Menschen erster Klasse‹, nämlich den Deutschen. Ein Qualitätskriterium, das mit der Geburt zusammenhängt (als Deutsche/r geboren), kommt dabei sehr gelegen. Die ›richtige‹ Geburt füllt die Leere, die durch wirtschaftliche Ängste und reale Not, aber auch durch die allgemeine Verunsicherung über die Identität der Deutschen entstanden ist.«[27]

Diese »Identität«, dieser »Stolz« kann einem von niemanden weggenommen werden. Sie bleiben selbst dann, wenn alles andere bereits ins Wanken geraten ist.

Konsequenzen für die Friedenserziehung

Im rechtsextremistischen Konzept von Wert- und Ranghierarchien, von Autorität und Herrschaft ist kein Platz für die Autonomie des Menschen, deren Verwirklichung aber eine wesentliche Voraussetzung für die Fähigkeit zum Frieden und zur Solidarität ist.[28]

Pädagogische Ansätze zum Umgang mit dem Rechtsextremismus sind vor allem auf drei Ebenen zu entwickeln:
- Stabilisierung des Selbstwertgefühls und der Ich-identität von Jugendlichen, um der Angst entgegenwirken zu können;
- Vermittlung von Informationen, um die Auseinandersetzung mit Ideologien und Weltbildern zu ermöglichen;
- Anleitung zum praktischen Handeln gegen Ausländerfeindlichkeit, Gewalt usw.

Nationalistische Ideologien müssen dabei mit internationalen Orientierungen konfrontiert werden. Die »Erziehung« zur globalen Weltsicht und zur »Einen Welt« beinhaltet Alternativen zu einem engstirnigen nationalen Egoismus.

Die Vermittlung demokratischer Werte, das Einüben von Toleranz sowie die Befähigung zur politischen Teilhabe und zur kritischen Betrachtung gesellschaftlicher Vorgänge sind dabei wichtige Schritte auf einem Weg, der die Achtung und die Würde aller Menschen zum Ziele hat.[29]

Anmerkungen

[1] Für 1994 ist ein leichter Rückgang der Mitgliederzahlen rechtsextremistischer Organisationen in der Bundesrepublik festzustellen. Die Bundesregierung führt diesen Rückgang in erster Linie auf die Vereinigung Deutschlands zurück. Der organisierte Rechtsextremismus habe sich »plötzlich eines Hauptansatzpunktes seiner Agitation«, nämlich der Einheit Deutschlands, »beraubt« gesehen. Vgl. Woche im Bundestag, 20.4.1994, S. 14.

[2] Landesamt für Verfassungsschutz Baden-Württemberg (Hrsg.): Rechtsextremismus in der Bundesrepublik Deutschland. Allgemeine Entwicklung. Stuttgart 1994, S. 7 (Stand: Januar 1994).

[3] Der Bundesminister des Innern (Hrsg.): Verfassungsschutzbericht 1991. Bonn 1992, S. 72 ff.
Astrid Lange: Was die Rechten lesen. Fünfzig rechtsextreme Zeitschriften. Ziele. Inhalte. Taktik. München 1993.

[4] Während die Zahl der rechtsextremistischen Straftaten von 7.195 (1992) auf 8.109 (1993) weiter anstieg, nahm die Zahl der rechtsextremistischen Gewalttaten (Tötungsdelikte, Sprengstoffanschläge, Brandanschläge, Körperverletzungen, Sachbeschädigungen mit Gewaltanwendung) von 2.584 in 1992 auf 2.232 in 1993 ab. Vgl. Frankfurter Rundschau, 15.1.1994. Woche im Bundestag, 27.4.1994, S.11. Bundestagsreport 5/93, S. 30. Frankfurter Rundschau, 15.1.1994. Bundesamt für Verfassungsschutz (Hrsg.): Rechtsextremismus in Deutschland. Eine Lagebeurteilung des Bundesamtes für Verfassungsschutz. Bonn 1993 (Vortrag, gehalten auf dem Seminar des Bundesministeriums des Innern für Leiter von Schulen am 27.1.1993 in Lüneburg).

[5] So veröffentlich z.B. die Zeitschrift »Der Einblick. Die nationalistische Widerstandszeitschrift gegen zunehmenden Rotfront- u. Anarchoterror", Nr. 01, die über Dänemark vertrieben wird, auf 45 Seiten Namen, Adressen, Orts- und Gebäudebeschreibungen von Personen und Gruppen sowie von deren Treffpunkten, die sich gegen Rechtsextremismus engagiert haben. Die Titelblattaufschrift »Jetzt ist Schluß!!! Organisiert die Anti-Antifa« macht die Zielrichtung deutlich.

[6] Wolfgang Benz: Die Opfer und die Täter. Rechtsextremismus in der Bundesrepublik. In: Ders. (Hrsg.): Rechtsextremismus in der Bundesrepublik. Frankfurt/M. 1989, S. 10 f.

[7] Wilhelm Heitmeyer: Rechtsextremistische Orientierungen bei Jugendlichen. München 1987.

[8] Ebd.

[9] Vgl. Wolfgang Melzer / Wilfried Schubarth: Das Rechtsextremismussyndrom bei Schülerinnen und Schülern in Ost- und Westdeutschland. In: Dies. (Hrsg.): Schule, Gewalt und Rechtsextremismus. Opladen 1993, S. 57-79.

[10] Vgl. W. Melzer / W. Schubarth, a.a.O.

[11] Vgl. Josef Held: Politische Orientierungen und Gewaltbereitschaft von Ju-

gendlichen in unserer Region. In: Sozialamt der Stadt Tübingen / Verein für Friedenspädagogik Tübingen (Hrsg.): Handeln gegen Gewalt. Eine Dokumentation. Tübingen 1994, S. 11 ff. Josef Held / Hans-Werner Horn: »Benachteiligte Jugendliche sind nicht pauschal rechtsradikal«. In: Frankfurter Rundschau, 6.7.1990, S. 18.

[12] Vgl. W. Melzer / W. Schubarth, a.a.O., S. 4.

[13] Harry Müller / Wilfried Schubarth: Rechtsextremismus und aktuelle Befindlichkeiten von Jugendlichen in den neuen Bundesländern. In: Aus Politik und Zeitgeschichte, B 38/92, S. 18.

[14] Abkürzung von »strength through joy – Kraft durch Freude.

[15] Vgl. Jörg-Johannes Heidrich: »Naziware« – Kriegsverherrlichende Computerspiele: Kritische Offenlegung von rassistischen und antisemitischen Computer-»Spielen«. In: Landeszentrale für politische Bildung Rheinland Pfalz / Pädagogisches Zentrum des Landes Rheinland-Pfalz (Hrsg.): Nein! Arbeitskreis gegen Rechtsextremismus. Arbeitshilfen für Multiplikatorinnen und Multiplikatoren in der schulischen und außerschulischen Bildungsarbeit. Heft 3, 1993, S. 14 ff.

[16] Christa Jenal: Echt heavy – Erfahrungsbericht über ein Unterrichtsprojekt zum Thema »Heavy Metal und Gewalt«. In: puzzle. Zeitschrift für Friedenspädagogik, Nr. 3/1992, S. 10.

[17] Vgl. Frankfurter Rundschau, 28.9.1993.

[18] Klaus Stark: Ein Reutlinger kämpfte sechs Wochen lang mit den Kroaten: Für die »nationale Sache«. In: Südwest Presse, 30.9.1993, S. 37.

[19] Pädagogisches Landesinstitut Brandenburg: Gewalt, Rechtsextremismus, Fremdenfeindlichkeit. Teil 1, Anregungen für die Schule. Ludwigsfelde 1993, S. 17.

[20] Ebd., S. 15.

[21] Vgl. Christiane Rajewsky: Rechtsextremismus und Neonazismus bei Jugendlichen. Düsseldorf o.J., Manuskript, S. 7.

[22] Vgl. Uli Jäger / Annette Seeboth: Eine (r)echte Provokation. Der Rechtsextremismus und sein Umfeld. Tübingen 1991.

[23] Vgl. Wolfgang Melzer / Wilfried Schubarth, a.a.O., S. 57-79.

[24] Vgl. Beauftragte der Bundesregierung für die Belange der Ausländer (Hrsg.): Bericht der Beauftragten für die Belange der Ausländer über die Lage der Ausländer in der Bundesrepublik Deutschland 1993. Bonn 1994.

[25] Vgl. Iring Fetscher: Der, Die, Das Fremde. In: Radius. Die Kulturzeitschrift zum Weiter-Denken, 1/1990, S. 2.

[26] Vgl. Mario Erdheim: Die Faszination des Fremden: Triebfeder kultureller Entwicklung. In: Radius, 1/90, S. 16.

[27] Thea Bauriedl: Wege aus der Gewalt. Analyse von Beziehungen. Freiburg u.a. 1992, S. 44 f.

[28] Vgl. Christiane Rajewsky: Rechtsextremismus als Herausforderungen für Friedensbewegung und -pädagogik. In: Hanne-Margret Birckenbach / Uli Jäger / Christian Wellmann (Hrsg.): Jahrbuch Frieden 1991. München 1990, S. 245-257.

[29] Vgl. Jäger / Seeboth, a.a.O., S. 155.

Jugendgewalt oder Gewalt gegen die Jugend?

Schlägereien in der Schule, Pöbeleien auf der Straße, Angriffe auf Ausländerwohnheime, rechtsextreme Sprüche und Parolen – häufig sind es Jugendliche, die als »Täter« bei Gewalttätigkeiten zu erkennen sind. Neigt die Jugend heute mehr denn je zuvor dazu, Gewalt als Mittel der Konfliktlösung einzusetzen? Tragen Jugendliche die Verantwortung für die innergesellschaftliche Gewalteskalation der letzten Jahre? Wiederum ist Vorsicht geboten. Denn wer über Gewaltbereitschaft und -akzeptanz bei Jugendlichen nachdenken will, muß auch versuchen, sich ein Bild von den Lebensbedingungen Jugendlicher zu machen, muß ihre Sorgen und Hoffnungen kennen und ihren Stellenwert in der heutigen Gesellschaft begreifen. Und wer die Frage nach der Verantwortung stellt, muß aufmerksam für jede Form der gesellschaftlichen Legitimation von Gewalt sein. Schließlich muß immer wieder deutlich betont werden, daß die heutige Jugend insgesamt als eine der friedfertigsten unseres Jahrhunderts angesehen werden kann.[1] Gewalt als Handlungsalternative wird nur von einer Minderheit der Jugendlichen akzeptiert, und gewalttätiges Verhalten Jugendlicher ist bei einem noch geringeren Teil anzutreffen. Nur ca. 6 Prozent der Jugendlichen neigen laut Umfragen zur Gewaltakzeptanz.[2] Auf der Liste der Gruppen, die von Jugendlichen besonders stark abgelehnt werden, stehen ganz oben die häufig mit Gewalttätigkeiten in Verbindung gebrachten Fußball-Hooligans mit 89 Prozent und Skinheads mit 82 Prozent.[3]

Jugendgewalt – eine neue Provokation?

Jugendgewalt ist kein neues Phänomen. In allen Industriestaaten haben seit Mitte der 60er Jahre immer wieder Jugendunruhen stattgefunden, bei denen Gewalt billigend in Kauf genommen (etwa bei Auseinandersetzungen mit der Polizei) oder sogar gezielt als Provokation angewendet wurde (wenn z.B. Schaufensterscheiben ganzer Straßenzüge zu Bruch gingen). Diese Unruhen waren Ausdruck der Unzufriedenheit mit der eigenen Lebenssituation und den Mißständen in der

Gesellschaft. Dies ist insofern nichts Ungewöhnliches, als Jugendliche mehr als andere Altersgruppen die Abgrenzung, Opposition und Konfrontation zur Gesamtgesellschaft suchen und zur eigenen Identitätsentwicklung auch brauchen.

So suchten die Jugendlichen bei ihren Protesten in der Vergangenheit immer wieder die bewußte Konfrontation mit dem »System«. Wichtige Kennzeichen waren dabei die damit verbundenen Forderungen nach mehr Beteiligungsrechten sowie ein politischer Hintergrund. Ein weiterer Aspekt dieser Proteste lag in der Entwicklung von Alternativen zu den bekämpften Zuständen, die in vielfältigen Alternativprojekten (selbstverwaltete Jugendzentren, Wohnprojekte, Arbeitslosen-Selbsthilfegruppen usw.) ansatzweise verwirklicht wurden.

Die heutige »Jugendgewalt« unterscheidet sich hiervon in mehrerer Hinsicht. Im Mittelpunkt steht die Gewalt, nicht der Protest, und so kann es auch nicht verwundern, daß kaum politische Forderungen gestellt werden, sieht man einmal von der dumpfen Parole »Ausländer raus« ab. Wohl die wenigsten jugendlichen Gewalttäter verstehen ihre Handlungen als »politische Strategie«. Als Opfer (oder Ziele der Gewalthandlungen) sind nicht mehr »Repräsentanten« oder »Symbole« des bekämpften Systems zu verzeichnen, sondern es sind heute die Schwächsten der Gesellschaft, die zu Opfern werden. Die Gewalthandlungen finden dabei vor allem in kleinen Gruppen bzw. Cliquen[4] statt, und werden im Geheimen geplant und durchgeführt oder sie entwickeln sich spontan aus situationsspezifischen Anlässen.

Selbstverständlich bergen auch diese Handlungen einen Kern von

---

Formen der Jugendgewalt

- Gewaltkriminalität, d.h. Raub- und Morddelikte, die vor allem in Großstädten auftritt und zu 90 Prozent von Männern ausgeübt wird;
- Vandalismus, d.h. das vorsätzliche Zerstören von Sachen;
- Krawalle, d.h. gewalttätige Ausschreitungen anläßlich von Popkonzerten, Fußballspielen und anderen Massenveranstaltungen;
- Gewalt gegen Menschen, d.h. gezielte Handlungen, die sich gegen einen ausgewählten Teil der Bevölkerung, z.B. gegen AusländerInnen, richtet;
- Gewalt in der Schule, d.h. Gewalt, die in einer speziellen Bildungsinstitution zum Ausdruck kommt;
- Gewalt zwischen Streetgangs, d.h. gewalttätige Auseinandersetzungen zwischen rivalisierenden Jugendgruppen;
- Politisch motivierte Gewalt.[5]

Aufbegehren und Ausbrechen in sich. Die Jugendlichen wissen oft genau, wo und wie sie die Gesellschaft an einer empfindlichen Stelle treffen können. Und sie verstehen es auch, eine Medienöffentlichkeit für ihre Taten herzustellen.

Eindeutig zugenommen haben die Gewalttaten gegen ausländische MitbürgerInnen bzw. rechtsextrem motivierte Gewalttaten, aber auch die gewalttätigen Auseinandersetzungen zwischen verfeindeten Cliquen[6]. Sicher ist auch, daß aggressives und gewalttätiges Verhalten heute von einer bislang nie gekannten Brutalität gekennzeichnet ist, die die Opfer nicht schont und auch vor schwersten Schädigungen und Verletzungen nicht zurückschreckt. Aufschlußreich ist eine Untersuchung über die Gewaltakzeptanz und die Gewaltbereitschaft bei Lehrlingen und SchülerInnen der 8. bis 10. Klasse in den neuen Bundesländern. Danach lehnt nur die Hälfte dieser SchülerInnen Gewalt konsequent ab, dagegen schließt rund jeder vierte körperliche Gewalt gegenüber Personen nicht aus. Dies stehe in engem Zusammenhang mit der Auffassung, daß Gewalt zur Durchsetzung eigener Interessen manchmal notwendig sei. Nach dieser Studie haben sich bereits vier Prozent der männlichen Lehrlinge und ein bis zwei Prozent der männlichen Schüler an gewalttätigen Aktionen gegen AusländerInnen beteiligt.[7]

Beobachtungen zeigen, daß die Gewaltszene eindeutig männlich dominiert ist,[8] wobei Kampfbereitschaft und -erfahrung bei handarbeitenden männlichen Jugendlichen, die der Unterschicht angehören, ausgeprägter vorhanden sind als bei anderen Jugendlichen. Gewaltbereite Jugendliche aus der Mittelschicht schließen sich als »Wochenendkrieger« eher Gruppierungen wie Rechten, Hools, Skins oder Autonomen an. Gewalthandlungen finden vor allem in Gruppen statt. Im Vergleich zu früheren Jahren ist eine deutliche Verjüngung der Täter auszumachen. Rechtsextremistischer Einfluß ist nicht die treibende Kraft dieser Aktivitäten. Rechtsextremistische Gruppierungen instrumentalisieren jedoch jugendliche Gewaltbereitschaft immer wieder für ihre Zwecke. Bei rechtsextrem orientierten Jugendlichen kann eine deutlich höhere Gewaltakzeptanz festgestellt werden als bei anderen Jugendlichen.

Funktionen direkter Gewaltanwendung für Jugendliche

Gewalttätiges und aggressives Verhalten kann bei Jugendlichen eine Reihe von Funktionen erfüllen und Bedürfnisse befriedigen, die sie (zumindest in ihrem subjektiven Erleben) anders nicht erfüllen bzw. befriedigen können.

Jugendgewalt als Männlichkeitsbeweis

Bei der Darstellung von Männlichkeit gibt es kulturübergreifende Merkmale. Dies sind z.b. die Betonung und öffentliche Zurschaustellung von Mut und Kampfbereitschaft, die Betonung von Kompetenz im Umgang mit Motorfahrzeugen, Maschinen und Waffen (etwa bei gefährlichen Fahrten oder Diebstahl) sowie die Betonung von Tugenden wie Zuverlässigkeit und Kameradschaft (»Einer für alle, alle für einen«). Desweiteren gehört dazu auch die Betonung von heterosexueller Potenz bei gleichzeitigem Frauenhaß und Schwulenverachtung.[9]

Um der eigenen Bezugsgruppe die jugendliche Männlichkeit zu beweisen und damit auch als »vollwertig« akzeptiert zu werden, müssen durch spektakuläre Handlungen Kampfbereitschaft und Mut demonstriert werden. Ein Zellengenosse des 19jährigen Ingo K., der wegen eines Brandanschlags auf die KZ-Gedenkstätte Sachsenhausen angeklagt wurde, erklärte vor dem Potsdamer Bezirksgericht, K. habe ihm die Tat gestanden und gesagt, es sei eine Mutprobe gewesen.[10] Jugendliche, die in Ludwigsfelde illegale Autorennen veranstalteten und dabei stets in Auseinandersetzungen mit der Polizei gerieten, berichten: »Das ist wirklich ´ne Mutprobe. Du lebst immer mit dem Risiko, daß die Polizei dich rauszieht. Dieser Nervenkitzel ist das beste: Schaffst du´s, oder schaffst du´s nicht?«[11]

Häufig ist bei solchen Inszenierungen Alkohol im Spiel. Auch öffentliches Trinken von Jugendlichen kann als Männlichkeitsdarstellung verstanden werden. Bei gewaltorientierten Jugendlichen ist Alkohol jedoch nicht primär als Ursache für Ausschreitungen, sondern eher als Stimulans und Motivationsmittel zu verstehen.

Jugendgewalt als Kommunikationsmittel

»Für die randalierenden Jugendlichen ist Gewalt Ausdruck einer verzweifelten Situation und einer bedrängten Gefühlslage. Sie ist für sie gleichzeitig auch ein legitimes Mittel der Durchsetzung von Forderungen, nachdem andere offenbar versagt haben oder ihnen versagt blieben.«[12] Diese Einsicht formulierte die Eidgenössische Kommission für Jugendfragen bereits Anfang der 80er Jahre auf dem Hintergrund zunehmender Jugendkrawalle in der Schweiz. Wenn heute 15jährige Schüler ein Wohnheim für Asylbewerber mit Steinen bewerfen oder in Brand stecken, so wird diese Tat von ihnen häufig mit »Ausländerfeindlichkeit« begründet. Solche Gewaltakte können jedoch auch als Aufschrei oder als Versuch interpretiert werden, auf die eigene Situation aufmerksam zu machen. Sie sind Ausdruck einer sprachlos gewordenen, destruktiven Art der Kommunikation. Man glaubt, sich mit anderen Mitteln nicht mehr Gehör verschaffen zu können.

Dies betrifft auch den Umgang mit tabuisierten gesellschaftlichen Symbolen, vor allem aus der Zeit des Hitler-Faschismus: »Nicht jeder ›Sieg Heil!‹-Ruf, nicht jede Hakenkreuzschmiererei, nicht jedes Infragestellen des Holocaust sind Ausdruck einer Renaissance von Faschismus und Rechtsextremismus. Das ›Spiel‹ mit der nationalsozialistischen Zeichensprache (...) ist zu großen Teilen die provokative Zuspitzung eines intergenerationellen Konfliktes.«[13]

Vor allem die Verweigerung einer befriedigenden Lebensperspektive macht viele Jugendliche ratlos und radikalisiert sie zugleich. Hinzu kommen die Erfahrungen vieler Jugendlicher, daß sich die Politik erst dann um ihre Fragen und Probleme vor Ort kümmert, wenn sie durch Zerstörungsakte oder andere Gewalttaten unmißverständlich auf sich aufmerksam gemacht haben. Der Ausspruch einer Jugendlichen bringt dies auf den Punkt: »Gewalt löst zwar keine Probleme, aber es macht auf sie aufmerksam.«[14]

Jugendgewalt als Mittel gegen Langeweile und Frust
Jugendliche wollen (zumindest zeitweise) der Eintönigkeit und Langeweile des Alltags entfliehen. Sie suchen den Nervenkitzel. Sie wollen, daß »etwas los ist«, »etwas passiert«. Und sie inszenieren sich diesen Nervenkitzel selbst. Solche Unternehmungen, wie z.B. das »S-Bahn-Surfen« beinhalten immer auch selbstzerstörerische Elemente. Das Risiko, selbst geschädigt, oder verletzt zu werden, wird dabei bewußt in Kauf genommen. Die Grenzen zwischen dem Erleben von Risikosituationen und der Anwendung von Gewalt sind dabei fließend. Eigene Gewalthandlungen werden von den betreffenden Jugendlichen oft als faszinierend, oder sogar als rauschartiger Zustand erlebt. »Eins ist sicher – das ist besser als ein Krimi«, oder: »Da kommt man in so einen Rausch hinein, bei dem es keine Grenzen mehr gibt«, berichten Jugendliche. Schlägereien von Hooligans am Rande von Fußballspielen oder eben auch »Ausländer klatschen« sind für eine Reihe von Ju-

gendlichen zu Möglichkeiten geworden, der Gleichförmigkeit des Alltag zu entfliehen. »Wir sind nicht unbedingt auf Krawall aus«, meint Katja, die sich an illegalen Autorennen beteiligt, »aber auf den Spaß. Ich sitz´ jeden Wochentag in der Bank. Ich hab´ nichts weiter zu tun, als den Leuten die Ohren vollzuquaken, möglichst steril auszusehen und nett zu sein. Am Wochenende power´ ich mich aus.«[15]

Jugendgewalt als Gegengewalt

Viele Jugendliche, die zur Gewalt greifen, haben selbst Gewalt in unterschiedlichen Formen erlebt. »Sie fühlen sich als Geschlagene, die nun zurückschlagen.«[16] Für sie ist die Gewaltanwendung die wirksamste und radikalste Gegenwehr. Gewaltanwendung ist für sie nicht Selbstzweck oder Zerstörungswut, sondern eine legitime und subjektiv sinnvolle Konfliktlösungsstrategie. Diese Jugendlichen wenden Gewalt in den meisten Fällen nicht blind an, sondern gezielt gegen Objekte oder auch Personen, die ihnen als Symbole der Ursachen ihrer eigenen Misere erscheinen. Denn wenn die Gesellschaft sie nicht braucht, dann brauchen sie die Gesellschaft auch nicht.

Jugendgewalt als politisch instrumentalisierte Gewalt

Gewalt als Mittel zur Durchsetzung politischer Ziele wird – wie bereits erwähnt – nur von einer kleinen Minderheit aller Jugendlichen akzeptiert. Dennoch haben eine Reihe von jugendlichen Gewalttaten einen eindeutigen politischen Hintergrund. Vor allem rechtsextreme Gruppierungen inszenieren bewußt Gewaltakte gegen Fremde oder gegen gesellschaftliche Minderheiten wie Behinderte und Homosexuelle. Die Gewalttaten werden mit rechtsextremen Ideologien der Ungleichheit (Menschen, Völker, Kulturen sind ungleich und deshalb auch ungleichwertig) begründet. Rechtsextreme Gewalttäter sind zudem häufig der Ansicht, daß sie stellvertretend für die als lasch empfundene Gesamtgesellschaft handeln, und werden bei entsprechender Bestrafung von den anderen Gruppenmitgliedern als Märtyer gefeiert. Wenn

Jugendliche Gewalt anwenden, so hat dies jedoch in den seltensten Fällen einen ideologischen Hintergrund.

Die Faszination der Gewalt

Gewalt wirkt auf Kinder und Jugendliche deshalb oft so faszinierend, weil sie in unklaren und unübersichtlichen Situationen Eindeutigkeit schafft. Durch die Gewalthandlung wird (scheinbar) klar, wer der Stärkere und wer der Schwächere ist, es wird (scheinbar) klar, mit welchen Mitteln Probleme zu lösen sind, und wie man (scheinbar) das erreicht, was man sich wünscht. Gewalt wird so als erfolgversprechendes Mittel eingesetzt um die eigenen Interessen durchzusetzen, auch wenn sie die Überwindung der eigenen Ohnmacht nur für kurze Augenblicke ermöglicht und somit nur vortäuscht. Gewalt ist gleichzeitig auch ein Mittel, um Beachtung und Aufmerksamkeit in der eigenen Gruppe oder Clique, aber auch Anerkennung in der gesellschaftlichen Öffentlichkeit zu erlangen. Gewalt ermöglicht nicht zuletzt, den eigenen Körper zu erleben und eine innere Spannung und Erregung zu erfahren, die ansonsten kaum mehr möglich sind.

Umstritten: Die Ursachen für Gewaltbereitschaft und Gewaltakzeptanz

Die Diskussion über die Ursachen von (Jugend-) Gewalt hat eine Reihe von Erklärungsmodellen hervorgebracht, die oftmals gegeneinander ausgespielt werden, unseres Erachtens sich jedoch in sinnvoller Weise gegenseitig ergänzen.

Die negativen Folgen der Modernisierung

Die Chancen für die Verwirklichung individueller Lebensentwürfe waren selten so ausgeprägt wie in den heutigen Industriegesellschaften; gleichzeitig steigt aber auch die Verantwortung für die eigene Lebensplanung. Sind Jugendliche dieser Herausforderung gewachsen? Können sie die Schattenseiten der Modernisierung auffangen? Im Zuge der Modernisierung der Gesellschaft (u.a. weitere Zunahme und Internationalisierung der Arbeitsteilung, Zunahme globaler Risiken, zunehmende soziale und geographische Mobilität, Zunahme der Konkurrenzbeziehungen in Schule und Arbeitsleben, Verlust gewachsener Wohnquartiere und damit auch von sozialen Bindungen, Verrechtlichung sozialer Beziehung, Ersetzen von nachbarschaftlichen Hilfeleistungen durch bezahlte soziale Dienste usw.) lösen sich mehr und mehr traditionelle Milieus und Lebensformen auf. Familiäre Kontakte, nachbarschaftliche Bindungen, selbstverständliche Mitgliedschaften in Gewerkschaften und Partei zerbrechen oder verlieren zunehmend an Bedeutung. Jugendliche müssen in diese Gesellschaft jedoch hineinwachsen, ihren eigenen Platz finden und eine eigene Identität entwickeln. Bei diesem Prozess der Orientierung sind sie weitgehend allein gelassen. Sie müssen ihr eigenes Schicksal mit allen Freiheiten und Chancen, aber auch allen Risiken und Widersprüchen selbst gestalten. Dies ist jedoch unter der Bedingung der »Vereinzelung« überaus schwierig. Die zunehmende Notwendigkeit, laufend Entscheidungen treffen zu müssen, die den eigenen Lebensweg betreffen, schafft so nicht nur einen hohen Orientierungsbedarf, sondern produziert auch vielfältige Unsicherheiten und Ängste, zumal die traditionellen Vorbilder aus Familie und Schule gerade in dieser Phase der Sinn- und Identitätssuche keine Antworten mehr geben können. Hinzu kommt, daß die individuellen Beziehungen vielfach durch Konkurrenz und Mißtrauen geprägt sind.[17]

In dieser Situation ist es nicht verwunderlich, daß sich Jugendliche Angeboten zuwenden, die diesem Bedürfnis nach Orientierung Rechnung tragen. Diese Funktion erfüllt vor allem die Gleichaltrigengruppe. Deren Werte und Normen werden für die Mitglieder zu einem entscheidenden Handlungskriterium. Doch auch andere Gruppen, die einfache Erklärungen parat haben, ein neues Zusammengehörigkeitsgefühl anbieten und Identifikationen ermöglichen, werden attraktiv.

»Wenn aber unklar ist, zu welchen sozialen Gruppierungen man sich zugehörig fühlen kann, wo man sich eingebunden fühlen kann, dann können Kategorien an Bedeutung gewinnen, die Zugehörigkeit auf der Basis quasi natürlicher Merkmale verteilen. Dies sind Kriterien wie etwa Nation, Kultur, Alter, Geschlecht, Hautfarbe oder auch Rasse. Damit werden Zugehörigkeiten verteilt, die einem keiner nehmen kann. (...) Ihr Besitz ist weder herargumentierbar noch wegargumentierbar und gerade deshalb sind sie als Abgrenzungskriterium gegenüber anderen naturvermittelt gedachten Gruppen und als Eingrenzungskriterium in die Eigengruppe tauglich. Dies mit erhöhter Gewaltbereitschaft zu verbinden, liegt gerade für jene nahe, die keine andere Chance zur Artikulation und Durchsetzung ihrer Interessen für sich sehen, sich von der Komplexität von Problemlagen und Lösungswegen geradezu erdrückt sehen.«[18]

Das Problem dieses Erklärungsansatzes liegt darin, daß der diagnostizierte Individualisierungsprozeß nicht in der gesamten Gesellschaft, sondern nur in Teilbereichen, vor allem in Großstädten, auszumachen ist.[19] Auch werden die Lebenschancen immer noch stärker durch die soziale Herkunft denn durch die Möglichkeit der Mobilität bestimmt.[20] Desweiteren kann der Ansatz nicht genügend plausibel machen, warum nur bestimmte Jugendliche im Rahmen des Individualisierungsprozesses auf Gewalt zurückgreifen während andere diese Belastungen offensichtlich besser verarbeiten können. Insbesondere wird hier auch zuwenig zwischen den Verhaltensweisen von männlichen und weiblichen Jugendlichen differenziert. Denn Mädchen lehnen nicht nur Gewalt stärker ab als Jungen, sie beteiligen sich auch wesentlich seltener an Gewalttätigkeiten.

Der autoritäre Charakter

Viele Bürger sind durch die Freiheit, die ihnen die moderne Gesellschaft gebracht hat, verunsichert. Sie sehen nicht die Chancen der Freiheit zu etwas, sondern erleben die Befreiung von ehemaligen Autoritäten nur als Freisetzung in eine Welt ohne Schutz und Sicherheit.[21] Erich Fromm nannte dies »Furcht vor der Freiheit«.[22] Diese subjektiven Belastungen werden auf unterschiedliche Art und Weise verarbeitet.

Ein mangelhaft ausgeprägtes Selbstwertgefühl verbunden mit unzureichender Selbstwahrnehmung und -beurteilung ist auf Stützen von außen angewiesen. Diese Stützen werden in einem engen Korsett von Überzeugungen und Glaubenssätzen gefunden und haben die Funktion, das eigene Selbst stabilisieren. Die Be- und Verurteilung der andern verweist dabei auf das eigenen Selbstbild, denn »die Art und Weise, wie der andere wahrgenommenund beurteilt wird, hängt vor allem davon ab, wie man sich selbst sieht und fühlt. Je stabiler und ausgeglichener das eigene Selbstwertgefühl, desto weniger Bedrohungefühle lösen Fremde aus.«[23] Autoritäre Einstellungen und Charakterstrukturen können so als Ausgleich von eigenen Defiziten und Unsicherheiten verstanden werden.

Gegen diesen Erklärungsansatz kann kritisch eingewendet werden, daß zwischen Persönlichkeitsmerkmalen und Gewaltbereitschaft kein unmittelbarer Zusammenhang besteht. Nicht jeder, der ein negatives Selbstkonzept hat oder über ein nur unzureichend entwickeltes Selbstbewußtsein verfügt, greift auch zur Gewalt. Während andererseits in bestimmten Situationen oder als Mitglied bestimmter Gruppen, auch Personen gewalttätig werden können, die ansonsten keine autoritären Persönlichkeitsmerkmale aufweisen.

Eine ausschließlich täterspezifische Betrachtung unter dem Aspekt der persönlichen Deformationen greift zu kurz.

Situationsspezifisches Konfliktverhalten
Gewalt kann nach übereinstimmenden Aussagen vieler ExpertInnen weniger von persönlichkeitsbezogenen Merkmalen abgeleitet werden, sondern muß vielmehr zu einem großen Teil auch situationsspezifisch betrachtet werden. Gewalt ist so als Merkmal bestimmter sozialer Situationen zu verstehen.[24] Sie ist eine Form der Interaktion, des wechselseitigen Handelns und Interpretierens von Abläufen zwischen Menschen bzw. sozialen Gruppen. Ihr gehen bestimmte Konflikte voraus, die nicht mehr handhabbar und steuerbar sind und deshalb zu Gewalthandlungen eskalieren. Gewalthandlungen entstehen also am Ende von Aktions- und Reaktionsprozessen aller Beteiligen. Dies wird plausibel, wenn man z.B. die anfeuernde Stimmung von Zuschauern oder die Anwesenheit von Fernsehreportern oder der Presse bei Gewaltinszenierungen betrachtet. Gewalt entwickelt sich in diesem Verständnis also erst in der Auseinandersetzung mit anderen. Sie wird durch das Handeln oder Nichthandeln aller Beteiligten in Konflikten erst ermöglicht bzw. erzeugt.

Diese Sichtweise von Gewaltentstehung läßt sich jedoch »nur« auf spontane Gewalthandlungen beziehen. Bewußt geplante Gewaltakte oder instrumell eingesetzte Gewalt kann so nicht erklärt werden.

Das Versagen der Erziehung?
In den letzten Jahren hat eine intensive öffentliche Diskussion darüber stattgefunden, ob die neue Jugendgewalt auf ein Versagen der Elterngeneration zurückzuführen sei.

Die Grünen-Abgeordnete Beate Scheffler brachte dieses Diskussion mit einigen provozierenden Aussagen ins Rollen: »Die Jugendlichen von heute sind unsere Kinder, unsere SchülerInnen, sie sind auch das ›Produkt‹ unserer Erziehung. Es war unsere Revolte, die viele Wertsysteme hat zusammenbrechen lassen. Waren wir es nicht, die gegen alle Normen angekämpft haben? Wir haben jede Autorität in Frage gestellt, wollten die Familie am liebsten auflösen. Haben wir als Erziehende unseren Kindern nicht zu selten die Chance zur Auseinandersetzung mit uns gegeben? Wir ließen sie diskutieren, bestimmen und entscheiden. Wir setzten möglichst wenig Grenzen, sprachen ungern Verbote aus, mit denen sich die Kinder hätten auseinandersetzen müssen. Ich halte die emanzipatorische Erziehung nach wie vor für richtig, muß aber feststellen: Wir haben unsere Erziehungsziele nicht erreicht. Statt der mündigen, sozial und ökologisch engagierten, politisch hochmotivierten Jugend hat unsere Erziehung eine Spezies hervorgebracht, die zum überwiegenden Teil egozentrisch, konsumorientiert und im schlimmsten Falle sogar gewalttätig und fremdenfeindlich ist.«[25]

Auch Claus Leggewie, Professor für Politikwissenschaft an der Universität Gießen, sieht ein Versagen der Erziehung, wenn er die Frage aufwirft, ob der Rechtsradikalismus dieser Tage villeicht vorrangig ein Problem der »Abwesenheit von Erziehung, von Autorität und Tugend« sei. Niemand habe diesen Jugendlichen »je eine Leitlinie vorgegeben und sich als Vorbild angeboten: nicht die Eltern und nicht die Verwandten, weder die Nachbarn noch die Freunde, erst recht nicht Lehrer, Ausbilder oder Vorgesetzte«.[26]

Diese harsche Kritik an der Erziehung wurde von einer Reihe konservativer Politiker auf den öffentlichkeitswirksamen Nenner gebracht, »die Saat von 68 ist aufgegangen«.

Sicher, die Familie hat sich in den letzten 20 Jahren gründlich gewandelt und kann ihre Aufgaben heute nur noch in Teilbereichen wahrnehmen. An diesem Wandel ist jedoch nicht die Familie selbst schuld, vielmehr hat die »Modernisierung« unserer Gesellschaft diese tiefen Veränderungsprozesse mit sich gebracht. Auch die Familie ist in ihren Erziehungszielen und -stilen nicht autonom, sondern von vielen gesellschaftlichen Einflußfaktoren abhängig, so daß sie in dieser Weise für globale Verhaltensänderungen der Kinder und Jugendlichen nicht verantwortlich gemacht werden kann.

Die Erziehung und die Schule der letzten 20 Jahren waren und sind nicht von antiautoritären Anschauungen oder libertären Ideen durchzogen oder gar geprägt. Ganz im Gegenteil. Mangelnde Erziehungshilfen, Lehrermangel, hohe Klassenzahlen usw. sind nur einige Stichworte für eine Situation, die schon seit Jahren mit dem Begriff »Bildungsnotstand« umschrieben wird.

Zudem sind es i.d.R. nicht die Kinder aus den »68er Familien«, die heute Gewalt bejahen oder gar ausüben, sondern oft Kinder aus Familien in sozial schwierigen Verhältnissen, die zudem für sich nur wenig Zukunftsperspektiven sehen.

Würde das Argument des Versagens der Erziehung stimmen, so dürfte überdies bei Jugendlichen aus den neuen Bundesländern diese Art der Gewalt nicht feststellbar sein. Denn diese sind sicherlich nicht zu libertär erzogen worden.

Auch das Phänomen, daß beileibe nicht alle Jugendlichen gewalttätig werden, bleibt erklärungsbedürftig. So gibt es (immer noch) eine beträchtliche Anzahl junger Menschen, die sich z.B. in Umweltschutzorganisationen (wie Greenpeace oder Robin Wood) oder Menschenrechtsgruppen (wie amnesty international) engagieren. Laut

Shell-Studie finden immerhin 77 Prozent der Jugendlichen Umweltschützer und 71 Prozent die Friedensbewegung »in«.[27]

Die kulturelle Legitimation von Gewalt

Als eines der Hauptprobleme der Diskussion um Jugendgewalt muß gesehen werden, daß sie nur eine bestimmte Formen der Gewalt thematisiert: die direkten körperlichen Gewaltakte Jugendlicher. Dabei ist der Gewaltbegriff weitgehend durch die Strafprozeßordnung definiert. Der Verurteilung körperlicher Gewalt steht eine weitgehende Nichtbeachtung anderer Formen von Gewalt (z.B. der psychischen Schädigung) gegenüber.

Gewaltstrukturen, die Lebenschancen beschneiden oder Entwicklungsmöglichkeiten verhindern, eine Gewalt also, die nicht direkt von Menschen ausgeht, sondern durch die Art des Zusammenlebens bestimmt ist, gerät dabei ebenso aus dem Blickfeld wie die vielfältige staatlich sanktionierte Gewalt in Form der Strafjustiz, der Polizei oder des Militärs.

Gewalt ist in unser Gesellschaft und darüberhinaus in unserem gesamten Kulturkreis nicht generell tabuisiert. Die kulturelle und gesellschaftliche Legitimation von Gewalt und Gewalthandlungen beginnt nicht erst bei der Akzeptanz der angemessenen Selbstverteidigung (im privaten wie im gesellschaftlichen und zwischenstaatlichen Bereich) oder bei der Unterstützung von sogenannten gerechten Kriegen. Sie beginnt bereits in der Ideologie, daß »jeder seines Glückes Schmid« sei, egal mit welchen Mitteln er dieses »Glück« zu erreichen versucht. Und sie geht weiter mit der »Erkenntnis«, daß der Gebrauch der Ellbogen für das berufliche Fortkommen und die gesellschaftliche Stellung nicht nur angezeigt, sondern geradezu unerläßlich ist. Die Tatsache, daß (auf welche Weise auch immer erworbenes) privates Eigentum eine uneingeschränkte Verfügungsgewalt beinhaltet und mit Ausübung von Macht verbunden ist, wird kaum als potentiell gewaltträchtig gesehen.

So ist es auch nicht verwunderlich, daß es in unserer Gesellschaft keine eindeutige Verurteilung von Gewalt gibt, sondern nur die Verurteilung von Gewalthandlungen unter bestimmten Bedingungen und Umständen.

Auch die Legitimation und Kontrolle des staatlichen Gewaltmonopols wird kaum thematisiert, obwohl dies einen zentralen Bereich gerade auch der Auseinandersetzung mit der Jugendgewalt darstellt. Denn der Staat übt nicht nur selbst auf vielfältige Weise Gewalt aus, er verlangt von seinen männlichen Bürgern auch einen moralischen Spagat: Im zivilen Bereich ist die Verletzung und das Töten anderer Menschen mit härtesten Strafen bedroht, im militärischen Sektor sind diese Handlungen im Auftrage des Staates (als »Bürger in Uniform«) in bestimmten, vom Staat definierten Situationen (z.B. Kriegsfall) gefordert und werden konsequenterweise im Wehrdienst vermittelt und vorbereitet.

Das Problem, das vor allem Jugendliche bewegt, ist, ob solche Forderungen des Staates von individueller Verantwortung entbinden und wie im Zweifelsfalle mit den dabei entstehenden Gewissenskonflikten umzugehen ist.

Nicht nur Täter, sondern auch Opfer

Desweiteren darf nicht übersehen werden, daß Jugendliche ja nicht nur Gewalt anwenden, sondern in vielen Fällen auch selbst unter Gewalt leiden. Diese direkten und strukturellen Gewalterfahrungen werden zwar verschiedenartig verarbeitet, die Gewaltbelastung bleibt jedoch. Mißhandlungen oder Vernachlässigungen in der Familie können bereits individuelle Verhaltenseigenschaften ausprägen, die, wenn sie dann auf mangelnde Lebens- und Zukunftsperspektiven stoßen, sich zu einem »explosiven Gemisch« aus Haß und Destruktion verbinden können. Doch dies ist nur ein Bereich: Jugendliche erfahren Aggressivität und Gewalt beim Kampf um einen Arbeitsplatz oder um eine Wohnung ebenso wie bei den Überholjagden auf der Autobahn oder während des täglichen Medienkonsums.

Armut und mangelnder Wohnraum betreffen vor allem kinderreiche Familien und somit vor allem auch Kinder und Jugendliche. Die massive Gewalt gegen die Natur vom Raubbau mit Rohstoffen bis zur Umweltzerstörung wird von vielen Jugendlichen auch als Angriff auf ihre Zukunft und somit als Gewalt gegen ihre eigenen Lebensperspektiven erlebt. In einer solchen Gesellschaft können sie der Gewalt weder ausweichen noch entkommen.

Die Vielfalt der Jugend und die Einstellungen zu Politik und Engagement

Doch das Bild von der durch Gewalterfahrungen geprägten Jugend ist ebenso nur ein Ausschnitt der Wirklichkeit wie das Horrorgemälde von der gewalttätigen Jugend. Seit den achtziger Jahren werden die Wertorientierungen der Jugendlichen von SozialwissenschaftlerInnen oft als »postmateriell« bezeichnet. Diese Jugendlichen haben, so verschiedene Jugendforscher, eine weit liberalere Erziehung genossen als frühere Generationen und werden deshalb früher selbständig. »Spaß haben« und »das Leben genießen« sind für viele Jugendliche wichtige Ziele; »Ehrlichkeit« wird hoch geschätzt und ein ausgeprägtes Umweltbewußtsein ist festzustellen. Geldverdienen und beruflicher Erfolg sind Ziele, die mit der Erwartung und dem Anspruch korrespondieren, sich im Beruf auch selbst verwirklichen zu können. Ein zentrales Kennzeichen ist, daß Jugendliche sehr viel kritischer gegenüber den Werten der Erwachsenen geworden sind. Eine von Ordnung, Fleiß, Pünktlichkeit, Korrektheit, Pflichterfüllung und Gehorsam dominierte Arbeitswelt wird von vielen jungen Leuten abgelehnt. Kreativität, Selbständigkeit, Selbstbestimmung, Teamwork und Menschlichkeit sind für viele erstrebenswerte Verhaltensweisen und Eigenschaften.[28]

Auch diese Beschreibungen treffen nur für einen Teil der jungen Menschen zu. Denn neben Zukunftsgewandtheit und Erfolgsorientierung gibt es auch Resignation und Apathie. Neben beruflicher Karriere stehen Arbeitslosigkeit und Schulversagen; neben Kreativität und Selbständigkeit sind auch Suchtverhalten und Unterwerfung unter Gruppenzwänge anzutreffen.

Jugendkulturen

Jugend besteht heute aus Menschen, die nicht nur unter sehr verschiedenen Bedingungen aufwachsen und leben, sondern auch für sich verschiedene Lebensstile gewählt haben. Idealtypisch unterscheiden Jugendforscher fünf Jugendkulturen, die sich in der Praxis durchaus auch vermischen:[29]

Die größte Gruppe der Jugendlichen verfolgt traditionelle, von den Erwachsenen kaum unterscheidbare Wertvorstellungen, Lebens- und Arbeitsmuster. Sie gelten als die *Unauffälligen* und erleben ihre Familienbeziehungen in den meisten Fällen weitgehend harmonisch. Die Bindungen an die Herkunftsfamilien sind relativ groß. Man verbringt die Freizeit zu Hause, immer seltener jedoch im Rahmen verschiedener lokaler Gruppen wie den Sport-, Schützen-, oder Alpenvereinen oder der politischen, gewerkschaftlichen oder kirchlichen Jugendarbeit. Das Bild von der Jugend in der Öffentlichkeit wird jedoch häufiger von den kleineren, aber eben auffälligeren Subkulturen geprägt.

Zu der *Körper- und »Action«-betonten Jugendkultur* werden meist männliche Haupt-und Sonderschüler gerechnet, die eher in städtischen Milieus leben. Ihr Leben ist von gegenwartsbezogenem und abenteuerhaftem Handeln bestimmt, das oft den vollen köperlichen

Risikoeinsatz verlangt. Die Clique ist ihr eigentlicher Bezugspunkt. Mutproben stellen einen wichtigen Männlichkeitsbeweis dar. Rocker, gewalttätige Fußballfans, Moped- oder Motorradgangs, Autonome, Skinheads, U-Bahn-Surfer usw. prägen das Bild dieser Subkultur.

Die Suche nach dem »richtigen Leben«, nach natürlichen und einfachen Lebensformen, aber auch Phantasien und Utopien stehen im Zentrum der *alternativen Jugendkultur*. In dieser »progressiven« jugendlichen Szene sind Männer und Frauen tendenziell gleichgestellt. Authentizität und Spontaneität stehen im Alltag genau so hoch im Kurs wie die Frage nach dem Lebenssinn. Die Anhänger solcher Lebensformen sind in der Regel die besser ausgebildeten, moralisch und ethisch engagierten Jugendlichen der Mittelschicht. Das vielleicht wichtigste Charakteristikum ist, daß der gesellschaftliche Zukunftspessimismus mit einer optimistischen Zukunftseinschätzung für das eigenen Leben verbunden wird.

Für die Jugendlichen der *religiös-spirituellen Jugendkultur* gibt es angesichts des Fortschrittswahns nur noch eine innere Umkehr. Eine Mischung aus Übersinnlichem, Esoterik, Okkultismus, Meditations- und Versenkungsprozessen, Spiritualität und manchmal auch Satanismus prägt die Szene. Die Suche nach einer eigenen Identität und nach Sinn werden jedoch nur selten befriedigt.

Jugendliche mit nicht auszumachender Stilzugehörigkeit (*Manieristische Jugendkultur*) definieren sich über das äußere Erscheinungsbild, über Bekleidung, Frisur, Accessoires und andere von der angepaßten Normalität des Alltagsbürgers abweichenden Ausdrucksmitteln. Sie verzichten bewußt auf Reflexion, Problembewußtsein oder Betroffenheit. Diese Jugendlichen sind in der Regel kontaktfreudig und unternehmungslustig, sie sind bestrebt, aus ihrem Leben das Beste zu machen und sie sind auch bereit, ihren Lebensstandard zu ändern oder einzuschränken.

Jugendliche in den neuen Bundesländern

In der ehemaligen DDR waren alle Lern- und Erziehungsziele von der autoritären Ideologie der SED bestimmt. Oberstes Richtziel war die Formung der »sozialistischen Persönlichkeit«. Um dies zu erreichen wurden Werten wie »Disziplin«, »Gehorsam«, »Ein- und Unterordnungsbereitschaft« große Bedeutung zugemessen und in allen Erziehungsinstitutionen zu vermitteln versucht. Seit der Wende sind an deren Stelle sogenannte Selbstentfaltungswerte wie »Freiheit«, »Autonomie« und »Selbstbestimmung« getreten.

Jugendliche können sich sicher schneller auf veränderte Bedingungen einstellen als Erwachsene, aber auch sie können das »östliche Lebensmodell« nicht einfach abschütteln, zumal sie auch durch die soziale und wirtschaftliche Kluft zwischen West- und Ostdeutschland ständig mit ihrer Vergangenheit konfrontiert sind.

Jugendliche in den neuen Bundesländern haben es so in vielerlei Hinsicht schwerer als ihre Altersgenossen im Westen. Sie müssen mit schnellen Umwälzungen und Brüchen fertigwerden, die die bisherigen Lebensweisen, Ansichten und Gewohnheiten oft auf den Kopf stellen. Ihre Lebensplanung ist von größeren Unsicherheiten gekennzeichnet, da Ausbildungsplätze und Arbeitsstellen knapper sind als in den alten Bundesländern.

Mit der Wende hat die allgemeine Aufbruchstimmung auch bei Jugendlichen zunächst zu mehr politischem Engagement geführt, verbunden mit der Bereitschaft zur demokratischen Mitgestaltung und Erwartungen gegenüber den Parteien der Bundesrepublik. Mit den Angeboten der etablierten Parteien und der Art und Weise, wie die Vereinigung vollzogen wurde und wird, konnten sich die große Mehrheit der ostdeutschen Jugendlichen jedoch wenig identifizieren. Politische Orientierungslosigkeit sowie einen Mangel an stabilen politischen Werten können auf die Dauer von jungen Menschen nicht ertragen werden, zumal die nach der Wende immer schwieriger gewordene Bewältigung des Alltags permanent nach politischen Wertungen verlangt.[30]

Wenn die großen Parteien dem Bedürfnis nach politischer Orientierung und politischem Engagement nicht entsprechen können taucht zwangläufig die Suche nach Alternativen auf. Viele junge Ostdeutsche suchen so zunächst Orientierung in der probeweisen Übernahme extremer politischer Positionen ohne sich zugleich einer Partei, Jugendverbänden usw. formell zugehörig zu fühlen.

Einstellungen zu Politik und Gesellschaft

Wie die Jugendstudien der letzten Jahre belegen, ist das Ansehen der offiziellen Politik und der Politiker bei den Jugendlichen in der gesammten Bundesrepublik äußerst negativ. Sehr stark ist das Gefühl ausgeprägt, daß die Politik an den Interessen der Menschen vorbeigeht und daß Politiker nicht wirklich als Repräsentanten des Volkes anzusehen sind. So sind beispielsweise über 80 Prozent der Jugendlichen in den alten und neuen Bundesländern der Meinung, daß »die Bevölkerung sehr von den Politikern betrogen wird«.[31] Deshalb ist es auch nicht verwunderlich, daß herkömmliche politische Beteiligungsformen für Jugendliche uninteressant sind. Sie lassen sich nicht für eine Parteienmitgliedschaft werben und auch die Strukturen der klassischen Bürgerinitiativen entsprechen nicht ihren Bedürfnissen. Stattdessen praktizieren sie politische Enthaltung (ohne dadurch unpolitisch zu sein) oder wählen sehr provokative Protestformen, die den herkömmlichen Beteiligungsrahmen sprengen und oft auch die Schwelle zur Gewalt überschreiten.

Gewalttätige Formen der politischen Auseinandersetzung (Gewalt gegen Personen, Beschädigung fremden Eigentums) werden, wie bereits erwähnt, von der großen Mehrzahl der Jugendlichen abgelehnt.

»Überhaupt nicht denkbar« sind AusländerInnen im eigenen Freundeskreis für 17 Prozent der Jugendlichen in den neuen und 3 Prozent in den alten Bundesländern. Im Westen zählen zwei Drittel der Jugendlichen ÄusländerInnen zu ihrem Bekanntenkreis, im Osten sind dies nur 19 Prozent.

Obwohl immerhin 55 Prozent der Jugendlichen einen Gesellschaftsdienst, also einen staatlich verordneten Sozialdienst bejahen, während 26 Prozent eher dagegen ist, genießt Freiheit in der heutigen Jugend einen außerordentlich hohen Stellenwert und ist an Stelle von Aufopferung, Altruismus und Pflichterfüllung getreten.

Jugendliche brauchen Erwachsene...

- die zuhören können;
- die ein glaubwürdiges Beispiel für Offenheit, Vertrauen, Zusammenarbeit geben;
- die Probleme und Ängste der Jugendlichen ernst nehmen;
- die sich um Alternativen zu den bestehenden Zuständen bemühen;
- die Jugendliche in ihrem »Sosein« fördern.

Erwachsene brauchen Jugendliche...

- die sie immer wieder daran erinnern, daß nicht alles hingenommen werden darf;
- die zeigen, daß Empörung gegen Unrecht wichtig ist;
- die traditionelle Werte in Frage stellen und somit Impulse für neues Denken geben;
- die sie an ihre eigene Jugend erinnern;
- die immer wieder deutlich machen, daß die gesellschaftliche Entwicklung wesentlich auf der Jugend beruht.

Wehr- und Zivildienst

Während aus der Jugendforschung eine Fülle von Studien über die unterschiedlichsten Aspekte des »Jungseins« verfügbar sind, liegen nur wenige empirische Daten zur Motivation und Einstellung von Kriegsdienstverweigerern und Wehrpflichtigen vor. Bereits diese wenigen Daten lassen den Schluß zu, daß sich Zivildienst- und Wehrdienstleistende in vielen Denk- und Verhaltensweisen ähnlicher sind als oft vermutet wird. Dies ist nicht verwunderlich, denn es handelt sich um Jugendliche mit gleichen Erfahrungen, einem gleiche Bildungshintergrund und oftmals ähnlichen Interessen.

Jugendoffiziere der Bundeswehr sehen eine zentrale Motivation zur Kriegsdienstverweigerung im Negativimage der Bundeswehr. Dieses ist gekennzeichnet durch überholte hierarchische Strukturen, einen Dienstablauf, der als ineffektiv und unsinnig empfunden wird, nicht mehr als zeitgemäß beurteilte Beschaffungsvorhaben (z.b. Jäger 90) und als zu hoch empfundene Verteidigungsausgaben. Der Wehrdienst wird heute von vielen nicht mehr als Normalfall angesehen. 20 bis 25 Prozent eines Jahrgangs verweigern bereits den Kriegsdienst.[32]

In einer 1986 durchgeführten empirischen Untersuchung über Einstellungsmuster Jugendlicher, die vor der Wehrdienstentscheidung stehen, wurde deutlich, daß nicht nur Kriegsdienstverweigerer, sondern auch Jugendliche, die zur Bundeswehr wollen, zu einem erheblichen Teil Gewalt ablehnen. Von diesen Jugendlichen, die Wehrdienst bei der Bundeswehr machen wollen, stimmten zwei Dritten der Aussage zu, daß »Töten auf Befehl« Mord sei. Fast zwei Drittel empfanden eine tiefe Abneigung gegen das Töten und 45 Prozent sagten, sie könnten niemals Gewalt gegen andere Menschen ausüben.[33]

Zwei Drittel aller Grundwehrdienstleistenden, so die Untersuchung, seien potentielle Kriegsdienstverweigerer. Die Gründe dafür, daß letztlich nur ein weit geringerer Prozentsatz verweigert, liegen darin, daß Jugendliche bezüglich des Grundrechtes auf Kriegsdienstverweigerung ein hohes Informationsdefizit aufweisen würden. Sie wissen wenig über die Modalitäten des Verfahrens und über die Tätigkeitsbereiche des Zivildienstes. Die meisten würden auch die Anerkennungsquote (die bei über 90 Prozent liegt) völlig falsch einschätzen.

Neben Gewissensgründen haben sich in den letzten Jahren auch sogenannte pragmatische Gründe als Grundlage der Motiviation zur Kriegsdienstvereigerung noch verstärkt. Heimatnahe Einsatzorte im Zivildienst, die zudem selbst gewählt werden können, ein erheblich höherer Grad an persönlicher Freiheit und Autonomie als dies beim

Wehrdienst der Fall ist, sowie bei vielen auch finanzielle Gründe spielen inzwischen eine mindestens ebenso große Rolle wie das Gewissen. Um diese Punkte realisieren zu können, wird auch eine stärkere physische und psychische Belastung sowie ein längerer Dienst in Kauf genommen.

Unter den Jugendlichen, die Kriegsdienst verweigern, sind immer noch diejenigen mit einem höheren Bildungsabschluß stärker vertreten als andere. Auffallend ist auch, daß Jugendliche aus Großstädten (im Vergleich zu Mittel- und Kleinstädten) erheblich öfters den Kriegsdienst verweigern.

Konsequenzen für die Friedenserziehung

Das eigentliche pädagogische und politische Problem sind deshalb nicht so sehr die »jugendlichen Gewalttäter« (ohne dieses Problem verniedlichen zu wollen), sondern die vielfältigen gesellschaftlichen und internationalen Prozesse und Strukturen, die Menschen an ihrer Entfaltung hindern sowie deren kulturelle Legitimation.

Die Konzentration der Gewaltdiskussion auf das Phänomen der direkten Gewalthandlungen Jugendlicher lenkt von anderen Problembereichen ab und führt dazu, daß diese nicht mehr wahrgenommen werden. Sie verhindert gleichzeitig die Auseinandersetzung mit der zunehmenden Legitimierung von (staatlicher) Gewalt auf den verschiedensten Ebenen. Wir müssen endlich sehen, daß die gewalttätigen Jugendlichen in einer Welt aufwachsen, in der sie dauernd mit Gewalt , auch mit legitimierter, konfrontiert sind.

Bildungsarbeit kann weder die gesellschaftlichen Umwälzungsprozesse noch die damit verbundenen Probleme aufhalten oder gar lösen. Dies ist auch gar nicht ihre Aufgabe. Sie kann jedoch Kinder und Jugendliche auf ihrem Weg in und durch die Gesellschaft begleiten und bei auftretenden Schwierigkeiten Hilfestellungen geben. Das heißt z.B. Probleme bewußt zu machen und mitzuhelfen, Handlungsstrategien zu ihrer Bewältigung zu entwickeln.

In der friedenspädagogischen Bildungsarbeit müssen hierfür konkrete zielgruppenspezifische Ansätze entwickelt werden, die nach Geschlecht und Jugendszenen auszudifferenzieren sind. Medienpädagogische Aspekte müssen stärker einbezogen werden und ein eigenständiges Gewicht bekommen. Um jugendliche Problemgruppen zu erreichen, müssen auch vielfältige Formen der aufsuchenden Jugendarbeit weiterentwickelt werden.

Die Auseinandersetzung mit Werten, für die es sich zu leben lohnt, sollte zu einem zentralen Punkt des Erziehungs- und Bildungsbereiches gemacht werden, denn die Ermöglichung von Ichentwicklung und einer eigenständigen Identität ist nur auf diesem Hintergrund möglich. In diesen Zusammenhang gehören auch die Beschäftigung mit den Bereichen »Wehr- und Zivildienst« sowie freiwilliges soziales Engagement, welches das Kennenlernen neuer Lebensbereiche sowie anderer Länder und Völker ermöglichen kann.

Neben erlebnisorientierten Angeboten, die den Bedürfnissen nach starken Körperreizen und dem Austesten von eigenen Grenzen entgegenkommen, sollten auch vielfältige Formen der kommunikativen Kompetenzen vermittelt werden.

Die vorhandenen politischen und persönlichen Ängste der Jugendlichen dürfen nicht ignoriert oder bagatellisiert werden, sie sind Teil einer Zukunftsorientierung, die der sensiblen Begleitung bedürfen. Dies trifft ebenso für den Umgang mit dem bei vielen Jugendlichen festzustellenden ausgeprägten Gerechtigkeitssinn zu, der oft genug von den opportunistischen Einstellungen vieler Erwachsener verschüttet wird.

Anmerkungen

[1] Vgl. Klaus Farin / Eberhard Seidel-Pielen: »Ohne Gewalt läuft nichts!« Jugend und Gewalt in Deutschland. Köln 1993, S.195.
[2] Vgl. Wolfgang Melzer / Wilfried Schubarth: Das Rechtsextremismussyndrom bei Schülerinnen und Schülern in Ost- und Westdeutschland. In: Wilfried Schubarth / Wolfgang Melzer (Hrsg.): Schule, Gewalt und Rechtsextremismus. Opladen 1993, S. 57.
[3] Vgl. Shell Jugendstudie, zitiert nach Frankfurter Rundschau, 4.11.1992.
[4] Während »Gruppen« durch eine feste Dazugehörigkeit und eine innere Struktur gekennzeichnet sind, bezeichnet der Begriff »Cliquen« einen eher lockeren, oft spontanen Zusammenschluß.
[5] Vgl. Kurt Möller: Gewaltbereitschaft bei Jugendlichen – Phänomene, Ursachen und Ansatzpunkte für Jugendarbeit. In: Aktion Jugendschutz, Landesarbeitsstelle Bayern e.V. (Hrsg.): Zunehmende Gewaltbereitschaft bei Jugendlichen? Bestandsaufnahme und mögliche kommunale Handlungsfelder am Beispiel der Stadt Augsburg. Tagungsdokumentation. München 1992, S. 33 ff.
[6] Die Aussage, daß rechtsextreme Gewalttaten zugenommen haben, trifft als langfristiger Trend zu: 1991 wurden 1.483 rechtsextreme Gewalttaten verübt, 1992 2.584 und 1993 2.232. Vgl. Die Woche im Bundestag, 8/94, S. 11.
[7] Vgl. Harry Müller / Wilfried Schubarth: Rechtsextremismus und aktuelle Befindlichkeiten von Jugendlichen in den neuen Bundesländern. In: Aus Politik und Zeitgeschichte, B 38/92, S. 18 f. In einer repräsentativen Untersuchung aus Nordrhein-Westfalen stimmen der Aussage »Ich bin grundsätzlich gegen Gewalt« 14 Prozent eher nicht und 9 Prozent überhaupt nicht zu. Vgl. Ministerium für Gleichstellung von Frau und Mann des Landes Nordrhein-Westfalen (Hrsg.):

Rechtsextremismus und Gewalt. Affinitäten und Resistenzen von Mädchen und jungen Frauen. Düsseldorf 1994, S. 76.
[8] Joachim Kersten: Der Männlichkeits-Kult. Über die Hintergründe der Jugendgewalt. In: Psychologie Heute, 9/93, S. 50 ff.
[9] Vgl. Ebd.
[10] Vgl. Südwestpresse, 29.7.1993.
[11] Vgl. Der Spiegel, Nr. 34/1993, S. 80.
[12] Eidgenössische Kommission für Jugendfragen: Thesen zu den Jugendunruhen 1980. In: Institut für Soziale Arbeit e.V. (Hrsg.): Alternativen, Jugendprotest, Selbsthilfe. Dokumente, Materialien und Kommentare. Münster 1992, S. 7
[13] Vgl. Farin, a.a.O., S. 201.
[14] Das 20-Millionen-Mark-Programm der Bundesregierung gegen Aggression und Gewalt Jugendlicher in den neuen Bundesländer (AgAG), das 1992 auf dem Hintergrund zunehmender Gewalttaten aufgelegt wurde, ist in diesem Sinne genau das falsche Zeichen gewesen, da keine langfristig präventiven Maßnahmen finanziert wurden, sondern nur dort reaktiv eingegriffen wurde, wo aktuelle Gewalttaten zu verzeichnen waren.
[15] Der Spiegel, Nr. 34/1993, S. 80.
[16] Ebd.
[17] Vgl. Ulrich Beck: Risikogesellschaft. Auf dem Weg in eine andere Moderne. Frankfurt/M. 1986.
[18] Möller, a.a.O., S. 41.
[19] Vgl. Hans Bertram: Regionale Disparitäten – Zur Erklärung familialer Lebenslagen. In: Deutsches Jugendinstitut (Hrsg.): Jahresbericht 1993. München 1994, S. 214 ff.
[20] Vgl. Uta Meier: Die Herkunft bestimmt noch immer die Lebenschancen. In: Frankfurter Rundschau, 9.5.1994, S. 10.
[21] Vgl. K. Peter Fritzsche / Herbert Knepper: die neue Furcht vor der Freiheit. Eine Herausforderung an die politische Bildung. In: Aus Politik und Zeitgeschichte, B 34/93, S.13-24, 14.
[22] Vgl. Erich Fromm: Die Furcht vor der Freiheit. Frankfurt/M. 1966.
[23] Ebd. S. 17.
[24] Vgl. Helmut Willems: Jugendgewalt in der modernen Gesellschaft. In: Bildung & Wissenschaft, Heft 2/1993, S. 25.
[25] Der Spiegel, Nr. 4/1993, S. 42 f.
[26] Claus Leggewie: Druck von rechts. Wohin treibt die Bundesrepublik. München 1993, S. 62.
[27] Vgl. Shell Jugendstudie, zitiert nach Frankfurter Rundschau, 4.11.1992. Was allerdings noch nicht bedeutet, daß sie sich auch selbst in einer solchen Gruppe engagieren würden.
[28] Vgl. Jugendwerk der Deutschen Shell (Hrsg.): Jugend '92. Lebenslagen, Orientierungen und Entwicklungsperspektiven im vereinigten Deutschland. 4 Bände. Leverkusen 1992.
[29] Vgl. Wilfried Ferchhoff / Uwe Sander / Ralf Vollbrecht: Das bunte Bild der Jugend. In: Psychologie Heute, 10/1991, S. 60-63.
[30] Vgl. Peter Förster / Walter Friedrich: Politische Einstellungen und Grundpositionen Jugendlicher in Ostdeutschland. In: Aus Politik und Zeitgeschichte, B 38/92, vom 11.9.1992, S. 3-15.
[31] Presseinformation, Deutsche Shell AG, 7.11.91, S. 2. Nur ein knappes Drittel in den alten und sogar nur ein Viertel in den neuen Bundesländern äußerten großes Vertrauen in die Bundesregierung und sogar nur 23,4 Prozent bzw. 18,9 Prozent setzten großes Vertrauen in die Parteien. Vgl. Ursula Hoffmann-Lange:

Politische Einstellungen Jugendlicher – erste Ergebnisse des Jugendsurvey. In: Deutsches Jugendinstitut (Hrsg.): Jahresbericht 1993. München 1994, S. 227.
[32] Vgl. 4/3. Fachzeitschrift zu Kriegsdienstverweigerung, Wehrdienst und Zivildienst. 12. Jg., Nr. 1/1994.
[33] Vgl. Eberhard Zimmermann / Peter Berninghaus: Die neuen Leiden des jungen W. – Ergebnis einer Jugendbefragung zur Allgemeinen Wehrpflicht. Wuppertal 1989.

Keine Spur von Geborgenheit: Gewalt gegen Kinder

Angemahnt: Die Rechte der Kinder

Im Jahre 1900 wurde von der Schriftstellerin Ellen Key das »Jahrhundert des Kindes« ausgerufen.[1] Ihr gleichnamiges Buch widmete sie »allen Eltern, die hoffen, im neuen Jahrhundert den neuen Menschen zu bilden.« Der Titel sollte Mahnung und Programm sein um die Bedürfnisse und Interessen der Kinder in der Gesellschaft stärker zu berücksichtigen und kindgerechte Lebensbedingungen zu schaffen, aber auch um die Bemühungen für eine andere Erziehung voranzutreiben. Doch nicht nur Keys Mahnungen verhallten weitgehend ungehört.

Der lange Weg zu den Kinderrechten
Nach dem ersten Weltkrieg setzten viele ihre Hoffnungen auf den Völkerbund und versuchten, in dessen Rahmen Regeln und Vereinbarungen festzulegen, die der Menschheit einen stabilen Frieden bieten sollten.

Am 26. September 1924 proklamierte der Völkerbund die Genfer Deklaration »Rechte des Kindes«. Doch 1939 begann der Zweite Weltkrieg und verurteilte den Völkerbund zur Machtlosigkeit. Die Deklaration konnte nicht verwirklicht werden.

1946, ein Jahr nach der Gründung der Vereinten Nationen, empfahl deren Wirtschafts- und Sozialrat, die Genfer Kinder-Deklaration wieder aufzugreifen und die Völker erneut darauf zu verpflichten.

Zwei Jahre später, im Jahre 1948, wurde von der Vollversammlung der Vereinten Nationen die Deklaration der Menschenrechte angenommen. In dieser Deklaration sind auch Prinzipien für die Freiheiten und Rechte des Kindes enthalten.

1950 wurde von der Kommission für Sozialfragen des Wirtschafts- und Sozialrates der Vereinten Nationen ein erster Entwurf einer neuen Deklaration der »Rechte des Kindes« ausgearbeitet. Eine weitere Behandlung wurde dann aber um mehrere Jahre vertagt, um die Festlegung der beiden internationalen Konventionen über die Menschenrechte abzuwarten.[2]

Ab 1957 befaßte sich die Kommission für Menschenrechte mit der Ausarbeitung der Deklaration und unterbreitete 21 Mitgliedsstaaten einen Entwurf zur Stellungnahme. Die Reaktionen waren unterschiedlich: Eine Minderheit befürwortete eine rechtlich bindende Vereinbarung; die Mehrheit entschied sich jedoch für die vorgeschlagene, allgemeine (und unverbindliche) Empfehlung.

Nach einer weiteren Behandlung durch den zuständigen Ausschuß der Vollversammlung wurde die Deklaration der »Rechte des Kindes« am 20. November 1959 von den damaligen 78 Mitgliedstaaten der Vereinten Nationen einstimmig gutgeheißen.[3] Die Erklärung geht von dem Grundsatz aus, daß die Menschheit dem Kinde das Beste schulde, was sie zu geben hat. Die in der Erklärung genannten Kinderrechte sind jedoch zum großen Teil bereits in der Allgemeinen Erklärung der Menschenrechte von 1948 enthalten.

Im Jahre 1978 brachte eine polnische Delegation vor der UNO den Vorschlag für eine Konvention über die Rechte des Kindes ein. Damit war die Absicht verbunden, im internationalen Jahr des Kindes 1979 zu einer rechtlich bindenden Konvention zu kommen. Die Vorbehalte gegen den polnischen Vorschlag waren groß. Trotz aller Widerstände wurde jedoch von der UNO-Menschenrechtskommission eine »Ar-

---

Erklärung der Rechte des Kindes (Kurzfassung)

1. Das Recht auf Gleichheit, unabhängig von Rasse, Religion, Herkommen und Geschlecht.
2. Das Recht auf eine gesunde geistige und körperliche Entwicklung.
3. Das Recht auf einen Namen und eine Staatsangehörigkeit.
4. Das Recht auf genügend Ernährung, Wohnung und ärzliche Betreuung.
5. Das Recht auf besondere Betreuung, wenn es behindert ist.
6. Das Recht auf Liebe, Verständnis und Fürsorge.
7. Das Recht auf unentgeltlichen Unterricht, auf Spiel und Erholung.
8. Das Recht auf sofortige Hilfe in Katastrophen und Notlagen.
9. Das Recht auf Schutz vor Grausamkeit, Vernachlässigung und Ausnutzung.
10. Das Recht auf Schutz vor Verfolgung und auf eine Erziehung im Geiste weltumspannender Brüderlichkeit und des Friedens.

Beschluß der Vollversammlung der Vereinten Nationen vom 20.11.1959.

beitsgruppe zur Frage einer Konvention über die Rechte des Kindes« eingesetzt. Die Arbeitsgruppe tagte nahezu 10 Jahre und stellte dann 1988 einen gemeinsamen Text vor, der zunächst von der Menschenrechtskommission beraten und angenommen wurde.

Die Vollversammlung der Vereinten Nationen beschloß einstimmig und ohne Änderungswünsche am 5.12.1989 die »Konvention über die Rechte des Kindes«. Dieser Konvention sind bis zum 31.7.1992 113 Staaten beigetreten. Die Kinderkonvention trat in der BRD am 5.4.1992 in Kraft. Der Bundestag hat jedoch bei der Ratifizierung eine Vorbehaltserklärung hinterlegt. Dennoch ist die Konvention auch für BRD verbindlich.[4]

Die Konvention beinhaltet u.a.: den Schutz der Kindheit (§ 1, 3, 6, 31), das Recht auf Familie und Geborgenheit (§ 5, 9, 18, 19, 21), das Recht auf Erziehung und Bildung (§ 28), den Schutz vor sexueller Gewalt und Drogenmißbrauch (§ 19, 33, 34, 35, 36, 39), den Schutz vor politischer Gewalt (§ 22, 37, 38, 39, 40), das Recht auf Identität und Status (§ 7, 8, 26).

Diese Kinderkonvention ist beileibe nicht nur für Länder der Dritten Welt relevant, sie ist auch für die Bundesrepublik eine Herausforderung und Mahnung.

Darüberhinaus beinhaltet sie auch einige problematische Punkte: So werden als Kinder, für die diese Rechte gelten sollen, zwar alle Jungen und Mädchen unter 18 Jahren verstanden. Nur in Art. 38 wird (als einzige Ausnahme von der 18-Jahre-Regelung!) dieses Alter für die Beteiligung an bewaffneten Konflikten und die Einziehung in Streitkräfte auf 15 (!) Jahre gesenkt! Fachleute berichten, diese Regelung sei auf Druck der USA zustandegekommen, da sich dort Jugendliche bereits mit 17 Jahren zum Militär melden können.[5]

Im Gegensatz zur »Charta des Kindes« von 1959, die nur empfehlenden Charakter hat, ist die Konvention von 1989 verbindlich. Staaten, die die Konvention unterzeichnen, und sich so verpflichten, die Bestimmungen in eigenes, nationales Recht umzusetzen, können mittels völkerrechtlicher Instrumente zur Einhaltung veranlaßt werden. Damit gibt es erstmals ein völkerrechtlich verbindliches Dokument für die Rechte von Kindern.

Auf dem Weltgipfel für Kinder im September 1990 verabschiedeten 71 Staatsoberhäupter und Regierungschefs eine »Deklaration zum Überleben, zum Schutz und zur Entwicklung von Kindern in den 90er Jahren« sowie einen Aktionsplan zur Umsetzung der Deklaration. Zu den Hauptzielen, die bis zum Jahr 2000 erreicht werden sollen, gehören: drastische Senkung der Kindersterblichkeit, wirksame Maßnah-

Weltdeklaration zum Überleben, zum Schutz und zur Entwicklung von Kindern

(...)
7. Wir werden uns dafür einsetzen, daß die besorgniserregende Lage von Millionen von Kindern, die unter besonders schwierigen Umständen leben, erträglicher wird; dies betrifft die Opfer von Apartheid und Fremdherrschaft ebenso wie Waisen, Straßenkinder und Kinder von Wanderarbeitern, Kinder, die aus ihrer Heimat vertrieben wurden oder unter den Folgen von Naturkatastrophen oder Unheil zu leiden haben, das von Menschen angerichtet wurde, sowie behinderte, mißbrauchte, sozial benachteiligte und ausgebeutete Kinder. (...)
8. Wir werden uns mit besonderem Nachdruck dafür einsetzen, daß Kinder von der Geißel des Krieges verschont bleiben, und daß Maßnahmen ergriffen werden, um weitere bewaffnete Konflikte zu verhindern, um so den Kindern überall auf der Welt eine friedliche und gesicherte Zukunft zu ermöglichen. Wir werden Frieden, Verständigung und Dialog als Grundwerte bei der Erziehung von Kindern fördern. Die Grundbedürfnisse von Kindern und ihren Familien müssen stets unter besonderem Schutz stehen – auch in Kriegszeiten und in Gebieten, in denen es zu bewaffneten Konflikten kommt. Wir fordern dazu auf, daß überall dort, wo es noch zu Krieg und Gewalttätigkeiten kommt, im Interesse der Kinder Feuerpausen vereinbart und spezielle Hilfskorridore eingerichtet werden.
9. Wir werden uns auf allen Ebenen für gemeinsame Maßnahmen zum Schutz der Umwelt einsetzen, damit alle Kinder in Zukunft sicherer und gesünder leben können.
10. Wir werden uns dafür einsetzen, daß die Armut weltweit zurückgedrängt wird, was unmittelbare Auswirkungen auf das Wohlergehen der Kinder hat. Die besonderen Bedürfnisse und die besondere soziale Verletzlichkeit von Kindern in Entwicklungsländern, insbesondere in den am wenigsten entwickelten Ländern, sollten hohe Priorität erhalten. Wachstum und Entwicklung müssen aber in allen Ländern gefördert werden, durch nationale Maßnahmen ebenso wie im Rahmen internationaler Zusammenarbeit. Dies erfordert den Transfer von angemessenen zusätzlichen Ressourcen in die Entwicklungsländer, verbesserte Handelsbedingungen, eine weitergehende Liberalisierung des Handels und Entschuldungsmaßnahmen. Es macht auch Strukturanpassungsmaßnahmen erforderlich, die das Wirtschaftswachstum weltweit, insbesondere in den Entwicklungsländern, fördern. Hierbei muß jedoch auf das Wohlergehen der schwächsten Bevölkerungsgruppen, insbesondere der Kinder, besondere Rücksicht genommen werden. [7]
Auszug aus der von 71 Regierungschefs und Staatsoberhäuptern 1990 verabschiedeten Deklaration.

men gegen Unterernährung, weltweiter Zugang zu sauberem Trinkwasser und sanitären Einrichtungen, verstärkte Gesundheitsversorgung für Mütter, Grundschulerziehung für alle Kinder, Schutz von Kindern, besonders in bewaffneten Konflikten. Alle Regierungen sind aufgefordert, ihre Planungen und Haushalte entsprechend zu überarbeiten und nationale Aktionsprogramme vorzulegen.[6] Diese Weltdeklaration ist jedoch lediglich eine Selbstverpflichtung ohne juristische Bindung. Es gibt also keine Möglichkeit, Verfehlungen oder Unterlassungen des Staates einzuklagen oder zu ahnden.

Nimmt man die zahlreichen Erklärungen, Deklarationen und Konventionen zum Schutze der Kinder, so müßte man davon ausgehen, daß es um die Rechte, um ihren Schutz und ihre Entwicklung gut bestellt ist. Die Realität sieht leider anders aus. Vor dem Hintergrund dieser Realität klingt die Deklaration an vielen Punkten sogar zynisch. Eine Besserung der Situation der Kinder in der Welt ist trotz einer Vielzahl von nichtstaatlichen Hilfsorganisationen und -programmen kaum in Sicht. Es sind weder auf nationaler noch auf internationaler Ebene Anstrengungen zu erkennen, Kinder wirksam vor Hunger oder vor kriegerischen Auseinandersetzungen zu schützen. Es ist kein einziger Fall bekannt, wo in Kriegen eine Feuerpause vereinbart wurde, um Kinder aus einer Gefahrenzone zu bringen.

Doch nicht nur in der Dritten Welt, auch in der Bundesrepublik ist die Situation der Kinder nicht befriedigend. Auch hier gibt es – wenn auch aus anderen Motiven – Kinderarbeit. Auch hier werden Kinder körperlich und seelisch mißhandelt. Auch hier ist der Begriff »kindgerecht« weder für die Architektur noch die Politik ein Maßstab.

Zur Situation der Kinder

Kinder in der Bundesrepublik Deutschland[8]

Kinder sind besonders stark von strukturellen Gewaltauswirkungen betroffen.[9] Nach Angaben des Deutschen Kinderschutzbundes lebt jedes siebte Kind in den alten und jedes fünfte Kind in den neuen Bundesländern unter 18 Jahren in Armut. Das sind 2,2 Millionen Kinder.[10] Der Direktor des Deutschen Mieterbundes, Helmut Schlich, beklagte, daß Familien mit mehreren Kindern nur schwer eine Wohnung fänden und von der Obdachlosigkeit besonders betroffen seien. Von den über eine Million Obdachlosen in Deutschland ist jeder zweite ein Kind. Wegen der unzulänglichen Unterbringung bekommen obdachlose Kinder als Folgeproblem häufig Schwierigkeiten in der Schule.

Doch selbst Familien mit mehreren Kindern, die eine Wohnung haben, leben meist beengt. Während Single-Haushalte im Durchschnitt 40 bis 50 m² für sich beanspruchen, liegt die Wohnfläche bei Familien mit mehreren Kindern meist unter 20 m² pro Person.[11]

Über eine Million Kinder lebten 1993 von Sozialhilfe, über zwei Millionen lebten in Haushalten, in denen ein oder beide Elternteile arbeitslos sind.

Immer mehr Kinder reagieren auf ihre Lebenssituation und auf ihre Umwelt mit psychischen und sozialen Symptomen. Nach Aussagen des Deutschen Kinderschutzbundes leiden 34 Prozent aller Kinder in der BRD unter Allergien. Über 72 Prozent haben psychosomatische Störungen. Ca. 20.000 Kinder werden jährlich in psychiatrische Einrichtungen eingeliefert. Über 40 Prozent der 12-17jährigen trinken regelmläÖig Alkohol und ca. 13.000 Kinder und Jugendliche begehen jährlich einen Selbstmordversuch.[12]

Immer mehr Psychoanalytiker seien beunruhigt über die wachsende Zahl von Kindern, die mit Erschöpfungszuständen, Schlaf- und Magenstörungen, Kopfschmerzen und Gefühlen von Angst und Einsamkeit in die Praxen kämen, so der Bielefelder Jugendforscher Klaus Hurrelmann.[13]

Kinder in anderen Ländern

Die Zahlen über die Situation der Kinder in der Welt sind so schockierend, daß es schwer ist, sie sich ins Bewußtsein zu rücken:

Täglich sterben 40.000 Kinder. Sie sterben an Kinderkrankheiten wie Masern oder Keuchhusten, an Durchfall und Erkältungen oder ganz einfach an fehlendem Essen oder verseuchtem Wasser. Zwei Drittel dieser Kinder sind noch nicht einmal ein Jahr alt geworden. In den Entwicklungsländern stirbt jedes 12. Baby im ersten Lebensjahr. Doch damit nicht genug: 155 Millionen Kinder unter fünf Jahren (das sind 45 Prozent aller Kinder dieses Alters) leben in den armen Ländern am Rande des Existenzminimums.

Kinderarbeit ist weltweit an der Tagesordnung. Über 200 Millionen junge Menschen müssen schon im Kindesalter in der Industrie, im Handwerk oder der Landwirtschaft arbeiten, um überleben zu können. Sie arbeiten in Ziegeleien, Bergwerken oder Steinbrüchen, stellen Feuerwerkskörper, Streichhölzer oder Papierblumen her, knüpfen Teppiche oder arbeiten in Haushalten. Sie werden aber auch zum Betteln und Diebstahl oder gar zur Prostitution gezwungen.[14]

Kinder genießen dabei keinerlei Rechte und erhalten nur einen minimalen Lohn. Über die physischen und psychischen Folgen und

Auswirkungen macht sich kaum jemand Gedanken.

Allein in Lateinamerika gibt es 40 Millionen Straßenkinder, die ihr Leben durch Hilfsarbeiten, Betteln, Diebstahl oder Prostitution fristen müssen. Sie sind nicht nur der brutalen Gewalt der Straße ausgeliefert, sie lernen auch selbst, daß sie nur mit Gewalt überleben können.[15]

120 Millionen Kinder zwischen 6 und 11 Jahren gehen nicht zur Schule. Sie werden vermutlich Analphabeten bleiben.

Die Situation von Kindern ist in vielen Ländern von Obdachlosigkeit, sexuellem Mißbrauch, Drogenkonsum, Armut und Krankheit gekennzeichnet.[16]

Traditionellerweise wird der »Fortschritt« der Menschheit und einzelner Länder in Maßeinheiten der Steigerung der Wirtschaftskraft (z.B. Bruttosozialprodukt) gemessen. Die UNICEF hat 1993 erstmals eine Untersuchung vorgelegt, in der als Maßstab für »Fortschritt« Sozialdaten wie Kinder- und Müttersterblichkeit, Ernährung und Schulbildung angelegt wurden.

Als Überraschung wertet UNICEF, daß die Liste der Staaten mit den am schlechtesten ernährten Kindern nicht von afrikanischen Ländern angeführt werde. Trotz Dürre und Hungersnöten in Afrika ist Unterernährung vor allem in den dichtbesiedelten Gebieten Südasiens ein alltägliches Problem. In Indien und Bangladesch sind 60 Prozent der Kinder deutlich untergewichtig, in den Ländern südlich der Sahara dagegen »nur« rund 30 Prozent. In Niger und im Jemen bekommt jedes zweite Kind unter fünf Jahren nicht genug zu essen.

Zur Lage der Kinder in den Industriestaaten heißt es in dem UNICEF-Bericht, Kinder in den USA und Großbritannien gehe es heute schlechter als ihren Altersgenossen vor 20 Jahren. In den USA leben doppelt soviele Kinder in Armut als in einem beliebigen europäischen Land. In den Industriegesellschaften würde die Erziehungsaufgabe und damit die Lebensqualität der Kinder immer mehr abgewertet.[17]

Kinder und Krieg
Kinder leiden unter Folgen von Kriegen am stärksten. Über 4 Millionen Kinder haben körperliche Behinderungen durch Kriege davongetragen. Die Hälfte der weltweit über 20 Millionen Flüchtlinge sind Kinder, die vor Krieg, Umweltkatastrophen oder Hunger Schutz suchen. Viele von ihnen haben nicht nur ihre Heimat, sondern auch ihre Familie verloren.[18]

Bereits Kinder werden als Soldaten in (Bürgerkriegs-)Armeen gezwungen. Die UNO schätzt, daß weltweit über 200.000 Kindersoldaten unter 15 Jahren kämpfen. Kindersoldaten gelten dabei überall als besonders mutig, da sie aus mangelnder Lebenserfahrung den Tod nicht fürchten. »Für sie ist es ein Spiel. Sie spielen Soldaten.« So der lakonische Kommentar eines Sprechers der afghanischen Mudschahidin.

Im Ersten Golfkrieg schickte die Teheraner Führung Zehntausende von Kindern gezielt in den Tod. Mit roten Stirnbändern, die sie als »Chat-schekan« als Frontbrecher, auswiesen, mit einem Plastikschlüssel um den Hals, der ihnen das Tor zum Paradies öffnen sollte, wurden sie vor der regulären Armee in die Minenfelder der Iraker gehetzt. Wer von den Minen nicht zerfetzt wurde, landete als Kriegsgefangener in irakischen Lagern.[19]

Kinder sind nicht nur Opfer, sondern auch Täter. Ob sie in diesem »Tätersein« von Erwachsenen mißbraucht und dazu verführt oder gar gezwungen werden, darüber streiten sich selbst Fachleute.[20]

Während die Not von flüchtenden oder verletzten Kindern augenscheinlich ist, so zeigt sie dennoch nur einen Teil der Auswirkungen von Kriegen auf Kinder, nämlich den nach außen hin sichtbaren. Die seelischen Verletzungen von Kindern, die miterleben mußten, wie ihre Wohnung zerstört wurde, ihr Vater in den Krieg zog, ihre Geschwister mißhandelt oder ihre Mutter vergewaltigt wurden, sind kaum von außen oft nur schwer zu erkennen. Viele Kinder die solches erleben mußten, leiden unter Schlafstörungen, Angstträumen und Angstzuständen aber auch unter Aggressionen gegen sich selbst und andere. Sie ziehen sich zurück und wagen nicht mehr ihre Gefühle zum Ausdruck zu bringen, weil sie unter extremer Bedrohung erfahren haben, daß es für sie keinen Schutz und keinen Trost mehr gibt.

Die Bedrohungen der Welt und die Zukunftsängste der Kinder

Zwischen den Vorstellungen der Erwachsenen über das, was Kinder bewegt und deren wirklicher psychischer Verfassung besteht ein Mißverhältnis. Die Erwachsenen nehmen nur äußerst bruchstückhaft wahr, was Kinder über die Entwicklung der Welt fühlen und denken.[21]

»Die Angst der Kinder wächst« so die Überschrift eines Artikels auf der Titelseite der Frankfurter Rundschau vom November 1992[22]. In einer Repräsentativumfrage des Instituts für Jugendforschung wurden 1.600 Kinder zwischen 6 und 14 Jahren zu ihren Zukunftsaussichten in 20 Jahren befragt. Danach befürchten 55 Prozent der Kinder, das sind

14 Prozent mehr als 1988, daß es mit der Welt in Zukunft schlechter bestellt sein werde als heute. Nur 20 Prozent glauben an Verbesserungen.

Nahezu alle Kinder setzen sich inzwischen mit der Zukunft auseinander, ergab die Studie. Nur 2 Prozent gaben an, sich keine Gedanken über die weitere Entwicklung zu machen – 1988 waren es noch 7 Prozent gewesen.

Die Zukunftsängste der Kinder beruhen vor allem auf der zunehmenden Umweltzerstörung. Vier von fünf Kindern begründeten ihre Befürchtungen mit Hinweisen auf alarmierende ökologische Entwicklungen. Viele haben auch Angst vor Krieg und Gewalt, den Gefahren der Technik, Wirtschaftsproblemen, Bevölkerungswachstum und Hungersnöten in der Dritten Welt.

Das sind Ergebnisse, die Untersuchungen in den USA, in der UdSSR, in Finnland und in der Bundesrepublik seit über 10 Jahren immer wieder aufzeigen:[23] In praktisch jeder Altersstufe sind – unab-

---

Nur Panikmache?

»Scheißstadt« sagte ein kleiner Lockenkopf. »Sie wird immer enger für uns und immer stickiger.« »Und immer feindlicher und immer düsterer« sagte eine Picklige mit Pferdeschwanz.

»Und die Dealer trauen sich schon bis vor den Schulhof« sagte eine zahnlückige Erstkläßlerin, die sich immerzu nervös kratzte.

»Und es fällt kaum noch Schnee, und das Grün nimmt ab...« seufzte ein kleiner Dicker.

»Und das alles wißt ihr Großen und laßt es doch laufen, wie,s läuft« rief ein magerer Rotschopf zornig.

»Wir haben Angst« sagte eine zarte Blonde mit Zahnspange.

»Merkwürdig« sagte der Bürgermeister und setzte sich zu ihnen. »Als ich Kind war, hatte ich kein eigenes Zimmer, konnte nicht fernsehen, bekam kein Taschengeld, mußte die Kleider meiner älteren Geschwister auftragen und bekam zu Weihnachten höchstens ein paar neue Schuhe und einen Ball. Aber Angst hatte ich nie...« »Du redest wie unsere Eltern und Großeltern« sagte der Rotschopf finster und spuckte aus. »Wenn wir denen mit unserer Angst kommen, sagen sie ratlos: ›Was wollt ihr eigentlich? Noch nie ist es einer Generation von Kindern so gut gegangen...‹. Und wenn wir dann antworten: ›Aber noch nie hat eine Generation von Kindern solche Angst vor der Zukunft haben müssen!‹ reden sie von Panikmache.«[25]

hängig vom Geschlecht und vom sozialen Status der Herkunftsfamilie
– »politische Ängste« (vor Umweltzerstörung, vor politisch motivierter
Gewalt und bis vor kurzem vor einem Atomkrieg) stärker verbreitet und
intensiver als »persönliche Ängste« (wie z.B. Angst vor Krankheit oder
etwa Schulversagen).[24]

Angst als Seismograph
Angst ist zunächst eine natürliche Reaktion auf als bedrohlich wahrgenommene Situationen und Ereignisse.[26] Die Angst der Kinder und Jugendlichen kann zunächst als körperliche (ganzheitliche) Reaktion auf eine das eigene Leben und die Zukunft bedrohende Entwicklung gesehen werden.

Viele Kinder und Jugendliche behalten diese Ängste für sich. Sie sprechen vor allem mit ihren FreundInnen darüber (Mädchen dabei mehr als Jungen) und erst an zweiter Stelle mit ihren Eltern. Die Ängste werden jedoch in Bildern, Träumen, Phantasien, Briefen von Kindern oder auch Schüleraufsätzen deutlich sichtbar. Diesen Ängsten steht oft die unter Eltern und Bildungspolitikern vorherrschende Tendenz entgegen, den Ernst der Situation vor den Kindern zu bagatellisieren oder ganz und gar zu verleugnen. Kinder werden so weder in ihrer politischen Wahrnehmung und Meinung noch in ihren Ängsten ernstgenommen.

Kriegsangst und Angst vor einer ökologischen Katastrophe, so wird deutlich, ist bei Kindern und Jugendlichen gleichbedeutend mit Angst vor der Zukunft. Gerade während des Golfkrieges 1991 war dies offensichtlich, denn dieser Krieg bündelte viele latente und manifeste Ängste: die Angst vor der Ökokatastrophe, ebenso wie die Angst vor Krieg und dem Einsatz atomarer Waffen, zumal ja atomare Gefechtsfeldwaffen der USA vor Ort waren, und nicht zuletzt wieder die Angst um die eigene Zukunft und die Zukunft der Welt.

Zum ersten Mal in der Geschichte der Menschheit ist der Mensch in der Lage, sich selbst als Gattung auszulöschen, die Gefahren der Atomtechnologie, aber auch globale ökologische Katastrophen zeigen dies eindrücklich. Die junge Generation muß sich so, anders als alle anderen Generationen damit auseinandersetzen, daß sie nicht selbstverständlich eine Zukunft besitzt, die es zu gestalten gilt. Die eigene Zukunftserwartung und das eigene Leben erhält so bereits für Kinder und Jugendliche die allgegenwärtige Dimension der Endlichkeit. Wie aber kann Leben ohne Zukunftshoffnung gestaltet werden?

Gegen diese Sichtweise wird immer wieder eingewendet, daß die Angst vor der Zukunft (und den damit verbundenen Bedrohungsvor-

> *Das Weltbild und Lebensgefühl vieler Kinder*
>
> »Erwachsene sind egoistisch, profitsüchtig und konsumorientiert. Um ihre Bedürfnisse zu befriedigen, ist ihnen jeder Weg recht. Sofern sie die Macht dazu haben, beuten sie schwächere Menschen rücksichtslos aus und setzen ihre Interessen notfalls auch mit der Brutalität von Kriegen durch. Ebenso dient ihnen die Ausplünderung der Natur dazu, ihre Besitzgier zu stillen. Die pathologisch entgleisten Ansprüche schließen Gefühle von Verantwortung und Mitleid immer mehr aus und richten sich immer zerstörerischer gegen Menschen und Natur. Wir, die Kinder, sind davon am stärksten betroffen, weil das Zerstörungswerk sich nicht nur gegen unsere Gesundheit richtet; es setzt auch unsere Zukunft auf's Spiel. Dies ist eine Form des indirekten Krieges, den Erwachsene gegen uns Kinder führen.«[27]

stellungen) ein Zeichen psychischer Instabilität sei und zudem den Kindern von außen suggeriert werde.

Eine Längsschnittstudie des Erziehungswissenschaftlers Klaus Boehnke, der mehrere hundert westdeutsche Kinder von 1985 bis 1992 begleitete, zeigt deutlich: Wer begründete Angst hat und etwas dagegen tut, anstatt still den »Beginn der Katastrophe« zu erwarten, dessen seelische Gesundheit ist deutlich besser als bei dem, der tatenlos bleibt. Dabei ist nicht so entscheidend, ob tatsächlich Verhältnisse verändert oder verbessert wurden. Entscheidend ist das Gefühl, »etwas gemacht zu haben, das nicht einfach vorbeiziehen zu lassen« wie es eine Jugendliche im Rückblick formulierte.

Furcht, die in Lähmung oder in Hilflosigkeit mündet, ist deutlich gefährlicher für die psychische Gesundheit als der noch so klägliche Versuch, gegen übermächtige Gefahren anzukämpfen. Dies fällt Kindern und Jugendlichen um so leichter, wenn die Eltern ebenfalls aktiv sind oder zumindest ihre Aktivitäten unterstützen.[29]

Kriegsangst und emotionale Geborgenheit

Das Erleben von Kriegsangst ist eng mit den Familienbeziehungen verbunden. Sind die Bezugspersonen anwesend und beschützend, so wird Kriegsangst nicht oder kaum erlebt. Sind sie abwesend, für das Kind nicht erreichbar oder können (aus den verschiedensten Gründen) keinen Schutz gewähren, so kommt es zu massiven Ängsten. Der Kern dieser Ängste ist die Trennungsangst.[30]

> »*Ich kann nicht beschreiben, wie die Angst ist*«
> »Ich habe Angst, aber man kann nicht so richtig beschreiben, wie die Angst ist! ... Man fühlt sich irgendwie mitschuldig. Man steht hilflos da und sieht wie Menschen sterben und kann nichts tun.«
> (Hannah, 12 Jahre)
> »Ich habe große Angst, daß der Krieg am Golf noch ein dritter Weltkrieg wird! Alles was ich mir für die Zukunft ausgedacht habe, z.B., daß ich Lehrerin werden wollte, habe ich fast aufgegeben! Ich denke immer an den blöden Krieg. Ich habe auch schon einen Brief an Sadam Hussein geschrieben. Ob er angekommen ist oder nicht, das weiß ich nicht. Nur das Hauptsächliche ist für mich, daß die Welt nicht in die Luft geht!!!«
> (Indra, 10 Jahre.)
> *Aus Kinderbriefen, die während des 2. Golfkrieges 1991 geschrieben wurden.*
>
> »Angst vor dem Krieg und Angst vor einer zerstörten Welt und einer zerstörten Zukunft, Zorn auf die unvernünftigen Erwachsenen, Sorge um unschuldige Menschen – all das formulierten die Kinder mit unbestechlicher Logik, hoher Moral und entschiedenem Gerechtigkeitssinn«, schreibt die »logo« Redakteurin Susanne Müller und fährt fort: »Wir in der Redaktion ›logo‹ waren erschrocken über die tiefe Angst (...) und wir waren beschämt über die Konsequenz im Denken der Kinder.«[28]

Dorothy Burlingham und Anna Freud führen vor dem Hintergrund ihrer mehrjährigen Arbeit mit Kindern und Jugendlichen während und nach dem Zweiten Weltkrieg in England aus:

»Krieg bedeutet der Mehrzahl der Kinder wenig, solange er nur ihre körperliche Sicherheit bedroht, ihre Lebensbedingungen verschlechtert und ihre Rationen kürzt; er gewinnt erst einschneidende Bedeutung, wenn er den Familienverband auflöst und damit die ersten Gefühlsverbindungen der Kinder an ihre nächsten Angehörigen erschwert. Viele Kinder haben aus diesem Grunde die Aufregungen des Londoner Bombardements besser vertragen als die zu ihrem Schutz vorgenommene Evakuierung aus der Gefahrenzone.«[31]

Reale Gefahr wird von Kindern also vor allem dann auch als subjektiv gefährlich erlebt, wenn die Sicherheit und geborgenheitsstiftenden emotionalen Beziehungen fehlen.

Vor allem der Psychologe und Friedensforscher Christian Büttner hat auf diesen Zusammenhang von Kriegsphantasien, Kriegsängsten und Familiendynamik hingewiesen. Ängste, so Büttner, gehen wesentlich darauf zurück, daß von Kindern etwas verlangt wird, was sie auszuhalten eigentlich noch nicht imstande sind. Einschränkungen und Bedrohungen ihrer Wachstumsmöglichkeiten verlangen von ihnen, sich nach ihren Fähigkeiten zu schützen oder gar zu verteidigen. Ort dieser Einschränkungen und Bedrohungen in der Kindheit ist im wesentlichen die Familie.[32]

Diese Zusammenhänge gewinnen dann an Wichtigkeit, wenn man die reale Situation der Familien zur Kenntnis nimmt.

Wie mit Kriegs- und Zukunftsängsten umgehen?

Wenn sich Kriegsangst bei Kindern also auf die Realangst vor der Zerstörung des eigenen Lebens und der Zukunft und auf die Angst vor der Trennung von den Bezugspersonen beziehen kann, kommt es darauf an, emotionale Geborgenheit und Zuversicht zu vermitteln. Die Ängste der Kinder sollten nicht bagatellisiert oder abgewertet, sondern ernstgenommen werden, auch wenn wir sie nicht verstehen und nachvollziehen können.

Eine Bewahrpädagogik, die Kinder vor bestimmten Informationen oder Bildern schützen will, ist ebenso fehl am Platze wie eine moralische Verurteilung kindlicher Kriegsphantasien oder -spiele. Es geht vielmehr um ein ehrliches Gespräch, eine ehrliche Auseinandersetzung.

Dies bedeutet auch, daß die Erwachsenen nicht den Hintergedanken hegen sollten, wie man diese Kriegsphantasien am besten unterbinden oder »wegerziehen« könnte. Es geht darum, kindliche Ausdrucks- und Verarbeitungsweisen zu verstehen.

Auch das Umgekehrte sollte vermieden werden: Daß Kinder als Projektionsschirm für die eigenen Ängste mißbraucht werden, daß Kindern Einstellungen und Meinungen zu Krieg und Frieden aufgezwungen werden, die nicht die ihren sind.

Eine der Konsequenzen für die Erziehung wäre wenigstens den Erziehungsprozeß möglichst angstarm zu machen. Ganz angstfrei zu erziehen ist wohl nicht möglich. Der Arzt und Psychotherapeut Reinhard Lempp schlägt vor, die Angst in der Erziehung überall da zu beseitigen, wo dies in unserer Fähigkeit liegt ohne daß wir lügen, vertuschen und die Realität verfälschen.[33]

Denn »Angstmachen« ist Erziehung durch Gewalt und weil Angst Aggressionen weckt, ist sie auch Erziehung zur Gewalt.

Eine weitere Konsequenz müßte darin bestehen, die elementaren Bedürfnisse der Kinder nach Liebe, Geborgenheit, Kreativität, etc. zu befriedigen. Kinder müssen wissen, daß sie mit ihren Ängsten nicht allein sind und daß Erwachsenen in der Lage sind, Gefahren mit abzubauen.

Konsequenzen für die Friedenserziehung

Kindern Rechte zu geben, muß auf der *persönlichen Ebene* heißen, sie in ihrer Persönlichkeit ernst zu nehmen und in ihrem Selbstbewußtsein und ihrer Identität zu stärken. Dazu gehört u.a.:
- daß das Kind in seiner psychischen und physischen Integrität geachtet und als vollwertige Person akzeptiert wird sowie Zuspruch und Zuwendung erfährt.
- daß das Kind Zutrauen in die eigenen Fähigkeiten erlernen kann. Dies ist eine wichtige Voraussetzung für die Entwicklung des Selbstvertrauens und des konstruktiven Umgangs mit sich und anderen. Kinder, die permanent damit konfrontiert werden, daß sie den Ansprüchen ihrer Eltern und der Gesellschaft nicht gerecht werden, die sich also als Versager erleben müssen, resignieren vor der übermächtigen Welt.
- daß Kinder lernen, auch die »Langsamen« und »Schwachen« zu achten und ihnen gleichen Rechte zuzuerkennen.
- daß Kinder in einem geschützten Raum aufwachsen können. Kinder können (noch) nicht die volle Verantwortung für alle ihre Handlungen übernehmen. Sie können auch noch nicht der vollen Realität der gesellschaftlichen Wirklichkeit ausgesetzt werden. Sie brauchen einen Schonraum, in dem sie ihre Fähigkeiten entwickeln können, in dem Fehler zugelassen sind und in dem nicht nur der »Erfolg der Tüchtigsten« zählt.
- daß Kinder die Erfahrung von »Gerechtigkeit« machen können. Kinder haben ein sehr stark ausgeprägtes Gerechtigkeitsempfinden. Sie wollen, daß alle mit gleichen Maßstäben gemessen werden. Doppelmoral ist ihnen (noch) fremd.
- daß sie Hoffnung und Zukunft brauchen. Ohne Hoffnung auf ein lebenswertes Leben, auf eine gemeinsame Zukunft und darauf, daß es Sinn macht zu leben, können auch Kinder nicht leben. Sie erwarten, daß sich Erwachsene mit ihnen gemeinsam für eine lebenswerte Zukunft einsetzen.
- daß sie Erwachsene brauchen, die sich auf sie einlassen. Sie wollen und brauchen Eltern und ErzieherInnen, die sie fördern und fordern, die sie in ihren Ängsten und Anliegen verstehen, die mit ihnen Spiel und Spaß teilen, die ihnen ehrliche Antworten auf ihre vielen Fragen geben und die mit ihnen gemeinsam nach Lösungen der vielfältigen Probleme suchen.

Um Kinderrechte *national und international* durchsetzen zu können,

reichen Erklärungen und Konventionen nicht aus. Es muß zunächst erkannt werden, was die Verwirklichung der Rechte der Kinder (und damit auch der Menschenrechte überhaupt) in globalem Maßstab verhindert. Dazu gehören u.a.
- das Erbe des Kolonialismus, von dem sich die meisten Entwicklungsländer immer noch nicht befreien konnten;
- die Schuldenlast der Entwicklungsländer, die eine wirkliche Entwicklung nicht mehr zuläßt;
- die wirtschaftliche Dominanz der westlichen Industrieländer und die ungleichen Handelsbeziehungen zwischen ihnen und der »Dritten Welt«;
- die Umweltzerstörungen, die längst über nationale Grenzen hinausgehen und die Zukunft der ganzen Welt in Frage stellen;
- die Kriege und Bürgerkriege zwischen und in den Ländern der Dritten Welt, die oft genug durch Rüstungsexporte und Unterstützung von Militärregimes angeheizt wurden und werden;
- die unterschiedliche Be- und Verurteilung der Verletzung von Menschenrechten je nach ideologischem bzw. machtpolitischem Kalkül.

Eine Verbesserung der Rechte und der Situation der Kinder im globalem Maßstab scheint nur durch eine globale Veränderung der internationalen Beziehungen und der Südpolitik der Industrienationen zu erreichen zu sein.

Insofern muß sich eine Friedenserziehung, die die weltweite Proklamation und Durchsetzung von Kinderrechten mit einschließt, einerseits auf die öffentliche Bekanntmachung der Situation und damit verbunden auf Lobbyarbeit beschränken. Andererseits kann sie jedoch konkrete bi- oder multinationale Projekte, die außerhalb des staatlichen Zugriffs angesiedelt sind, aufgreifen und umsetzen. Die Projekte von terre des hommes (z.B. zur Reintegration von Straßenkindern in Lateinamerika oder gegen Kinderprostitution in Südostasien) sind hier beispielhaft zu nennen.

Anmerkungen
[1] Vgl. Ellen Key: Das Jahrhundert des Kindes. Berlin, 14. Aufl. 1908.
[2] Dabei handelt es sich um die Pakte für zivile und politische Rechte sowie wirtschaftliche, soziale und kulturelle Rechte.
[3] Vgl. Schweizerische Informationsstelle Schulspiel / Schweizerisches Komitee für UNICEF (Hrsg.): Themenpaket Kinder haben Rechte. Zürich 1980, S. 8.
[4] Vgl. Die Bundesregierung führt in dieser Vorbehalterklärung u.a. aus, daß die Bestimmungen des Übereinkommens die Vorschriften des innerstaatlichen

Rechts über die gesetzliche Vertretung Minderjähriger bei der Wahrnehmung ihrer Rechte, über das Sorgerecht- und Umgangsrecht bei ehelichen Kindern und über die familien- und erbrechtlichen Verhältnisse nichtehelicher Kinder nicht berühren. Ferner wird eingeschränkt, daß die in Artikel 40 Abs. 2 des Übereinkommensfestgelegte Verpflichtung, daß bei Straftaten einen rechtskundigen oder anderen geeigneten Beistand hinzuzuziehen ist, bei Straftaten von geringer Schwere nicht angewendet wird. Vgl. Bundesministerium für Jugend un Frauen (Hrsg.): Übereinkommen über die Rechte des Kindes. Düsseldorf 1993, S. 50 f. UNICEF-Dokumentation Nr. 6: Konvention über die Rechte des Kindes. Ein weltweiter Maßstab. Köln o.J.

[5] terre des hommes (Hrsg.): Spezial I: Materialien UN-Konvention über die Rechte der Kinder. Osnabrück 1992, S. 5 ff.

[6] Vgl. UNICEF-Dokumentation Nr. 5: Weltgipfel der Kinder. Deklaration und Aktionsplan zum Überleben, zum Schutz und zur Entwicklung von Kindern in den 90er Jahren. Köln o.J.

[7] Ebd. Vgl. auch: Frankfurter Rundschau, 1.10.1990.

[8] Auffallend ist, daß Kindern in der offiziellen Sozialberichterstattung der Bundesrepublik kein Platz eingeräumt wird. Insofern sind auch offizielle Daten über deren Lebenssituation kaum verfügbar.
Vgl. Bernhard Nauck: Lebensqualität von Kindern. Befunde und Lücken der Sozialberichterstattung. In: Deutsches Jugendinstitut: Was für Kinder. München 1993, S. 222 ff.

[9] Zur direkten Gewalt gegen Kinder siehe Kap. »Familie – Konfliktbewältigung im Alltag«. Die Situationsbeschreibung der Kinder in der Bundesrepublik ist stark von dem jeweiligen Blickwinkel abhängig. Donata Elschenbroich und Lising Pagenstecher zeigen, wie verschieden man diese formulieren kann: »Aufwachsen in Deutschlang heute – das ist eine nie dagewesene materielle Ausstattung von Kindheit, mit eigenem Kinderzimmer, mit einer Fülle von Requisiten für diesen Lebensabschnitt. Es heißt größere Aufmerksamkeit genießen als je zuvor – heißt für jedes zweite Kind die Aufmerksamkeit der Eltern nicht mit einem Geschwister zu teilen, heißt »Wunschkind« zu sein. (...) Es heißt ernster genommen werden, in den Ansichten, Empfindungen, heißt mitentscheiden dürfen oder wenigstens mitreden. Und heißt auch gesellschaftliche Aufmerksamkeit genießen, Bildungsangebote in Schule und Freizeit, Gesundheitsvorsorge, rechtlichen Schutz, in einem der reichsten Länder der Welt.
Zugleich einem der zubetoniertesten Länder der Welt. In dieser übertechnisierten, rationalisierten, einer »an sich« kinderfremden Umwelt muß den Kindern bewußt Platz geschaffen werden. Aufwachsen in Deutschland heißt auch: Kaum eine kindliche Erfahrung ist noch zufällig, ungesteuert. Der Markt expandiert in die letzten Reservate von Kindheit, und wenn Eltern und Pädagogen ihren Kindern spontanes Spiel ermöglichen wollen, dann muß auch das geplant und inszeniert werden.« Donata Elschenbroich / Lising Pagenstecher: Einleitung. In: Deutsches Jugendinstitut (Hrsg.): Was für Kinder: Aufwachsen in Deutschland. Ein Handbuch. München 1993, S. 10.

[10] So der Präsident des Kinderschutzbundes, Heinz Hilgers, bei den Kinderschutztagen 1994 in Rosenheim. Vgl. Frankfurter Rundschau, 9.5.1994., S. 20.

[11] Vgl. Frankfurter Rundschau, 21.9.1993.

[12] Deutscher Kinderschutzbund, Bundesverband e.V. (Hrsg.): DKSB Presseerklärungen vom 17.9.1993 und 6.9.1994.

[13] Vgl. Südwestpresse Tübingen, 26.5.1994, S. 1.

[14] Vgl. terre des hommes (Hrsg.): Alles käuflich? Kinder in der Prostitution. Osnabrück 1993.

[15] Vgl. terre des hommes (Hrsg.): Freibeuter im Elend. Straßenkinder weltweit.

Osnabrück 1992. Hartwig Weber: Kinder der Straße in Südamerika. In: puzzle. Zeitschrift für Friedenspädagogik. 2. Jg, Heft 3/1993, S. 17 ff.

[16] Vgl. auch: Deutsche Welthungerhilfe (Hrsg.): (K)eine Zukunft für Kinder. Bonn o.J., S. 3 f.

[17] Vgl. Frankfurter Rundschau, 23.9.1993.

[18] Vgl. Karsten Plog: Millionen von Kindern sind Opfer von Krieg und Verfolgung. In: Frankfurter Rundschau, 28.9.1993.

[19] Vgl. Der Spiegel, Nr. 39/1990, S. 224.

[20] Dies macht zum Beispiel ein Diskussionsbeitrag auf dem Kongreß »Kinder – Krieg und Verfolgung im Oktober 1993 in Hamburg deutlich: »Die Kinder in Palästina wissen, wofür sie gekämpft haben! Für ihre Freiheit und ihre Würde. Dafür haben sie sich entschieden. Sie sind nicht von der PLO dazu mißbraucht worden. Denn sie haben erlebt, wie jüdische Siedler mit dem Zielfernrohr aus ihrem Küchenfenster kleine palästinensische Kinder abgeschossen haben.« Zitiert nach: Die Zeit, 15.10.1993, S. 100.

[21] Vgl. Horst-Eberhard Richter: Unsere Kinder und das Problem des Friedens. In: Pädagogik und Frieden. Informationsdienst der Arbeitsgruppe – Dokumentationsstelle Friedenserziehung an der Hochschule der Künste Berlin. Heft 3/1987, S. 7-14.

[22] Vgl. Frankfurter Rundschau, 23.11.1992.

[23] Vgl. Regine Armbruster-Heyer: Kriegsangst bei Kindern. In: Tübinger Ärzte gegen den Krieg (Hrsg.): Unser Eid auf das Leben verpflichtet zum Widerstand. Tübingen 1984, S. 55-70. Hanne-Margret Birckenbach / Christoph Sure: »Warum haben Sie eigentlich Streit miteinandere?« Kinderbriefe an Reagan und Gorbatschow. Leverkusen 1986. Klaus Boehnke / Michael J. Macpherson / Folker Schmidt (Hrsg.): Leben unter atomarer Bedrohung. Ergebnisse internationaler psychologischer Forslchung. Heidelberg 1989, bes. S. 21-31. Horst Petri: Angst und Frieden. Psychoanalyse und gesellschaftliche Verantwortung. Frankfurt 1987. R. Biermann / G. Biermann: Die Angst unserer Kinder im Atomzeitalter. Frankfurt 1988. Christel Hofmann (Hrsg.): Die Kinder, der Krieg und die Angst. Ravensburg 1991. Ulrike Unterbrunner: Umweltangst – Umwelterziehung. Vorschläge zur Bewältigung der Ängste Jugendlicher vor Umweltzerstörung. Linz 1991.

[24] Vgl. Südwestpresse Tübingen, 26.5.1994, S. 1.

[25] Gudrun Pausewang: Kapiert? – Kapiert. In: Arbeitskreis Zukunftswerkstätten (Hrsg.): München – WerkStadt der Zukunft. München 1991, S. 3.

[26] »Angst«, die sich auf ganz konkrete Situationen bezieht, wird oft als »Furcht« bezeichnet.

[27] Horst Petri: Umweltzerstörung und die seelische Entwicklung unserer Kinder. Stuttgart 1992, S. 92 f.

[28] Diese Briefe wurden 1991 an die ZDF-Kinderredaktion Logo geschrieben. Vgl. »Ich kann nicht beschreiben, wie die Angst ist«: Kinderbriefe für den Frieden. Niedernhausen/Ts. 1991. Vgl. auch: Kristiane Allert-Wybranietz (Hrsg.): Kinder schreiben an Reagan und Gorbatschow. München 1989.

[29] Vgl. Michael Mcpherson: »So kann man Kinder terrorisieren«. In: die tageszeitung, 30.1.1991.

[30] Christian Büttner weist auf einen weiteren Aspekt der Kriegsangst hin: Kriegsängste und Kriegsphantasien können sich nicht nur auf reale Kriegssituationen beziehen, sondern müssen in entsprechenden Situationen auch als Ausdruck deformierter oder zerstörter familiärer Beziehungen gedeutet werden. Sie sind dann ein symbolischer Ausdruck für den »Familienkrieg«, auf den Kinder ebenfalls mit »Kriegsangst« reagieren können. Vgl. Christian Büttner: Kriegsangst bei Kindern. München 1982. Ders.: Kinder und Krieg. Zum päda-

gogischen Umgang mit Haß und Feindseligkeit. Mainz 1991.
[31] Dorothy Burlingham / Anna Freud: Heimatlose Kinder. Stuttgart 1971, S. 26.
[32] Vgl. Büttner, a.a.O.
[33] Vgl. Reinhard Lempp: Atomkrieg und Erziehung. In: Tübinger Ärzte, a.a.O., S. 71-78.

Gewalt in den Medien – Zwischen Realität und Fiktion

Die Berichterstattung über Krieg und Gewalt

»Wie wir Gewalt heute wahrnehmen, wird wesentlich von Medien bestimmt. Nachrichtensendungen und Magazine präsentieren uns eine beliebige Auswahl von Kriegsschauplätzen und Gewalttaten, oft ohne verständlichen Überblick über Ursachen und Folgen. Der Zuschauer bleibt mit dem Eindruck zurück, von sinnloser Gewalt umgeben zu sein. Man vermittelt uns diese Bilder und Nachrichten, übergangslos eingefügt zwischen Parteitagsberichten und den neuesten Sportergebnissen. Menschlichkeit kommt dabei eben oft zu kurz, Mitgefühl wird kein Raum gegeben.

Vergrößern nicht Sendungen, welche die Zeitereignisse auf Krisen, Kämpfe und Gewalt verkürzen und sich neuerdings bis zum sogenannten Reality-TV steigern, durch Gewöhnung und Wehrlosigkeitsgefühle wider Willen die Akzeptanz von Gewalt? Verhindern sie nicht Bereitschaft zum Engagement, zur Auflehnung? Wo verläuft denn die Grenze zwischen Abschreckung und Anregung?«[1]

Reality-TV ist die neueste und umstrittenste Form der Zur-Schau-Stellung von Gewalt im Fernsehen, die als »Nachricht« angeboten wird. »Wahre Geschichten« werden gezeigt, live gefilmt am Ort des Geschehens, Videos von Amateuren, Erlebnisberichte von Katastrophenopfern und Polizisten, angereichert mit nachgestellten Szenen. Brandeinsätze der Feuerwehr, eingequetschte Unfallopfer, nachgespielte Banküberfälle, blutige Rettungseinsätze. Gewaltanwendungen gegen Menschen werden ausgestrahlt, Menschen leiden und sterben. Die Einschaltquoten sind beträchtlich. Die Sensationsgier der Zuschauer scheint keine Grenzen zu kennen.

Die Berichterstattung über Gewalt folgt in den Medien ihren eigenen Gesetzen. Die Spannbreite der Darstellungsformen reicht dabei von voyeuristisch und sensationsheischend wie beim »Realitiy-TV«, über berechnend und kühl bis zu verschweigend und ausklammernd. Das Resultat bei den ZuschauerInnen ist dabei häufig dasselbe: Sie sind weitgehend desinformiert, ohne dies in der Regel jedoch selbst so zu empfinden. Medienberichterstattung bildet Wirklichkeiten nicht nur ab, berichtet nicht nur (scheinbar neutral) über Geschehenes, sondern inszeniert häufig genug durch Verschweigen und Überbetonung eine eigene Medienwirklichkeit. Der Mangel an Information wird durch die Flut der Bilder unter dem Fetisch der Aktualität verdeckt, wobei häufig zu dem Stilmittel der Personalisierung gegriffen wird.

Dies läßt sich insbesondere am Beispiel der Berichterstattung über Krisen und Kriege zeigen, mit denen sich die Aufmerksamkeit der ZuschauerInnen binden läßt und die einen großen Teil der politischen Berichterstattung ausmachen.[2]

Die Medienberichterstattung beschränkt sich auf wenige Länder. Ob über Krisen und Kriege berichtet wird, hängt häufig davon ab, ob das notwendige Bildmaterial beschafft werden kann, das Geschehen einfach und eindeutig darstellbar ist sowie ob dieses als für unsere Gesellschaft bedeutsam eingestuft wird. Obwohl gegenwärtig weltweit über 50 Kriege geführt werden, finden sich in der Medienberichterstattung nur diejenigen, die direkte politische und wirtschaftliche Interessen unseres Landes tangieren. Konflikte und Kriege in Schwarzafrika (mit Ausnahme Somalias während des Einsatzes der Bundeswehr in diesem Land von September 1993 bis April 1994) werden von der Berichterstattung weitgehend ignoriert. Medienkenner sprechen von Afrika als dem (von den Medien, der Politik und unserem Weltbild) »vergessenen Kontinent«.

Eine 1990 durchgeführte empirische Untersuchung der Hauptnachrichtensendungen der ARD kommt zu folgenden Ergebnissen:[3]
- Der Anteil der Berichterstattung über die »Dritte Welt«, mit mehr als drei Viertel der Weltbevölkerung betrug 4,5 Prozent.
- Von 1.125 Minuten Gesamtnachrichten waren 1,7 Minuten Schwarzafrika gewidmet (zu Schwarzafrika gehörten damals 46 Staaten mit 495 Millionen Einwohnern).
- Die Berichterstattung beschränkte sich auf 13 Staaten aus der Dritten Welt, das sind weniger als 10 Prozent der »Entwicklungsländer«.
- An sieben von 31 Tagen erfolgte keinerlei Berichterstattung über die Dritte Welt.
- Über die zentralen Probleme wie Weltwirtschaftssystem, Verschuldung, Rohstoff-Preisverfall und Nord-Süd-Konflikt wurde überhaupt nicht berichtet.
- Die Berichterstattung über gewaltsame Auseinandersetzungen, Unglücks- und Katastrophenfälle dominierte die Dritte-Welt-Nachrichten: 30 von insgesamt 65 Meldungen entfielen auf diese Kategorie.

Erfahrungen mit dem Golfkrieg

Die Medienberichterstattung über den Zweiten Golfkrieg 1991 zeigte, wie die ZuschauerInnen durch gezielte Desinformation manipuliert werden können. »Das erste, was bei einem Krieg auf der Strecke bleibt, ist die Wahrheit« formulierte bereits 1917 der amerikanische Senator Hiram Johnson. Daran hat sich bis heute nichts geändert. Alle Informationen über den Verlauf des Golfkrieges stammten aus den militärischen Hauptquartieren und unterlagen der Zensur. JournalistInnen durften nicht selbständig recherchieren. Die Bevölkerung wurde – wie der US-General Schwarzkopf nach dem Waffenstillstand einräumte – bewußt getäuscht, um den Gegner über die Pläne der Aliierten im Unklaren zu lassen oder um eigene Fehler und die Folgen der Einsätze zu vertuschen.[4] Diese Täuschung war von den ZuschauerInnen schwer zu erkennen, denn viele der FernsehberichterstatterInnen erweckten den Eindruck, als würden sie über authentisches Material verfügen. Die direkte elektronische Nachrichtenübermittlung erlaubte durch die Aktualität der Bilder die Fiktion, tatsächlich beim Geschehen dabei zu sein.

So wurden zwar viele Bilder gezeigt, die Eindrücke und Assoziationen hervorrufen; Inhalte und Informationen hatten jedoch nur sekundäre Bedeutung. Vor allem aber fehlte (für den Moderator und die ZuschauerInnen) der Raum für die Reflexion, den Kommentar und eine distanzierte Betrachtungsweise, der erst zu einer eigenen Meinung beitragen kann. Das Authentische wurde durch das Surrogat, der Gedanke durch ein Bild ersetzt.[5]

Für viele Beobachter überraschend war die offensichtliche Instrumentalisierung der meisten Medien für eine kritiklose Kriegsberichterstattung, die die ZuschauerInnen im Kampf um die Einschaltquoten in eine »Spannungslust« versetzen sollte. Der Journalist Klaus Bednarz meinte hierzu: »Mir fehlte aber auch die Vorstellung, wie weit militaristischer Hurra-Patriotismus noch in unserem Berufsstand verbreitet ist«.[6]

Über die Opfer wurde bis auf wenige Ausnahmen kaum berichtet. So entstand die Illusion eines verlustarmen, sauberen Krieges trotz der totalen Zerstörung der Infrastruktur des Iraks, trotz der über 100.000 toten irakischen Soldaten und der vielen Opfer unter der Zivilbevölkerung. Erst in der vierten Woche der »Operation Wüstensturm«, wie der Golfkrieg offiziell hieß, wurden die ersten Bilder menschlicher Opfer gezeigt. Nicht blutende oder tote Soldaten sollte das Medienpublikum zu Gesicht bekommen, sondern schießende Kanonen, startende Flugzeuge, Laser-gesteuerte Bomben, Rauchwolken, Ruinen, zerstörte Fahrzeuge.

Probleme für Erziehung und Bildung

Fernsehen macht die Welt sehr häufig zu einer surrealen Inszenierung, zu einem Kunstprodukt. Bilder erklären nicht, sondern wecken Assoziationen. Die Flut der Bilder läßt sich nicht interpretieren, man hat keine Zeit dazu. Man erlebt alles wie ein Drehbuch. Viele Berichte über den Krieg am Golf erinnerten eher an Videospiele denn an die kriegsbedingte Zerstörung, an Verletzungen und Tod.

Vor allem für Kinder und Jugendliche ist es für die Entwicklung eines eigenen Weltbildes problematisch, wenn durch die Art der Darstellungen und der gezeigten Bilder nur schwer möglich ist, zwischen Realität und Fiktion unterschieden werden kann.

Auch die verwendete (»Bilder«-) Sprache beeinflußt die Herausbil-

---

Zehn Vorschläge für eine andere Kriegsberichterstattung

1. In jedem Krieg sollte der Journalist sich bemühen, seine Story von allen Seiten zu beleuchten.
2. Im Krieg sollten die Medien darauf drängen, Zugang zu Ereignissen, Menschen und Themen zu bekommen.
3. Um eine umfassende Berichterstattung zu gewährleisten, sollten Journalisten Eliten nicht übermäßig als Quellen nutzen, sondern bestrebt sein, verschiedene »Autoritäten« und »Experten« ausfindig zu machen.
4. Es wäre vernünftig, wenn die Medien in ihrer Kriegsberichterstattung eine Glorifizierung der Technologie vermeiden würden.
5. So inhuman es auch scheinen mag, die Medien sollten nicht darauf verzichten, auch drastisch-anschauliches Material (»blood and guts«-Stories) zu verwenden, nur weil einige so etwas als abstoßend empfinden.
6. Die Medien sollten sinnvolle und gut geschriebene Berichte über »normale Leute« anbieten. Denn damit können sie eine personalisierte Darstellung des Krieges präsentieren, die auch angebracht ist.
7. Die Medien können eine Vielzahl von Stories anbieten – und das schließt Hintergrundberichte ausdrücklich ein.
8. Die Medien müssen sich bewußt sein, daß »Nachrichtenmacher« versuchen, sie zu manipulieren.
9. Es ist eine Gefahr, wenn Medien oder Journalisten selbst zur Nachricht werden. Das Problem liegt in der Ablenkung der öffentlichen Aufmerksamkeit von den wahren Problemen des Krieges.
10. Es ist wichtig, daß Nachrichtenmedien in ihrer Berichterstattung Friedensinitiativen thematisieren und fördern. Die Presse kann eine zentrale Rolle bei Konfliktlösungsversuchen spielen und friedliche Lösungen fördern.[8]

dung von Wertorientierungen bei Kindern und Jugendlichen. Die Fernsehsprache erinnert oft an Orwells »1984«: Soldaten kämpfen und töten nicht, sondern »tun ihren Job, weil der Job getan werden muß«. Flugzeuge, die Städte bombardierten, »haben ihre Ziele bedient«. Die Zivilbevölkerung, die dabei ums Leben kam, ist der »bescheidene Nebenschaden« (modest colateral damage). Bombenabwürfe wie z.B. auf Bagdad 1991 wurden kommentiert mit: »Ein Lichtermeer wie an Weihnachten«.[7]

Doch es gibt auch Medienberichte, in denen Kampfhandlungen und Opfer gezeigt werden. So wird z.B. in der Berichterstattung über den Krieg im ehemaligen Jugoslawien in vielen Bildern das alltägliche Grauen geschildert. Diese Bilder finden jedoch ihren Weg nicht mehr zum Zuschauer, da sie entweder Teil von kurzen Nachrichtenspots mit geringem Informationswert sind oder im Rahmen von politischen Magazinsendungen nur spezifische Gruppen ansprechen. Doch nur wenn auch praktische Beispiele der Solidarität, der Hilfeleistungen und der Unterstützung für Notleidende und Opfer der Gewalt gezeigt und mit Hinweisen auf eigene Handlungsmöglichkeiten verknüpft werden, kann sich auch Gegenwehr und Engagement entwickeln. Nur wenn Beispiele erfolgreicher Konfliktbewältigung dargestellt und deren Bedingungen erklärt werden, kann auch Hoffnung auf Überwindung der häufig als schicksalhaft erlebten Gewalt aufkeimen.

Während für den Bereich einer »anderen« Medienberichterstattung verschiedene Vorschläge entwickelt worden sind, stehen diese für einen friedenspädagogischen Umgang mit der Nachrichtenflut noch aus.

Fiktive Gewalt in Videos und im Fernsehen

Die Darstellung von Gewalt ist nicht auf Nachrichtensendungen beschränkt. Kinder und Jugendliche kennen sie auch von Filmen, von Video- und Computerspielen. Dabei ist die virtuelle Computerrealität von der »Wirklichkeit« nicht mehr unterscheidbar. Sie verschwimmen und verschmelzen zu einer selbstgeschaffenen Medien-Wirklichkeit.

Die Gewaltdarstellungen in den Medien haben in den letzten Jahren an Ausmaß und Intensität zugenommen, insbesondere seit der Videomarkt entdeckt und private Programmanbieter zugelassen worden sind.

Von Kindern und Jugendlichen werden neben der »normalen Fernsehgewalt« zunehmend sogenannte Horrorvideos konsumiert. Horrorvideos nehmen, gemessen am Gesamtangebot aller Videos, nur einen kleinen Teil ein. Sie werden jedoch auch in den Privatsendern des Fernsehens gezeigt (zumal nach 23.00 Uhr auch indizierte Titel ausgestrahlt werden dürfen) und viele Motive sind als Computerspiele oder als Hörspielkassette und Comic verfügbar.

Verschiedene Sendungen, die von den Medienkonzernen »gepuscht« werden, wirken sich kultbildend aus, indem sie an Problemlagen, Phantasien und Wünschen von Kindern und Jugendlichen anknüpfen. So z.B. die Filme »Rambo II« oder »Jurassic-Parc«. Konsumartikel zu diesen Filmen überschwemmen dann den Markt.

In der Bundesrepublik werden über 12.000 Videotitel im Verleihgeschäft angeboten. Ca. 1/3 davon sind Western, Abenteuer-, Horror-, Kriminal- oder Actionfilme. Horrorvideos haben einen Anteil von ca. 5 Prozent. Diese Kategorien bringen einen Großteil des Umsatzes im Verleihgeschäft. Ca. 15 Prozent aller Videotitel sind als jugendgefährdend eingestuft und indiziert.

Untersuchungen zeigen, daß gewaltverherrlichende Filme/Videos vorwiegend von Jungen (13-19 Jahre) gesehen werden und daß die Mehrzahl der Vielseher aus der unteren Mittelschicht stammt. Dem entspricht auch, daß GymnasiastInnen den Videokonsum eher ablehnen als HauptschülerInnen und RealschülerInnen. Das Einstiegsalter für Horror- und Gewalt-Videos liegt dabei zwischen 10 und 12 Jahren.

Während Fernsehen von Kindern und Jugendlichen vorwiegend alleine konsumiert wird, werden Videos und im speziellen Horrorvideos vor allem in gleichaltrigen (Bezugs-) Gruppen gesehen.

Problembereiche

Horrorvideos unterscheiden sich von herkömmlichen Filmen vor allem durch die Brutalität, die Unvermitteltheit – in Großaufnahme werden genüßlich grausamste Verstümmelungen und Metzeleien gezeigt – sowie durch das Fehlen einer eigentlichen Handlung. Ihre Machart entspricht der Aneinanderreihung von Gewaltszenen.

Daneben muß unter friedenspädagogischen Gesichtspunkten als besonders problematisch empfunden werden, daß die Verfolgten und Opfer, die häufig vorher Täter waren, oft einer »minderwertigen Rasse« entstammen. Problematisch erscheint auch, wenn Gewalthandlungen von Gesetzeshütern oder im Namen des »Rechts« ausgeübt werden, denn damit werden vorhandene rechtliche und ethische Maßstäbe untergraben.

Eine wesentliche Botschaft dieser Filme ist das Überleben des Stärkeren, Grausamsten, Kaltblütigsten. Gefühle wie Mitleid, Trauer usw. spielen in den Handlungen keine Rolle.

Die meisten Handlungen gewaltorientierter Filme präsentieren desweiteren Modelle der Selbstaufwertung und Selbsterhöhung (narzistischer Befriedigung) durch Identifikation mit den Gewalttätern. Helden haben die moralische Legitimation für ihre Gewalttätigkeit. Die Identifikation mit ihnen erlaubt es für wenige Stunden, die vielfältigen privaten Schwierigkeiten zu meistern, Erfolge zu haben, Probleme loszuwerden, sich in der Identifikation durch Körperkraft zu behaupten, alle moralischen Vorstellungen und Hemmungen über Bord zu werfen, in ein archaisches Erleben einzutauchen. Die ansonsten erlebte Ohnmacht kann hier in (phantasierte) Allmacht verwandelt werden.

Während sich Jungen dabei eher mit den Tätern identifizieren, identifizieren sich Mädchen eher mit den Opfern solcher Filme. Bei diesen Identifikationen spielen vermutlich frühkindliche Erlebnisse sowie traumatische Lebenserfahrungen (Verletzungen, Demütigungen) während der kindlichen und jugendlichen Entwicklung eine Rolle.[9]

Jugendliche sehen diese Filme auch dann, wenn sie spezifische Erregungsreize erleben wollen. Sogenannte Angst-Lust-Erlebnisse, d.h. Gefahr/Angst und Geborgenheit (in der Gruppe) werden gleichzeitig erlebt. Es entstehen dabei starke Körperreize, wie sie sonst nur in ausgesprochenen Abenteuersituationen spürbar werden. Videos haben hier eine Funktion der Ersatzbefriedigung für ein affektives Bedürfnis übernommen, das ansonsten kaum noch befriedigbar ist. Gewalt und Horrorvideos bieten also auch Pseudoerlebnisse für den, der in der Realität wenig erlebt, dessen Umwelt anregungsarm ist oder ihm wenig persönliche Bestätigung bietet.

In dieser Kategorie von Videos ist scheinbar alles geregelt: Gut und Böse, Stärke und Schwäche, Überlegenheit und Unterlegenheit, Sieg und Niederlage. Die Fragen nach dem Warum, nach Hintergründen, nach Motiven oder Zusammenhängen spielen keine Rolle.

Solche Videos bieten im Gegensatz zur gesellschaftlichen Realität, die immer komplexer und undurchschaubarer für den einzelnen wird, scheinbar klare Orientierungsmöglichkeiten. Die Schwierigkeit, angemessene Problemlösungen zu finden oder Kompromisse einzugehen lassen sich umgehen mit der Fiktion, daß Gewalt gegen Gewalt zu setzen das letzte und legitime Mittel zur Lösung des eigenen Leidens sei.[10]

Motive für den Konsum von Horrorvideos in Selbstaussagen

Jugendliche selbst benennen folgende Motive für den Konsum von Horrorvideos (Rangfolge):
1. Neugierde auf die Filme;
2. Diese Filme sind mal was anderes;
3. Nervenkitzel;
4. Mitreden können;
5. Filme sind spannend;
6. Freunde sehen diese Filme.[11]

Medien lassen die ZuschauerInnen nicht unbeeinflußt

Wirkungsforschung ist zu einem der wichtigsten und zugleich umstrittensten Zweig der Kommunikationswissenschaften geworden. Die Erwartung, psychische Prozesse in Kategorien von Ursache und Wirkung bringen zu können, bestimmt weitgehend das Vorgehen bei den Untersuchungen.

Inzwischen liegen mehrere tausend Forschungsarbeiten über mediale Gewaltdarstellungen und ihre Auswirkungen auf den Zuschauer vor. Bei der Bewertung solcher Untersuchungen müssen nicht nur der wissenschaftliche Ansatz und die untersuchte Fragestellung berücksichtigt werden, sondern auch der Auftraggeber. Dementsprechend sind die Ergebnisse unterschiedlich: die einen sehen »keinen Zusammenhang« zwischen Gewaltdarstellungen und aggressivem Verhalten, die andern erkennen einen »starken Zusammenhang«.

Diese Uneinigkeit wird von der Videoindustrie und verschiedenen (vor allem privaten) Fernsehanstalten dazu benützt, sich selbst einen »Freibrief« auszustellen. Ein Beispiel:

»Doch die Verfolgung des normalen Horrorfilms bleibt unverständlich. Die These, daß Gewaltdarstellungen Gewalt nach sich ziehen, ist wissenschaftlich höchst umstritten. Wir fragen uns, warum soviel Energie auf die Bekämpfung der Welt des Horrors verwendet oder verschwendet wird und so wenig auf die Bekämpfung des Horrors in der Welt. Vielleicht wären unsere Jugendschutz-Beamten in einer Abteilung zur Bekämpfung der Gewalt an Kindern besser eingesetzt als in der Abteilung zur Bekämpfung von angeblichem Schmutz und Schund auf Video«[12]

Als Minimalkonsens der Untersuchungen kann jedoch festgehalten werden:
1. Medien lassen den Zuschauer nicht unbeeinflußt.

2. Der Konsum von Fernseh- und Videogewalt macht sicher nicht friedfertiger.
3. Die Möglichkeit sozial schädlicher Effekte ist nicht auszuschließen sondern wahrscheinlich.[13]

Viele Untersuchungen zeigen, daß Horrorvideos eine *psychische Traumatisierung* bewirken können. Durch die überfallartige, ekelerregende Darstellung von Gewaltszenen kann eine seelische Verwundung und Belastung verursacht werden, die von der Person nicht mehr angemessen verarbeitet werden kann. Schockähnliche Reaktionen, Schlaflosigkeit oder Angstzustände können Folge davon sein. Insbesondere Kinder sind durch eine derartige psychische Traumatisierung durch Gewaltdarstellungen und Horrorvideos gefährdet.

Desweiteren können Horrorvideos und andere Gewaltdarstellungen zum *Erwerb von inhumanen Verhaltensdispositionen* beitragen. Medienkonsum vermittelt Kenntnisse, Glaubensüberzeugungen, Gefühlshaltungen, Werte, Normen und Symbole, die das soziale und politische Handeln orientieren, regeln und deuten. Dies sind oft sehr langfristige Prozesse, die eher unterschwellig wirken und durch die ständige Wiederholung und Verstärkung sich verfestigen.

Insbesondere lassen sich in Zusammenhang mit den hier diskutierten Videos unterscheiden:
– der Appell an latente Bereitschaft zu destruktiver Aggression und zur Identifikation mit dem Aggressor;
– die Akzeptanz von gewalttätigen, eskalierenden Konfliktmustern und Freund-Feind-Bildern;
– die ideologische Rechtfertigung privater und kollektiver Gewalt als »Gegengewalt«.[14]

Gewalt und Horrorvideos bieten darüber hinaus keine soziale oder gesellschaftliche Orientierung, sondern fördern häufig ein archaisches Denken (Gewalt ist und war schon immer da). Die Frage nach den Ursachen wird sekundär. Bekämpfbar ist Gewalt nur mit Gewalt.

Horror- und Gewaltfilme produzieren auch ein *Bedürfnis nach Mehr*. Da das Betrachten von Zombie-, Folter- und Metzelfilmen die Bedürfnisse von Kindern und Jugendlichen. nach eigener Aktivität, nach Erprobung der eigenen Fähigkeiten nicht befriedigen kann, kommt es zu einem Ketteneffekt, der sich in der Hoffnung und Erwartung ausdrückt, der nächste Film werde die ersehnte Bedürfnisbefriedigung bringen. Passivität statt Aktivität sowie Flucht in eine Phantasiewelt können weitere Folgen sein.

Dies wird durch die beliebige Reproduzierbarkeit der Video-Filme begünstigt – ein großer »Vorteil« gegenüber Fernsehsendungen.

Die Wirkung solcher Filme auf Kinder und Jugendliche hängt, jedoch stark vom sozialen Umfeld, insbesondere der Familie ab. Für Kinder, die in einigermaßen stabilen Verhältnissen leben und die sich angenommen und aufgehoben fühlen, sind Gewaltfilme in den seltensten Fällen eine wirkliche Gefahr. Kinder, die jedoch bereits anderen stark belastenden Erlebnissen ausgesetzt sind oder waren, für die das Leben ein ständiger Überlebenskampf ist und die von den Erwachsenen keine Unterstützung und Hilfeleistung bekommen und auch nicht mehr erwarten, können in Gewaltfilmen ihren Bezugspunkt zum Leben suchen und auch (scheinbar) finden.

Doch »Fernsehgewalt« hat unter friedenspädagogischen Aspekten noch eine andere Dimension: Nämlich der Einfluß, der von der Institution Fernsehen auf das Familienleben ausgeübt wird. Fernsehsendungen terminieren Essens- und Zu-Bett-Geh-Zeiten. Viele Menschen richten ihren Alltag nach den Fixpunkten des Fernsehprogrammes aus. Familienkommunikation findet nicht mehr miteinander, sondern nebeneinander (während des Fernsehprogramms) statt.

Fernsehen produziert und transportiert nicht nur gewalttätige Inhalte. Schon der Umgang mit dem Fernsehen und dessen Stellung im Alltag des Zuschauers sind gewalttätig, weil Fernsehkonsum Eigeninitiative wegnimmt, Tagesabläufe bestimmt, Kommunikation und eigene Erfahrung verhindert und stattdessen Scheinrealitäten präsentiert. Das Fernsehen formt so nicht nur Muster der Wahrnehmung, der Interpretation und Bewertung von sozialen Ereignissen, sondern prägt auch das soziale Handeln selbst.

Die Welt der Video- und Computerspiele

Bei Video- und Computerspielen tauchen andere Probleme auf. Diese Medien ermöglichen ein interaktives Verhalten, die SpielerInnen können, wenngleich oft auch nur in geringem Umfang, selbst aktiv werden.

»Das Abenteuerspiel entführt den Schüler in eine bizarre Phantasiewelt, gemixt aus mittelalterlichen Märchen und Mythen mit ihren Helden, Zauberern, Feen und Bösewichten. Die Realität hat da keine Chance. Uwe alias Link ist nicht mehr auf dieser Welt. In 4,8 Millionen deutschen Wohnstuben und Kinderzimmern, so eine Emnid-Studie, geht es täglich ebenso zu. Videospiele sind zu dem Kulturphänomen der 90er geworden.«[15]

Kinder und Jugendliche sind selbst von einfachsten Spielabläufen gefesselt und setzen sich über lange Zeiträume mit den Szenarien und Simulationen auseinander. Diese Art des Umgangs mit neuen elektronischen Spielen entzieht sich weitgehend dem Erziehungs- und Bildungsbereich. Kinder und Jugendliche haben sich hier quasi einen Freiraum (viele sogar eine eigene Welt) geschaffen.

Revolutionierung der Medienwelten

Das traditionelle Fernsehen sei veraltet, heißt es in der Wochenzeitung »Die Zeit« vom November 1993[16]. Es wird zunehmend von Video- und Computertechnologien ersetzt, die durch Datennetze miteinander verbunden sind. Ton, Text, Graphik, Fax, Computerdaten, Fotos, Filme,

Videospiele usw. werden in Zukunft über ein Endgerät, einen fernseh- und telefontauglichen Computer den Weg in die eigene Wohnung finden. Dies ist keine Zukunftsmusik. Bereits heute sind Computer im Einsatz, die telefonieren, faxen und TV-Programme empfangen und verarbeiten können. Interaktive Programme, die sich die Teilnehmer individuell zusammenstellen, Spiele, die aus Spieldatenbanken direkt in das heimische Multimediagerät eingespeist werden, sekundenschneller Datenaustausch mit Menschen, die tausende von Kilometer entfernt wohnen, sind keine Zukunftsmusik mehr.

Der bisherige Höhepunkt dieser Entwicklung ist die sogenannte Cyberspace-Technologie. Ein Datenhelm mit Monitor, der über den Kopf gestülpt wird, sowie ein Datenhandschuh sind mit einem Computer verbunden und ermöglichen nicht nur ein dreidimensionales Raumerleben und das Bewegen im Raum, sondern auch die sensorischen und taktilen Empfindungen. Auf diese Art und Weise werden neue, virtuelle Wirklichkeiten geschaffen, die über verschiedene Sinne wahrnehmbar sind.

Die Schlüsselbegriffe dieser Entwicklung heißen »interaktive Medien« und »Vernetzung«. Die ZuschauerInnen oder KonsumentInnen sollen zu aktiven BenutzerInnen werden, die nicht nur Bestellungen und Bankgeschäfte über den Computer erledigen, sondern den Verlauf eines selbst gewählten Spielfilmes bestimmen, Musiktitel neu mixen und zusammenstellen[17], Sportereignisse als »fiktive TeilnehmerInnen« nachspielen oder in vielfältige Spielszenarien eintauchen – und dies über die Computernetzwerke mit Angeboten aus der ganzen Welt.

Während sich Cyberspace noch an Erwachsene (z.B. in Spielhallen) wendet, werden alle anderen Elemente dieser neuen Kulturtechnik vor allem von Kindern und Jugendlichen akzeptiert, beherrscht und auch stark genutzt. Erwachsene stehen diesen Entwicklungen eher ratlos und hilflos gegenüber. Sie haben gerade erst gelernt, wie man den eigenen Videorecorder programmiert und nun kommt bereits die nächste Generation der High-Tech-Mediengeräte ins Haus.

Video- und Computerspiele sind aus mehreren Gründen attraktiv:[18]

Anders als bei Filmen können Kinder und Jugendliche scheinbar auf das Geschehen Einfluß nehmen. Die geforderte Geschicklichkeit stellt für sie eine Herausforderung dar, der sie sich stellen möchten, zumal ihr Spielverhalten durch vielfältige Feedbacksysteme (Belohnungen und Bestrafungen) honoriert wird. Die mediale Bilderwelt bietet ihnen desweiteren klare Handlungsanweisungen und Regeln zum Verständnis der Welt.

Wirklich ohne Gefahren?
Video- und Computerspiele werden sehr unterschiedlich eingeschätzt. Spielehersteller und viele Spielekritiker betonen die »positiven Effekte« solcher Spiele:

»Viele halten die rasante Entwicklung der Videospiele in den letzten Jahren für eine Gefahr: Kinder würden nur noch vor dem Fernseher hocken, sich mit zweifelhaften Brutalo-Spielen vergnügen und den Bezug zur Realität verlieren.

Wir halten dagegen: Videospiele sind eine neue Art von Freizeitvergnügen, das auf kurzweilige Art das kreative Denken fördert, das

Selbstbewußtsein stärkt – und ganz einfach Spaß macht. Mit Adaptern können bis zu fünf Spieler gleichzeitig teilnehmen; da spreche noch jemand von Isolation. Die tumben Kriegsspiele sind auf dem Rückzug; Games der neuen Generation bauen mehr auf Geschicklichkeit, Strategie und die Konfrontation mit Situationen, denen man im »normalen Leben« nicht begegnet. Der Vorläufer des Cyberspace also, der virtuellen Wirklichkeit, die uns in ein paar Jahren phantastische neue Welten ins Haus bringen wird.«[20]

Auch wenn dies von der Spieleindustrie nicht gerne zugegeben wird: Ein Großteil der Spieleangebote sind Action- und Ballerspiele, wenn auch auf unterschiedlichem Niveau und die meisten Kinder

---

Spieltypen

Die Autoren des »Nintendo-Spiele-Führers« teilen die vorhandenen Spiele in folgende Spieltypen ein:

Adenventure: »In dieser Spielgattung schlüpft ihr in die Rolle eines (oder mehrerer) Abenteurer, die eine Aufgabe zu bewältigen haben. (...) Es gilt, Kämpfe zu überstehen und knifflige Rätsel zu lösen.«

Action-Adventure: »In den meisten Fällen bedeutet das mehr Joypad-Action.«

Geschicklichkeit: »Hier sind schnelle, präzise Reaktionen gefordert, oft vermischt mit strategischen Elementen und im Wettlauf gegen die Zeit.«

Flugsimulator: »Ein Spiel, bei dem es – meist neben einer Actionhandlung – um das Manövrieren eines Flugzeugs geht.«

Jump'n'Run: »Eine oder zwei Spielfiguren erkämpfen sich ihren Weg durch eine meist feindliche Welt, müssen über Plattformen, Äste oder Mauern springen, Städte, Wälder, Wüsten etc. durchqueren, können Extras einsammeln, die ihnen neue Kraft, Waffen, Geld oder Leben bescheren.«

Jump'n'Fight: »Hier wir mehr Gewicht auf das Kämpferische gelegt. Die Protagonisten dieser Spiele beherrschen meist Judo, Karate oder eine andere fernöstliche Kampfsportart, oder sie schwingen Schwert und Keule.«

Kampfsportspiel: »Hier sprechen die Fäuste!«

Strategie: »Hier sind Kombinationsgabe und ein gutes Gedächtnis (oft gepaart mit schnellen Reaktionen) gefragt.«

Sportspiel: »Ob Tennis, Fußball, Autorennen oder Golf – alles was mit Sport zu tun hat, erhält dieses ›Prädikat‹.«

Weltraum-Ballerspiel: »Meist geht es darum, sein Raumschiff über einen von rechts nach links oder von oben nach unten scrollenden Bildschirm zu bewegen, Hindernissen auszuweichen und auf alles zu schießen, was sich bewegt.«[19]

> *Final Fight*
> »Wahlweise alleine oder zu zweit gilt es, sich sechs Levels lang zum entscheidenden Endgegner durchzukämpfen. Dabei ist die Steuerung denkbar einfach geraten: Mit A schlagt ihr, mit B wird gesprungen, und drückt ihr beide Knöpfe zusammen, aktiviert ihr einen wirkungsvollen Superschlag, der Euch aber auch Energie abzieht. Neben allerlei Energieauffüllern und Bonuspunkten, findet ihr auf eurem Weg zudem noch viele nützliche Waffen wie Rohrstangen oder Messer, mit denen ihr die Gegner zur Abwechslung auch mal bearbeiten dürft.«
> *Hersteller: Sega, Einführung: August 1993*[22]

spielen auch (zumindest vorübergehend) mit diesen Spielen. Der Bekanntheitsgrad von »problematischen« und zum größten Teil auch indizierten Spielen bei Kindern sei »erstaunlich hoch«, stellt eine Untersuchung über Computerspiele fest. Etwa drei Viertel der befragten Kindern und Jugendlichen kennen Gewaltspiele.[21] Liest man Spielbeschreibungen, so wird schnell klar, daß die eigentliche Spielhandlung meist in der Ausschaltung von Gegnern besteht. Um dies zu erreichen, sind alle Mittel erlaubt. So wird auch bei den meisten Spielen das Faustrecht bedenkenlos angewendet, ja gefordert. Bei Kindern und Jugendlichen und wohl auch bei Erwachsenen, die permanent mit solchen Spielen umgehen, ist eine Abstumpfung und Herabsetzung der Hemmschwelle für den Einsatz von Gewalt zu befürchten.

Ein Hauptproblem der Video- und Computerspiele liegt jedoch in der Auswahl und Gewichtung der dargestellten Spielwelten. Denn deren Konstruktion und Gestaltung sowie ihre Beeinflussungsmöglichkeiten spiegeln spezifische Weltbilder wider. Während die zentrale Botschaft des Mickey-Mouse-Zeitalters war, »Wer hart arbeitet, kann es zu etwas bringen! Harmonisches Zusammenleben ist ein erstrebenswertes Ziel!«, sind die zentralen Inhalte und Botschaften der heutigen Spielwelten auf einer anderen Ebene angesiedelt: »Selbst killen oder gekillt werden! Es bleibt dir nicht mehr viel Zeit! Du bist ganz auf dich alleine gestellt!«[23]

Als problematisch ist auch zu beurteilen, daß die Spiele-Software häufig für kreative Entscheidungen nicht offen ist sowie daß Kommunikationsstrukturen für den Spielverlauf und die Entscheidungsfindung keine Rolle spielen. Kooperatives Verhalten wird unerheblich, es führt bei dieser Art von Spielen zu keinerlei Belohnung.

Sicherlich können inzwischen auch mehrere Kinder gleichzeitig ein Video- oder Computerspiel spielen. Doch die Kommunikation findet dann nicht direkt und gegenseitig, sondern vermittelt über eine Maschine statt. Daß ein solches Spielverhalten, vor allem dann, wenn es exzessiv und ohne Alternative angewendet wird, Auswirkungen auf soziale Kontakte und soziale Fähigkeiten haben muß, ist leicht einzusehen. Zumal sich durch eine unkritische Übernahme von im Spiel bewährten Weltbildern, Einsichten und Verhaltensweisen die Wirklichkeit nicht bewältigen läßt. Ein besonderes Problem dieser elektronischen Spielzeugwelt ist, daß sie durch ihr eigenes Interaktions- und Belohnungssystem die SpielerInnen stark an sich bindet und zu immer neuen Spielhandlungen herausfordert, die sogar suchtartigen Charakter annehmen können.

Nicht übersehen werden darf in diesem Zusammenhang auch, daß die Geschichte der Computertechnologie eng mit dem militärischen Bereich verkoppelt ist. Ohne Microprozessoren und moderne Datenübertragungsnetze würden weder moderne Großwaffen funktionieren (Panzer, Flugzeuge, Schiffe, Raketen), noch könnten diese eingesetzt werden. Die Ausbildung an Waffen findet heute schwerpunktmäßig an computergesteuerten Simulationsgeräten statt. Die dabei verwendeten Szenarios unterscheiden sich oft kaum von den im Kaufhaus angebotenen Computerspielen. Die Anwendung von Waffen wird über Computerterminals gesteuert.

Film, Fernsehen, Videos und Spielszenarien können bei DauerseherInnen bzw. -spielerInnen die Grundfolie abgeben, auf die die Bilder der nichtmedialen Wirklichkeit treffen. Diese Einflüsse können sich zu einem Weltbild und und zu einem Weltverständnis verdichten, bei dem Gewalt nicht mehr hinterfragt wird und Ursachen und Zusammenhänge von Ereignissen keine Rolle mehr spielen. Gewalt wird als vorhanden, vorgegeben, alltäglich hingenommen und auch als eigene Handlungsmöglichkeit gesehen.

Mit den neuen Medien umgehen lernen

Doch neben diesen möglichen Gefährdungen ist auch die Frage zu stellen, inwieweit und unter welchen Bedingungen diese Medien positive Effekte haben können bzw. welche Lernchancen mit ihnen verbunden sind.

Weniger das Videospiel als vielmehr die Computertechnolgie bietet[24] auch für Erziehung und Bildung Chancen, wenngleich es bislang

Anfragen an Computerspiele

- Welche Art von Spielverhalten läßt das Spiel zu (alleine, Gruppe, gegen Computer ...)?
- Welche Spielhandlungen stehen im Mittelpunkt des Spiels?
- An welchen Wertvorstellungen orientiert sich das Spiel?
- Wer sind die Hauptakteure im Spiel?
- In welchen (Lebens-)Situationen agieren sie?
- Wo ist das Spielszenario angesiedelt (Realität, Geschichte, Fiktion)?
- Wie werden Personen dargestellt?
- Welche Typisierungen werden verwendet?
- Welche Rollen spielen Männer, welche Frauen?
- Welche Art von Aufgaben werden gestellt?
- Welche Rolle spielt Gewalt in dem Spiel?
- Wird Gewalt als Selbstzweck eingesetzt?
- Von wem wird Gewalt ausgeübt?
- Gibt es einen Begründungszwang für die Anwendung von Gewalt?
- Gibt es Alternativen zur Gewaltanwendung oder bleibt diese die einzige Handlungsmöglichkeit?
- Bietet das Spiel Möglichkeiten, das Ziel durch verschiedene Verhaltensweisen zu erreichen?
- Gibt es nur die Extreme »Gut« und »Böse« oder auch Abstufungen?
- Ist der Spielablauf beeinflußbar bzw. veränderbar?
- Wie sieht die spielinterne Belohnung (Verstärkung) aus? Welche Verstärker werden eingesetzt?
- Bietet das Spiel Möglichkeiten für partnerschaftliches Handeln am Bildschirm?
- Welche Emotionen löst das Spiel bei den SpielerInnen aus?

nur wenige »alternative Angebote« gibt. So werden z.B. durch die Beschäftigung mit Video- und vor allem mit Computerspielen eine Reihe von Fähigkeiten und von Wissensgebieten quasi nebenbei vermittelt. Das selbständige Spiel- und Erprobungsverhalten erschließt Kindern eine Welt, in der sie sich ohne Anleitung oder Bevormundung durch Erwachsene bewegen können. Vielleicht macht gerade dies die Beschäftigung mit dem Computer für Kinder so attraktiv und für viele Erwachsene so problematisch. Denn diese sind hier gemeinsam mit den Kindern Lernende, haben hier keinen »Wissens- oder Erfahrungsvorsprung« mehr. Genau dies könnte jedoch der Beginn gemeinsamer Lernprozesse in der Aneignung der Medien- und Computerwelt sein, denn es geht darum, daß Kinder und Erwachsene lernen, mit diesen Medien aktiv gestaltend umzugehen.

Das Experimentieren mit Simulationsspielen oder auch deren gezielter Einsatz im Bildungsbereich bietet die Möglichkeit, komplexe Zusammenhänge durchschaubar zu machen. Denn spätestens seit den globalen Ökokatastrophen ist auch ins allgemeine Bewußtsein gedrungen, daß unsere Welt ein vernetztes System ist. Computersimulationen können nicht nur selbst komplexe Systeme abbilden und so Zusammenhänge und Entwicklungen deutlich machen, was durch andere Medien oder Methoden kaum realisierbar wäre, sie können darüber hinaus zu einem vernetzten Denken beitragen, indem sie Eingriffsmöglichkeiten auf das Netz und die Auswirkungen einzelner Veränderungen auf die Gesamtstruktur anschaulich präsentieren.

Daß Computer im Bildungsbereich bislang nur wenig eingesetzt werden, hängt auch mit den mangelnden (technischen) Kenntnissen der Erwachsenen (LehrerInnen usw.) sowie der mangelnden Verfügbarkeit attraktiver (Simulations-) Programme zu einem akzeptablen Preis zusammen.

Die Auseinandersetzung mit den elektronischen Spielen muß damit

---

Beispiele für Nachrichten in »Kidlink«

»Dear Bryan,
My name is Abraham Kuranga. I go to Talawanda Middle School of Oxford, Ohio Butler County U.S.A. I was looking through the letters and your letter was the first one I saw. I decided to write to you. ... What school do you go to? How old are you? I am 11 years old. I have to go now. Please write back (...)«
Sincerely, Abraham Kuranga

Wed, 13 Oct 1993, 15:33:11
»We are four third form students from Cashmere High School in Christchurch, New Zealand (...)
We have been selected by our peers to represent our school, and to present our ideas to you, our friends, regarding war and peace. (...)
There was some difficulty in deciding what we use as the answer to the final question, so we have compiled different thougths from members of our class. This ist the general feeling: there ist no possibility of total peace in the world.
We discussed the reason for this answer, and we have agreed that the main reason for this is based on looking at present wars.«
Cashmere High School
KIDLINK Newsletter Nr. 0, Special Issue: Denmark, Snekkersten, Nr. 0, June 17,1993.

beginnen, diese Spiele mit ihren eigenen Spielstrukturen und ihrem Spielverhalten überhaupt wahrzunehmen und den Spielemarkt zu beobachten. Ein zweiter Schritt besteht darin, Kriterien für pädagogisch akzeptable Spiele zu entwickeln, um diese Beobachtungen bewerten zu können und damit auch zu einer begründeten Beurteilung zu kommen. Die nächste Frage wäre, welche Möglichkeiten der produktiven Beteiligung und Gestaltung diese Medien zulassen bzw. welche Möglichkeiten der Entwicklung alternativer Spiele und Zugangsweisen zum Medium Video und Computer vorhanden sind bzw. geschaffen werden müssen.

Möglichkeiten des spielerischen und gestalterischen Umgangs mit Computern sind insbesondere in den Bereichen der Computergraphik und -animation, der Kreation spezieller Computersounds bzw. -musik gegeben. Aber es können durchaus auch eigene Spiele entwickelt oder der Computer als Multimedia-Maschine benutzt werden.[25]

Eine weitere Möglichkeit des kreativen Umgangs bieten Computernetzwerke. Sie können bereits für Kinder einen eigenen Zugang zur Welt, verbunden mit neuen grenzüberschreitenden Erfahrungen bieten und darüber hinaus die Lust an »Fremdem« wecken und sogar ein Stück weit auch befriedigen. Dabei stoßen die TeilnehmerInnen an solchen elektronischen Netzen sehr schnell auf die Tatsache, daß hinter den Computernachrichten Menschen stecken, deren Stimme sie hören oder deren Gesicht sie sehen möchten. Dies ist häufig der Beginn von persönlichen Bekanntschaften.

»Kidlink« ist der Name für ein Projekt, das seit 1991 läuft und an dem über 10.000 Kinder aus über 50 Ländern teilnehmen. Es dient in seiner einfachsten Form dem Austausch von Informationen über Lebensweisen und Zukunftsvorstellungen von Kindern mit Hilfe von elektronischen Netzwerken und Telekommunikation. 12- bis 15jährige Mädchen und Jungen schreiben sich so gegenseitig über ihre Erlebnisse, Probleme, Sichtweisen, schicken sich Bilder telefonieren oder diskutieren zu »öffentliche Brettern« über spezifische Probleme.

Mit Gewalt in Medien umgehen

Kinder erhalten ihre grundlegenden Medienerfahrungen in der Familie. Wer als Kind Eltern erlebt, die viel und wahllos fernsehen oder Videos konsumieren, wird diese Verhaltensweise häufig übernehmen.

Medien wirken nicht für sich alleine, sondern sind in die Gestaltung des Familienalltags integriert. Das Miteinander in der Familie, die Gespräche, das gemeinsame Tun entscheiden letztlich, welchen Stellenwert Fernsehen und Video in der Familie erhalten.

> *Jugendschützerische Möglichkeiten*
> - Erstellung von Kriterien für Gewalt in Medien;
> - Marktbeobachtung;
> - Indizierungsanträge durch Jugendämter;
> - Verbot der Werbung und des öffentlichen Verkaufs;
> - Generelles Verkaufsverbot;
> - Angebot an Informationsmöglichkeiten;
> - Angebote von Fortbildungsveranstaltungen für Eltern, ErzieherInnen und LehrerInnen;
> - Angebote an guten Videofilmen und Computerspielen in Stadtbibliotheken.

Da Kinder bis zum Alter von 8-10 Jahren zwischen Realität und Fiktion nicht immer unterscheiden können, sind sie auf zusätzliche Informationen, Einschätzungen und Interpretationshilfen der Erwachsenen angewiesen. Krieg (und dessen Darstellung in den Medien) darf für sie nicht zum High-Tech-Video-Spiel werden.

Da Kinder leicht von Eindrücken überwältigt werden können, auch – und gerade – wenn sie dies nach außen nicht zugeben, müssen ihre Bezugspersonen ihnen Möglichkeiten anbieten, mit der Angst umzugehen, diese in einer Atmosphäre der Geborgenheit erleben zu können und nicht damit alleine bleiben zu müssen.

Folgende Hinweise können als erste Orientierung dienen:
- Kinder und Jugendliche wollen nicht bevormundet werden. Sie wollen keine Verbote, sondern einen offenen und ehrlichen Austausch über das, was sie interessiert und bewegt.
- Lernen Sie das Interesse von Kindern und Jugendlichen an Gewaltdarstellungen und deren psychische Funktionen verstehen. Wenn Videos ein inneres Vakuum des mangelnden Erlebens und Sinns ausfüllen, so sind auch Sie gefragt, wie Sie dem begegnen können.
- Leben Sie den Kindern und Jugendlichen einen kritischen Umgang mit Medien vor. Erklären Sie ihnen die Machart und die Hintergründe von Gewaltmedien.
- Leihen Sie selbst keine Gewalt- und Horrorvideos aus.
- Wenn Ihre Kinder solche Filme gesehen haben, sprechen Sie mit ihnen über ihre Erlebnisse und Eindrücke.
- Lassen Sie Ihre Kinder, wo immer es möglich ist, selbst mit Medien kreativ arbeiten, z.B. Videofilme herstellen oder vertonen.
- Bieten Sie Alternativen zu Gewaltmedien an: gute Medien und

spannende Freizeitunternehmungen sind für Kinder und Jugendliche immer attraktiv.
- Fragen Sie in Ihrer Stadtbibliothek nach geeigneten Videos für Kinder und Jugendliche.
- Kinder und Jugendliche wollen sich erproben und ihre eigenen Grenzen kennenlernen. Verschaffen Sie ihnen deshalb Möglichkeiten der (auch körperlichen) Auseinandersetzung.

Schließlich geht es auch in diesem thematischen Zusammenhang um die Frage nach dem eigenen Verhältnis zur Gewalt, nach eigenen Gewaltphantasien, nach Gewaltbereitschaft, nach Duldung und Unterstützung von Gewalt.

Es darf nicht vergessen werden, daß es Erwachsene sind, die sich solche Filme und Spiele ausdenken, sie herstellen, sie in Umlauf bringen und dafür Werbung machen. Es sind Erwachsene, die im Fernsehen, in Kaufhäusern oder im Versandhandel solche Filme und Spiele senden bzw. anbieten und verkaufen und es sind häufig auch Erwachsene, die sich solche Videos oder Spiele kaufen.[26]

Anmerkungen

[1] Richard von Weizsäcker bei der Eröffnung des 73. Fürsorgetages in der Rheingoldhalle in Mainz am 20. Oktober 1993. In: Bulletin, 27.10.1993, S. 1031.
[2] Vgl. Martin Löffelholz (Hrsg.): Krieg als Medienereignis. Grundlagen und Perspektiven der Krisenkommunikation. Opladen 1993. Christian Hörburger: Fernsehberichte über Krieg und Gewalt: Die Vermittlung institutionalisierter Ohnmacht. In: Jahrbuch Frieden 1995. München 1994, S. 225 f.
[3] Walter Michler: Weißbuch Afrika. Bonn, 2. erw. Auflage 1991, S. 35. Der Untersuchungszeitraum erstreckte sich über 31 Tage: 15.4.-15.5.1990.
[4] Vgl. Engelbert Washietl: Zurechtweisung und Zensuren: Journalistische Leistung und berufliche Zwänge. In: Österreichische Gesellschaft für Kommunikationsfragen (Hrsg.): Medien im Krieg. Die zugespitzte Normalität. Sonderheft Medien-Journal. Salzburg 1991, S. 49.
Vgl. Frankfurter Rundschau, 1.2.1991: »Journalisten-Protest, Eingriff in Rechte der Presse«. 12.2.1991: »Der Tod als Nebenschaden«. 21.2.1991: »Die Schere im Kopf und die Desinformation des Militärs«. Die Zeit, 25.1.1991: »Fernsehschlachtbeschreibung«. 1.2.1991: »Zensoren, Voyeure, Reporter des Sieges«. Die Tageszeitung 23.3.1991: »Die neue Sprache der Zensoren«.
[5] Vgl. Dieter Baake: Ein Krieg und seine Konstruktion im Fernsehen. In: Kulturpolitische Mitteilungen Nr. 52, 1/1991, S. 13 ff.
[6] Klaus Bednarz: Krieg und Medien. In: »Ich will reden von der Angst meines Herzens«. Autorinnen und Autoren zum Golfkrieg. Frankfurt 1991, S. 11.
[7] Vgl. Frankfurter Rundschau, 12.2.1991.
[8] Richard C. Vincent / Johan Galtung: Krisenkommunikation morgen. Zehn Vorschläge für eine andere Kriegsberichterstattung. In: M. Löffelholz, a.a.O., S. 177-210 (Auszüge).
[9] Vgl. Helmut Lukesch (Hrsg.): Wenn Gewalt zur Unterhaltung wird ... Beiträge

zur Nutzung und Wirkung von Gewaltdarstellungen in audiovisuellen Medien. Regensburg 1990, S. 85.

[10] Eine andere Sichtweise hat die psychoanalytisch orientierte Filmtheorie, die von einer strukturellen Ähnlichkeit zwischen Kino und Traum ausgeht und Filme als Teil eines kollektiven Unbewußten deutet. Dieses kollektive Unbewußte ist in unserer Gesellschaft stark patriarchalisch geprägt. Auf diesem Hintergrund fungieren die Filme auch als Abwehr von (männlicher) Angst, indem sie den im Alltag latent vorhandenen, aber verdrängten Aggressionen gegen das Andere, Fremde und auch gegen das Weibliche, das ihnen die Vorherrschaft streitig machen will, in grausigen Bildern sichtbaren Ausdruck verleihen. Je »realistischer« die Inszenierung der Gewalt, desto besser funktioniert dabei die Angstabwehr, so die Annahme dieser Theorie. Vgl. Ute Bechdolf: Gewalt im Blick. Geschlechterverhältnisse im Film. In: puzzle. Zeitschrift für Friedenspädagogik, Nr. 4/1993.

[11] Vgl. H. Lukesch, a.a.O., S. 29.

[12] Video-Vision, Heft 10/1987, S. 29.12-17.

[13] Vgl. Herbert Selg: Gewalt in den Medien: Sind die psychologischen Erkenntnisse, die zur Jugendschutzdiskussion herangezogen werden können, widersprüchlich? In: Loccumer Protokolle 23/1985, S. 56.

[14] Vgl. ajs 6/84

[15] Stefan König / Jens Nordlohne / Stephan Paetow: Krieg der Spiele. In: Focus Nr. 47, 22.11.1993, S. 149.

[16] Vgl. Kraft Wetzel: Vom Zuschauer zum User. In: Die Zeit, Nr. 45, 5.11.1993, S. 62.

[17] Im Januar 1994 wurde hierzu die erste interaktive CD von Peter Gabriel vorgestellt. Vgl. MacUp 1/94.

[18] Vgl. Wolfgang Fehr / Jürgen Fritz: Videospiele in der Lebenswelt von Kindern und Jugendlichen. In: Tillman Ernst: Computerspiele. Bunte Welt im grauen Alltag. Bonn 1993, S. 48 ff.

[19] Vgl. Andreas Gerhards / Michael Schönenbröcher: Das ultimative SUPER NINTENDO Spiele-Buch. Bergisch Gladbach 1993, S. 35-39.

[20] Gerhards / Schönenbröcher, a.a.O., S. 11.

[21] Vgl. Tilman Ernst, a.a.O.

[22] Sega Magazin. Sonderdruck. Computec-Verlag Nürnberg o.J. (1993), S. 18.

[23] Vgl. König u.a., a.a.O.

[24] Dabei gleichen sich die beiden Systeme durch die neue CD-Technologien zunehmend an.

[25] Vgl. Dieter Glaap: Kreatives Arbeiten mit Computer. In: Tilman Ernst, a.a.O., S. 137-146.

[26] Auf dem Hintergrund der öffentlichen Diskussion über Gewalt im Fernsehen hat die ARD im April 1993 »Grundsätze gegen Verharmlosung und Verherrlichung von Gewalt im Fernsehen« beschlossen. Vgl. ARD-Jahrbuch 1993, S. 373-375. Die deutschen privaten Fernsehanstalten gründeten im Herbst 1993 die »Freiwillige Selbstkontrolle Fernsehen« (FSF).

Handlungsfelder

Friedenserziehung konkret

Familie –
Konfliktbewältigung im Alltag

»*Es ist nicht leicht, Kind zu sein! Es bedeutet, daß man ins Bett gehen, aufstehen, sich anziehen, essen, Zähne und Nase putzen muß, wenn es den Großen paßt, nicht wenn man selbst es möchte. Es bedeutet ferner, daß man ohne zu klagen die ganz persönlichen Ansichten jedes x-beliebigen Erwachsenen über sein Aussehen, seinen Gesundheitszustand, seine Kleidungsstücke und Zukunftsaussichten anhören muß. Ich habe mich oft gefragt, was passieren würde, wenn man anfinge, die Großen in dieser Art zu behandeln.*

Ob ein Kind zu einem warmherzigen, offenen und vertrauensvollen Menschen heranwächst oder zu einem gefühlskalten, destruktiven, egoistischen Menschen, das entscheiden die, denen das Kind in dieser Welt anvertraut ist, je nachdem, ob sie ihm zeigen, was Liebe ist, oder nicht. Ein Kind, das von seinen Eltern liebevoll behandelt wird und das seine Elern liebt, gewinnt dadurch auch ein liebevolles Verhältnis zu seiner Umwelt und bewahrt diese Grundeinstellung sein Leben lang.«[1]

Kinder erhalten ihren ersten Zugang zur Welt über die Familie. Im familiären Zusammenleben werden die ersten (und grundlegenden) Weltbilder ebenso vermittelt wie Wertschätzung und Mißachtung. Es entstehen Modelle für Konfliktregelungen und Interaktionsmuster verfestigen sich. Dabei ist die Familie nicht autonom. Erich Fromm beschreibt sie als »Transmissionsriemen für diejenigen Werte und Normen, die eine Gesellschaft ihren Mitgliedern einprägen will.«[2] Was gedacht und wie gehandelt wird, wird vom gesellschaftlichen Umfeld, in dem sich die Familie bewegt, entscheidend mitgeprägt.

In der Familie sammelt das Kind seine ersten und eindrucksvollsten sozialen und gesellschaftlichen Erfahrungen, ohne zunächst über Möglichkeiten eines Vergleichs mit anderen Personen und der eigenständigen Verarbeitung zu verfügen.

Die Normen und Rollenvorschriften, die in der Familie gelten, werden so in den ersten Jahren wie selbstverständlich Teil des eigenen Verhaltens und bestimmen die Erwartungen an andere soziale Gruppierungen.

Die Eltern beeinflussen die Einstellung und das Verhalten ihrer Kinder dabei im wesentlichen auf folgende Weise:
- Sie bestimmen durch ihre Zuwendung oder Ablehnung die emotionale Grundorientierung ihres Kindes.
- Sie dienen als Modell für Nachahmung und Identifikation, so daß die Kinder von ihnen Werte, Einstellungen und Verhaltensweisen übernehmen.
- Sie vermitteln den Kindern einen sozialen, ethischen und nationalen Kontext für ihr Denken und Handeln.
- Sie prägen durch ihre Beziehungen zueinander und zu den Kindern deren weitere Persönlichkeit.[3]

Familien im Wandel

Die Familienstruktur hat sich in den letzten 20 Jahren grundlegend geändert. Es gibt heute kein einheitliches Familienmodell mehr, denn die Formen des Zusammenlebens sind vielfältiger und die traditionelle Familie mit zwei oder mehreren Kindern ist zur Ausnahme geworden.[4]

Familien mit mehreren Kindern unter 18 Jahren stellen heute eine kleine Minderheit dar. In über 60 Prozent aller Haushalte der Bundesrepublik lebten 1991 keine Personen unter 18 Jahren.[5] Nur in jedem fünften Haushalt lebte *ein* Kind. In 15 Prozent aller Haushalte lebten zwei Kinder und in nur 4,5 Prozent aller Haushalte drei und mehr Kinder.[6] Der Trend zur Zunahme der Einpersonenhaushalte ist eindeutig: In Großstädten haben sie inzwischen einen Anteil von 50-60 Prozent erreicht. Neu ist auch, daß sich die Mehrgenerationen-Familie zugunsten der Eingenerationen-Familie aufgelöst hat, sowie daß die Zahl der Alleinerziehenden steigt.

Immer mehr Kinder leben in »Ein-Eltern-Familien«. Zur Zeit sind es in der Bundesrepublik ca. 3,4 Millionen Kinder. Der überwiegende Teil davon lebt bei der Mutter. Jährlich kommen durch Scheidung der Eltern ca. 150.000 bei nur einem Elternteil lebende Kinder hinzu, denn jede dritte neu geschlossene Ehe in der BRD wird geschieden.[7] Auf die jeweilige Altersgruppe bezogen sind jedoch 95 Prozent der 35-39 Jährigen in ländlichen Regionen und 80 Prozent dieser Gruppe in urbanen Zentren nicht geschieden. Die Zahlen belegen also keineswegs eine bedingte Auflösung der Lebensform Familie.[8]

Trotz der hohen Scheidungsraten und der zunehmenden Zahl der Alleinerziehenden stellt der Familiensurvey des Deutschen Jugendinstitutes fest, daß über 80 Prozent der Kinder bis zum 18. Lebensjahr bei beiden leiblichen Eltern aufwachsen. Dabei sind jedoch erhebliche geographische Unterschiede festzustellen: in ländlichen Regionen liegt der Anteil bei ca. 90 Prozent, während er in Großstädten erheblich niedriger ist.[9]

Dennoch: Für die von Scheidung betroffenen Kinder bedeutet dies in der Regel eine traumatische Zäsur, die sie nur schwer verarbeiten können. Die Beziehung zu einem Elternteil, oft dem Vater, wird abrupt abgebrochen und bleibt meist auf Dauer beschädigt. Kontakte beschränken sich in der Regel auf einige kurze Wochenendbesuche im Jahr. 40 Prozent der Kinder aus geschiedenen Ehen und über die Hälfte der nichtehelichen Kinder haben überhaupt keinen Kontakt mehr zu ihren Vätern.

Der verbleibende Elternteil ist jetzt alleine für die gesamte Familienorganisation verantwortlich und kann meist nicht mehr so viel Zeit wie früher für die Kinder aufbringen. Hinzu kommt, daß auch die finanziellen Möglichkeiten einer Ein-Eltern-Familie wesentlich beschränkter sind als die von vollständigen Familien: »Ein-Eltern-Familien sind arme Familien« beschreibt eine amerikanische Untersuchung die Situation.[10] Und: »Das ernüchterndste Resultat vieler Studien ist aber die nicht zu widerlegende enge Verbindung von Kriminalität, Armut und schlechter Schulbildung mit der Ein-Eltern-Familie. So kommen zum Beispiel 70 Prozent aller Jugendlichen in Straf- und Erziehungsanstalten (der USA, d.V.) aus vaterlosen Familien«[11], bilanziert die Frankfurter Rundschau die Ergebnisse verschiedener Untersuchungen über Ein-Eltern-Familien in den USA.[12]

Die Familie mit Kindern ist heute nicht mehr die dominierende Lebensform in der Gesellschaft[13] und hat damit die traditionellen Aufgaben wie die Pflege und Erziehung von Kindern, die soziale Sicherung und die Vorsorge für das Alter weitgehend verloren. Dieser Funktionswandel[14] hat für die Erziehung in vielen Familien weitreichende Konsequenzen:
- Das Zusammenschrumpfen des Familienverbandes führt zu einer emotionalen Überlastung der modernen Familie. Die individuelle Zuwendung in Form von Sicherheit vermittelnden Gefühlsbeziehungen werden so nicht mehr garantiert.
- Die Erschütterung traditioneller bürgerlicher Weltbilder und das Fehlen eines gesellschaftlichen Konsenses über Erziehungsziele verunsichert die Eltern. Deren Suche nach eigener psychischer Stabilität erschwert die Orientierung der Kinder.
- Orientierungsverluste resultieren auch aus der immer deutlicher

werdenden Schwächung oder sogar dem Verfall der »Vaterautorität«. Der Vater ist immer weniger Identifikationsfigur und Vorbild, denn er verliert seine Macht- und Schutzfunktion. Man mag dies begrüßen oder bedauern, die Frage ist, ob Mütter diesen »Verlust« ausgleichen können oder ob demokratische Familienstrukturen einen »Ersatz« bieten.

Die neuen Anforderungen der Arbeitswelt an die Erwachsenen sind mitverantwortlich für den Funktionswandel der Familie. Ein Beruf wird heute nicht mehr »für das ganze Leben« gelernt. Selbstbestätigung und Anerkennung an ihrem Arbeitsplatz erhalten die wenigsten. Die Arbeit kann weder in zeitlicher noch in inhaltlicher Hinsicht den Alltag ausfüllen, auch deshalb hat der Freizeit- und Konsumbereich immer mehr an Bedeutung gewonnen. Für Kinder haben diese Veränderungen enorme Konsequenzen in bezug auf ihre weitere Entwicklung und Lebensplanung.

Trotz dieses Wandels hat sich jedoch an der traditionellen Arbeitsteilung innerhalb der Familie bislang nur wenig geändert. Selbst wenn beide Partner berufstätig sind, bringen Frauen erheblich mehr Zeit zusätzlich für die Hausarbeit und die Kinder auf als Väter.[15]

Väter sind in ihren Familien viel zu wenig präsent. Sie haben in der Regel sehr viel weniger Kontakt zu ihren Kindern als Mütter dies haben und erleben ihre Kinder vor allem in »Ausnahmesituationen« (Freizeit, Spielen, Wochenendausflüge usw.). Sie sind an der Gesamtkonzeption der Familienerziehung nicht nur weniger beteiligt, sondern nehmen auch weniger Einfluß darauf als Mütter. Untersuchungen zeigen jedoch, daß Kinder von in der Familie stark engagierten Vätern, die sich an der Bewältigung des Familienalltags verantwortlich und dauerhaft beteiligen, stärker Empathie entwickeln als Kinder traditioneller Väter.[16]

All diese Entwicklungen sind nicht nur negativ zu bewerten. Ein flexiblerer Umgang mit Werten und Normen und weniger zwanghafte Erziehungsmethoden schaffen die Voraussetzungen für vielfältigere individuelle Entwicklungsmöglichkeiten. Das Zurückdrängen der traditionellen Sekundärtugenden wie »Pflichterfüllung«, »Pünktlichkeit«, »Sauberkeit« etc. ermöglicht es, die Fragen nach Sinn und Wesen des eigenen Tuns wieder neu zu stellen. Die zunehmende Ächtung von Zwangsmitteln in der Erziehung nimmt Ängste der Kinder weg und bildet die Voraussetzung, über eine gewaltfreie Erziehung und einen partnerschaftlichen Umgang nachzudenken.

Die Bedeutung der Eltern

Geborgenheitserfahrungen als Grundlage für Friedenserziehung

Durch die Gegenwart der modernen audiovisuellen Medien wird die Bedeutung der Eltern für die Erziehung zurückgedrängt: »Es macht aber einen großen Unterschied, ob man von leibhaftigen Eltern oder vom Fernsehen erzogen wird: Nur in der personalen Beziehung zu und in der Auseinandersetzung mit leibhaftig anwesenden, liebenden und auch strafenden, Grenzen ziehenden Eltern werden Normen verinnerlicht, bilden sich Moral und Gewissen. Eine stetige und personal vermittelte Außenkontrolle von Kindern ist notwendig, damit sich eine stabile innere Selbstkontrolle entwickeln kann. Und wo schließlich keine stabile Selbstkontrolle mehr ist, da treten Verhaltensweisen auf, die nicht nur den Bestand dieser Gesellschaft, sondern womöglich jeder Gesellschaft in Frage stellen.«[17]

Doch welche Werte und Normen, welche Erfahrungen und Überzeugungen sollen in einer Gesellschaft, in der »alles möglich« scheint und in der scheinbar alles »gleichwertig« ist, noch vermittelt werden? Wie tragfähig oder auch beliebig sind diese? Woran sollen und können sich Eltern heute halten? Viele Eltern ziehen sich in einer solchen Situation der Unsicherheit eher aus der Erziehung zurück und überlassen ihre Kinder primär anderen Einflüssen.

Für eine positive Entwicklung der Kinder muß die Familie Zuverlässigkeit und Beständigkeit repräsentieren, um dadurch auch eine Reihe von Schutz- und Betreuungsaufgaben übernehmen zu können. Sie muß »schützender Hafen« sein und sie muß dem Kind Werte, Anleitungen, Vorbilder und sprachliche Möglichkeiten bieten, die es braucht, um sich in einer immer komplizierter und unübersichtlicher werdenden Welt zu orientieren. Diese Welt ist vom Leistungsprinzip und einem harten Konkurrenzkampf geprägt und erfordert deshalb Selbstbehauptung und ein hohes Maß an Selbstreflexion. Die doppelte Aufgabe, Geborgenheit in einer als feindlich erlebten Welt zu vermitteln und die Kinder gleichzeitig auf das Leben in einer solchen Welt vorzubereiten, überfordert immer mehr Eltern.[18] Die Gefahren sind groß: Kinder können zu früh in die Welt entlassen werden und dabei zu wenig erfahren haben, was menschliche Nähe und Geborgenheit bedeuten. Andererseits können sie auch zu lange im »Familienghetto« gefangen sein, ohne Chance, sich von den starken Bindungen der Familie zu lösen und selbständig zu werden. In beiden Fällen können Überforderungen und starke Ängste die Folge sein.

Grundlegend für die Entwicklung jedes Kindes ist die emotional befriedigende Beziehung zwischen dem Säugling bzw. Kleinkind und den Erwachsenen. Gerade weil das Kleinkind abhängig und ausgeliefert ist, ist es auf liebevolle Zuwendung angewiesen. Nur wenn es ein »Ur-Vertrauen« entwickeln konnte, kann es auch zu einem »Du-Vertrauen« kommen. Aktivität, (Mit-)Gefühle und Offenheit für soziales Lernen erhalten in der frühesten Kindheit ihr Fundament. Störungen werden dann wahrscheinlich, wenn die Beziehungen durch Gleichgültigkeit, mangelnde Geborgenheit, beziehungsloses Nebeneinander oder gar Ablehnung geprägt sind. Untersuchungen über die Kindheit und Herkunftsfamilien jugendlicher Gewalttäter zeigen, daß die Familienkonstellationen in dieser Hinsicht oft äußerst problematisch waren. Dort herrschte ein Familienklima, das durch Haß und Zwietracht gekennzeichnet war, häufig mußten die Kinder ganz ohne Eltern aufwachsen oder eine Scheidung miterleben.[19]

Der Vater scheint in diesen Eltern-Kind-Beziehungen eine besondere Rolle zu spielen. Sofern er überhaupt präsent ist dominiert und bestimmt er wesentlich das Familienklima. Dies zeigen auch Untersuchungen über Kriegsfreiwillige: »Die Freiwilligen erfuhren von ihren Vätern mehr oder weniger Gleichgültigkeit und Ablehnung; diese hatten ›keine Antenne‹ für ihre Söhne. Sie ließen sich nicht auf Gespräche mit ihnen ein – höchstens, um sie zu belehren – und beschränkten sich auf einen eher formellen Umgang. Die Väter hatten durchweg auch außerhalb der Familie Kontaktschwierigkeiten und im Beruf wenig Freude und Erfolgserlebnisse.«[20]

Die väterliche Gewaltausübung, so diese Untersuchungen, wurde von den Soldaten als Selbstverständlichkeit hingenommen. Auch die Mütter waren mit ihren Gefühlen nicht freigiebiger. Sie versteckten persönliche Regungen, waren nicht offen zu ihren Kindern. Die Kinder hatten so keine Möglichkeit, emotional befriedigende Beziehungen aufzubauen oder den Umgang mit Gefühlen zu lernen. Was sie lernten, war Selbstkontrolle und Verdrängung.

Über »Christian«, einen der mutmaßlichen jugendlichen Mörder von Solingen, schreibt der Spiegel: »Christian ist ohne Vater aufgewachsen, der Herr Erzeuger hat nicht mal vorbeigeschaut. Nach nur sechs Monaten Grundschule wechselt er auf die Sonderschule für schwer Erziehbare. Kein dummer Junge, aber er ist unruhig, renitent, stört ständig. Die Zeichen konnte eigentlich niemand übersehen. Mit acht Jahren zündelt er in einer Baufirma, Kunststoffplatten brennen ab. Mit neun muß er erstmals in ein Heim.«[21]

Ein Kind kann nur Selbstvertrauen und Ich-Identität entwickeln, wenn eine positive tragfähige Beziehung zu seinen Eltern vorhanden ist. Wer nicht nur die Welt, sondern auch die eigene Familie als feindselig erlebt, wird schneller als andere zurückschlagen oder die Flucht in Scheinwelten und die Isolation vorziehen.

Strafen helfen nicht weiter

Das Ausmaß und die Art der Bestrafung von Kindern scheint in engem Zusammenhang mit dem Erwerb aggressiver Verhaltensweisen zu stehen. Viele Eltern betrachten körperliche Züchtigung immer noch als normales Erziehungsmittel. Körperstrafen und strenge Bestrafungsrituale durch Eltern bedeuten, daß Aggressionen oder Fehlverhalten des Kindes durch die Aggression der Eltern »bestraft« werden.

Strafen werden damit begründet, daß Kinder nur so lernen würden, die gesetzten Normen einzuhalten. Doch was lernen sie dabei wirklich?

- Sie lernen, sich anzupassen anstelle persönlich Verantwortung zu übernehmen und werden so in einer eigenständigen Entwicklung gehindert.
- Sie erfahren, daß Erwachsene die Macht haben, ihre Vorstellungen mit Gewalt durchzusetzen und daß Gewalt zum Ziele führt.
- Sie werden gegenüber Strafandrohungen zunehmend gleichgültiger und kalkulieren Strafen in ihr Verhalten ein.

Strafen zerstören so nicht nur die Beziehungen und das soziale Klima, sondern auch die Persönlichkeit der Kinder. Dies gilt vor allem, wenn sie als hart und ungerecht empfunden werden. Strafe ist ihrem Wesen nach auf Diskriminierung gerichtet und wendet sich gegen das Selbstwertgefühl der Bestraften. Eine strafende Erziehung zielt vor allem auf eine optimale Anpassung des Kindes an die sozialen Erfordernisse der Umgebung ab.

Aus psychoanalytischer Sicht wird ein Kind, das von seinen Eltern permanent bestraft wird, zur Nachahmung und zur »Identifikation mit dem Aggressor« (nämlich den strafenden Eltern) neigen. Das Kind bewältigt dabei seine Angst, indem es sich mit dem strafenden Elternteil identifiziert. Die Strafe wird nicht länger als ein Aggressionsakt, sondern als gerecht empfunden, da das Kind ja den »Elternstandpunkt« verinnerlicht hat. Das Kind verwandelt sich dabei gleichzeitig vom Bedrohten zum Bedroher und fügt nun seinerseits anderen das zu, was ihm widerfahren ist. Auf diese Art und Weise rächt es sich gleichzeitig stellvertretend an seinen Eltern.[22]

Neben den Strafmethoden ist die Nichtübereinstimmung des Erziehungsverhaltens von Vater und Mutter ein Moment, das bei Kindern zur Verwirrung und Desorientierung führen kann. Wenn Erziehung gelingen soll, müssen Vater und Mutter in ihren Einstellungen und Praktiken harmonieren. Desorientierend für das Kind ist auch, wenn das Erziehungsverhalten nicht den eigenen propagierten Grundsätzen entspricht. Wenn sich Eltern verbal gegen Gewalt wenden, selbst jedoch Gewalt in der Erziehung ausüben, werden Kinder schnell lernen, daß sie in der Position des Stärkeren offensichtlich beliebig aggressives Verhalten anwenden dürfen.

Die Auswirkungen eines Erziehungsstils, der auf Verboten, Bestrafungen und Anpassung beruht, sind zunächst spontane Formen des Widerstands und der Auflehnung. Da das Kind jedoch von den Eltern abhängig ist und die Eltern über die größeren Machtmittel verfügen, können diese (zumindest eine gewisse Zeit) den Widerstand brechen. Solche Kinder können keine Selbständigkeit und Selbstsicherheit entwickeln, sie bleiben unselbständig und abhängig.

Familienkonflikte konstruktiv austragen

Familien ohne Konflikte gibt es nicht. In jeder menschlichen Beziehung und in jedem Sozialgefüge sind Konflikte nicht nur selbstverständlich,

---

Niemals Gewalt

»Ja, aber wenn wir unsere Kinder nun ohne Gewalt und ohne irgendwelche straffen Zügel erziehen, entsteht dadurch schon ein neues Menschengeschlecht, das in ewigem Frieden lebt?
Etwas so Einfältiges kann sich wohl nur ein Kinderbuchautor erhoffen! Ich weiß, daß es eine Utopie ist. Und ganz gewiß gibt es in unserer armen, kranken Welt noch sehr viel anderes, das gleichfalls geändert werden muß, soll es Frieden geben. Aber in dieser unserer Gegenwart gibt es selbst ohne Krieg so unfaßbar viel Grausamkeit, Gewalt und Unterdrückung auf Erden und das bleibt den Kindern keinesfalls verborgen. Sie sehen und hören und lesen es täglich, und schließlich glauben sie gar, Gewalt sei ein natürlicher Zustand. Müssen wir ihnen dann nicht wenigstens daheim durch unser Beispiel zeigen, daß es eine andere Art zu leben gibt? (...)
Niemals Gewalt! Es könnte trotz allem mit der Zeit ein winziger Beitrag sein zum Frieden in der Welt.«
Astrid Lindgren[23]

Familie – Konfliktbewältigung im Alltag

sondern haben auch nützliche Funktionen: Sie machen auf Probleme aufmerksam, die bewältigt werden müssen; sie sind Ausdruck unterschiedlicher Bedürfnisse, Wünsche und Interessen und sie sind Zeichen einer inneren Dynamik mit der Chance einer gemeinsamen Entwicklung.

Familienkonflikte können zwischen den Eltern, zwischen Eltern und Kindern und zwischen Kindern auftreten. Desweiteren gibt es Familienkonflikte, die zwischen der Familie als Gesamtem oder einzelnen Familienmitgliedern und anderen (außenstehenden) Personen, Institutionen, Gruppen oder Verbänden bestehen.

Unterschiedliche Interessen werden dabei häufig negativ interpretiert, weil sie in »geordneten Verhältnissen« eigentlich nicht vorkommen dürfen. Konflikte werden deshalb von vielen als störend empfunden, werden unterdrückt oder verleugnet, zumal die Familienmitglieder wegen ihrer Nähe zueinander und der damit verbundenen Intimität besonders leicht verletzlich sind. Lösungs- oder Bearbeitungsmöglichkeiten werden dann nicht gesehen. Das Vertrauen zwischen den Partnern erlischt, Vorurteile und gegenseitige Verdächtigungen nehmen zu, eine weitere Eskalation des Konfliktes ist vorgezeichnet.

Unter friedenspädagogischen Aspekten ist nicht das Vorhanden-

sein von Konflikten problematisch, sondern ihr gewaltsames Austragen. Friedenserziehung will verhindern, daß sich gewaltsame »Lösungen« durchsetzen, die auf Kosten der Schwächeren, häufig der Kinder gehen.

Konflikte zwischen den Eltern können das Familienklima stark beeinträchtigen und die Entwicklungsmöglichkeiten der Kinder behindern. Diese Gefahr ist besonders groß, wenn Eltern die Kinder als Verbündete mißbrauchen. Andererseits ist es auch möglich, daß die Eltern ihren Kindern beispielhaft zeigen, wie mit Konflikten produktiv umgegangen werden kann.

Konflikte zwischen Eltern und Kindern sind von vornherein durch ein Machtgefälle geprägt. Partnerschaftliche Lösungen bedingen hier, daß Eltern (zumindest teilweise) auf die Anwendung von Machtmitteln verzichten und das Kind nicht von vornherein in die unterlegene Position bringen.

Auseinandersetzungen zwischen Kindern sollten von diesen so weit wie möglich selbständig gelöst werden. Eltern haben jedoch darauf zu achten, daß jüngere oder schwächere Kinder nicht permanent übervorteilt werden.

Nicht jeder Konflikt, der in der Familie aufbricht, ist auch dort entstanden. Die Arbeitslosigkeit eines Elternteils, mangelnder Wohnraum oder ein zu geringes Familieneinkommen sind Faktoren, die die betroffenen Familien stark belasten und sich sehr konfliktträchtig auswirken können. Es kann für die Familienmitglieder sehr entlastend sein, zu erkennen, daß nicht »böse Absichten« oder »zerstörerische Persönlichkeitsanteile« der anderen das Zusammenleben konflikthaft gestalten, sondern äußere Faktoren, selbst wenn diese nicht sofort oder nicht in absehbarer Zeit veränderbar sind. Solche Konflikte müssen zwar von der Familie ausgehalten werden, lösbar sind sie in diesem Rahmen jedoch nicht.

Die Gefahr der Konflikteskalation
Familienkonflikte eskalieren häufig in einen Machtkampf mit Sieger und Besiegten. Dies ist die destruktivste Form des Konfliktaustrags, weil jede Seite nur den eigenen Vorteil im Blick hat. Der (momentan oder prinzipiell) Stärkere versucht, den anderen seine Bedingungen der »Konfliktlösung« zu diktieren. Die Interessen der anderen bleiben auf der Strecke. Solche »Lösungen« beenden den Konflikt nur vorübergehend, denn die Motivation, sich an die getroffene (bzw. die diktierte) Vereinbarung zu halten, ist gering. Vielmehr entwickelt sich

bei den Unterlegenen der Wille, zukünftig auch zu den Siegern zu gehören.

Das Kind kann als Verlierer zwar aus Angst vor Strafe gehorchen, der Konflikt als solcher bleibt jedoch bestehen oder verschärft sich noch, weil jetzt das Gefühl hinzukommt, ungerecht behandelt worden zu sein. Der daraus resultierende Unwille richtet sich natürlich in erster Linie gegen die Eltern.[24]

Voraussetzungen einer konstruktiven Konfliktbewältigung

Eltern sind beim Umgang mit Konflikten in der Familie immer in einer Doppelrolle. Sie wollen ihre eigenen Interessen nicht vernachlässigen und sollen den Kindern gleichzeitig einen Zugang zur konstruktiven Konfliktaustragung ermöglichen, indem sie ihnen Hilfestellung geben und Unterstützung gewähren. Denn Kinder brauchen sowohl bei der Formulierung ihrer Bedürfnisse und Interessen als auch bei der Entwicklung von Vorschlägen und Alternativen oft mehr Zeit als Erwachsene und sind auf deren Hilfe angewiesen. Deshalb sehen Eltern sich häufig gezwungen, ihre Interessen als Konfliktpartei zurückzustellen. Geschieht dies nicht aus ehrlicher innerer Überzeugung, kann leicht das Gefühl des »Zu-Kurz-Kommens« entstehen.

Welche Verhaltensweisen begünstigen nun einen konstruktiven Konfliktaustrag?

Die Angst vor Konflikten überwinden: Konflikte, die zu lange ignoriert, verdrängt oder beiseite geschoben wurden, entfalten oft eine zerstörerische Wirkung. Bei der Konfliktvermeidung wird die Konfron-

---

Notwendige Erfahrungen für Kinder

Ein Kind sollte beim Umgang mit Konflikten in der Familie die Erfahrung machen können,
- daß es völlig normal ist, wenn es verschiedene Bedürfnisse, Interessen und Meinungen gibt;
- daß man trotz dieser Verschiedenheiten miteinander reden und sich darüber austauschen kann und muß;
- daß Konflikte zum normalen Zusammenleben gehören und nicht zerstörerisch sein müssen;
- daß in Konflikten nicht das Recht des Stärkeren zählt;
- daß seine Meinungen und Ansichten für eine Konfliktlösung gefragt sind und genauso zählen, wie die der anderen.

tation gescheut, Ansprüche an Kinder werden von vornherein zurückgenommen, um einen (offenen) Konflikt erst gar nicht entstehen zu lassen. Damit wird jedoch dem Kind die Möglichkeit genommen, sich auseinanderzusetzen, eigene Erfahrungen sammeln zu können und für eigenes Handeln Verantwortung zu entwickeln. Ein Konflikt kann nur bearbeitet werden, wenn er als solcher anerkannt und akzeptiert wird.

Den Konflikt begreifen: Ist ein Konflikt als solcher anerkannt, so ist es wichtig, genau zu beschreiben, worin er eigentlich besteht, welches die verschiedenen Positionen sind und was sie unterscheidet. Dabei sollte klar werden, was jeweils als Kern des Konfliktes gesehen wird. Eltern sollten im Umgang mit Konflikten, an denen Kinder beteiligt sind, darauf achten, daß sie möglichst genau diejenigen Verhaltensweisen und Umstände benennen, die sie stören, anstatt die Persönlichkeit des Kindes anzugreifen. Sie sollten dabei die Verantwortung für ihre eigenen Gefühle übernehmen, anstatt das Kind für diese verantwortlich zu machen.[25]

Das eigene Konfliktverhalten erkennen: Nur wenn man die eigene Rolle in der familiären Konfliktdynamik, die (oft unbewußten) Interessen, die konstruktiven oder destruktiven Anteile der eigenen Person erkennt, kann man das eigene Konfliktverhalten und dessen Wirkung auf andere verstehen. Die simplen Fragen »Was nützt mir dieses Verhalten? Welchen Gewinn habe ich dadurch? Wie würde ich mich fühlen, wenn ich mit solchen Verhaltensweisen konfrontiert wäre?«, können dabei schon zur Klärung beitragen. Häufig ist das Aufgeben von Positionen und Prinzipien mit Angst verbunden, weil dies als Niederlage und Schwäche gewertet wird. Denn noch sind Maßstäbe weit verbreitet, die persönliche Flexibilität und die Anerkennung von Interessen anderer als »Nachgiebigkeit« werten.

Metakommunikation betreiben: Metakommunikation unterbricht die aktuelle Konfliktdynamik und macht die Art der Austragung des Konfliktes selbst zum Thema. Metakommunikation[26] bedeutet, über die Kommunikationssituation zu reflektieren und sich über die verschiedenen Sichtweisen auszutauschen. Man stellt sich also quasi für einen Moment außerhalb und bedenkt nicht »Was« geredet wird, sondern das »Wie«. Dabei können und sollen alle Familienmitglieder sich gegenseitig berichten, wie sie diesen Konflikt oder das Verhalten einzelner Familienmitglieder erleben. (Z.B.: »Was fühlt man, wenn man immer unterbrochen wird.«) Wer Metakommunikation betreiben will, muß zuhören können, bereit sein, eigene Schwächen zuzugestehen und Schwächen anderer nicht auszunützen. Metakommunikation gelingt häufig dann am besten, wenn eine dritte unbeteiligte Person hinzugezogen wird.

Die Interessen anderer anerkennen: Eine faire Konfliktlösung setzt voraus, daß die eigenen Interessen und Bedürfnisse nicht mit allen Mitteln verfolgt werden und daß die Interessen anderer als gleichberechtigt zu erkennen sind. Dies kann nur geschehen, wenn die anderen Familienmitglieder auch als gleichwertig gesehen werden.

In diesem Zusammenhang taucht ein Problem auf, das vor allem in der Friedensbewegung der 80er Jahre stark diskutiert wurde: Gibt es Grundsatzfragen und Werthaltungen, die nicht diskutierbar und nicht abstimmbar sind? Zu diesen Fragen sind damals die unmittelbaren und existentiellen Lebensinteressen der Beteiligten gezählt worden. In der Familie müßte eine Einigung erzielt werden, wo für den einzelnen die Intimsphäre berührende Bereiche liegen. Denn gerade in der Familie sollte es keine Mehrheitsentscheidungen über solche existentiellen Fragen geben, sondern nur Entscheidungen, die von allen getragen werden können.

Konsens suchen: Das Konsensprinzip[27], d.h. die Suche nach partnerschaftlichen Konfliktlösungen, geht davon aus, daß durch Entscheidungen per Abstimmung nicht die besten Lösungen gefunden werden. Es kann sogar eine Verhärtung von Fronten eintreten, weil in

Familie – Konfliktbewältigung im Alltag

einer Abstimmung »Unterlegene« die Entscheidung nicht akzeptieren. Das Konsensprinzip zielt darauf ab, daß sich alle am Entscheidungsprozeß beteiligen können und Minderheiten nicht »überstimmt« werden. Es wird so lange nach Lösungen gesucht, bis eine gemeinsame Lösung gefunden ist. Konsens bedeutet nicht Einstimmigkeit, sondern, daß eigene Bedenken aus eigener Entscheidung zurückgestellt werden, um eine gemeinsame Entscheidung zu erreichen.

Die zerstörerische Funktion der Gewalt

Gewalt wird in Deutschland am häufigsten in der Familie angewendet, so der Befund der regierungsunabhängigen Gewaltkommission in ihrem Schlußbericht.[28] Die Gewalt reicht von Mißhandlungen und Vernachlässigung der Kinder über den sexuellen Mißbrauch und die Vergewaltigung von Frauen in der Ehe bis zur Vernachlässigung alter Menschen durch Familienangehörige.[29]

Die Angaben über das Ausmaß der Gewalt sind äußerst ungenau und lassen sich nur in Schätzungen angeben. In polizeilichen Kriminalstatistiken tauchen nur die gravierendsten Fälle auf. Jährlich werden zwischen 100.000 und einer Millionen Frauen von ihrem Mann mißhandelt. Die Zahlen über mißhandelte Kinder (vor allem Kleinkinder zwischen dem 2. und 4. Lebensjahr) bewegen sich zwischen 20.000 und 1 Million Fällen pro Jahr. Obwohl Kinder schon immer Opfer von Gewalthandlungen in der Familie waren, ist erst in den letzten Jahrzehnten die Sensibilisierung für dieses Problem gestiegen:[30]

»Die Geschichte der Kindheit ist ein Alptraum, aus dem wir gerade erst erwachen. Je weiter wir in der Geschichte zurückgehen, desto unzureichender wird die Pflege der Kinder, die Fürsorge für sie, und desto größer die Wahrscheinlichkeit, daß Kinder getötet, ausgesetzt, geschlagen, gequält und sexuell mißbraucht wurden.«[31]

Die Übergänge von der Körperstrafe als »Erziehungsmittel« hin zur körperlichen Mißhandlung sind fließend. Körperstrafen, so das Gewaltgutachten, gehören jedoch zum Bestandteil elterlicher Erziehungsmittel. 75 Prozent der Mütter und 62 Prozent der Väter sagen aus, daß sie ihr Kind gelegentlich ohrfeigen. 40 Prozent der Mütter und 36 Prozent der Väter geben an, daß sie ihr Kind gelegentlich mit einem Stock oder Gürtel schlagen.[32]

Besonders stark ist in den letzten Jahren die sexuelle Gewalt und Ausbeutung in der Familie ins Blickfeld gerückt. Denn sexuelle Übergriffe auf Kinder finden vor allem im sozialen Nahbereich statt. Nach

Die Verantwortung der Eltern

»*Spiegel:* Frau Miller, sind für die positive oder negative Entwicklung eines Kindes oder Jugendlichen nur die Eltern verantwortlich?

Miller: Ja, sie haben mit dem Zeugungsakt die Verantwortung für das Leben dieses Menschen übernommen. Wenn sie diese Verantwortung wahrnehmen, wird ihr Kind ebenfalls zum verantwortungsvollen Erwachsenen, der seine Kinder achtet.

Spiegel: Aber es gibt doch auch andere Faktoren, die eine Rolle in der Kindheit spielen: soziale Herkunft, Behandlung in der Schule, die Reaktionen der Gesellschaft.

Miller: Selbstverständlich. Alle diese Faktoren sind wichtig. Aber ein Kind, das bei der Geburt nicht von ahnungslosen Ärzten mißhandelt wurde, das in der ersten Lebenszeit Liebe und Achtung erfahren durfte, wird sich später viel besser gegen Übergriffe seitens des Lehrers, des Vorgesetzten, des Partners wehren können als ein Kind, das schon zu Hause lernen mußte, daß es nicht widersprechen darf. Kinder, die sich bei ihren Eltern vehement vor Übergriffen wehren durften, werden niemals zu destruktiven Jugendlichen oder Erwachsenen. Es ist der dressierte, gehorsame Junge, der später zu unfaßbaren Taten fähig ist. Neben den Tagebüchern der Naziverbrecher, zum Beispiel des Auschwitzkommandanten Rudolf Höß, gibt es eine reiche Dokumentation über die Kindheiten der freiwilligen Vietnamkämpfer. Sie wurden alle in der Kindheit auf Gehorsam gedrillt.«[38]

Angaben des Deutschen Kinderschutzbundes sind jährlich über 90.000 Mädchen und Jungen sexuellen Übergriffen ausgesetzt.

Noch schwieriger ist es, psychische Gewalt zu fassen, die für die Betroffenen nicht minder verheerend ist als die körperliche. Psychische Gewalt kann mit den Stichworten »Ablehnung« (ständige Kritik, Herabsetzung, Überforderung), »Terrorisieren« (Bedrohen, Ängstigen und Einschüchtern) und »Isolation« (Abschneiden von Außenkontakten, Gefühl der Verlassenheit) umschrieben werden.[33] Die »verhäuslichte Gewalt«[34] verfügt über vielfältige Legitimationsmuster, wobei nicht übersehen werden darf, daß Gewalt nicht gänzlich, sondern nur für bestimmte Situationen tabuisiert wird. So schließt das geltende Erziehungsrecht der Eltern weiterhin die körperliche »Züchtigung« mit ein.

Ursachen

Familiäre Beziehungen sind immer durch ein Ungleichgewicht an Macht sowie durch Abhängigkeit geprägt. Insofern ist Gewalt ein strukturelles Element, das in jeder Familie vorhanden ist und sich unterhalb der Anwendung körperlicher Gewalt durch Unterdrückung und mangelnde Entfaltungsmöglichkeiten ausdrückt. Weitere Faktoren sind bedeutsam: Gewalt steht oft am Ende von sich hochschaukelnden Interaktionsprozessen. Sie ist quasi das letzte (wenn auch untaugliche) Mittel, um das eigene Überleben (auf Kosten der andern) im Familienverband zu sichern.

Familien mit einem hohen Gewaltpotential unterscheiden sich von anderen durch eine Reihe von Merkmalen. Dazu gehören ein niedriger ökonomischer Status, sozialer und struktureller Streß, soziale Isolation sowie die eigene lebensgeschichtliche Erfahrung mit Gewalt und deren Weitergabe im Erziehungsprozeß. Hinzu kommt die Überforderung vieler Eltern durch gesellschaftliche Zwänge.[35]

Elternteile, die in der Familie andere verletzen, sind als Kinder in der Regel selbst tief verletzt worden. Biographien mißhandelnder Erwachsener zeigen, daß diese häufig in der frühesten Kindheit *selbst Erfahrungen mangelnder Zuwendung* (Unterversorgung, Ablehnung, sexuelle und/oder körperliche Gewalt) machen mußten. Sie verüben an ihren Kindern, was ihnen selbst angetan wurde, weil sie nie lernen konnten, Verantwortung für andere zu übernehmen.

Der *Zusammenhang zwischen Alkohol und familiärer Gewalt* wird weithin unterschätzt. Untersuchungen weisen aber darauf hin, daß
- bei über der Hälfte aller Streitigkeiten in Familien Alkoholkonsum vorausgegangen ist;
- ein Drittel der Kindesmißhandlungen unter Alkoholeinfluß durchgeführt werden;
- die Hälfte der alkoholabhängigen Eltern Kindesmißhandlungen begehen;
- 80-90 Prozent der prügelnden Ehemänner unter Alkoholeinfluß stehen;
- über ein Drittel der sexuell-aggressiven Handlungen gegenüber Frauen nach Alkoholkonsum geschehen.[36]

Die Kinder von Suchtkranken finden in ihren Eltern keine Vorbilder in bezug auf Partnerschaft, Gesprächsbereitschaft und Konfliktlösungen. Sie können auch nicht lernen, ihre eigenen Gefühle zu erkennen, auszudrücken und darüber zu reden. Ihre Wünsche nach Liebe, Wärme, Anerkennung und Orientierung werden nicht erfüllt, weil die Eltern selbst einen Mangel daran erleben.[37]

Gibt es Auswege?

Kinder können (und dürfen) sich gegen die Gewalt nicht wehren. Sie sind nicht nur physisch und psychisch auf ihre Eltern angewiesen, sondern sie werden bei Gegenwehr auch massiv weiter mißhandelt. Hinzu kommt, daß die übermächtigen Emotionen, die Angst, die Wut, das Gefühl der Ohnmacht nicht verarbeitet werden können und als traumatische Erfahrung bleiben. Die Gewalterfahrungen sind nicht nur ein Vertrauensbruch, sie stellen eine grundsätzliche Verletzung, ja Zerstörung der Beziehung zu den Eltern dar. Die Verdrängung der damit verbundenen Gefühle und Erlebnisse ist oft der einzige Weg, der den betroffenen Kindern bleibt.

Der Berliner Arzt und Psychoanalytiker Horst Petri sieht drei Schritte, um diesen Gewaltzirkel zu öffnen:

1. Die Konfrontation mit der Realität: Das Aufdecken von Gewalt in der (eigenen) Familie. Dies ist mit Angst-, Scham- und Schuldgefühlen über eigene Fehler und eigenes Versagen verbunden. Dennoch, der erste Schritt muß sein, sich der Realität zu stellen.

2. Das Zulassen und Ertragen ambivalenter Gefühle: Ein Kind muß seinen Schmerz, seine Demütigungen und Gewalterfahrungen mitteilen dürfen und können und es muß dabei fragen dürfen, warum die Eltern Gewalt anwenden ohne daß es Angst haben muß, die Liebe der Eltern zu verlieren oder neuerdings bestraft zu werden. Die Eltern müssen lernen, daß ihre Kinder sie nicht nur lieben, sondern ihnen gegenüber auch negative Gefühle haben.

3. Die Auseinandersetzung mit der eigenen Lebensgeschichte: Die Eltern sollten sich fragen, welche Erfahrungen sie als Kind gemacht haben; wie sie diese Gewalt verarbeitet haben; welche Einstellung sie zur Anwendung von Gewalt haben; wo sie selbst Gewalt ausüben und wie sie sich gegen die Gewalt der anderen schützen.[39]

Nur wenige Familien haben wohl die Möglichkeiten, diese Formen der Auseinandersetzung und Aufarbeitung aufzugreifen, zumal sie von Fachleuten begleitet werden sollten und nur selten in der Familie selbst durchgeführt werden können.

So wichtig solche Umgangsweisen sind, um der Gewalt in der Familie wirkungsvoll zu begegnen, reichen sie nicht aus. Hinzukommen müssen auf der rechtlichen Ebene z.B. das Verbot des Züchtigungsrechtes der Eltern, auf der familienpolitischen Ebene eine Verbesserung der Lebensbedingungen der Familien (dies reicht von familienbegünstigenden Steuergesetzten bis zu flexiblen Arbeitszeiten) und auf der pädagogischen Ebene die Prävention und Intervention (von Erziehungskursen bis zu Therapiezentren).[40]

Der entscheidende Punkt ist jedoch, inwieweit in der Gesamtgesellschaft Gewalt akzeptiert oder geächtet wird.

Erziehung zur »Politikfähigkeit«

Die Familie prägt auch entscheidend die politische Wahrnehmung und das politische Handeln der Kinder mit. Die Organisation der Familie und die Art des Zusammenlebens beeinflussen bestimmte Persönlichkeitsstrukturen, die sich unmittelbar auf politisches Denken und Handeln auswirken.[41]

Daneben spielt aber auch eine Rolle, daß Eltern politische Ereignisse miteinander oder im Kreis der gesamten Familie besprechen, daß sie ihren Kindern bestimmte Zusammenhänge erklären, ob und wie sie z.B. die Fernsehnachrichten oder die Zeitungslektüre kommentieren oder ob sie zur Wahl gehen und dabei mit ihren Kindern über ihre Wahlentscheidungen reden. Nur so kann den Kindern ein Zugang zur politischen Welt vermittelt werden, der zur Interpretation der Wirklichkeit beiträgt und die Notwendigkeiten und Möglichkeiten der politischen Teilhabe deutlich werden läßt.

Daneben dürfen aber kindgerechte Beteiligungsmöglichkeiten in der Familie nicht vergessen werden. Eltern sollten ihre Kinder (mit zunehmenden Alter immer stärker) in familiäre Entscheidungen einbeziehen. Sie sollten sie zu eigenen Stellungnahmen und (auch politischen) Äußerungen ermuntern und ihnen auch ein politisches Engagement ermöglichen. Dabei ist es relativ sekundär, ob sich dieses Engagement in Jugendgruppen, in der Schülerselbstverwaltung oder in spontanen Aktionsgruppen vollzieht. Viel entscheidender ist, ob der Aktionszusammenhang echte Entscheidungs- und Handlungsmöglichkeiten bietet. Die Funktion der Familie ist es dabei, die Frustration und Desillusionierungen, die oftmals aus der Schere zwischen den angestrebten Zielen und den zu bewältigenden Widerständen erwachsen, aufzufangen.

Nicht zuletzt bietet der Familienverband als Institution eine Reihe von Handlungsmöglichkeiten, die anderswo kaum vorhanden sind. Das Spektrum reicht von konkreten Hilfeleistungen für Bedürftige bis zur Aufnahme von Flüchtlingen in der eigenen Wohnung, vom bewußten Einkauf bis zur Übernahme von Patenschaften.

Der wesentliche Gesichtspunkt dabei ist stets, daß die Familie (und ihre Mitglieder) in ihren Handlungen über ihre eigene Struktur hinaus-

weisen und somit Weltoffenheit demonstrieren, Solidarität leben und
Verantwortung übernehmen.
Eltern können so entscheidend dazu beitragen,
- die emotionalen Grundlagen für eine gewaltfreie Lebensweise zu
  legen;
- Kindern eine eigenständige Entwicklung zu ermöglichen;
- Kinder zu befähigen, ihre Interessen zu erkennen und wahrzunehmen aber dabei auch die Interessen der anderen nicht außer acht
  zu lassen;
- Kindern ein Weltbild zu vermitteln, das geprägt ist von Offenheit,
  Empathie und Solidarität;
- Kinder zu befähigen, Konflikte so auszutragen, daß diese keine
  zerstörerische Dynamik entfalten können;
- Kinder gegen alle Formen von Gewalt zu sensibilisieren;
- Kinder zu politischem Denken und Handeln zu motivieren und zu
  befähigen.

Anmerkungen

[1] Astrid Lindgren, in: Brigitte 4/90, S. 173.
[2] Vgl. Erich Fromm: Beyond the Chains of Illusion. New York 1962. In: Rainer Funk: Mut zum Menschen. Erich Fromms Denken und Werk. Stuttgart 1978, S. 182.
[3] David Mark Mantell: Familie und Aggression. Zur Einübung von Gewalt und Gewaltlosigkeit. Eine empirische Untersuchung. Frankfurt 1972, S. 49.
[4] Vgl. Deutsches Jugendinstitut (Hrsg.): Wie geht's der Familie? Ein Handbuch zur Situation der Familie heute. München 1988.
[5] Vgl. Statistisches Bundesamt (Hrsg.): Statistisches Jahrbuch 1993 für die Bundesrepublik Deutschland. Wiesbaden 1993, S. 64 ff.
[6] Vgl. ebd., S. 70. Vgl. auch: Günther H. Oettinger (Hrsg.): Situation junger Menschen in Baden-Württemberg. Große Anfrage der CDU-Landtagsfraktion und Stellungnahme der Regierung. Stuttgart 1991, S. 23.
[7] Vgl. Der Spiegel, Nr. 33/1993, S. 59 f. Das sind jährlich ca. 136.000 Ehen. Vgl. Presseerklärung des Deutschen Kinderschutzbundes – Bundesverband e.V., vom 5.9.1994.
In Großstädten wie München und Berlin erreichen die Scheidungsraten 40 bis 50 % der Eheschließungen, während sie in ländlichen Regionen bei ca. 15 % liegen. Diese Zahlen vermitteln jedoch kein realistisches Bild, da die Zahl der Eheschließungen keine brauchbare Bezugsgröße darstellt.
[8] Heiraten z.B. wenige Menschen, dann steigen die Prozentsätze der Scheidungen selbst dann an, wenn die absolute Zahl der Scheidungen gleichbleibt oder möglicherweise sogar sinkt. Vgl. Hans Bertram: Regionale Disparitäten – Zur Erklärung familialer Lebenslagen. In: Deutsches Jugendinstitut (Hrsg.): Jahresbericht 1993. München 1994, S. 214 ff.
[9] So wachsen z.B. in vorwiegend katholischen Regionen Nordrhein-Westfalens und Bayerns, an die 90 % der Kinder bis zum 18. Lebensjahr bei ihren Eltern auf.

In norddeutschen großen Zentren wie Hamburg und Bremen, teiweise auch in Berlin, ist die Lebensform der Alleinerziehenden mit Kindern sehr viel verbreiteter als beispielsweise in Stuttgart, München oder Nürnberg. Vgl. Bertram, a.a.O., S. 219.
[10] Vgl. Frankfurter Rundschau, 10.8.1993: »Amerikas Kinder tragen die Kosten«.
[11] Ebd.
[12] Diese Aussage ist für die Bundesrepublik umstritten. So stellt z.B. das Deutsche Jugendinstitut in München fest: »Obwohl Alleinerziehende oft mit ungünstigen Lebensverhältnissen fertig werden müssen und Schwierigkeiten haben, eine Wohnung und einen Arbeitsplatz zu finden, sind ihre Kinder – im Gegensatz zu weit verbreiteten Meinung – nicht öfter auffällig als Gleichaltrige, die mit beiden Elternteilen aufwachsen.« Maria Frisé: Aufwachsen mit einem Elternteil. In: Deutsches Jugendinstitut (Hrsg.): Was für Kinder. Aufwachsen in Deutschland. Ein Handbuch. München 1993, S. 110.
[13] Hier muß wiederum zwischen städtischen Regionen, in der die traditionelle Ehe und Familie zu einer seltenen Lebensform geworden ist, und ländlichen Regionen, in denen Ehe und Familie immer noch dominieren, unterschieden werden.
[14] Je nach gesellschaftlicher Bewertung wird hier auch von »Funktionsverlust« oder »Funktionsentlastung« gesprochen. Vgl. Schweizerisches Komitee für UNICEF (Hrsg.): Globales Lernen. Zürich 1994, S. 3: »Familie in der Krise – Funktionsverlust oder Funktionsentlastung?«.
[15] In Familien, bei denen beide Partner voll erwerbstätig sind, wenden 60 % der Frauen zusätzlich zur Erwerbstätigkeit über 20 Stunden für den Haushalt und die Kinder auf. Dagegen wenden 62 Prozent der Männer nur unter 10 Stunden im Haushalt auf. Vgl. Konrad Leube: Doppelter Lebensentwurf für Väter? In: Deutsches Jugendinstitut, a.a.O., S. 107.
[16] Vgl. Wassilios E. Fthenakis: Fünfzehn Jahre Vaterforschung im Überblick. In: Deutsches Jugendinstitut, a.a.O., S. 102.
[17] Götz Eisenberg / Reimer Gronemeyer: Jugend und Gewalt. Der neue Generationenkonflikt oder der Zerfall der zivilen Gesellschaft. Reinbek 1993. S. 44.
[18] Vgl. Helm Stierlin: Angst in und durch Familien. In: H.J. Schultz: Angst. Stuttgart 1987.
[19] Vgl. August Aichhorn: Verwahrloste Jugend. Die Psychoanalyse in der Fürsorgeerziehung. Berlin / Stuttgart 1957. Balthasar Gareis / Eugen Wiesret: Frühkindheit und Jugendkriminalität. Müchen 1974. Reinhard Lempp: Jugendliche Mörder. Berlin u.a. 1977.
[20] Helgard Roeder: Kriegsdienstverweigerer und Freiwillige im Vergleich. Der Einfluß der Familienstruktur auf das Verhältnis zum Militär. In: Friedensanalysen. Für Theorie und Praxis 6. Schwerpunkt: Gewalt, Sozialisation, Aggression. Frankfurt 1977, S. 91.
Vgl. Mantell, a.a.O.
[21] »Hau ab, du Flasche«. Der Weg des Jungendlichen Christian zum Attentäter von Solingen. In: Der Spiegel, 23/1993, S. 28.
[22] Vgl. Anna Freud: Das Ich und die Abwehrmechanismen. München o.J., S. 115 ff.
[23] Astrid Lindgren in ihrer Rede bei der Verleihung des Friedenspreises des deutschen Buchhandels 1978.
[24] Vgl. Thomas Gordon: Familienkonferenz. Die Lösung von Konflikten zwischen Eltern und Kind. Reinbek 1980, S. 144 ff.
[25] Vgl. Harris Clemens / Reynold Beau: Verantwortungsbewußte Kinder. Was Eltern und Pädagogen dazu beitragen können. Reinbek 1993, S. 42.

[26] Paul Watzlawik / Janet H. Beavin / Don D. Jackson: Menschliche Kommunikation. Bern u.a. 1969.
[27] Günther Gugel / Horst Furtner: Gewaltfreie Aktion. Tübingen 1983, S. 47 ff.
[28] Vgl. Hans-Dieter Schwind (Hrsg.): Ursachen, Prävention und Kontrolle von Gewalt. Analysen und Vorschläge der Unabhängigen Regierungskommission zur Verhinderung und Bekämpfung von Gewalt. Band I, Berlin 1990.
[29] Michael Sebastian Honig: Sondergutachten. In: Hans-Dieter Schwind (Hrsg.): Ursachen, Prävention und Kontrolle von Gewalt. Analysen und Vorschläge der Unabhänigigen Regierungskommission zur Verhinderung und Bekämpfung von Gewalt. Band III. Sondergutachten. Berlin 1990, S. 246.
[30] Horst Petri: Schläge, Selbsthaß, Haß ... In: Psychologie heute, Februar 1991, S. 48. Der Deutsche Kinderschutzbund berichtet, daß über 1 Million Kinder von ihren Eltern mit Gegenständen geschlagen werden. Fast 600.000 erleiden dadurch körperliche Verletzungen. Vgl. Deutcher Kinderschutzbund, a.a.O.
[31] Lloyd de Mause (Hrsg.): Hört ihr die Kinder weinen? Frankfurt 1980, S. 12.
[32] Schwind , a.a.O., S. 75 ff. (Zahlen für die alte Bundesrepublik).
[33] Vgl. Renate Blum-Maurice / Karin Martens-Schmid: Gewalt gegen Kinder als gesellschaftliches Problem. In: Aus Politik und Zeitgeschichte, B 40-41/90, S. 5.
[34] Vgl. Michael-Sebastian Honig: Verhäuslichte Gewalt. Eine Explorativstudie über Gewalthandeln von Familien. Frankfurt 1986.
[35] Michael Sebastian Honig: Vom alltäglichen Übel zum Unrecht – Über den Bedeutungswandel familialer Gewalt. In: Deutsches Jugendinstitut (Hrsg.): Wie geht's der Familie? München 1988, S. 198.
[36] Vgl. Winfried Huber: Familie und Alkohol: Freiburg i.B., 1990, S. 102.
[37] Vgl. Petra Andreas-Siller: Kinder und Alltagsdrogen. Wuppertal 1991, S.27.
[38] »Angst vor starken Gefühlen«. Spiegel-Interview mit Alice Miller, in: Der Spiegel, Nr. 35/1990, S. 208.
[39] Vgl. H. Petri, a.a.O., S. 52.
[40] Vgl. M.S. Honig, Gewaltgutachten, a.a.O., S. 358 f.
[41] Wasmund unterscheidet zwischen latenten (unbewußten oder indirekten) und manifesten (Vermittlung von politischer Information) Sozialisationsprozessen in der Familie. Vgl. Klaus Wamund: Ist der politische Einfluß der Familie ein Mythos oder eine Realität? In: Bernhard Claußen / Claus Wasmund (Hrsg.): Handbuch der politischen Sozialisation. Braunschweig 1982, S. 28 f.

Vorschule –
Persönlichkeitsentfaltung und
Handeln in der Gemeinschaft

Friedenserziehung im Vorschulbereich

Nach einem Fernseh-Familienwochenende sind die Kinder in den Kindergärten und Kindertageseinrichtungen besonders unruhig, hyperaktiv und aggressiv. Dies berichten ErzieherInnen seit das Fernsehen seinen Einzug in die Wohnzimmer deutscher Familien gehalten hat. Doch in den letzten Jahren, so zeigen Umfragen und Untersuchungen in Kindergärten, ist darüberhinaus eine enorme Zunahme der Gewaltbereitschaft und des Aggressionspotentials in den Kindereinrichtungen zu verzeichnen.[1] Beschimpfen, Raufen, Beißen, Kratzen, Treten, Schlagen oder Würgen seien bei vielen Kindern zunehmend an der Tagesordnung. Kinder hätten kaum noch Hemmschwellen bei der Anwendung von Gewalt und kein Gefühl mehr dafür, daß sie jemandem Schmerzen zufügen. Das Klima in den Kindergärten sei rauher geworden, das ist die Bilanz einer dpa-Umfrage im Jahr 1993 in der Bundesrepublik. Nach Angaben des Sozialministeriums im Saarland fallen ein Drittel bis ein Viertel der Vorschulkinder durch Verhaltensstörungen wie Aggressivität, Hyperaktivität oder Kontaktschwierigkeiten auf.

Der Kindergarten[2] bleibt offensichtlich von gesellschaftlichen Entwicklungen nicht verschont. Er ist zunehmend ein Kristallisationspunkt für Probleme, die aus rasanten gesellschaftlichen Veränderungen, überlasteten Familien, verunsicherten Kindern und überforderten ErzieherInnen resultieren.

Friedenserziehung kann in einer solchen Situation zu einem fruchtbaren Erziehungsprinzip für die Vorschulerziehung werden, wenngleich sie weder Patentrezepte noch schnelle Lösungen anbieten kann.

Kinder verbringen im Kindergarten zum ersten Mal in ihrem Leben längere Zeit außerhalb der Familie. Zum ersten Mal müssen sie sich in einer bislang unbekannten Umgebung nicht nur gegen die Eltern behaupten, sondern auch gegenüber einer größeren Zahl von Kindern. Für die meisten Kinder stellt jedoch der Kindergarten bereits nach kurzer Zeit einen neuen und »alternativen« Lebensraum dar, der ihnen Schutz gewährt, neue Lebensbereiche erschließt und Raum für Eigeninitiative läßt.

Friedenserziehung im Vorschulbereich kann keine Wissensvermittlung oder kognitive Auseinandersetzung über Krieg und Frieden sein. Sie ist wesentlich auf der sozialerzieherischen Ebene angesiedelt und beinhaltet Hilfen für die Persönlichkeitsentfaltung des Kindes sowie zur Befähigung zur zwischenmenschlichen Kommunikation und zum gemeinschaftlichen Handeln. In diesen Punkten unterscheidet sie sich zunächst noch nicht von jeder »guten«, »kritischen« oder »emanzipatorischen« Erziehung. Erst durch die Einbeziehung gesellschaftlicher und politischer Zusammenhänge und die Verortung dieser Erziehungsziele in einem umfassenderen Friedensprozeß entsteht ein Beitrag zur Friedenserziehung.

Friedenserziehung im Kindergarten (wie auch Friedenserziehung in anderen Erziehungsinstitutionen) ist in dreifacher Weise herausgefordert:

Erstens durch das aktuelle Verhalten der Kinder (z.B. Aggressionen, Konflikte) und die Notwendigkeit, darauf zu reagieren. Häufig dominiert gerade der Umgang mit aktuellen »Erziehungsschwierigkeiten« das Tagesgeschehen so stark, daß andere Bereiche dadurch überlagert werden.

Zweitens durch die Suche nach einer langfristig angelegten Konzeption, die sowohl Gewaltprävention beinhaltet als auch auf die Entwicklung von Friedensfähigkeit abzielt und auf eine positive Beziehung zu den Kindern baut. Diese Perspektive drückt sich vor allem durch die grundlegende Art des Zusammenlebens im Kindergarten aus und durch die dort geltenden Werte und Normen.

Drittens durch die Sorge um die Bedrohung der Lebens- und Zukunftsmöglichkeiten der Kinder.

Doch wie kann dies umgesetzt werden? In einer Negativ-Vision macht der Pädagoge Armin Krenz deutlich, wie es nicht sein sollte. Er befürchtet, »daß mir als Kindergartenkind gesagt werden würde,
- ich dürfe weder im Kindergarten noch außerhalb mit Waffenimitaten spielen;
- ich dürfe nicht so gewinnen, wie ich es will, sondern hätte mich auf veränderte konkurrenzarme/-freie Spiele einzulassen;
- ich dürfe nicht hauen, wenn ich super sauer auf jemanden wäre und ich dürfte auch den anderen nicht anschreien, sondern hätte mich zu vertragen;
- ich dürfte keine Stöcke von den Bäumen brechen, weil ich damit

Vorschule – Persönlichkeitsentfaltung und Handeln in der Gemeinschaft

die Natur zerstöre und
- ich dürfte keine Höhlen in den Sträuchern bauen, weil ich damit die Ökologie aus dem Gleichgewicht bringe;
- ich dürfte keinen anderen doof finden, weil wir ja alle Kinder einer Erde sind und
- ich dürfte keine Zuckersachen mehr essen, weil sie die Zähne zerstören;
- ich düfte kein frisches Weißbrot dick mit Marmelade belegt mehr zu mir nehmen (...);
- ich hätte meinen Schoko-Kuß einzutauschen gegen ›frisches‹ Obst und statt meines Lieblingskakaos ungesüßten Tee zu trinken;
- ich hätte mit dem Schreien aufzuhören und stattdessen Rücksicht auf die anderen zu nehmen.

Und zusätzlich sollte ich mit zur ›Lichterkette gegen Ausländerhaß‹ oder zur Demonstration gegen ›schlechte Rahmenbedingungen im Kindergarten‹.«[3]

Die hier zum Ausdruck kommenden Befürchtungen charakterisieren Friedenserziehung als eine lustfeindliche, spießige Angelegenheit, die Kindern ihrer (Lebens-)Freude beraubt und sie zudem noch für eigene Interessen mißbraucht. Ein Netz von Einschränkungen beschneidet kindliche Spontaneität und Ungezügeltheit. Verbote ersetzen eine einfühlsame Fürsorge. Eine puritanische Friedensindoktrination nützt jedoch selbstverständlich weder den Kindern noch der Sache des Friedens.

Ziele und Aufgaben einer Friedenserziehung im Kindergarten

Prinzipiell geht es um die Entfaltung eines eigenen Lebensverständnisses der Kinder auf der Grundlage von humanen Werten. Um dies zu realisieren, benötigen sie viel Raum für Eigeninitiative. Damit verbunden ist die allmähliche spielerische und erklärende Einführung in die Welt der Erwachsenen. Im Sinne der Friedenserziehung ist dies begleitet von Lernprozessen, die einen konstruktiven Umgang mit der eigenen Aggression ermöglichen und die gewaltfreie Austragung von Konflikten unterstützen.

Aus der Perspektive der Kinder formuliert bedeutet dies:
- Ich kann meine Ängste bei der Konfrontation mit Unbekanntem überwinden und mich mit Neugierde dem Neuen zuwenden.
- Ich bin Ich, und ich weiß, daß meine Anwesenheit für die Kindergruppe von Wichtigkeit ist.
- Ich werde wegen meiner Familie, meines Geschlechts und meiner

Nationalität nicht unterdrückt oder benachteiligt werden.
- Ich erahne, daß es eine Welt über und hinter mir gibt, die ich noch nicht verstehe, von der ich aber weiß, daß Krieg und Unterdrückung schlecht, Frieden und Gleichheit gut sind.[4]

Es geht bei der Friedenserziehung im Kindergarten vor allem um vier Verhaltensdimensionen: um den Umgang mit Gewalt und Konflikten, um die Förderung einer ökologisch verantwortbaren Lebensweise sowie um die Grundlagen von Beteiligung und Mitbestimmung. In diesen Dimensionen muß die Fähigkeit zu selbständigem und eigenverantwortlichem Handeln der Kinder gefördert und das kreative Potential erhalten werden.

Umgang mit Aggression und Gewalt
Beim Umgang mit Aggression und Gewalt sollte zwischen alters- und entwicklungsbedingtem spielerischem Erprobungsverhalten (Kräfte messen, auskämpfen der Gruppenrangfolge usw.) und chronisch-destruktiven Aggressionshandlungen, die bereits den Charakter von Störungen angenommen haben, unterschieden werden. Während auf das Erprobungsverhalten mit dem Anbieten adäquater Möglichkeiten der Auseinandersetzung bzw. von Freiraum zum »Austoben« reagiert werden kann, geht es bei destruktiver Aggression um Angebote zur Ichstärkung und Hilfestellung beim Zusammenleben in der Gruppe. In beiden Fällen ist das Ziel letztlich die Kultivierung der »Aggressionsneigungen«.[5] Erfahrungen von ErzieherInnen[6] zeigen, daß
- intensiv spielende Kinder weniger Aggressionen zeigen als solche, die sich gelangweilt und unausgefüllt verhalten oder nur umher rennen;
- bei einem dauerhaft niedrigen Geräuschpegel im Raum seltener Konflikte entstehen und seltener Aggressionen auftreten;
- bei einem sinnvollen Wechsel zwischen strukturierenden Elementen und Phasen des Freispiels Unruhe und Unlustphasen eher aufgefangen werden können als bei einem grundsätzlich nur spontan gestalteten Tagesablauf oder bei sehr stark durchstrukturierten Abläufen;
- klare Absprachen und Regeln des Zusammenlebens, die mit den Kindern erarbeitet werden, mithelfen, Aggressionen zu reduzieren;
- attraktive Spielformen und Spielmaterialien kreaktive Spielweisen fördern können, wobei vielfältige Wettspiele für Kinder genauso wichtig und spannend sind wie kooperative Spielweisen oder »Spiele ohne Sieger«;
- Kinder, die anerkannt werden und ihren Platz in der Gruppe gefun-

den haben, weniger aggressiv sind als solche, die noch darum kämpfen müssen.

Diese Hinweise müssen als Orientierungspunkte, nicht als starre Handlungsanweisung gelesen werden. Ein flexibler Umgang mit Situationen und Kindern erfordert oft das Gegenteil von dem oben Beschriebenen: spontane Unternehmungen durchführen oder auch Toben und Laut-Sein von Kindern bewußt zuzulassen. Ebenso wie klare Vorgaben Sicherheit vermitteln können, wirken Flexibilität und situationsgerechte Reaktionsweisen entlastend und befreiend.

Umgang mit Konflikten
Weder Konflikte noch Aggressionen können und sollen aus dem Kindergarten verbannt werden. Sie stellen notwendige Lernfelder dar um einzuüben, wie durch Kommunikation gemeinsames Leben gestaltet werden kann.

Kinder sollten Konflikte möglichst selbst regulieren, doch die Schwächeren müssen vor Übergriffen geschützt werden. Als eigene Konfliktpartei dürfen die Erwachsenen ihre Überlegenheit und Macht nicht ausspielen oder gar bei Konflikten im Team die Kinder für ihre Zwecke benützen. Gleichgültig wie ein Konflikt entstanden und wie er verlaufen ist, am Ende sollte er überdacht und besprochen werden. Denn erst der sprachliche Ausdruck von Interessen, Vermutungen, Verletzungen, Absichten, Wirkungen usw. ermöglicht es Kindern, die Wirkung von anderen und auf andere zu erkennen und in ihr Handeln einzubeziehen. Und sie können erfahren, wie man zuhört und redet, Eindrücke sammelt und sich selbst auszudrücken versteht. Sie lernen Verantwortung für ihr Handeln zu übernehmen, indem sie dieses reflektieren und zur Diskussion stellen. Hierbei darf nicht übersehen werden, daß in dieser Altersstufe die Verbalisierungsfähigkeit sich erst entwickelt und zudem das Lernen über Sprache noch eine untergeordnete Rolle spielt. Vorschulkinder lernen vor allem durch Tun, durch »Nachmachen« und Ausprobieren.

Förderung einer ökologisch verantwortbaren Lebensweise
»Das Ziel der Umwelterziehung ist die Entwicklung der individuellen und gemeinschaftlichen Verantwortlichkeit für die Umwelt im Denken und im Handeln.«[7]

Dieses Ziel kann am ehesten erreicht werden, wenn Kinder in ihrem Alltag Natur erfahren und gestalten können und dabei auch die Auswirkungen ihres eigenen Handelns auf die Natur (wenigstens) im Nahbereich erleben.

Konkrete Ansatzpunkte ergeben sich hierbei u.a. in der Gestaltung des Freigeländes, in der Pflege eines eigenen Blumen- oder Gemüsegartens, der Haltung von Kleintieren wie Fischen, Hamstern, Hasen usw.

Desweitere können ökologische Aspekte auch gezielt durch einfache Experimente veranschaulicht werden. Solche Experimente hängen dann mit Aktivitäten wie Beobachten, Beschreiben, Vergleichen, oder auch mit Sammeln, Untersuchen, Zerteilen und Pflegen zusammen und können die Wahrnehmung für Naturkreisläufe stärken helfen sowie elementare Gesetzmäßigkeiten erfahrbar machen.

Daneben ist natürlich immer auch die Frage des Umgangs (Verwendung und Verschwendung) mit Energie und Rohstoffen ein wichtiger Aspekt. Es geht also letztlich um die Achtung und Wertschätzung der belebten und unbelebten Natur, um das Deutlichmachen von Schäden, Verwüstungen und Verunreinigungen um die Notwendigkeit des Schutzes der Natur und um die damit verbundene individuelle und gemeinsame Verantwortung.

Einübung von Mit- und Selbstbestimmung
Die Einübung demokratischer Verhaltensweisen steht immer wieder in Konkurrenz zur Forderung nach Gehorsam und Unterordnung. Unbedingter und permanenter Gehorsam hat für die Kinder negative Folgen, denn sie können keine selbständigen Entscheidungsprozesse erlernen und auch keine Verantwortung für ihr Handeln übernehmen. Auch die Gemeinschaft leidet darunter, denn erzwungener Gehorsam ist eine latente Quelle von Gewalttätigkeit. Gehorsam hat zwar – vor allem in der frühkindlichen Erziehung – den Sinn, Kinder vor Gefahrensituationen (z.B. im Straßenverkehr) zu schützen, ist jedoch überall dort, wo er mit keiner Begründung und Einsicht verbunden wird, überflüssig. Gerade abweichende Meinungen, eigenständige Überlegungen und selbstbegründetes Handeln sind für die Entwicklung von Friedensfähigkeit äußerst wichtig. Sie sind die Voraussetzungen für Zivilcourage, die sich gegen Unrecht auch dann wendet, wenn damit keine eigenen Vorteile verbunden sind.

Im Kindergartenalter lernen Kinder, ihren eigenen Willen zu entwickeln, eigene Überlegungen über sich und die Welt anzustellen, nach dem Sinn von Handlungen und Ereignissen zu fragen. Hier ist es wichtig, Widerspruch hinzunehmen, ja geradezu herauszufordern. Dies bedeutet jedoch auch, daß sich die ErzieherInnen verstärkten Nachfragen und Auseinandersetzungen stellen müssen.

Zusammenarbeit im Team – das Vorbild der ErzieherInnen

Ein zentrales Erziehungsmittel ist das Vorbild der ErzieherInnen. Deren Ansichten, Einstellungen und Verhaltensweisen wirken auf die Kinder mindestens ebenso stark wie der bewußt gestaltete Kindergartenalltag oder die strukturellen Rahmenbedingungen der Arbeit. ErzieherInnen sind nicht nur in ihrer Funktion, sondern als gesamte Person gefragt. Unterschiedliche Vorstellungen oder Konflikte in der Zusammenarbeit mit den KollegInnen können vor Kindern nicht verheimlicht werden. Diese registrieren die jeweilige Stimmung sehr genau und lernen dabei, wie die von ihnen bewunderten Erwachsenen mit ihren Schwierigkeiten im zwischenmenschlichen Zusammenleben umgehen. Die ErzieherInnen sollten sich deshalb darüber im Klaren sein, daß die Kinder ihnen nicht nur bewußt nacheifern, von ihnen gelobt und anerkannt werden wollen, sondern auch vieles unbewußt übernehmen und sich zudem nach ihren Erwartungen verhalten.

Friedenserziehung fängt also bei der Frage eines glaubwürdigen Vorbildes im Kindergarten an. Dabei geht es nicht um die Idealisierung von Personen, sondern um das gegenseitige Bemühen um faire Lösungen.

Eine Erzieherin berichtet: »So nahm unsere Friedensarbeit ihren Anfang in unserem Team: Miteinander arbeiten; füreinander zur Verfügung stehen; Konflikte nicht verdrängen, sondern austragen, ohne zu verletzen, miteinander Absprachen und Regeln des Zusammenlebens erarbeiten, um Aggression und Konfliktstoff zu reduzieren; Kooperation und nicht Konkurrenz pflegen; Fehler machen dürfen; sensibel füreinander sein. Dieses Modellverhalten ist nie fertig, sondern muß immer wieder bei uns wachgerufen und erneuert werden.

Das Friedenstraining im eigenen Team hat uns wesentlich geholfen, die Möglichkeiten auf das Zusammenleben zwischen den Kindern übertragen zu können und gleichzeitig auch die Grenzen zu sehen.«[8]

Doch Vorbild zu sein, so hoch der Anspruch im Einzelfall auch ist, genügt nicht. Hinzukommen muß ein reflektiertes Erziehungskonzept von Kinder(garten)arbeit. Der jeweils praktizierte Erziehungsstil, die angewandten Erziehungsmethoden und die Gestaltung des Zusammenlebens, sollten nicht zufällig sein, sondern auf die Kindergruppe abgestimmt und von friedenspädagogischen Grundsätzen geleitet. Ein Hauptgrundsatz für das Erziehungshandeln lautet auch hier: »Niemals Gewalt«.

Für das Bewußtsein der ErzieherInnen und ihr pädagogisches Handeln darf die Tatsache nicht unterschätzt werden, daß sie in der sozialen Hierarchie der pädagogischen Berufe an der unteren Ebene angesiedelt sind. Dies macht sich sowohl in ihrer gesellschaftlichen Anerkennung als auch in ihrer Bezahlung bemerkbar und führt dazu, daß sie sich mit ihren Kompetenzen nicht akzeptiert fühlen. Doch diese Einordnung trifft nicht nur die ErzieherInnen, sondern den Kindergarten insgesamt: Er wird in seiner Bedeutung für die individuelle Entwicklung sowie für die gesamte Gesellschaft bei weitem unterschätzt.

Den Kindergarten als Lebensraum gestalten
Mindestens ebenso wichtig wie einzelne Erziehungsmaßnahmen oder Spielangebote ist die Organisation des Zusammenlebens, wozu Kontakte zwischen Eltern, ErzieherInnen und Kindern ebenso gehören wie die Raumgestaltung und Zeitaufteilung. Der Umgangston, die vielen automatisch vorausgesetzten Selbstverständlichkeiten, die Wertschätzung und Achtung, die den Kindern entgegengebracht wird, die Art und Weise, wie mit Schwierigkeiten und Spannungen umgegangen wird, kurz die Bewältigung des Alltags ist das eigentlich Prägende.

Der Lebensraum Kindergarten sollte Möglichkeiten und Angebote für die Befriedigung möglichst vielfältiger Bedürfnisse bieten. Bei allen Angeboten und Vorhaben sollte im Blick sein, wie und wo Kindern Verantwortung übertragen werden kann.

Möglichkeiten um Ruhe zu finden, sind in der Regel eher vorhanden als Angebote, um laut sein und toben zu können. »Tobe-Ecken«, in denen auch Raufereien, die nach gemeinsam festgelegten Regeln ausgetragen werden (z.B. nicht boxen, beißen oder kratzen), kommen nicht nur dem kindlichen Bedürfnis nach Kräftemessen und körperlicher Auseinandersetzung entgegen, sondern können auch motorische Unruhe auffangen. Überhaupt muß dem Bewegungsdrang der Kinder (regelmäßige Wanderungen, Bewegungsspiele, sportliche Wettkämpfe, Aufenthalt im Freigelände usw.). Rechnung getragen werden. Denn vieles, was auf den ersten Blick als aggressives Verhalten erscheint, ist nur auf die Einschränkung kindlicher Motorik zurückzuführen.

In einem Gesamtkonzept darf im Kindergarten auch ein medienpädagogischer Ansatz nicht fehlen, denn bereits die Welt der Kleinkinder ist wesentlich durch den Konsum von Kassetten und Videos sowie den Umgang mit elektronischen Knöpfchenspielen geprägt. Medienarbeit heißt, Medien kreativ zu verändern bzw. selbst zu produzieren. Dies geht von Fotos und Dias über Tageslichtprojektionen bis zu eigenen Aufnahmen von Geräuschen und Musik auf Kassetten und Videobänder. Daneben steht das bewußte Sehen von und Arbeiten mit ausgesuchten Bildern und Filmen, deren Handlungen weiter- oder nachgespielt, erzählt oder gemalt werden können. Dies kann dazu beitragen, bereits Kleinkinder in den bewußten Umgang mit Medien einzuführen und ihnen Kriterien und Maßstäbe für Machart und Dramaturgie zu vermitteln.

Zur Gestaltung des Lebensraumes Kindergarten gehört, daß sich die ErzieherInnen und die Eltern über die angestrebten Ziele und die angewandten Methoden einig sind. So selbstverständlich dies klingt, so wenig findet in der Praxis ein Austausch gerade über diese grundlegenden Dinge statt. Häufig wird die Qualität der Kindergartenarbeit von Trägern, Kolleginnen und Eltern nach dem Grad der Lautstärke in der Gruppe, nach Sauberkeit und Ordnung im Gruppenraum, sowie nach den mit nach Hause gebrachten Bastelarbeiten bewertet.

Politik im Kindergarten

Im Kindergarten spielen politische Themen als Gegenstand der Auseinandersetzung eine untergeordnete Rolle. Dennoch sollte dieser Bereich zumindest in die Reflexionen der ErzieherInnen einbezogen werden. Denn Politik wirkt auf vielfältige Art und Weise in den Kindergartenalltag hinein:

- Kürzungen im Sozialhaushalt verhindern z.B. die Besetzung von Stellen für ErzieherInnen und beeinflussen somit die Gruppengrösse, Ausstattung und Qualität der Arbeit.
- Militärübungen, Tiefflieger, Sirenenproben oder auch kriegerische Auseinandersetzungen in anderen Ländern werden auch von Kleinkindern (zumindest stimmungsmäßig) registriert und sind mit Ängsten, Phantasien und Fragen verbunden.
- Die Anwesenheit von Kindern verschiedener Nationalitäten im Kindergarten weist auf andere Länder und auf verschiedenartige Lebensformen hin.
- Durch Reisen, Konsumgüter und Medien werden Kinder bereits früh mit Gegenständen aus und Bildern von anderen Ländern konfrontiert . Dies trägt zur Entstehung erster, rudimentärer Weltbilder und zu Phantasien über die Welt bei.
- Und nicht zuletzt spiegeln sich (bewußt oder unbewußt) die politischen Einstellungen der ErzieherInnen im alltäglichen Umgang mit den Kindern wider.

Auch wenn »politische Themen« als Sachthemen (im Rahmen didaktischer Einheiten) im Vorschulbereich weitgehend ausgeklammert bleiben, sind sie dennoch auf einer zweiten, nicht thematisierten Ebene präsent und beeinflussen Einstellungen und Verhalten der Kinder und ErzieherInnen. Deshalb ist die Diskussion, ob man Kleinkinder mit politischen Themen konfrontieren sollte, überflüssig. Die Frage ist, wie man Kleinkindern sensibel einen Zugang, ein Empfinden und Verstehen »politischer Themen« ermöglichen kann. Der hierfür notwendige Zugang muß auf der spielerischen Ebene liegen und Identifikationsmöglichkeiten in und durch Geschichten und andere Medien bieten.

Gestaltungsmöglichkeiten ergeben sich im Alltag, indem politische Dimensionen aufgegriffen und bewußt gemacht werden müssen.

- *Soziales Miteinander:* Wie können Kinder in Entscheidungen einbezogen werden und welche ersten Erfahrungen machen sie mit dem »Mitreden und Mitbestimmen können«?
- *Ökologie:* Wie wird das Abfall- und Verpackungsproblem im Kindergarten gelöst? Welchen Stellenwert haben sogenannte »wertlose Materialien« im Spiel- und Bastelalltag?
- *Ernährung:* Welche Ergänzungen und Alternativen zum mitgebrachten Pausenvesper bietet der Kindergarten an?
- *Naturerfahrung:* Können Kinder den Kreislauf von Aussaat und Ernte, von Aufzucht und Pflege von Pflanzen und Tieren miterleben und selbst begleiten?

An diesen Alltäglichkeiten knüpfen sich vielerlei Lernchancen an, die immer dann über die aktuelle Situation hinausreichen, wenn Hinweise und Erklärungen für größere Zusammenhänge eingeflochten oder sichtbar werden. Friedenserziehung in dieser Form kann auch zu Konflikten mit den Eltern führen, die eine Einmischung in »ihre Erziehungsangelegenheiten« befürchten. Doch Kinder sind beileibe nicht nur am Alltagsgeschehen interessiert. Sie beschäftigen sich auf ihre Art schon sehr früh (ab dem dritten Lebensjahr) mit existentiellen Fragen, z.B. mit Leben und Tod. Sie wollen natürlich wissen, warum etwas so ist und nicht anders oder wer nun in dieser Auseinandersetzung der »Böse« und wer der »Gute« ist. Diese »philosophische« Ader der Kleinkinder berührt an vielen Punkten auch aktuelle politische Ereignisse und deren Bewertung.

Auch die Tatsache, daß im Vorschulbereich praktisch ausschließlich Frauen tätig sind und Kleinkinder deshalb kaum Erfahrungen mit männlichen Umgangspartnern sammeln können, hat einen eminent politischen Hintergrund und prägt schon früh das Verständnis über das Geschlechterverhältnis.

Damit verbunden ist auch die politische Dimension des Berufsbildes der ErzieherInnen. Wenn diese in ihrer Alltagsarbeit die ihnen anvertrauten Kinder fördern und ihnen optimale Entwicklungsmöglichkeiten anbieten möchten, können sie nicht die Augen vor den institutionellen Zwängen, die diesen Absichten zuwiderlaufen, schließen oder gar die Entwicklungen in Politik und Umwelt ignorieren, die ihre Kinder immer mehr beeinträchtigen oder gar krank machen. Die Welt der Erwachsenen kann also nicht aus dem Kindergarten herausgehalten werden.

Einbeziehung der Eltern
Der Kindergarten steht in seinen Erziehungsbemühungen nicht alleine da. Sein Einfluß konkurriert mit den Einflüssen der Medien und denen des Elternhauses. Erfahrungen und Lernprozesse im Kindergarten wirken sich jedoch vor allem dann günstig aus, wenn sie vom Elternhaus unterstützt und verstärkt werden. Kontakte zu Eltern sind häufig an Alltagssituationen gebunden, doch darüber hinaus gibt es vielfältige Möglichkeiten, die Eltern einzubeziehen:
- im Rahmen von Elternabenden, die z.b. der gemeinsamen Klärung der Erziehungsziele dienen können oder mit denen alltägliche Fragestellungen aufgegriffen werden;
- im Rahmen der Elternvertretung durch Mitsprache und Mitentscheidung;
- im Rahmen von Projekten, indem Eltern in der Projektausarbeitung und Durchführung mitarbeiten;
- durch Mitarbeit bei der Um- oder Neugestaltung der Einrichtung oder des Freigeländes;
- durch regelmäßige Informationsbriefe der ErzieherInnen an die Eltern, die neben Informationen über Epochenpläne und Arbeitsvorhaben auch grundsätzliche Themen behandeln sollten;
- durch Hausbesuche der ErzieherInnen, die sich so (nicht nur) bei schwierigen Kindern ein Bild von der Familiensituation machen können, was zu einem tieferen Verstehen der kindlichen Verhaltensweisen beiträgt.

Die Initiative zur Zusammenarbeit muß dabei nicht nur von den MitarbeiterInnen des Kindergartens ausgehen. Auch Eltern können und sollten initiativ werden, zumal in keiner anderen Erziehungsinstitution Eltern so weitreichende und vielfältige verbriefte Mitbestimmungs- und Mitwirkungsrechte haben wie im Kindergarten. Diese Rechte bewußt wahrzunehmen, heißt den Interessen der Kinder auch aus der Sicht der Eltern Geltung zu verschaffen. Die Kinder erleben dabei, daß es ihren Eltern ein Anliegen ist, sich für ihre Belange einzusetzen.

Die Kontakte zwischen Eltern und ErzieherInnen sind häufig von gegenseitigen Ängsten geprägt, z.B. von der Angst der ErzieherInnen, sich für ihr Tun permanent rechtfertigen zu müssen und zudem zum »Abladeplatz für Probleme der Eltern« zu werden sowie von der Angst der Eltern, schon wieder Negatives über ihr Kind »vorgesetzt«zu bekommen.

Regelmäßige (Einzel)Gespräche, unabhängig von besonderen Vorkommnissen, bei denen die Entwicklung des Kindes besprochen wird, könnten hier eine andere Sichtweise fördern helfen.

Friedenserziehung im Kindergarten setzt sich also aus einer Vielzahl von Elementen zusammen, die sowohl die Rahmenbedingungen, die Erziehungskonzeption und Umsetzung sowie auch aktuelles situationsspezifisches Handeln umfaßt und in dem Spannungsfeld zwischen den Interessen der Kinder, des Trägers, der ErzieherInnen und der Eltern ausgehandelt werden muß.

Gewalt in der Spielzeugwelt und die Abrüstung im Kinderzimmer

Gewaltspielzeug in vielen Variationen gehört heute zur »Grundausstattung« jedes Kinderzimmers: Pistolen, Actionfiguren oder Modelle von Kampfflugzeugen sind ebenso zu finden wie selbstgefertigte Kampfmaschinen aus Konstruktionsmaterialien sowie Video-und Computerspiele.

Viele Eltern fühlen sich stark verunsichert und suchen nach Orientierungsmöglichkeiten, wenn ihre Kinder beginnen, mit Spielzeugwaffen zu spielen oder sich Spielzeugpistolen wünschen. Sollen sie dem Wunsch nachgeben oder Waffen prinzipiell verbieten? Warum spielen Kinder überhaupt mit solchem Spielzeug, was lernen sie dabei und wie kann man als Elternteil oder ErzieherIn damit umgehen?

»Spielzeugwaffen in der Hand von Kindern sind mit Sicherheit viel ungefährlicher als reale Waffen in der Hand von Politikern.« »Kriege gibt es unabhängig davon, ob Kinder mit Gewaltspielzeug spielen oder nicht!« »Wer mit Gewaltspielzeug spielt, wird dadurch noch nicht zum kriegsbegeisterten Kämpfer oder zum Gewalttäter.« »Kinder können in der Regel zwischen Spiel und Realität sehr gut unterscheiden.«

Verniedlichen diese Aussagen die Problematik oder warnen sie eher vor einer überflüssigen Dramatisierung? Viele Eltern und ErzieherInnen finden Gewaltspielzeug problematisch, weil
- es auf die Frage hinweist, nach welchen Kriterien Spielzeug für Kinder als geeignet oder gar als »gutes« Spielzeug einzustufen ist,

und wie Kinder dies selbst sehen;
- es auf die Befürchtungen, Phantasien und Ängste der Eltern und ErzieherInnen hinweist, die mit Gewaltspielzeug offensichtlich anderes verbinden als Kinder;
- es das Problem thematisiert, welche Wirkung solches Spielzeug hat oder haben könnte. (»Die Pistole bei einem Kind macht mir Angst, weil es mich an Verletzen und Töten erinnert«, berichtet eine Erzieherin bei einer Fortbildung.);
- es die Befürchtung weckt, daß kindliches (oder späteres) aggressives Verhalten in irgendeinem Zusammenhang mit diesem Spielzeug stehen könnte bzw. es zu einer Verrohung der Umgangsformen beitragen könnte;
- es ein geschlechtsspezifisches Phänomen ist: denn mit Gewaltspielzeug wird hauptsächlich von Jungen gespielt;
- es auf die Existenz von Militär und realer Gewalt und deren gezielter Zur-Schau-Stellung und Werbung hinweist;
- es auf vielfältige sinngleiche Einflüße aufmerksam macht, die im Bereich der Kinderkultur angesiedelt sind, wie »Heftchen«, Comics, Kassetten, Videofilme, Videospiele, Computerspiele, T-shirts usw. und der Rüstungskultur, wie Militärparaden, Militärausstellungen, Kriegerdenkmäler, Truppenbesuche usw.

Betrachtet man diese Problembereiche genauer, so wird man unschwer feststellen, daß sie viel mit der Einstellung und den Befürchtungen der Erwachsenen (speziell der Eltern und ErzieherInnen) zu tun haben und nur relativ wenig mit dem realen Verhalten der Kinder.

Dies ist für die Auseinandersetzung mit diesen Bereich symptomatisch. Die jeweiligen Beurteilungen von Kriegs- und Gewaltspielzeug sind stark von ideologischen Vorannahmen geprägt. Kinder werden dabei in die eine oder andere Richtung weltanschaulich instrumentalisiert.

Was ist Gewaltspielzeug?
War Kriegsspielzeug im 17. Jahrhundert noch Lehrmittel für Königssöhne, das dazu diente, die Thronfolger in ihren künftigen Aufgabenbereich als oberste Kriegsherrn und Befehlshaber einzuweisen, so hat sich bereits im 18. Jahrhundert Kriegsspielzeug zum Massenspielzeug entwickelt. Durch den Übergang von Söldnerheeren zu Nationalarmeen (zunächst in Frankreich) kann die Ausbreitung von Kriegsspielzeug in Zusammenhang gesehen werden mit der Notwendigkeit, breitere Schichten zur Zustimmung zu Kriegen zu bewegen. Zinnsoldaten, die in verbilligten Massenproduktionen hergestellt wurden, wa-

ren dabei der vorherrschende Typus des Kriegsspielzeugs. Im 19. Jahrhundert gab es bereits Nachbildungen aller Armeen der Welt. Kriegsspielzeug wurde gezielt zum Geschichtsunterricht herangezogen und diente der ideologischen Festigung der Heranwachsenden. Die historische Belehrung, die Information über aktuelles Weltgeschehen und die neuen Waffentechnologien, aber auch die Erziehung zu frühzeitigem Drill und Exerzier-Reglement standen dabei im Vordergrund.

Der Umgang mit Kriegsspielzeug war zunächst eine Erscheinung von adeligen und bürgerlichen Kreisen. Dies änderte sich jedoch spätestens in der Vorphase des 1. Weltkrieges. Kriegsspielzeug wurde in der Vergangenheit von den Erwachsenen immer als Einstimmung und Vorbereitung auf kriegerische Auseinandersetzung verstanden. »Wehrspielzeug ist Lehrspielzeug, das im Dienst der Wehrhaftmachung der deutschen Jugend steht, ebenso wie der Dienst in der HJ und die vormilitärische Ausbildung.«[9] »Die Erziehung der Jugend kann deshalb nicht früh genug in diesen wehrhaften Geist einsetzen und spielend sollen die Jungen in ihre spätere Rolle als Soldat eingeführt werden.«[10]

Diese Zusammenhänge wurden, zumindest in der Vergangenheit, klar gesehen, was wohl auch mit bewirkte, daß jeweils nach dem Ersten und Zweiten Weltkrieg Kriegsspielzeug immer vom Spielwarenmarkt verschwand. »Nach dem 1. Weltkrieg wurden verstärkt Schriften gegen Kriegsspielzeug verfaßt, und das Kriegsspielzeug verlor an Popularität, die Firmen stellten sich auf ziviles Spielzeug um.«[11]

Doch diese ablehnende Haltung hielt nie lange an. Sowohl in den 20er Jahren als auch bereits 1950 wurde wieder Kriegsspielzeug produziert. Dies war auch der Anlaß, daß sich 1950 das Plenum des deutschen Bundestages zum ersten Mal mit dem Thema Kriegsspielzeug befaßte.

Mit nur wenigen Gegenstimmen wurde ein Antrag angenommen, der die Bundesregierung ersuchte, »Herstellung und Vertrieb von Kriegsspielzeug jeglicher Art in dem Gebiet der Bundesrepublik Deutschland zu verhindern« und »bei der Alliierten Hohen Kommission darauf hinzuwirken, daß die Abgabe oder Überlassung von Kriegsspielzeug jeglicher Art durch Angehörige der Besatzungsmacht an deutsche Kinder in Zukunft unterbleibt.«[12]

Praktische Konsequenzen hatte diese Entschließung jedoch keine, da die Beratungen in den entsprechenden Ausschüssen zu keinem Ende kamen.

Zumindest zu diesem Zeitpunkt (1950) wurde auch im Parlament von einer negativen Wirkung von Kriegsspielzeug auf die Entwicklung der Kinder ausgegangen: »Zweifellos erzieht das Kriegsspielzeug zur Glorifizierung des Krieges und vor allem dazu, den Mord, die Tötung eines Menschen, wenn er als Gegner auftritt, leicht hinzunehmen...«.[13]

Nahm man bei dieser Debatte noch Auswirkungen auf politische Einstellungen an, so beschränken sich neuere Bundestagsanfragen und Antworten auf die pädagogisch/psychologische Dimension, etwa auf die Frage eines Zusammenhanges zwischen Kriminalität und dem Spiel mit Kriegsspielzeug.[14]

Bis Mitte der 80er Jahre wurde in diesem Zusammenhang weitgehend von »Kriegsspielzeug« gesprochen. Obwohl es keine allgemeine Definition von Kriegsspielzeug gibt, läßt es sich doch relativ gut beschreiben. Der frühere Bundesjustizminister Hans-Jochen Vogel definiert Kriegsspielzeug so: »Zum Kriegsspielzeug würde ich deshalb rechnen: alle Nachbildungen von Waffen, Pistolen, Gewehren, Raketen, Granaten, militärischen Fahrzeugen, Panzern, Flugzeugen, Kriegsschiffen, alle Attribute für die Darstellung von Kampfsituationen oder Schlachtfeldern, Sandsackbarrikaden, Steinmauern, zerstörte Häuser, Ruinen, Bunker, Stacheldrahtzäune und was es in dieser Art noch alles mehr gibt. Für die Abgrenzung des Kriegsspielzeugs ist es meines Erachtens unwesentlich, ob es sich um sogenanntes Funktionsspielzeug, also fertige Nachbildungen, oder um Modellbausätze handelt, denn Thematik und Zweckbestimmung sind bei beiden die gleichen.«[15]

Schwieriger ist der Begriff Gewaltspielzeug zu fassen, der in den 80er Jahren zunehmend den Ausdruck Kriegsspielzeug ablöste. Er beinhaltet sowohl das klassische Kriegsspielzeug, Actionspielzeug als auch den seit Mitte der 80er Jahre stark expandierenden neuen Bereich der AV-Medienspiele (Gameboy, Videospiele, Computerspiele usw.). Dieses neue Gewaltspielzeug ist nicht mehr an historische Vorlagen gebunden, sondern sowohl in der äußeren Gestaltung der Spielfiguren als auch in den Spielinhalten selbst eine Mischung aus Märchen, Sagen, Mythen, Fantasy und Science-Fiction.

Actionsspielzeug besteht in der Regel aus Spielfiguren und Szenarien, die in eine vorgegebene Handlung eingebettet sind. Am bekanntesten und umstrittensten sind wohl die Actionfiguren von »Mattel« wie »He-Man« oder »Skeletor«. Spielfiguren wie »Turtels«, oder »Dino-Riders« sind inzwischen an ihre Seite getreten. Die Spielserien zeigen Gestaltungselemente, die bei Märchen zu finden sind, wie die Polarisierung der Gestalten in Gut und Böse, dem existentiellen Grundkonflikt, den es zu lösen gilt, und der Lösung durch einen

Helden. Der Grundkonflikt besteht bei den Spielserien aus dem Angriff der »Bösen«, wodurch die »Guten« ihr »Reich« verteidigen müssen. Als Lösung dieses Konfliktes wird nur der Kampf angeboten.[16] Während Kriegsspielzeug und Actionspielzeug trotz aller Vorgaben im Prinzip noch individuell manipulierbar ist, d.h. von Kindern, entsprechend ihrer eigenen Phantasie und ihren Spielbedürfnissen einsetz- und veränderbar, ist dies bei elektronischen Spielen nicht mehr möglich. Hier muß sich das Kind auf eine vorprogrammierte Spielstruktur einlassen, indem es Knöpfchen an genau definierten Stellen drückt. Das Spielgeschehen läuft weitgehend autonom, das Kind wird zunehmend passiv. Hinzu kommt, daß diese Spiele in der Regel als Einzelspiele angelegt sind und nicht auf Kommunikation im Spiel aufbauen.

Je weniger Eingriffsmöglichkeiten Kinder in das Spielgeschehen haben, je mehr sie sich in dieses einpassen müssen und ihm ausgeliefert sind, desto problematischer erscheinen – vom Gesichtspunkt der kindlichen Verarbeitungsmöglichkeiten des Spielgeschehens her gesehen – die Spielmaterialien und -szenarios.

Eine relativ neue Entwicklung stellt der sogenannte Medienverbund dar. Zu den einzelnen Spielmaterialien werden Hörspielkassetten, Videos, Filme, T-shirts, Comics usw. angeboten. Das Serien- und Wiederholungsprinzip kommt dabei kindlichen Wahrnehmungs- und Spielgewohnheiten ganz besonders entgegen.

Actionspielzeug wird immer im Medienverbund angeboten. In der Verpackung der Figuren finden die Kinder Hinweise auf Hörkassetten und Comic-Hefte. Erfolgreiche Action-Serien findet man im Vorabendprogramm der privaten Fernsehsender, in Videotheken und Kinos wieder.[17]

Warum spielen Kinder mit Gewaltspielzeug?
Drei Ursachenbündel sollen besonders hervorgehoben werden:
Die kindlichen Ohnmachtserfahrungen: Es sind vor allem jene Kinder, die exzessiv mit Waffen spielen und mit der Pistole in der Faust die Kindergruppe besuchen, die ein eher schwaches Ich entwickelt haben. Sie erleben die anderen als Bedrohung ihrer Bedürfnisse und ihrer Identität und benötigen eine Stütze (»Krücke« in Form von Spielzeugwaffen) um zurechtzukommen.

Viele Actionfiguren stellen ein Abbild kindlicher aktueller Realität dar. Kinder sind schwach, ohnmächtig und verträumt. Sie leben in einer Welt, die eigentlich für sie aus lauter bösen Dingen besteht, in der sie überall an Grenzen stoßen, in der es keinen Raum für sie gibt.

> *Gründe für das Spiel mit Gewaltspielzeug*
>
> Im Rahmen einer Fortbildungsveranstaltung sollten Erzieherinnen alle Faktoren benennen, die aus ihrer Sicht dazu beitragen, daß Kinder mit Gewaltspielzeug spielen. Das Ergebnis war eine beachtliche Liste von möglichen Gründen und Ursachen:
> - Der Besitz von Gewaltspielzeug bringt »Freunde«;
> - Mit Waffen kann Macht über andere (auch als sonst Schwächerer) ausgeübt werden;
> - Waffen dienen als scheinbarer Selbstschutz (um sich gegen Stärkere wehren zu können);
> - Um in einer Gruppe akzeptiert zu werden;
> - Gewalterfahrungen in der Familie;
> - Mangelnde Fähigkeit, sich verbal auszudrücken;
> - Verarbeitung von Filmen, Kassetten, Comics (Medien);
> - Verarbeitung von Streit- und Angstsituatonen in der Familie und im sozialen Umfeld;
> - Das Spiel mit Waffen macht oft Krach und dies macht Spaß;
> - Um sich auszutoben und abzureagieren;
> - Diese Spiele bringen Abenteuer und Spannung
> - Selbst erlebte Gewalt ausleben;
> - Faszination von Technik und Waffen;
> - Reiz des Verbotenen;
> - Nachahmung von Idealen, Helden;
> - Nachspielen von in den Medien gesehenen Szenen;
> - Aggression können so abgebaut werden;
> - Solche Spielmaterialien versprechen eine einfache und schnelle Konfliktlösung;
> - Verführung durch ein großes Angebot an Gewaltspielzeug;
> - Kinder haben kreativere Spiele verlernt.

Um damit fertig zu werden, ist für sie ein Held attraktiv, der mit Hilfe seiner Freunde dagegen ankämpft.

Die gesellschaftliche Realität von Waffen und insbesondere der (scheinbar) zum Manne gehörende Umgang mit Waffen: Waffen gehören zur Erwachsenenrealität. Sie sind auf der ganzen Welt überall anzutreffen. Über bewaffnete Auseinandersetzungen wird in jeder Nachrichtensendung ausführlich berichtet. Dabei wird auch das Bild erzeugt, daß der Mann immer noch der ist, der die Familie beschützen muß und kann. Stärke zeigen ist eines der Haupattribute, die ein Mann (scheinbar) haben muß.

Kinder spielen zwar Krieg, Überfall, Raub und Mord, aber diese Spiele sind nicht ihre Erfindung, sondern ein Spiegel der Erwachsenenwelt. Ihre Art, sich damit zu beschäftigen (und dabei auch Eindrücke zu verarbeiten) ist, ausgewählte Szenen nachzuspielen.

Die Verarbeitung von psychisch belastenden Situationen: »Was immer etwas unterbelichtet wird, ist die Vearbeitung von unangenehmen Erlebnissen. Denn unangenehme Erlebnisse sind für Kinder ja häufig Gewalterlebnisse oder Mißhandlungen, und wenn die sich dann im Spiel ausdrücken, dann drücken sie sich eben in Form von Aggressionen aus, gegen Dinge oder Figuren oder Mitfiguren, mit denen sich Kinder identifizieren, und dann kommen zwei Aspekte zum Vorschein, das eine ist der Opferaspekt, daß die Opferposition wiederholt wird, im Spiel, aber – und das, glaube ich, ist viel schwerer auszuhalten – es wird auch die Vergeltungsposition, die Rachegefühle, die werden auch ausgespielt, und man kann sich der Vergeltung und Rache nur mit Mitteln bedienen, die dafür geeignet sind. Also es muß eine bestimmte Stärke dafür vorhanden sein, und es muß eine besondere

---

Bruno Bettelheim: »Kinder brauchen Monster«

Bettelheim: Da kommen wir auf das Grimmsche Märchen »Der Mann, der auszog, das Gruseln zu lernen«. Ohne dieses Gruseln ist man eben kein voller Mensch. Ohne die Todesangst ist man kein voller Mensch. Also das Phänomen des Todes gibt dem Leben erst tiefere Bedeutung. Und darum glaube ich, ist dieses Californien oder Hollywood so schal, so leer, weil es eben den Tod verneint. »You pass on, you know.«
G.K.-D.: Sie würden also auch meinen: Kinder brauchen nicht nur Märchen, sie brauchen auch Monster.
Bettelheim: Ja, sie brauchen sie, weil sie ja selbst diese Ängste haben, und die werden dann externalisiert. Wenn man ein Bild davon hat, ist das weniger schreckenerregend, als wenn man kein Bild davon hat. Alles, was man beschreiben und benennen kann, wird dadurch in den eigenen Machtbereich eingezogen. Aber wenn man es nicht benennen kann, dann kann man es nicht bewältigen. Und da kommen wir auf die Sprache zurück. Die Sprache ist das Mittel, die Angst zu bewältigen.
F.C.D.: Und warum brauchen gerade die Kinder hier in den USA mehr Monster als die Kinder zum Beispiel in Europa?
Bettelheim: Weil wir hier auch so viele Monster auf dem TV usw. haben. Und diese Spielmonster können sie kontrollieren.
F.C.D.: Sie würden also einen Unterschied machen zwischen den Monstern, die im Fernsehen auftreten, und denen, mit denen die Kinder spielen können?
Bettelheim: Ja, einen Unterschied zwischen den Monstern, die einen überwältigen, und denen, die man selbst bewältigen kann.[18]

moralische Instanz wirksam sein, die Gerechtigkeit schafft.«[19]

Zu dieser innerpsychischen Auseinandersetzung gehört auch das Bedürfnis nach Orientierung. Kinder beschäftigen sich mit »Gut« und »Böse«, mit »Macht« und »Ohnmacht«, um einen eigenen Standpunkt zu finden. Sie spüren auch, daß beides, »Gut« und »Böse«, in ihnen existiert. Die Eigenschaften von verschiedenen Actionfiguren (insbesonders die »Masters of the Universe«) entsprechen genau den widersprüchlichen Gefühlen der Kinder. Die Figuren sprechen diese Gefühle an und nutzen sie aus, indem sie helfen, diesen innerpsychischen Konflikt auf Figuren zu projizieren, die diese Eindeutigkeit von »Gut« und »Böse« symbolisieren. Doch ob diese Figuren auch helfen, diese Spannung produktiv zu bewältigen und auszubalancieren, darf bezweifelt werden.

Was lernen Kinder dabei?

Kinder verarbeiten den Umgang mit Gewaltspielzeug anders als viele Erwachsene vermuten. Aus einem Kind, das mit Gewaltspielzeug spielt, wird noch lange kein Militarist. Gewaltspielzeug macht Kinder nicht per se gewalttätig und Kriegsfilme verführen Kinder nicht dazu, Kriege zu führen. Solche Annahmen über Ursachen und Wirkungen greifen zu kurz, denn menschliches Verhalten ist bekanntlich überdeterminiert, d.h. von sehr vielen Einflußfaktoren abhängig.

Dennoch, der Umgang mit Kriegs- und Gewaltspielzeug trägt umgekehrt nicht zur Entwicklung einer Friedensfähigkeit bei. Zumindest für drei Bereiche können negative Wirkungen unterstellt werden:

Beim Umgang mit Aggression: Wenn Kinder im Spiel Verhaltensweisen ausprobieren und einüben, so ist anzunehmen, daß die ständige Beschäftigung mit dieser Art von Spielzeug die aggressiven Verhaltensanteile stärkt. Dies wirkt sich insbesondere langfristig beim Umgang mit Konflikten aus. Zur Konfliktaustragung werden dann weniger sprachliche als vielmehr aggressive Mittel eingesetzt.

Einübung geschlechtsspezifischer Rollen: Action- und Gewaltspielzeug fördert ein Männlichkeitsideal, das mit Begriffen, wie »kämpferisch«, »emotionslos«, »rücksichtslos«, »Einsatz für das Gute« zu umschreiben ist. Hier werden überkommene Geschlechtsrollenstereotypen vermittelt, die in der heutigen Gesellschaft keinen Platz mehr haben.

Geschichts- und Weltbilder: Bei Kriegsspielzeug handelt es sich oft um historische Nachbildung inklusive, Szenarien aus dem Ersten oder Zweiten Weltkrieg. Actionsspielzeug ist in einer Phantasiewelt angesiedelt, bei der es um den Kampf zwischen »Gut« und »Böse«

geht. Die Welt wird von »Guten« und starken Männern verteidigt, die gnadenlosen Angreifer sind dunkle »Untermenschen«. Lange bevor Kinder ein wirkliches Geschichtsverständnis entwickeln oder Sachverhalte differenziert auffassen werden können, wird hier Pseudo-Wissen in Form von Bildern vermittelt, das erste Grundlagen für eine Weltsicht legen kann. Insbesondere dann, wenn sich diese Sichtweisen in den Medien fortsetzen und keine alternativen Erfahrungen möglich sind. Der Übergang von Realität und Fiktion kann dabei verschwimmen oder sich sogar ganz auflösen.

Sehr lange wurde die Frage der Wirkung von Gewaltspielzeug nahezu ausschließlich unter dem Aspekt betrachtet, ob solches Spielzeug kindliche Aggressionen fördern oder gar wecken würde. Eine solche Sichtweise greift jedoch zu kurz. Denn es geht nicht um den isolierten Einfluß einzelner Spielangebote und -materialien, sondern um die sich verstärkende Wirkung vieler sinngleicher Einflüsse während des Sozialisationsprozesses. Kinder, die auf dem Hintergrund einer ablehnenden, gewalttätigen Familienatmosphäre bestimmte Vorerfahrungen gemacht haben, neigen dazu, diese Erfahrungen durch sinngleiche Eindrücke und Erlebnisse zu bestätigen. Diese Kinder spielen dann auch verstärkt mit Gewaltspielzeug und konsumieren Gewaltmedien. Leben heißt für sie kämpfen. Sie werden deshalb versuchen, ihre Interessen und Bedürfnisse durch aggressives Verhalten durchzusetzen. Ihre Vorerfahrungen werden durch die vielfältigen gewalttätigen Einflüsse ergänzt und verdichten sich zu aggressiven Verhaltensweisen.

Kindern, die eine geborgene Familienatmosphäre genossen haben, die lernen konnten, wie Konflikte konstruktiv gelöst werden können, wird ein gelegentliches Spiel mit Gewaltspielzeug oder der Medienkonsum von Gewaltvideos ein momentanes interessantes Ereignis sein, das jedoch langfristig keine negativen Folgen hinterläßt.

Häufig werden sich Kinder jedoch zwischen diesen beiden Extremen bewegen. Für sie kann dann eine weitere Gewalterfahrung die entscheidende, verhaltensauslösende oder verhaltensstabilisierende sein, zumal dann, wenn sie sich in einer Gruppe befinden, die Gewalt als Handlungsmöglichkeit akzeptiert oder evtl. geradezu fordert.

Die negativen Auswirkungen von Gewaltspielzeug dürfen also nicht isoliert und überspritzt gesehen werden. Bernhard Schorb weist mit Recht darauf hin, daß nicht die Medien – Spielzeuge sind ja wohl auch ein Medium – gewalttätig machen, sondern eine feindliche Umwelt und mangelnde Lebenschancen. Welche Anteile die Medien zur Verstärkung und Verfestigung von Aggressivität haben, läßt sich nicht bestimmen, aber wenn auch Medien nicht gewalttätig machen, so ist es doch plausibel, daß sie gewalttätiges Verhalten unterstützen, fördern und begünstigen[20]

Wie mit Gewaltspielzeug umgehen?
Ein generelles Verbot der Produktion und des Verkaufs von Kriegs- und Gewaltspielzeug ist aus Gründen der Gewerbefreiheit nicht möglich und auch nicht sinnvoll. Dies gilt nicht für bestimmte Video- und Computerspiele, die unter jugendschützerischen Gesichtspunkten für Kinder und Jugendliche nicht zugänglich sein sollten. Mit dem Verbot von Gewaltspielzeug würden weder die realen Waffen noch die reale Gewalt in der Gesellschaft abgeschafft. Desweiteren wecken Verbote nur Begierden und zudem lassen sich Verbote nie völlig durchhalten (man denke nur an die Definitionsfrage, was als Gewaltspielzeug zu klassifizieren ist und was nicht). Kinder finden, ob von den Eltern gewollt oder nicht, ab einem bestimmten Alter (4-6 Jahre) Mittel und Wege, um in den Besitz von Gewaltspielzeug zu kommen. Eltern und ErzieherInnen müssen reagieren – oder sollten sie eher auf »pädagogische Interventionen« verzichten?

Die Unsicherheit im Umgang mit Gewaltspielzeug ist zunächst eine Anfrage an die eigene Einstellung zur und den eigenen Umgang mit Aggression und Gewalt. Wo werden selbst die Ellbogen eingesetzt? Wo und wie werden die Kinder Opfer der eigenen Machtansprüche? Wie werden Gewalthandlungen anderer kommentiert und bewertet? Gilt das eigene Engagement nur ein Abrüstung im Kinderzimmer oder sind damit alle Waffen gemeint? Und nicht zuletzt: Welchen Anteil am kindlichen Verhalten liegt bei ihnen selbst? Wo reagiert das Kind eigentlich nur auf ihr eigenes (vielleicht aggressives und unduldsames) Verhalten?

Auch hier sind die Eltern und ErzieherInnen in ihrem eigenen Lebensvollzug gefragt. Auch hier entscheidet die eigene Glaubwürdigkeit. Friedfertigkeit, d.h. konstruktive Konfliktaustragung, muß von den Eltern und Erwachsenen vorgelebt werden. Sich der eigenen Einstellungen, Befürchtungen und Verhaltensweisen bewußt zu werden, ist also der erste Ansatzpunkt auch beim Umgang mit Gewaltspielzeug.

Man sollte seinen Kindern keine Spielzeugwaffen kaufen, ihnen aber ruhig die eigene Einstellung zu Spielzeugwaffen und realen Waffen erklären und mit ihnen über die eigenen Befürchtungen und Ängste reden. Dies wird zwar nicht verhindern, daß sie dennoch immer wieder zu Gewaltspielzeug greifen, aber sie kennen unmißverständlich

> *Frieden vormachen statt Kriegsspielzeug verbieten*
>
> »Manch einer mag vom Friedenserzieher eine Schimpfflut auf das Kriegsspielzeug erwarten, doch er schimpft nicht, jedenfalls nicht ohne Bedingungen. Friede beginnt nicht mit der Verbrennung von Kriegsspielzeug, und Krieg beginnt nicht bei der Plastikkanone. Die ›pazifistische Wut‹ ist fehl am Platz, wenn sie sich gegen den Gummi-Degen richtet, den echten aber als ›demokratisch legitimiert und sicherheitspolitisch erforderlich‹ akzeptiert. Diese Gefahr sieht der Friedenserzieher hinter allen Rufen nach ›unaggressivem‹ Spielzeug. Natürlich wird er sein Kind nicht gerade mit Plastikkanonen füttern, aber er sieht in ihnen auch nicht den Sündenbock menschlicher Kriegsfähigkeit. Er begegnet dem Problem nicht mit Verboten, die angesichts der täglichen Zwangsinformation durch Fernsehen und Spielkameraden recht sinnlos wären, sondern mit Aufklärung. (...) Solange der Erzieher selbst ganz konsequent gewaltlos lebt (das Kleinkind merkt dies unter anderem dadurch, daß es nicht ›zur Strafe‹ geschlagen wird), braucht ihn das zeitweise Interesse seiner Kinder an der Spielzeugpistole nicht zu beunruhigen. Schießt er aber selbst (zurück), ist jedes Kriegsspielzeug-Verbot nur Schau.«[21]

die Grundeinstellung der Eltern. Diesen Umgang bewußt auszuhalten, zu dulden bzw. sogar zu akzeptieren ist etwas anderes als ihn naiv zu fördern oder vor ihm die Augen zu verschließen.

Desweiteren sollte der Frage nachgegangen werden, warum das betreffende Kind gerade mit diesem Spielzeug spielt (es subjektiv vielleicht sogar braucht). Vielleicht erfüllt das Spielzeug für das Kind eine wichtige Kompensationsfunktion.

Ein dritter wichtiger Ansatzpunkt ist die Frage nach attraktiven Alternativen. Alternativen, die Spannung und Aktion beinhalten und zudem gemeinsam unternommen werden können, werden seit einigen Jahren unter dem Stichwort »Erlebnispädagogik« praktiziert. Bootsfahrten, Fahrradtouren, Zelten usw. sind dabei nur einige Bereiche, sie sich in vielen Variationen für jede Altersstufe leicht verwirklichen lassen. Das wesentliche dabei ist, daß Eltern und Kinder dies gemeinsam unternehmen. Kinder können so ihre (körperlichen) Fähigkeiten erproben und gleichzeitig erfahren, daß sie ihren Eltern nicht nur im materiellen Sinne etwas wert sind.

Alternativen anbieten bezieht sich natürlich auf alle Bereiche der Spielzeugwelt und der Medien. So können z.B. gute Bücher oder Filme helfen, Phantasie zu entwickeln und Konzentration zu fördern, aber vor allem auch zeigen, wie Menschen friedlich zusammenleben und wie Konflikte gewaltfrei gelöst werden können. Sie erfüllen so eine wichtige Vorbild- und Modellfunktion.

Das wichtigste scheint aber zu sein, Kindern wieder Spiel-Räume anzubieten, in denen sie selbständig und kreativ spielen und gestalten können. Die herkömmlichen Spielplätze und Spielangebote sind da oft zu einfallslos und langweilig.

Anmerkungen

[1] Vgl. Frankfurter Rundschau, 15.6.1993: »Schon im Kindergarten sind die Kleinen aggressiv«. Taz, 16.6.1993: »Ein Kinderparadies gibt es nicht mehr«.

[2] Der Begriff »Kindergarten« wird hier stellvertretend auch für alle anderen Vorschuleinrichtungen verwendet. Es gibt z.Z. keine Informatinen darüber, ob die hier geschilderte Entwicklung alle Arten von Kindergärten (z.B. auch Montessori- und Waldorfkindergärten) gleichermaßen betrifft. Mit Sicherheit gibt es jedoch sehr starke regionale Unterschiede.

[3] Armin Krenz: Kinder spielen mit Waffenimitaten. (K)ein Grund zur Aufregung?! In: Kindergarten heute, 7-8/1993, S. 41.

[4] Vgl. Sigurd Hebenstreit / Klaus-Peter Haarmann: Soziales und politisches Lernen für den Frieden in Kindergarten und Vorschule. In: Jörg Calließ / Reinhard E. Lob (Hrsg.): Praxis der Umwelt- und Friedenserziehung. Band 3: Friedenserziehung. Düsseldorf 1988, S. 83.

[5] Vgl. Hermann Röhrs: Frieden – eine pädagogische Aufgabe. Idee und Realität der Friedenspädagogik. Braunschweig 1983, S. 173.

[6] Vgl. Rainer Mehringer: Zum Frieden erziehen. Tübingen 1973. Telse Radeloff von Drathen: Frieden als Lebensstil im Kindergarten. Bilanz von zehn Jahren ganzheitlicher Friedenspädagogik. In: Theorie und Praxis der Sozialpädagogik, 5/1991, S. 285.

[7] Bernd Strecker: Umwelterziehung im Kindergarten und in der Vorschule. In: Jörg Calließ / Reinhold E. Lob (Hrsg.): Praxis der Umwelt- und Friedenserziehung. Band 2: Umwelterziehung. Düsseldorf 1987, S. 67.

[8] Telse Radeloff-von Drathen, a.a.O., S. 285.

[9] Der Wegweiser 1942, Heft 2/3, S. 11.

[10] Deutsche Spielwarenzeitung 1941, S. 382.

[11] Hanne-Margret Birckenbach: Wehr- und Rüstungspropaganda über Kriegsspielzeug. In: Antimilitarismus Information. Sonderheft Kriegsspielzeug, Nr. 3/1979, S. III-16.

[12] Vgl. Heiko Kauffmann: Die Militarisierung des Kindes. Aggressives Spielzeug und Gesellschaftsstruktur. In: Chr. Oberfeld / H. Kauffmann / J. Becker (Hrsg.): Zwischen Utopie und heiler Welt. Zur Realismusdebatte in Kinder- und Jugendmedien. Frankfurt 1978, S. 269 f.

[13] Bundestagsabgeordneter Decker. Deutscher Bundestag, 1. Wahlperiode, 72. Sitzung, vom 23.6.1950, S. 2619.

[14] Günther Gugel: Erziehung und Gewalt. Waldkirch 1983, S. 84.

[15] Hans-Jochen Vogel, Rede vor der Arbeitsgemeinschaft Spielzeug e.V. am 3.10.78 in Bamberg.

[16] Vgl. Werkstatt Friedenserziehung Bonn (Hrsg.): Hilfe – die Monster kommen! Kinder und die neue Fantasy-Spielwelt. Bonn 1987, S. 14.

[17] Vgl. ebd., S. 110 f.
[18] Frankfurter Rundschau, 13.10.87, S. 9
[18] Christian Büttner, in: Notizen aus der Pädagogischen Provinz. Wider die Dämonisierung der Muskelprotze – Aggressionsspielzeug im Kinderzimmer. Südwestfunk 2. Programm, 1.10.88.
[20] Vgl. R. Mehringer, a.a.O., S. 52 f.
[21] Vgl. Bernd Schorb: Science-Fiktion-Spielzeug – Kriegszeug. Haben sie Wirkungen? Was weiß man darüber? In: ajs-informationen. Mitteilungen der Aktion Jugendschutz Stuttgart, 6/1985.

Schule –
Friedenserziehung als Lernprinzip

Seit Beginn der neunziger Jahre erwecken zahlreiche Berichte in den Medien den Eindruck, daß gewalttätiges Verhalten in den Schulen zunimmt und einen bislang nicht gekannten Grad an Brutalität erreicht hat. Mit Schlagzeilen wie: »Die rasten einfach aus. An deutschen Schulen explodiert die Gewalt«[1] oder »Die Gewalt macht Schule. Aufrüstung im Klassenzimmer«[2] wird über Diebstahl, Erpressung, Schlägereien, Drohungen und Beleidigungen berichtet. Gezeigt werden Schlagringe, Springmesser, Gaspistolen, Elektroschockgeräte oder asiatische Wurfsterne, die man den SchülerInnen abgenommen hat. Interviews mit »TäterInnen« werden geführt, die den Schluß nahelegen, daß es für die Gewaltanwendungen keinerlei Begründungen gibt. Mit den Opfern wird wenig gesprochen und die für Schulstrukturen Verantwortlichen scheinen aus dem Blickwinkel der Kritik geraten zu sein. Auch Fachverlage und -autorInnen greifen auf sensationsheischende Titel wie »Überlebenskampf im Klassenzimmer«[3] oder »Faustrecht auf dem Schulhof«[4] zurück.

Wissenschaftliche Untersuchungen, die das Bild von der Gewaltexplosion relativieren, werden dabei kaum zur Kenntnis genommen.

Gewalt in der Schule

Explodiert die Gewalt an deutschen Schulen?

Bereits in den 70er Jahren wurden Untersuchungen über aggressives Verhalten in den Schulen durchgeführt und Empfehlungen zum Umgang mit diesen unliebsamen Erscheinungen entwickelt.[5]

1990 stellte die von der Bundesregierung beauftragte Gewaltkommission über das Ausmaß von Gewalt an Schulen fest, »daß Gewalt an den deutschen Schulen grundsätzlich kein zentrales Thema sei«[6] und daß es für den von den Medien behaupteten generellen Gewaltanstieg keine empirischen Belege gebe. Drei Jahre später machte der in der Lehrerausbildung tätige Pädagoge Michael Sperber ebenfalls darauf aufmerksam, daß es bislang »keinen wissenschaftlich gesicherten Nachweis für eine Zunahme von Gewalt an Schulen« gibt.[7] Diese

Sichtweise wird heute von vielen Fachleuten geteilt und durch das vorhandene Zahlenmaterial gestützt. Das durch die Medien entstandene Bild »entspricht nicht der Schulwirklichkeit, es erscheint unangemessen und überzogen.«[8]

Wieviel und welche Gewalt? Ergebnisse zum Ausmaß direkter Gewaltanwendung

Eine Reihe von Kultusministerien haben vor dem Hintergrund der öffentlichen Diskussionen eigene Gutachten über die Verbreitung von Gewalt an Schulen, die Ursachen und die Präventionsmöglichkeiten in Auftrag gegeben.[9] Die zumeist empirischen Untersuchungen zeigen, daß es erhebliche Unterschiede im Ausmaß der Gewalt zwischen den verschiedenen Schultypen gibt und daß offensichtlich auch regional stark differenziert werden muß. Am häufigsten wird aus Förder- und Hauptschulen über Gewalttätigkeiten berichtet; in den Grundschulen und Gymnasien dagegen scheint das Gewaltproblem noch am geringsten zu sein.[10] Weiterhin zählen mehr Schulen in Städten zu den Problemfällen als Schulen in ländlichen Gebieten.

Das 1993 veröffentlichte Gutachten über »Gewalt an den Schulen Schleswig Holsteins« kommt zu dem Schluß, »daß eine Zunahme der Gewalt an schleswig-holsteinischen Schulen – unabhängig vom Schultypus – von ca. 30 Prozent der befragten Schulleiter vermerkt wird. Überwiegend wird allerdings eine leichte Zunahme konstatiert, lediglich ein Schulleiter berichtet über einen starken Anstieg.«[11]

Am häufigsten werden verbale und nonverbale Aggressionen beklagt, gefolgt von Gewaltanwendungen der SchülerInnen untereinander, der Gewalt gegen Sachen (Vandalismus) und schließlich der Gewalt gegen LehrerInnen. Eine Untersuchung an hessischen Schulen,die 1994 veröffentlich wurde, kommt zu dem Ergebnis, daß die eindeutig häufigste Form gewalttätigen VErhaltens die Sachbeschädigung (Vandalismus) sei. Dies komme an etwa 40 Prozent der hessischen Schulen gelegentlich oder auch häufig vor. Demgegenüber sprielen andere Formen dern Gewaltanwendung wie »Schutzgelderpressung« (6 Prozent) oder »gewalttätige Auseinadersetzung zwischen Scjülergruppen« eine quantitativ untergeordnete Rolle.[12]

Schließlich fällt besonders auf, daß aus allen Schultypen die Verrohung des Umgangstons und das Verächtlichmachen oder Herabsetzen von Mitschülern – also die Anwendung von psychischer Gewalt – berichtet wird.[13] Weitere Ergebnisse der schleswig-holsteinischen Untersuchung:
– Ein Drittel der befragten SchülerInnen geben an, daß sie tätliche

Auseinandersetzungen kennen bzw. beobachtet hätten.[14]
- Die Auseinandersetzungen spielen sich vor allem auf den Schulhöfen ab, nur in 10-12 Prozent der registrierten Fälle fanden die Tätlichkeiten unter Schülern während der Unterrichtszeiten statt. Völlig ausgeblendet wird allerdings der Bereich der direkten Gewalthandlungen von LehrerInnen gegenüber SchülerInnen.

Warum Gewalt? Ursachen für direkte Gewaltanwendung durch SchülerInnen

Zu den schulspezifischen (innerschulischen) Faktoren die gewalttätiges Verhalten fördern, zählen vor allem der hohe Leistungsdruck, die einseitig kognitive Beanspruchung bei gleichzeitiger Vernachlässigung von emotionalen und sozialen Aspekten, die Anonymität des »Lernortes Schule« sowie eine starre und unflexible Unterrichtsgestaltung. In dem schon erwähnten Gutachten aus Schleswig-Holstein heißt es:

»– Je niedriger die Schulleistungen, desto ausgeprägter die Tendenz zur Selbstbeteiligung an Gewalttaten;
- Je mehr Langeweile im Unterricht, desto höher das Gewaltausmaß und desto mehr Vandalismus;
- Je mehr Lärm im Unterricht, desto größer das Gewaltausmaß und desto mehr Vandalismus.(...)

Das Ausmaß der Gewalt unter Schülern ist nicht gravierend, aber zeigt einen hohen Zusammenhang mit dem Verhalten in Sprache und Aus-

---

Aussagen von SchülerInnen

SchülerInnen der Klassen 5 und 6 begründen ihr eigenes aggressives Verhalten so:
- weil ich geärgert worden bin;
- weil ich angemacht worden bin;
- weil man schlimme Wörter zu mir gesagt hat (Hurensohn/Nutte);
- weil ich bespuckt wurde;
- weil welche frech wurden (»große Fresse hatten«);
- weil sie sich stark fühlten;
- weil sie angeben;
- weil mir das Geschrei (»Gestotter«) auf die Nerven ging;
- weil ich anderen helfen wollte;
- weil ich Spaß haben wollte.[15]

druck. Schulunlust, Langeweile, Unterforderung und Lärm im Unterricht sind Risikofaktoren für Vandalismus und tendenziell auch für Gewalt. Ein geringer Leistungsstand der Kinder bzw. Leistungsversagen sind Risikofaktoren für die eigene Beteiligung an Gewalttaten, bei denen die psychischen Formen der Aggression eine zusätzlich vermittelnde Rolle spielen können.«[16]

Der Sozialisationsforscher Klaus Hurrelmann bezieht auch außerschulische Ursachen mit in seine Überlegungen ein und nennt acht Risikofaktoren, die das Auftreten von Gewalt an Schulen steigern:[17]

1. Ungünstige Familienverhältnisse: Gestörte Familienbeziehungen, Trennung und Scheidung der Eltern, Armut und Deprivation, wechselhafter Erziehungsstil der Eltern;

2. Integration in eine delinquente Jugendkultur: Mitgliedschaft in Cliquen mit abweichenden Normvorstellungen;

3. Entfremdung von und Distanz zu schulischen Normen und Werten: Entfremdungsgefühle, Gefühle der Normlosigkeit und der inneren Distanz zu den schulischen Werten;

4. Schulisches Leistungsversagen: Schlechter Leistungsdurchschnitt, ein- oder mehrfaches Wiederholen eines Jahrganges, Zurückstufung in eine als im Prestige niedriger eingeschätzte Schule und Verfehlen des Schulabschlußzeugnisses;

5. Beeinträchtigung des Selbstwertgefühls: Faktoren im schulischen und im außerschulischen Bereich, die als deutliche Beeinträchtigung des Selbstwertgefühls und der Chancen für die spätere Lebensgestaltung empfunden werden;

6. Schulökologische und schulorganisatorische Faktoren: Unübersichtliche Gebäudestrukturen und eine wenig transparente Organisation von schulischen Abläufen;

7. Schlechtes soziales Betriebsklima: Lehrerkollegien, die sich über die sozialen Regeln und Normen der Leistungsanforderung, Leistungsbewertung und Leistungsrückmeldung nicht einigen können und die keinen Konsens über die wichtigsten pädagogischen Grundzüge des Verhaltens im unterrichtlichen und nebenunterrichtlichen Bereich finden;

8. Qualität der Lehrer-Schüler-Beziehungen: Je berechenbarer und in ihrer Struktur demokratischer die Beziehungen zwischen Lehrern und Schülern sind, desto günstiger sind die Voraussetzungen für gesunde Impulse für die Persönlichkeitsentwicklung in der Schule.

Einerseits wirken also außerschulische gewaltfördernde Lebensbedingungen in die Schule hinein, andererseits ist die Institution Schule selbst stark gewaltbehaftet, weil in ihr Sanktionen und Zwangsmittel angewendet und über Notengebung auch Lebenschancen unterschiedlich zugeteilt werden. In der Schule wird zu wenig zur Vermittlung des Selbstwertgefühles beigetragen und bei schulischen Mißerfolgen gibt es kaum Möglichkeiten, anderweitig Anerkennung zu finden.

Gewalt durch SchülerInnen: Eine eingeschränkte Sichtweise

Ähnlich wie bei dem Phänomen der Jugendgewalt findet auch bei der gegenwärtigen Diskussion um Gewalt in der Schule eine problematische Reduktion des Gegenstandes auf die Ebene der von SchülerInnen ausgeübten direkten Gewalt statt. Die gegenwärtige »Schule-und-Gewalt-Diskussion« ermöglicht eine »schnelle und starke Moralisierung individuellen Handelns und immunisiert gesellschaftliche Stukturverhältnisse«.[18] Dies war während der siebziger bis Mitte der achtziger Jahre anders, als Schülergewalt eher im Kontext staatlicher Erziehungsgewalt und der gesellschaftlichen Strukturen gesehen wurde.[19]

Zu beachten ist, daß die Institution Schule weithin einen starken Zwangscharakter aufweist und in vielfältiger Weise Macht ausübt. Von der Schulpflicht abgesehen ist es höchst problematisch, wenn in keinem Bereich der Schule SchülerInnen oder Eltern wirklkich mitbestimmen können. In der Institution Schule sind viel zu wenige demokratische Prinzipien sichtbar, auf welche hin eigentlich die SchülerInnen vorbereitet werden müßten. Zudem widersprechen die Unterrichtsorganisation mit ihren 45-Minuten-Einheiten, das lange »Stillsitzen-Müssen« und der stark lehrerzentrierte Wortvortrag allen lernpsychologischen Erkenntnissen.

In den 60er und 70er Jahren war die Lehrer-Schüler-Interaktion Gegenstand zahlreicher Untersuchungen. Dabei wurde vor allem kritisiert, daß diese Beziehung einseitig lehrerzentriert, asymetrisch und nicht reversibel sei. Es gibt wenig Anzeichen, daß sich hier etwas Grundlegendes geändert hätte, das Problem ist aber aus dem öffentlichen Interesse weitgehend verschwunden. Die Ausrichtung des Lernens an oft kindfernen Lehrplänen, die Bewertung des Lernens durch Noten und die Notengewinnung durch Prüfungen erzeugen eine Atmosphäre von Konkurrenz und Des-Sich-Durchsetzen-Müssens.[20] Diese Faktoren stellen Elemente von struktureller Gewalt in der Schule dar und müssen mitberücksichtigt werden, wenn über den Abbau von Gewalt in der Schule nachgedacht werden soll. Leider fehlen Untersuchungen über die Auswirkungen solcher Gewalt auf SchülerInnen.

Das Handlungsrepertoire für die Gewaltbekämpfung und -prävention in den Schulen ist außerordentlich beschränkt und reduziert sich häufig immer noch auf die klassischen Reaktionsweisen wie Strafen und Drohen und den Rückgriff auf die in der Schulordnung verzeichneten Ordnungsmaßnahmen. So stellt z.B. der Thüringer Schulleiterverband 1993 zur Frage des Umgangs mit Gewalt an Schulen fest, daß die Verweigerung des Schulbesuches hierfür das wirksamste Mittel sei.[21]

Umgangsmöglichkeiten mit direkter Gewalt an Schulen

»Manchmal hilft schon ein bißchen Anstreichfarbe« titelte die Frankfurter Rundschau und macht darauf aufmerksam, daß vernachlässigte Räumlichkeiten oder nicht behobene Sachbeschädigungen zum Vandalismus und zum Beschmieren der Wände motivieren. Umgekehrt sind in Schulen, in denen Kinder ihre Räumlichkeiten selbst gestalten, erheblich weniger offene Aggressionen festzustellen. Schule kann als sozialer Lernort entwickelt werden, in dem auch Kinder Mitbestimmungs- und Mitgestaltungsmöglichkeiten haben. Ebenso notwendig ist es,
- Möglichkeiten des sozialen Miteinanders zu trainieren;
- die Wahrnehmung und Sensibilisierung für eigene und fremde Ein-

---

Aussagen von LehrerInnen

Auf die Frage an LehrerInnen, wie sie bisher mit Gewalt in der Schule umgegangen sind, kamen folgende Antworten:
- Sprechen mit beteiligten Mitschülern und Eltern (oft hilflos und fruchtlos);
- Allgemeine Schulordnungs-Maßnahmen;
- Versuche, Einsicht zu wecken, Vereinbarungen zu treffen;
- Erst mal die eigene Angst überwinden;
- Selbst körperliche Gewalt anwenden (anschließend zitternde Knie);
- Präventivmaßnahmen (Rollen-, Pausen-, Gruppenspiele, Entspannungsübungen);
- Zusammenschreien, Schimpfen;
- Moralpredigten;
- Polizei, Sozialarbeiter einschalten;
- Konsequentes Verhalten;
- Thematisieren im Unterricht;
- Weggucken.[22]

stellungen und Verhaltensweisen zu fördern sowie
- die verschiedenen Formen zwischenmenschlicher Kommunikation zum Gegenstand von Lernen zu machen.

Dies bedeutet z.B. die systematische Beobachtung und Entschlüsselung nonverbaler und paraverbaler Verhaltensmerkmale oder das Erkennen von Auslösern und fördernden Bedingungen für aggressives Verhalten. Es geht also darum, den sozialen und mitmenschlichen Seiten stärkeres Gewicht zu verleihen, das soziale Lernen in den Vordergrund zu stellen.

Hinzukommen muß eine systematische und fundierte LehrerInnenausbildung in Bezug auf Kenntnisse und praktisches Wissen über Bedingungen, Formen und Modifikationen sozialen Verhaltens bzw. sozialer Verhaltensprobleme sowie des Umgangs mit aggressiven und verbal provozierenden Verhaltensweisen von Schülern. Dabei dürfen LehrerInnen nicht alleingelassen werden, sondern sind durch die Möglichkeit zur Beratung und Supervision zu unterstützen.

Desweiteren sind unterrichtsbegleitende und ergänzende sozialpädagogische Maßnahmen notwendig, die auch die Elternarbeit miteinbeziehen.

Für eine langfristige Gewaltprävention ist eine Veränderung der zu einseitig kognitiven Ausrichtung der Schule notwendig. Es müssen Möglichkeiten eröffnet werden, wie SchülerInnen und LehrerInnen die Schule als einen Lebensraum begreifen lernen, für den es sich zu engagieren lohnt und der vielfältige Entwicklungsmöglichkeiten und Erfolgserlebnisse (jenseits der Notengebung) vermittelt. Dies zu fordern bedeutet, Schule neu zu denken.[23] Dieses »Neu Denken« ist in Bezug auf kleine Schritte im Schulalltag ebenso notwendig wie in Bezug auf radikale Alternativen zum bestehenden Schulsystem.

Friedenserziehung in der Schule

Friedenserziehung läßt sich nicht auf einzelne Unterrichtseinheiten begrenzen, obwohl diese natürlich von Belang sind. Es geht auch (und zentral) um die Schulkultur, um die Art des Lehrens und Lernens, denn Schule besteht nicht nur aus Unterricht.[24] Bei Kenntnis aller Kritik am »Lernort Schule« beschreibt Brigitte Reich Vorzüge der Institution Schule für eine Erziehung zum Frieden: LehrerInnen verfügen auch in der von vielen Zwängen erfaßten Schule über pädagogische Freiräume, die es für Friedenserziehung zu nutzen gelte.

- Die allgemeine Schulpflicht ermögliche es in einmaliger Weise,

gemeinsame Reflexionsprozesse bei Kindern und Jugendlichen mit unterschiedlichen Meinungen, Vorerfahrungen und »Betroffenheiten« in Gang zu setzen;
- Schule biete die Möglichkeit, daß sich LehrerInnen und SchülerInnen gemeinsam Freiräume erobern;
- Schule habe die Möglichkeit, SchülerInnen mit Erfahrungen zu konfrontieren, die nicht ihrer Erlebniswelt entstammen;
- Schule habe die Möglichkeit, der persönlichen Erfahrung ein Deutungsschema im Sinne von Theoriebildung und Gesellschaftsanalyse zu unterlegen;
- Schule könne jenseits persönlicher Betroffenheit einen systematischen Zugang zu den Strukturen des Unfriedens eröffnen;
- Schule sei nicht an politische Aktualität gebunden und kann somit langfristige Entwicklungen thematisieren.[25]

In diesem Zusammenhang spielt auch das Selbstverständnis der LehrerInnen eine Rolle. Erziehung läßt sich nur gedanklich und idealtypisch vom Unterricht trennen. Deshalb ist Schulunterricht ohne einen sinngebenden Kontext, ohne die Förderung nicht nur des Lernens, sondern auch der lernenden Personen nicht möglich, wie der Pädagoge Andreas Flitner zeigt. Die Erziehung zu Toleranz und Völkerverständigung – Normen, die in den Länder- und Schulverfassungen immer wieder genannt werden – ist Teil der Schule und Aufgabe der Lehrenden: »Der ›unpolitische‹ Lehrer ist nicht ein Musterstück (wie manche Behörden glauben machen und manche Eltern wünschen), sondern ein pflichtvergessener Erzieher, der entweder aus Angst vor Kollisionen oder Spannungen oder aus eigener politischer Gleichgültigkeit seine Aufgaben nicht erfüllt. (...) Zurückhaltung und Stellungnahme sind nötig; das eigene Urteil und Engagement muß sichtbar sein und zugleich die Urteilsfähigkeit der Kinder selbst freigegeben und gefördert werden – das ist es, was die Kunst und den Takt des Lehrers fordert.«[26]

Hans Nicklas geht noch einen Schritt weiter. Er schlägt die Erziehung zur Friedensfähigkeit als Unterrichtsprinzip für alle Schulfächer und damit auch als handlungsleitendes Prinzip für LehrerInnen vor. Dies bedeutet, daß Erziehung zur Friedensfähigkeit als »soziales Lernen« in den verschiedenen Fächern als allgemeinbildendes Prinzip des Lehrens und Lernens verstanden wird. Es geht also um die Art und Weise, wie Wissen und Einstellungen vermittelt werden. Der Abbau von Herrschaft in Lernsituationen, das Respektieren aller Beteiligten, das Vermeiden von Gewalt und die Einbeziehung möglichst aller Betroffenen in Entscheidungsprozesse können als Elemente dieses pädagogisches Prinzips beschrieben werden.

Die Verfolgung dieses Prinzips setzt aber die Abkehr von traditionellen Schulverständnis voraus: »Hier sind Schüler und Lehrer in gleicher Weise Lernende. Erst wenn der Lehrer erkannt hat, daß er die Frage der Friedensfähigkeit zunächst an sich selber stellen muß, kann er Schüler glaubwürdig zur Friedensfähigkeit anleiten«.[27]

Die saarländische Kommission Friedenserziehung, die im Auftrag des saarländischen Kultusministeriums eine Konzeption zur Friedenserziehung an Schulen ausgearbeitet hat, hat für diesen Bereich eine Reihe von Vorfragen an schulische Friedenserziehung formuliert, von denen nur einige hier angeführt werden können:[28]

- Wieviel Kommunikation und Kooperation zwischen LehrerInnen kann von den SchülerInnen miterlebt werden? Wieviel Raum zur Kommunikation bietet die Schule überhaupt?
- Wieviel Einübung in Kommunikation und Kooperation ist im Unterricht möglich?
- Wieviel Mitsprache und Mitverantwortung wird in den verschiedenen Bereichen ermöglicht und wahrgenommen?
- Wie werden Konflikte bearbeitet?
- Ist die räumliche Ausstattung befriedigend, die Atmosphäre in den Klassenräumen und Fluren anregend?
- Sind Verwaltung und Schulaufsichtsbehörde in der Lage, im Rahmen der gegebenen Möglichkeiten friedenspädagogische Maßnahmen zu fördern?

Mit die zentrale Frage ist dabei, welche Lernprozesse tatsächlich in der Schule ablaufen, was SchülerInnen in der Schule erleben, und welches Verhalten dort belohnt wird.

Denn Untersuchungen zeigen, sind es nicht so sehr die schulischen Einzelmaßnahmen, die auf die Kinder wirken, sondern der jeweilige qualitative Stil der einzelnen Schule. Dieser »Schulethos« ist die eigentlich prägende Kraft, die darüber entscheidet, ob dort »Frieden oder Friedlosigkeit« gelernt wird. Friedenserziehung muß sich deshalb auch wesentlich auf die Entwicklung und Gestaltung der jeweiligen Schule vor Ort beziehen.[29]

Friedenserziehung in der Schule bedarf also eines umfassenden Ansatzes, der das soziale System Schule als Ort der Begegnung und Auseinandersetzung begreift und der außerschulische Lernorte nicht nur einbezieht, sondern den Austausch zwischen Schule, Elternhaus und außerschulischen Trägern der Friedenserziehung geradezu voraussetzt.[30]

Friedenserziehung in der Schule bedeutet,

- daß friedensrelevante Inhalte in den einzelnen Fächern systematisch aufgegriffen und behandelt werden und gleichzeitig aber auch, wo immer möglich, fächerübergreifend und problemorientiert gearbeitet wird;
- daß das Prinzip Friedenserziehung in Unterricht und Schulorganisation der einzelnen Schulen Eingang findet;
- daß die Struktur des Schulwesens und die Schulen als Institution auf ihre Friedenstauglichkeit hin geprüft werden.

Friedenserziehung in der Schule bedeutet weiter,
- daß vorhandene Schulbücher und Materialien auf ihre Verwendbarkeit für eine Friedenserziehung hin untersucht und entsprechend geeignete didaktische Materialien angeboten bzw. entwickelt werden;[31]
- daß traditionelle Lernformen ergänzt werden durch Schulprojekte und außerschulische Lernorte;
- daß Maßnahmen der Lehrerfortbildung (in verschiedenster Form, von schulbezogenen »Pädagogischen Tagen« bis zu mehrtägigen thematischen Fachveranstaltungen) angeboten werden und natürlich mittel- und langfristig Friedenserziehung bereits in die grundständige Lehrerausbildung integriert wird;[32]
- daß LehrerInnen eine Beratungs- und Materialstelle zur Verfügung steht, die begleitend und unterstützend tätig wird.[33]

Friedenserziehung in der Schule bedeutet nicht zuletzt,
- daß die Bereiche der Schulorganisation sowie die der Gestaltung des sozialen Raumes Schule auf die Mitbestimmungsmöglichkeiten und Übernahme von Verantwortung durch SchülerInnen hin überprüft und erweitert werden;
- daß die Erziehungs- und Bildungsziele in den Blick genommen werden und nicht nur die Lehrpläne, sondern die gesamte Schulpolitik auf ihre Friedenstauglichkeit hin untersucht werden.

Das Ziel, durch Erziehung und Bildung einen Beitrag zur Friedensfähigkeit der Kinder und Jugendlichen zu leisten, ist nicht einfacher zu haben. Denn ganzheitlich gebildete Menschen, die in der Lage sind, ihr Leben und das ihrer sozialen Umwelt verantwortlich zu gestalten, brauchen nicht nur kognitives Wissen, sondern müssen eben auch soziale und politische Lernprozesse durchlaufen.

Ansätze und Hindernisse für eine Friedenserziehung in der Schule

Friedenserziehung in Brandenburg und Thüringen

Der Vorgang ist einmalig: Mit nahezu gleichlautenden Formulierungen erklärten 1993 zuständige Gremien in Brandenburg (Regierungskoalition zwischen SPD und Bündnis 90/Grüne) und Thüringen (CDU-Regierung) die Friedenserziehung zu einem wichtigen Schulprinzip. So heißt es zum Beispiel in einem Rundschreiben des Ministeriums für Bildung, Jugend und Sport des Landes Brandenburg an alle staatlichen Schulämter: »Friedenserziehung ist eine Aufgabe, die sich in allen Schulformen, Schulstufen und Jahrgängen stellt. (...) Es ist Ziel der Friedenserziehung, mit den Kindern und Jugendlichen die Fähigkeit zum toleranten und gewaltfreien Umgang zu entwickeln. Dazu gehört auch die Entwicklung von Selbstbewußtsein, um anbefohlenen Gehorsam ablehnen zu können und die eigene Gewissensentscheidung zum Maßstab des Handelns zu machen.« Die vergleichbare Passage findet sich in einem Beschluß des Landtages von Thüringen zum Thema »Friedenserziehung an den Schulen«.[34]

LehrerInnenfortbildung in Nordrhein-Westfalen

Im Schuljahr 1988/89 richteten die Regierungspräsidenten in den fünf Regierungsbezirken in Nordrhein-Westfalen feste Fortbildungsgruppen für Friedenserziehung ein. Bis Februar 1994 haben etwa 1.400 LehrerInnen an dieser landesweiten Fortbildungsmaßnahme zum Thema Friedenserziehung im Unterricht teilgenommen.[35]

Die Fortbildungsgruppen arbeiten jeweils für den Zeitraum eines Schulhalbjahres. Der gesamte Zeitumfang der Fortbildungsarbeit einer Gruppe beträgt 80 Stunden; er ist in 10 Einheiten von je 8 Stunden in vierzehntäglichem Rhythmus aufgeteilt. Zweieinhalb Fortbildungstage können zu einer Blockveranstaltung zusammengefaßt werden. Die Teilnahme an dieser Lehrerfortbildung wird im entsprechenden Schulhalbjahr mit zwei Stunden auf die wöchentliche Unterrichtsverpflichtung der Teilnehmerinnen und Teilnehmern angerechnet. Fortbildungstag ist jeweils der Mittwoch.

Die sequenziell angelegte Lehrerfortbildung bietet in besonderer Weise Möglichkeiten, in den Intervallen zwischen den einzelnen Fortbildungstagen Arbeitsergebnisse unterrichtlich zu erproben, differenziert zu planen, intensiv zu lesen etc. Sie ist auf die Verschränkung von Fortbildungs- und Unterrichtsarbeiten gerichtet.

Jede Fortbildungsgruppe wird von einem ModeratorInnenteam geleitet. Die ModeratorInnen sind qualifizierte LehrerInnen und haben im Landesinstitut für Schule und Weiterbildung eine spezifische ModeratorInnenqualifizierung erhalten. Sie leiten, d.h. beraten die Fortbildungsgruppen bei ihrer Arbeit, machen Vorschläge, strukturieren und bringen Material sowie Methodenangebote ein.

Das Fortbildungsangebot richtet sich (vorerst) an LehrerInnen aller Schulformen in der Sekundarstufe II und des zweiten Bildungsweges, die im politisch-historisch-ökonomischen Fächerspektrum unterrichten.

Trotz dieser positiven Entwicklungen dürfen die realen Hindernisse und Gefahren einer Friedenserziehung an Schulen nicht übersehen werden.

Die Gefahr der Indoktrination

»Der Wunsch, mit Hilfe der Schule soziale und politische Probleme in Ordnung zu bringen oder jedenfalls im Staatsinteresse zu beeinflussen ist (...) so alt wie die Pflichtschule selbst«, schreibt Andreas Flitner.[36] In der Tat, haben Kultusministerien, insbesondere in Zusammenhang mit Friedenserziehung, immer wieder versucht, offizielle Sichtweisen von Sicherheitspolitik und der Notwendigkeit von Militär

---

Ländervereinbarung der Kultusminister über gemeinsame Erziehungsziele aller öffentlichen Schulen

»Die Schule soll
- Wissen, Fertigkeiten und Fähigkeiten vermitteln;
- zu selbständigem kritischem Urteil, eigenverantwortlichem Handeln und schöpferischer Tätigkeit befähigen;
- zu Freiheit und Demokratie erziehen;
- zu Toleranz, Achtung vor der Würde des anderen Menschen und Respekt vor anderen Überzeugungen erziehen;
- friedliche Gesinnung im Geist der Völkerverständigung wecken,
- ethische Normen sowie kulturelle und religiöse Werte verständlich machen;
- die Bereitschaft zu sozialem Handeln und zu politischer Verantwortlichkeit wecken;
- zur Wahrnehmung von Rechten und Pflichten in der Gesellschaft befähigen;
- über die Bedingungen der Arbeitswelt orientieren.«[38]

zu vermitteln und oppositionell-kritische Sichtweisen zu unterdrücken. Dies war in besondere Weise in der ehemaligen DDR in Zusammenhang mit der Vormilitärischen Erziehung bzw. Wehrkunde der Fall. Aber diese Bemühungen gab es auch in der Bundesrepublik.[37]

Die Instrumentalisierung von Kindern zu politischen Zwecken (aus welchen Motiven auch immer) ist jedoch, darüber sind sich praktisch alle Pädagogen einig, unstatthaft. Ebenso unstatthaft ist die einseitige Beeinflussung bzw. Vorenthaltung von Informationen, denn sie verhindert die selbständige, vernünftige Urteilsbildung. Lernen ist ja gerade nicht die Übernahme eines vorgegebenen Wissenskanons, sondern die kritische Auseinandersetzung, Orientierung und Bewertung verschiedenartiger Informationen und Denkrichtungen. Dies betrifft insbesondere die gesellschaftswissenschaftlichen Fächer. Friedenserziehung ist also mit einer Meinungs- und Gesinnungserziehung im Sinne einer unkritischen Übernahme oder gar einer Indoktrination unvereinbar.

Das Verständnis von Lernen in der Schule

Friedenserziehung im Sinne eines Friedensunterrichts oder als Unterrichtsthema in die vorhandene Schulstruktur und Unterrichtsorgansiation eingliedern zu wollen, ist nicht möglich. Zwar kann man bestimmte Sachaspekte fächerspezifisch zuordnen, um damit friedensrelevante Inhalte aufzugreifen, ihre Umsetzung ist damit jedoch noch nicht an den Prinzipien der Friedenserziehung orientiert. »Friedenserziehung didaktisch so organisieren zu wollen wie die Information über beliebige andere historische Gegenstände oder gar die Einführung einer neuen Rechnungsart, erscheint uns der Sache nicht angemessen.«[39]

LehrerInnen und SchülerInnen müssen sich umorientieren, bisherige Lehr- und Lerngewohnheiten aufgeben. Sie müssen, wo immer möglich, ein fächerübergreifendes und projektorientiertes Lernverständnis praktizieren, das alle in die Unterrichtsorganisation mit einbezieht und in der zentralen Ausrichtung lebensweltorientiert ist.

Zusätzliche Belastungen und Probleme für die Schulorganisation und LehrerInnen

Natürlich wird die Einführung von Friedenserziehung an Schulen auch Schwierigkeiten und Probleme mit sich bringen. Austausch und Beteiligung heißt für viele Betroffene zunächst auch, mehr Engagement bringen zu müssen und mehr Zeit für die Vorbereitung und Fortbildung zu investieren. Viele LehrerInnen klagen jedoch bereits jetzt, wegen der Überfülle des Stoffplans keine Zeit zu haben.

Der Sokratische Eid

»Als Lehrer und Erzieher verpflichte ich mich,
- die Eigenheit eines jeden Kindes zu achten und gegen jedermann zu verteidigen;
- für seine körperliche und seelische Unversehrtheit einzustehen;
- auf seine Regungen zu achten, ihm zuzuhören, es ernst zu nehmen;
- zu allem, was ich seiner Person antue, seine Zustimmung zu suchen, wie ich es bei einem Erwachsenen täte;
- das Gesetz seiner Entwicklung, sowie es erkennbar ist, zum Guten auszulegen und dem Kind zu ermöglichen, dieses Gesetz anzunehmen;
- seine Anlagen herauszuforden und zu förden;
- seine Schwächen zu schützen, ihm bei der Überwindung von Angst und Schuld, Bosheit und Lüge, Zweifel und Mißtrauen, Wehleidigkeit und Selbstsucht beizustehen, wo es das braucht;
- seinen Willen nicht zu brechen – auch nicht, wo er unsinnig erscheint; ihm vielleicht dabei zu helfen, seinen Willen in die Herrschaft seiner Vernunft zu nehmen;
- es also den mündigen Verstandsgebrauch zu lehren und die Kunst der Verständigung und des Verstehens;
- es bereit zu machen, Verantwortung in der Gemeinschaft zu übernehmen und für diese;
- es auf die Welt einzulassen, wie sie ist, ohne es der Welt zu unterwerfen, wie sie ist;
- es erfahren zu lassen, was und wie das gemeinte gute Leben ist;
- ihm eine Version von der besseren Welt zu geben und Zuversicht, daß sie erreichbar ist;
- es Wahrhaftigkeit zu lehren, nicht die Wahrheit, denn »die ist bei Gott allein«.

Damit verpflichte ich mich,
- so gut ich kann, selber vorzuleben, wie man mit den Schwierigkeiten, den Anfechtungen und Chancen unserer Welt und mit den eigenen immer begrenzten Gaben, mit der eigenen immer gegebenen Schuld zurechtkommt;
- nach meinen Kräften dafür zu sorgen, daß die kommende Generation eine Welt vorfindet, in der es sich zu leben lohnt und in der die erlebten Lasten und Schwierigkeiten nicht deren Ideen, Hoffnungen und Kräfte erdrücken;
- meine Überzeugungen und Taten öffentlich zu begründen, mich der Kritik – inbesondere der Betroffenen und Sachkundigen – auszusetzen, meine Urteile gewissenhaft zu prüfen;
- mich dann jedoch allen Personen und Verhältnissen zu widersetzen – dem Druck der öffentlichen Meinung, dem Verbandsinteresse, dem Beamtenstatus, der Dienstvorschrift –, wenn sie meine hier bekundeten Vorsätze behindern.(...)«[40]

Wenn Konflikte offen ausgetragen statt von oben geregelt werden, bringt dies oft neue Unsicherheiten auf allen Seiten mit sich, zumal in der Schule bislang eher Anpassung statt Konfliktfähigkeit belohnt wird. Geklärt werden muß auch, wie mit gesellschaftlichen Fragen umgegangen werden kann, wenn Zensuren und Zeugnisse ständig im Hintergrund sind, oder wie sich soziales Lernen in einer Schulorganisation, die auf Lernoptimierung im Sinne von Vermittlung möglichst großer Mengen abfragbaren Wissens ausgerichtet ist, verwirklichen läßt.

Vor diesem Hintergrund besteht die Gefahr, daß »Friedenserziehung« zur Belehrung und reinen Stoffvermittlung wird. In den normalen Unterrichtsvollzug eingebettet, mit den gleichen Methoden betrieben, ist sie dann allerdings zur Wirkungslosigkeit verdammt.

Anmerkungen

[1] Vgl. Der Spielgel Nr. 42/1992, S. 36-49.
[2] Vgl. Michael Spreiter: Die Gewalt macht Schule. Aufrüstung im Klassenzimmer. In: Psychologie Heute, Nr. 2/1993, S. 58-63.
[3] Inghard Langer: Überlebenskampf im Klassenzimmer. Was Schüler und Eltern gegen den Gewaltterror tun können. Freiburg 1994.
[4] Jochen Korte: Faustrecht auf dem Schulhof. Über den Umgang mit aggressivem Verhalten in der Schule. Weinheim / Basel 1993, 3. Auflage.
[5] Vgl. Henry Meier / Irmgard Meier-Olek: Aggressives Verhalten von Grundschülern während der Pausenzeit auf dem Schulhof. In: Allgemeiner Schulanzeiger Nr. 2/77, S. 67-76. Ursel Redepenning: Brutalität unter Kindern und Jugendlichen in der Schule. Ursachen und Lösungsvorschläge. In: Jugendschutz heute, Nr. 5/1977, S. 1-3.
[6] Hans-Dieter Schwind / Jürgen Baumann u.a. (Hrsg.): Gewalt in der Bundesrepublik Deutschland. Endgutachten der Unabhängigen Regierungskommission zur Verhinderung und Bekämpfung von Gewalt. Band I. Endgutachten und Zwischengutachten der Arbeitsgruppen. Berlin 1990. S. 71.
[7] Vgl. Spreiter, a.a.O., S. 58.
[8] Vgl. Gert Herweg: Vom öffentlichen zum pädagogischen Diskurs – Anmerkungen zum Thema »Gewalt in der Schule«. In: Hessisches Institut für Bildungsplanung und Schulentwicklung, Nr. 3/1993, S. 13. Zu selben Ergebnis kommt auch eine im September 1994 vorgestellte Studie über die Einschätzung von Schulleitern zur Gewalt in ihren Einrichtungen. Vgl. Ulrich Meier / Klaus-Jürgen Tillmann: Gewalt in der Schule – ein Medienproblem? In: Frankfurter Rundschau, 7.9.1994, S. 12.
[9] Vgl. Die Ministerin für Bildung, Wissenschaft, Kultur und Sport des Landes Schleswig-Holstein (Hrsg.): Gewalt an Schulen in Schleswig-Holstein. Gutachterliche Stellungnahme. Kiel 1993. Freie und Hansestadt Hamburg, Behörde für Schule, Jugend und Berufsbildung (Hrsg.): Gewalt von Kindern und Jugendlichen in Hamburg. Hamburg 1992. Senatsverwaltung für Schule, Berufsbildung und Sport Berlin (Hrsg.): Gruppengewalt und Schule. Dokumentation einer Dienstbesprechung in der Senatsverwaltung für Schule, Berufsbildung und Sport. Berlin 1992. Sächsisches Staatsministerium für Kultus: Zum Umgang mit der Gewaltakzeptanz. Erste Handreichung für Pädagogen und Lehrer im Frei-

staat Sachsen. Dresden 1992.

[10] Eine Studie des Bundesverbandes der Unfallversicherungsträger der öffentlichen Hand weist in einer Längsschnittuntersuchung der Jahre 1982-1991 ebenfalls darauf hin, daß bei sog. »Raufunfällen« Haupt- und Sonderschulen die höchsten Quoten aufweisen. Vgl. Bildung & Wissenschaft, März 1994, S. 30.

[11] Die Ministerin für Bildung, a.a.O., S. 39. Im Auftrag der Ministerin für Bildung, Wissenschaft, Kultur und Sport des Landes Schlswig-Holstein untersuchten im letzten Quartal 1992 Roman Ferstl, Gabriele Niebel (beide vom Institut für Psychologie der Christian-Albrechts-Universität) und Reiner Hanewinkel (IFT-Nord, Institut für Therapie und Gesundheitsforschung, Kiel) Verbreitung und Erscheinungsformen von Gewalt und Aggression in den Schulen des Landes.

[12] Vgl. Ulrich Meier / Klaus-Jürgen Tillmann, a.a.O.

[13] Vgl. Die Ministerin für Bildung, a.a.O. Schwerpunkte der Gewalt bilden die Förderschulen. »Psychische Gewalt« häuft sich besonders auffällig in Hauptschulen, kombinierten Grund- und Hauptschulen, Realschulen und Förderschulen, wenn man berücksichtigt, daß hier über 50 Prozent der Schüler häufig bis sehr häufig »gemeine Ausdrücke« verwenden. Deutlich am wenigsten belastet sind – neben den Berufsschulen – die Grundschulen. »Fertigmachen« von LehrerInnen haben schon über 50 Prozent der SchülerInnen erlebt. 13 Prozent berichten dies oft bis sehr oft.

[14] Vgl. ebd.

[15] G. Fornero: Praxisbericht zum Thema »Gewalt und Aggressionen an der Schule. Gelsenkirchen o.J. (1992), S. 5. Der Bericht umfaßt Gesprächsprotokolle, Veranstaltungen, Fragebogenereignisse, die im Schuljahr 1991/92 von Oktober 1991 bis Juli 1992 entstanden sind, bzw. durchgeführt wurden.

[16] Vgl. Ministerium für Bildung, a.a.O., S. 42, 44. Die in der Öffentlichkeit oft behaupteten Zusammenhänge zwischen Vandalismus und Schulgröße, Klassengröße oder baulichem Zustand der Schule sind durch diese empirische Untersuchung nicht bestätigt worden. Auch die Untersuchung über Gewalt an hessischen Schulen konnte keinen Zusammenhang zwischen der Größe einer Schule und der Häufigkeit von Gewalterscheinungen feststellen. Vgl. Ulrich Meier / Klaus-Jürgen Tillmann, a.a.O.

[17] Klaus Hurrelmann: Sondergutachen Gewalt in der Schule. In: Hans-Dieter Schwind / Jürgen Baumann u.a. (Hrsg.): Ursachen, Prävention und Kontrolle von Gewalt. Analysen und Vorschläge der Unabhängigen Regierungskommission zur Verhinderung und Bekämpfung von Gewalt. Band III. Sondergutachten. Berlin 1990, S. 367 ff. Heidrun Bründel / Klaus Hurrelmann: Gewalt macht Schule. Wie gehen wir mit aggressiven Kindern um? München 1994, S. 123 ff.

[18] Franz Hamburger: Gewaltdiskurs in der Schule. In: Wilfried Schubarth / Wolfgang Melzer (Hrsg.): Schule, Gewalt und Rechtsextremismus. Opladen 1993, S. 168.

[19] Vgl. Wilfried Schubarth: Schule und Gewalt: ein wieder aktuelles Thema. In: Schubarth / Melzer, a.a.O., S. 25 ff.

[20] Dieser Sichtweise wird vor allem von einer Reihe von Lehrern z.T. heftig widersprochen: »So ist Schule mit Sicherheit nicht ›der Inbegriff von Wettbewerb‹ (...) Aber selbst übertriebene Jagd nach guten Noten führt nicht zu Konkurrenzverhalten der Schüler, (...) Im übrigen wird sich Jugendforscher Hurrelmann sagen lassen müssen, daß man Schüler an deutschen Schulen nicht ›gegeneinanderhetzt‹«, meint Jochen Korte, Rektor einer Förderschule. Vgl. Jochen Korte, a.a.O. S. 24.

[21] Vgl. Landesjugendring Thüringen e.V. (Hrsg.): Friedenserziehung in der Schule. Anhörung vor dem Bildungspolitischen Ausschuß des Thüringer Landtages am 18. Februar 1993. Erfurt 1993, S. 18.

[22] Vgl. G. Fornero, a.a.O., S. 14.
[23] So auch der Titel des Buches von Hartmut von Hentig. Vgl. Hartmut von Hentig: Die Schule neu denken. München 1993.
[24] Vgl. Lutz Dunker: Rückfragen an Didaktik und Schulstruktur. Pädagogische Überlegungen zum Frieden in der Schule. In: Evang. Akademie Bad Boll: Protokolldienst 15/89: Lernfeld Frieden. Entwicklungen, Pädagogische Initiativen und Tätigkeiten. S. 68-77.
[25] Vgl. Brigitte Reich: Distanz oder Nähe? Zur Wechselwirkung von Friedenserziehung und Friedensbewegung. In: Ulrike C. Wasmuht (Hrsg.): Ist Wissen Macht? Baden-Baden 1992, S. 157-166.
[26] Andreas Flitner: Friedenserziehung im Streit der Meinungen. In: Zeitschrift für Pädagogik, Heft 6/1986, S. 770.
[27] Hans Nicklas: Friedensfähigkeit als Ziel von Erziehung und Bildung. In: Jörg Calließ / Reinhold E. Lob (Hrsg.): Handbuch Praxis der Umwelt und Friedenserziehung. Band 1. Düsseldorf 1987, S. 29.
[28] Vgl. Landesinstitut für Pädagogik und Medien (Hrsg.): Friedenserziehung in der Schule (I). Konzeption und Anregungen für den Unterricht. Dudweiler 1989, S. 27 f.
[29] Georg Israel / Botho Priebe: Friedenserziehung: Worauf es jetzt ankommt!. In: Landesinstitut für Schule und Weiterbildung (Hrsg.): Schularbeiten, Heft 2, Dez. 1989: Friedenserziehung, S. 2-9. K. Klemm u.a.: Bildung für das Jahr 2000. Bilanz der Reform. Zukunft der Schule. Reinbek 1985.
[30] Vgl. Paul Ackermann (Hrsg.): Politisches Lernen vor Ort. Außerschulische Lernorte im Politikunterricht. Stuttgart 1988.
[31] Vgl. K. Peter Fritzsche: Frieden – ein Thema in europäischen Schulgeschichtsbüchern. Hildesheim 1992. Brigitte Reich: Erziehung zur Völkerverständigung und zum Frieden. Ein internationaler Vergleich zur Umsetzung der UNESCO-Empfehlung in Geschichts- und Sozialkundebüchern der Sekundarstufe II. Peter Lang Verlag, Frankfurt/M. u.a. 1989. Gerd Stein: (Un)Frieden als Schulbuch-Thema. Friedenspädagogik deutscher Schulen im Wechsel politischer Systeme: Kontinuität und Diskontinuität. Duisburg 1984. (Institut für Schulbuchforschung ifs-Impulse 4).
[32] Vgl. Roman Thömmes: Der heimliche Lehrplan: Friedenserziehung in der Schule. Vom Sinn und Nutzen des Pädagogischen Tages. In: Pädagogische Notizen, 1/89, S. 10 ff.
[33] Vgl. Caspar Kuhlmann: Zur Entstehung und Entwicklung der Arbeitsmappen »Friedenssicherung – Friedenserziehung". In: Freie Hansestadt Bremen. Der Senator für Bildung, Wissenschaft und Kunst (Hrsg.): Arbeitsmappe Friedenssicherung – Friedenserziehung. Folge 7, Teil A. Bremen 1988, S. V ff.
[34] Vgl. Landesjugendring Thüringen e.V., a.a.O. Vgl. auch: Thüringer Landtag 1. Wahlperiode. Unterrichtung der Landesregierung zu dem Beschluß des Landtages vom 3.6.1993. Friedenserziehung in den Schulen Thüringens. Drucksache 1/2961, 22.12.1993.
[35] Vgl. Uli Blasczyk: Friedenserziehung im Unterricht. Ein Angebot der Lehrerfortbildung in Nordrhein-Westfalen. In: puzzle. Zeitschrift für Friedenserziehung, Nr. 1/1994, S. 2 ff.
[36] Andreas Flitner: Friedenserziehung im Streit der Meinungen. a.a.O., S. 764.
[37] Vgl. Gisela Helwig: Schule in der DDR. Köln 1988. Dieter S. Lutz (Hrsg.): Weder Wehrkunde noch Friedenserziehung? Baden-Baden 1984. Christian Rak: Friedenserziehung kritisch gesehen: Der neue Lehrplan für das Fach Gemeinschaftskunde an Gymnasien. In: puzzle. Zeitschrift für Friedenspädagogik, 3/1994.

[38] Kultusministerkonferenz-Beschluß Nr. 824 vom 25.5.1973. In: Kultusminister-Konferenz: Sammlung der Beschlüsse der ständigenKonferenz der Kultusminister der Länder in der Bundesrepublik Deutschland. Neuwied 1982, Erg.L. 44, S. 2 f.
[39] Klaus Mollenhauer: Anmerkungen zur Möglichkeit der Friedenserziehung. In.: Günter Schreiner / Jochen Schweizer (Hrsg.): Friedensfähigkeit statt Friedlichkeit. Die Deutsche Schule. Auswahlband. Frankfurt 1986, S. 59.
[40] Die Einführung eines »Sokratischen Eides« wurde von Hartmut von Hentig vorgeschlagen um das Bewußtsein von LehrerInnen und ErzieherInnen für ihre Aufgaben und ihre Verantwortung zu schärfen. Hartmut von Hentig: Der Sokratische Eid. In: Friedrich Jahresheft X. Seelze 1992, S. 114.

Kommunale Verantwortung für den Frieden auf lokaler Ebene

Kommunale Friedenserziehung

Unter dem Eindruck der wachsenden Konfrontation zwischen den Militärblöcken in Ost- und Westeuropa trafen sich im Oktober 1983 BürgermeisterInnen und KommunalparlamentarierInnen verschiedener Städte in Kassel. Mit dem Motto »Gemeinden für den Frieden« verabschiedeten sie ein Manifest, in welchem sie ausdrücklich ihre Verantwortung für den Frieden betonten: »Die anwesenden Kommunalpolitiker erklären nachdrücklich die Bereitschaft und den Willen, durch eine Verstärkung der Friedensarbeit in den Gemeinden ihren Beitrag zur Sicherung des Friedens zu leisten«. Weitere Konferenzen folgten und durch den dabei stattfindenden Erfahrungsaustausch wurde die vielfältige Praxis der Friedensbemühungen auf kommunaler Ebene dokumentiert.[1] Parallel zu den Städte-Tagungen gewann auch innerhalb der Friedensbewegung die kommunale Friedensarbeit an Bedeutung. Lokale atomwaffenfreie Zonen wurden mit oder ohne Gemeinderatsbeschluß proklamiert, Zivilschutzeinrichtungen problematisiert oder manchmal sogar durch Bürgerentscheide verhindert, Städtepartnerschaften wurden neu geknüpft oder wiederbelebt. Rasch wurde deutlich, daß viele Menschen sich intensiver engagieren, wenn die oftmals abstrakten sicherheits- und friedenspolitischen Probleme vor Ort sichtbar werden und konkrete Handlungsmöglichkeiten vorhanden sind. Deutlich wurde aber auch, wie sehr die Kompetenzen der Kommunalparlamente und der kommunalen Verwaltungen in diesen Fragen rechtlich eingeschränkt sind und daß partei- und finanzpolitische Überlegungen häufig über lokale Betroffenheiten gestellt werden.[2] Immer aber haben im Rahmen der Diskussionen über die Möglichkeiten und Grenzen kommunaler Friedensarbeit auch Fragen der Friedenserziehung eine bedeutende Rolle gespielt, gerade weil hier bei den Kommunen mehr Entscheidungsspielraum als vielfach erwartet vorhanden ist. In einem Beschluß des Kreistages Minden-Lübbekke vom 12.12.1985 zur Friedenspolitik des Kreises heißt es zum Beispiel:

»1. Der Kreis wird sein Medienzentrum gezielt für die Friedenserziehung ausstatten und im Jugendamt Musterprogramme zur Friedensarbeit in kommunalen Jugendhäusern und in der freien Jugendpflege erarbeiten. Innerhalb der politischen Jugendbildungsarbeit sind Multiplikatorenseminare zu diesem Themenbereich durchzuführen.

Der Kreistag fordert alle Pädagogen im Kreisgebiet auf, sich der Friedenserziehung mit besonderem Engagement zu widmen und diese neue Möglichkeiten zu nutzen.«

Nach dem Ende des Ost-West-Konfliktes ist es um die »Gemeinden für den Frieden« und die kommunale Friedensarbeit ruhig geworden. Hinzu kommt, daß sich die Themenstellungen geändert haben. Mehr als jemals zuvor müssen sich kommunale Einrichtungen mit Fragen der Gewaltprävention beschäftigen, und die Auseinandersetzung mit den Folgen von Armut und sozialer Ungerechtigkeit gewinnt an Bedeutung. Angesichts dieser und anderer Problemfelder bleibt die Friedenserziehung ein zentrales Thema in den einzelnen Kommunen.

Friedenserziehung in kommunaler Verantwortung

Von einer spezifischen kommunalen Friedenserziehung wird an erster Stelle dann gesprochen, wenn kommunale Organe (Gemeindeparlamente, Verwaltungen, Einrichtungen) als Träger friedenspädagogischer Vorhaben oder Projekte auftreten bzw. diese unterstützen. Denn für eine Reihe von friedenspädagogisch relevanten Problemen müssen die kommunalen Organe nicht nur die Verantwortung übernehmen, sie können auch aktiv eingreifen und an der Problembearbeitung mitwirken.[3] Anhand einiger Beispiele soll der daraus entstehende Handlungsspielraum deutlich gemacht werden.

Im Rahmen ihrer freiwilligen Leistungen finanziert und unterhält die Kommune Freizeit-, Bildungs- und Kultureinrichtungen, die der gesamten Bevölkerung zugute kommen sollen. Die Kommune hat in Bezug auf die bauliche Gestaltung, die Betriebs- und Personalausstattung dieser kommunalen Einrichtungen entscheidenden Einfluß und kann diesen auch im Rahmen von Dienst- und Fachaufsicht, Raum- und Mittelausstattung oder auch durch gezielte Informationspolitik nützen. Auch gibt es Bereiche, bei denen die Leistungen zwar per Gesetz definiert sind, die Verwaltung jedoch über einen gewissen Spielraum verfügt. Hierzu gehörten die Schulausstattung ebenso wie – bei kreisfreien Städten und Landkreisen – der gesamte Jugendschutzbereich bis hin zu der Möglichkeit, Indizierungsanträge gegen gewaltverherrlichende Medien zu stellen. Doch vor allem Kindergärten, Jugendhäuser, Bibliotheken, Theater, Museen, Volkshochschulen, Musikschulen, Gemeindearchive oder aber auch Gedenkstätten bieten sich als Orte für friedenspädagogische Maßnahmen an. Konkret: In den Stadtbibliotheken kann zum Beispiel ein besonderes Augenmerk auf friedenspädagogisch relevante Kinder- und Jugendbücher gelegt werden. Bücherausstellungen zu diesen Themen könnten Kinder und Eltern über Neuerscheinungen informieren, Autorenlesungen einen direkten Zugang zu erzähler Literatur schaffen. Denkbar ist auch, daß in speziellen Medienbteilungen Videofilme und Computerspiele (kostenlos) angeboten werden, die friedenspädagogischen Kriterien entsprechen und eine Alternative zu kommerziellen Videotheken darstellen.

Erfahrungen aus der Praxis des Vereins für Friedenspädagogik zeigen auch, daß ErzieherInnen Fortbildungsangebote gerne annehmen, bei denen eine Auseinandersetzung mit Themen wie »Gewalt in der Spielzeugwelt« möglich ist.

Weitere Beispiele dafür, wie städtische Behörden mit Einrichtungen der Friedenspädagogik kooperieren können, sind die Erstellung und Verteilung von Informationsbroschüren als ein Beitrag zur Gewaltprävention. Seit fünf Jahren erstellt der Verein für Friedenspädagogik solche kleinen, 16-seitigen Broschüren mit Titeln wie »Videogewalt –

Aus dem Vorwort der Broschüre »Augen auf beim Spielzeugkauf«, Sonderdruck für das Stadtjugendamt München

»Wie wir als Erwachsene miteinander umgehen, wie wir die Persönlichkeit des Kindes achten, das prägt sich beim Kind ein, das macht den wesentlichen Teil der Erziehung des Kindes aus. Nicht durch Worte (allein) entwickelt das Kind seine Fähigkeiten, sondern sehr stark durch seinen Nachahmungstrieb. Mit in diesen Erziehungskreis von Sprache und Nachahmung hinein gehört das Spielzeug, Kreativität anregend, die Gefühlswelt ausbauend, das Zusammenleben lehrend, den Verstand schärfend.
Daher gilt es gerade bei der Auswahl von Spielzeug den Sachverstand walten zu lassen. Auch Spielzeug kann mithelfen, Aggressionen abzubauen, Gewalt zu verhindern.
Die folgenden Seiten sollten Ihnen, liebe Eltern, Denkanstöße geben, sollen Ihnen helfen, wenn Sie Spielzeug kaufen wollen.«
Hubertus Schröer, Leiter des Stadtjugendamtes München:[4]

zwischen Faszination und Abscheu» oder »Gewaltfrei leben lernen« und bietet sie Jugendämtern als Sonderdrucke zum Ankauf an. Ca. 100 Jugendämter haben inzwischen von dieser Möglichkeit gebrauch gemacht und die Broschüren, mit ihrem eigenen Namen und einem eigenen Vorwort versehen über Kindergärten, Schulen und Jugendhäuser an Eltern und ErzieherInnen verteilt, um diesen so eine Hilfe beim täglichen Umgang mit Gewaltphänomenen zu geben. Diese Broschüren haben inzwischen eine Gesamtauflage von mehreren hunderttausend Exemplaren erreicht.

Schließlich eröffnen sich im Rahmen von Gewerbe- und Marktordnungen oder mit Hilfe der Festlegung von Vergnügungssteuern für Politik und Verwaltung weitere Möglichkeiten, korrigierend in gewaltfördernde Entwicklungen einzugreifen. Wünschenswert und teilweise in der Praxis erprobt sind Eingriffe im Bereich des Verkaufs von Gewaltspielzeug und der Nutzung von Spielautomaten. Die Möglichkeiten reichen hier von der Weitergabe von Informationen über Gewaltspielzeug an Verkäufer und Händler, verbunden mit der Bitte um einen freiwilligen Verkaufsverzicht, über den Erlaß von Marktordnungen, die die Ausstellung und den Verkauf von Gewaltspielzeug einschränken oder gar untersagen, bis hin zur Erhöhung von Vergnügungssteuern für Gewaltspielautomaten. Vorstöße in diesem Bereich werden jedoch häufig als Eingriffe in die Gewerbefreiheit interpretiert und abgelehnt, wie die Bemühungen einer Gemeinderatsfraktion der SPD zeigen. Diese hatte einen »Antrag auf Verbot des Verkaufs von Kriegsspielzeug auf dem örtlichen Markt« im Gemeinderat eingebracht. In diesem Antrag heißt es:

»Der Gemeinderat möge beschließen:
1. Die Gemeinde Süßen untersagt den Verkauf von Kriegsspielzeug und gewaltverherrlichendem Spielgerät auf den von ihr betriebenen Märkten;
2. § 10 der Polizeiverordnung der Gemeinde Süßen zur Regelung des Marktwesens (Marktordnung) vom 6. Juli 1976 wird um einen entsprechenden Passus ergänzt;
3. Die Marktbeschicker werden im Vorfeld der Platzzusage über die Neuregelung unterrichtet;
4. Der gemeindliche Vollzugsbeamte wird mit der Überwachung der Einhaltung des Verkaufsverbots beauftragt«.[5]

Der Antrag wurde vom Gemeinderat aus rechtlichen Gründen abgelehnt, da sowohl das Innen- als auch das Wirtschaftsministerium des Landes Baden-Württemberg übereinstimmend erklärt haben, daß ein Vertriebsverbot für Kriegsspielzeug von den örtlichen Marktordnungen nicht ausgesprochen weden dürfe, weil damit höherrangige Rechte (nämlich die Gewerbefreiheit) beschnitten würden.

Für alle genannten Problem- und Handlungsbereiche ist es jedoch notwendig, daß nicht nur auf Krisen und Probleme reagiert wird, sondern daß vor allem präventive Auseinandersetzungsmöglichkeiten für Eltern, PädagogInnen und Jugendliche mit den genannten Themenfeldern geschaffen werden (Elternbriefe, Gesprächskreise, Mitarbeiterfortbildungen, Ausstellungen, usw.).

In diesem Zusammenhang muß jedoch auch auf die Verantwortung aufmerksam gemacht werden, die Verwaltung und Gemeinderat mit ihrem direkten Einfluß auf Bildungsinhalte, Erziehungsstile, Materialangebote usw. übernehmen. Denn eine solche Gestaltung darf nicht Ausdruck jeweiliger parteipolitischer Mehrheiten sein, sondern muß der Vielzahl friedenspädagogischer Ansätzen Sichtweisen und Vorgehensweisen Rechnung tragen.

Aufgabe kommunaler Organe kann es also nicht sein, für den von ihr direkt verantworteten und gestaltbaren Bildungs- und Erziehungsbereich enge Richtlinien für Friedenserziehung zu beschließen und per Dienstanweisung durchzusetzen, sondern günstige Rahmenbedingungen für diesen Themenbereich zu schaffen. Das heißt u. a.

- daß Informations- und Auseinandersetzungsmöglichkeiten für MitarbeiterInnen und Bevölkerung angeboten werden;
- daß Fortbildungsangebote gemacht bzw. unterstützt werden;
- daß für Eigeninitiative und Eigenverantwortung der MitarbeiterInnen (in Kindergärten, Jugendhäusern usw.) viel Raum zur Verfügung steht;
- daß ein freies »geistiges Klima« für die unterschiedlichsten Arten der Auseinandersetzung mit relevanten Themen geschaffen wird.

Dies beinhaltet, daß vermehrt auch öffentliche Anfragen und Konflikte über Ziele, Inhalte und Methoden kommunaler Friedenserziehung auftreten werden.

Gestaltung des Lebensraums Kommune

Friedenserziehung in der Kommune vollzieht sich nicht nur in geplanten pädagogischen Maßnahmen oder Aktionen, sondern umfaßt daneben auch strukturelles Lernen und Momente des Alltagslernens. Dabei geht es u.a. um folgende Fragen: Für wie wichtig halten die Kommunen die kindgerechte Ausrichtung von Wohnungen, Straßen, Stadtvierteln? Welche Möglichkeiten werden geschaffen, um die menschlichen Bedürfnisse nach Ruhe und Erholung, nach Aktivität und Kreativität, nach Entspannung und Anregung in der täglichen Lebenswelt befrie-

Ideen zur Kommunalen Friedenserziehung

Partnerschaften und Austauschprogramme
- Städtepartnerschaften mit Städten aus Osteuropa und der Dritten Welt;
- Übernahme einer (oder mehrerer) städtischen Patenschaften für Projekte oder Einrichtungen in der Dritten Welt;
- Förderung von Jugendaustausch und Studienfahrten mit anderen Staaten;
- Durchführung von internationalen Sport- und Kulturfesten.

Städtische Einrichtungen
- Ermöglichung einer Grundinformation über Friedenserziehung für alle pädagogischen MitarbeiterInnen der Stadt;
- Aus- und Fortbildung der MitarbeiterInnen in städtischen Kindergärten, Jugendhäusern und Sozialeinrichtungen mit friedenspädagogischen Fragestellungen (z.B. Umgang mit Gewalt und Konflikten);
- Im Bereich Jugendschutz aufklärend und mit positiven Alternativen zu gewaltverherrlichenden Schriften und Medien arbeiten;
- Elternabende (für Eltern von Kindergarten- und Schulkindern) über die Probleme des Umgangs mit Gewalt anbieten;
- Video- und Computerspieleabteilungen in den städtischen Bibliotheken einrichten, um so ein Gegengewicht gegen den kommerziellen Bereich zu schaffen;
- Runde Tische, an denen VertreterInnen verschiedener städtischer Behörden sich über Erfahrungen und Möglichkeiten der Friedenserziehung austauschen;
- Schaffung von attraktiven kommunalen Spiel- und Freizeitangeboten;
- Ermöglichen von Mitsprache und Mitbestimmung von Kindern und Jugendlichen in kommunalen Einrichtungen und bei kommunalen Angelegenheit;
- »Kindgerechtheit« als Maßstab bei allen kommunalen Entscheidungen;
- Einsetzen einer/es Kinderbeauftragten.

Informations- und Bildungsangebote für die Bevölkerung
- Initiierung und Förderung von regelmäßigen friedenspädagogisch relevanten Ausstellungen und Medienangeboten in städtischen Einrichtungen;
- Ablehnung von Bundeswehr-Waffenschauen auf städtischem Boden;
- Erstellung von alternativen Stadtführern;
- Finanzielle Förderung von friedenspädagogischen Initiativen und Einrichtungen.

digen zu können? Wie werden die Interessen der unterschiedlichen Bevölkerungsgruppen berücksichtigt, welche Hilfen gibt es zum Interessenausgleich?

Die Kommune setzt durch ihre finanzpolitischen sowie durch die bau- und personalpolitischen Entscheidungen Rahmendaten für Lern- und Erfahrungsprozesse und kann diese auch durch entsprechende Stadt- bzw. Gemeindeentwicklungsprogramme gezielt verändern.

Es geht dabei nicht nur um die Fortentwicklung der Bedingungen für Kinder- und Jugendarbeit oder der soziokulturellen Arbeit unter friedenspädagogischen Gesichtspunkten, sondern um die Planung und Realisierung einer Wohn- und Lebenswelt, in der Kinder, Jugendliche und Erwachsene emanzipatorische Erfahrungen machen können. Eine wesentliche Voraussetzung hierfür ist es, auch der Pluralität verschiedener Bildungsansätze Rechnung zu tragen sowie die Eigenständigkeit von Gruppen und Initiativen zu beachten und zu fördern. Gerade angesichts der vielen Probleme, welche die Kommune nicht aus eigenen Kräften abschaffen kann oder will, ist die Selbsthilfe solcher Initiativen von entscheidender Bedeutung. Ein bewährter Ansatz, um Probleme gemeinsam besprechen und angehen zu können, sind die sogenannten »Runden Tische«, bei denen VertreterInnen aller Gruppen, Initiativen und Strömungen zum Gespräch eingeladen werden. Dies kann hilfreich und erforderlich sein, wenn im kommunalen Rahmen verschiedenste Menschen(gruppen) aus unterschiedlichen Herkunftsländern, mit unterschiedlichen Religionen und Hautfarben direkt aufeinandertreffen. Hier werden Bedrohungsängste konkret, hier geschehen Diskriminierungen, aber auch Begegnungen und gemeinsame Unternehmungen. Dies alles bietet alltäglich ein breites Lernfeld für Toleranz, Interessenausgleich und Konfliktlösungen. Hier können (eigene und fremde) Vorurteile überprüft und abgebaut werden. Und hier kann auch gelernt werden, was es heißt, Solidarität zu leben, indem bedrohten AusländerInnen Schutz und Hilfe angeboten wird.

Auch der Umgang mit der Tradition und der Geschichte der eigenen Stadt kann friedenspädagogische Lernprozesse anstossen. In jeder Kommune gibt es vielfältige Zeugnisse der Geschichte, der offiziellen und der bislang verborgenen oder gar der unterdrückten. Der Lokalgeschichte nachzuspüren heißt weniger mit Akten, Büchern oder Dokumenten umzugehen, als vielmehr vorhandene Traditionen und Zeugnisse durch Spurensuche vor Ort zu entschlüsseln. Ansatzpunkte hierfür können z.B. eine nichtangebrachte Gedenktafel für eine zerstörte jüdische Synagoge sein oder auch das Auffinden des Standortes der Wohnbaracken für ausländische ZwangsarbeiterInnen. Die Befragung von Zeitzeugen (auch in der eigenen Familie!) ist hierzu eine wichtige Methode, um lokales Geschehen rekonstruieren und verstehen zu können. Hier empfiehlt sich zudem die Zusammenarbeit mit Geschichtswerkstätten, die vor Ort arbeiten. Ein Beispiel: Zum fünfzigsten Jahrestag der Deportation der Juden von Fulda nach Theresienstadt hat die Stadt Fulda im September 1993 76 Plakate in der Innenstadt aufgestellt. Auf jedem Plakat ist unter dem Davidstern die Original-Deportationsliste mit allen 76 Namen der später ermordeten Juden zu finden. Die Plakate, die symbolisch für jedes Einzelschicksal stehen, wurden entlang von sechs Straßenzügen aufgestellt – beginnend beim ehemaligen Standort der Synagoge bis zum Bahnhof, wo die Waggons für die Fahrt in den Tod bereitgestellt waren.[6]

Friedenserziehung in der Kommune muß jedoch auch über die lokale Begrenzung hinausweisen. Sie muß erlebbar machen, daß die Kommune in nationale und weltweite Zusammenhänge eingebettet ist und die daraus entstehende Verantwortung durch vielfältige Projekte der Zusammenarbeit (Schüler-und Jugendaustausch, Paten- und Partnerschaften mit Gemeinden in der Dritten Welt usw.) wahrgenommen wird.

Restriktive Bedingungen für Friedenserziehung

Die Gestaltungsmöglichkeiten der Kommunen werden heute vor allem durch knapper werdende Finanzmittel und – damit verbunden – durch fehlende Personalstellen und mangelnden Räumlichkeiten eingeschränkt. Gerade vor dem Hintergrund der Kürzungen von sozialen und kulturellen Leistungen und Angeboten werden die (Verteil-)Konflikte in der Kommune zunehmen und die vielfältigen Formen von Gewalt vor Ort zu einem ständigen (wenn nicht gar eskalierenden) Problem werden.[7]

Eine zweite restriktive Bedingung liegt darin, daß in vielen Kommunen einflußreiche Parteien oder Wählervereinigungen Friedenserziehung für eine überflüssige Spielerei, wenn nicht gar für eine gefährliche Indoktrination halten und so konsequenterweise allen Bemühungen in dieser Richtung skeptisch gegenüberstehen. Hinzu kommt, daß in den letzten Jahren auch VertreterInnen rechtsextremistischer Parteien in Gemeindeparlamente gewählt wurden und somit auch in den entsprechenden Ausschüssen mitreden und mitentscheiden können. Auch dies prägt den kommunalen Entscheidungsspielraum.

Kinderpolitik in der Kommune

Ob es den Erwachsenen gefällt oder nicht, Kinder sind über viele politische Ereignisse erstaunlich gut informiert, sie wissen insbesondere über den katastrophalen ökologischen Zustand der Erde Bescheid und sie wollen zunehmend mit ihren Meinungen, Wünschen und Forderungen gehört werden. Natürlich benötigen sie Erwachsene, die sich für ihre Belange einsetzen, die eine Lobby für sie bilden, die also »Politik für Kinder« gestalten. Doch dies ist nicht genug. Kinder ab einem Alter von ca. 9 Jahren wollen auch unmittelbar an politischen Entscheidungen beteiligt werden.

Seit Anfang der 90er Jahre ist »Kinderpolitik« von Kinder- und Jugendorganisationen sowie freien Initiativen als bislang vernachlässigtes Thema »entdeckt« und vor allem für die kommunale Ebene ansatzweise erschlossen worden. Kinderpolitische Positionspapiere wurden verabschiedet, Seminare, Kongreße und Symposien veranstaltet.[9] In einer Reihe von Orten wurden sog. Kinderanwälte eingesetzt, Kinderforen und Kinderparlamente gegründet. Meistens bedeutet Kinderpolitik jedoch, daß Kinder einmal jährlich zu einem sogenannten »Kinderforum« in den Gemeinderat eingeladen werden, um

---

»Für mich ist das wichtigste ...«

»Die Politiker, die meinen ja auch oft, Kinder sind viel zu klein, und ich finde das nicht gut, weil es ist ja immerhin noch unsere Umwelt, die gehört ja nicht nur denen, die gehört der ganzen Welt. Und dann bauen die hier so oft Straßen hin. Wir haben da unseren Schulgarten, und die bauen da jetzt einfach an der Schranke eine Straße hin, reißen ein Haus ab, und das Haus soll genau auf unseren Schulgarten gebaut werden. Wir hatten Goldfische und alles mögliche, sogar Kröten.«
Sylvia

»Für mich ist das Wichtigste, daß man vielleicht im Bauwesen, bei den Häusern, in denen wir wohnen, mitbestimmen kann. Ich finde es Schwachsinn, wenn man hier Häuser baut, in die irgendwelche Leute einziehen, und denen gefällt es dann gar nicht. Ich weiß, wenn man ein Haus mietet, daß man dann nicht immer gleich ein Haus bauen kann. Aber wer hier so ein Haus baut, baut es immer viereckig, dies ist langweilig, immer viereckig zu bauen. Viereckig und ein Dach drauf... Da finde ich sollten wir mitbestimmen können.«
Fabian[8]

dort mit GemeindevertreterInnen zu debattieren und ihre Sichtweise der Kommunalpolitik, ihre Sorgen und Nöte vorzutragen. Die beteiligten Erwachsene sind dabei immer wieder verblüfft von der Ernsthaftigkeit und oft auch »Professionalität«, mit der Kinder sich nicht nur Gedanken über ihre Situation machen, sondern sachbezogen und konzentriert ihre Argumente vortragen. Erstaunlich für viele Erwachsene ist es auch, daß durchaus nicht nur kinderspezifische Probleme wie Kinderspielplätze und Spielmöglichkeiten von Kindern aufgegriffen werden, sondern kommunalpolitisch entscheidende Felder wie Verkehr und Wohnen, Ausweisung neuer Baugebiete und deren ökologisch bedenkliche Kehrseite zur Diskussion stehen.

Kinderparlamente bleiben jedoch weitgehend ohne Auswirkungen auf die reale Politik und sie sind keine Form der echten Mitbestimmung. Dennoch, ganz ohne Sinn sind sie nicht, sie zeigen zumindest denjenigen Erwachsenen, die das aufmerksame Zuhören noch nicht ganz verlernt haben, was Kinder bewegt, und wie engagiert Kinder sich für öffentliche Belange interessieren und engagieren.

Beteiligungsformen für Kinder

In verschiedenen Kommunen finden sich Kinder in sogenannten »*Kinderforen*« zusammen, um das Gespräch mit PolitikerInnen, der Verwaltung und ExpertInnen zu suchen, und damit auf Mißstände aufmerksam zu machen. Die Teilnahme an diesen Arbeitsgruppen bzw. Veranstaltungen ist freiwillig und offen. Gewählte VertreterInnen oder SprecherInnen gibt es nicht. Solche Kinderforen gibt es z.B. seit 1990 in München und seit 1991 in Berlin.[11]

In *Kinderparlamenten* werden Kinder ab einer bestimmten Jahrgangsstufe (z.B. 10 oder 12 Jahre) über die örtlichen Schulen als offizielle VertreterInnen gewählt. Diese Kinder- oder Jugendparlamente tagen regelmäßig (z.B. alle drei Monate). Den Vorsitz hat in der Regel der Bürgermeister, VertreterInnen der Verwaltung sind anwesend. Einzelne Kinderparlamente verfügen sogar über einen eigenen Etat (wie z.B. in Weingarten in Höhe von 10.000 DM pro Jahr). Die Kinder werden von städtischen Angestellten betreut. Kinderparlamente gibt es u.a. in Weingarten, Mühlheim und Herne.

In *projektorientierten Formen* kommen Kinder über einen begrenzten Zeitraum zu regelmäßigen, zumeist wöchentlichen Treffen zusammen, um gemeinsam ein bestimmtes Thema zu bearbeiten. Solche projektorientierte Formen können z.B. Fragebogenaktionen, Videodokumentationen, Stadtteilbegehungen, Schreib- oder Malwettbewerbe sein. Das Ziel ist jeweils, bestehende Mißstände sichtbar zu machen,

> *Kinderpolitische Modelle auf kommunaler Ebene*
>
> *Kinderbeauftragte:* Ähnlich wie Frauen-, Ausländer- oder Seniorenbeauftragte versuchen Kinderbeauftragte »Lobbyist« zu sein und die Interessen der Kinder in der Politik und gegenüber der Verwaltung zu vertreten. Das Amt kann ehrenamtlich oder hauptamtlich ausgeübt werden.
> *Kinderbüros:* Kinderbüros sind Koordinierungs- oder Geschäftsstellen innerhalb der kommunalen Verwaltung. Sie sind häufig den Sozialdezernenten oder dem Jugendamt/Jugendpflege zugeordnet. Die MitarbeiterInnen der Kinderbüros sind städtische Angestellte, die ämterübergreifend bei Planungen die Interessen der Kinder berücksichten sollen. Desweiteren werden häufig sogenannte »Kinderberichte« über die Situation der Kinder in der jeweiligen Kommune erstellt. Kinderbüros verstehen sich als Ansprechstelle für örtliche Initiativen, Organisationen, Eltern und Kinder. Sie führen Kinderprojekte durch, bieten Kindersprechstunden und Kindertelefone an.
> *Kinderkommissionen:* Kinderkommissionen sind Fachausschüsse oder Arbeitsgruppen innerhalb von Parlamenten oder auf kommunaler Ebene der Verwaltung einer Stadt und entsprechen in ihrer Zusammensetzung den jeweiligen politischen Parteien. (So stellen z.B. im Kinderausschuß des Deutschen Bundestages alle Fraktionen je eine/n VertreterIn). Diese Kommissionen sollen sich gezielt mit den kinderpolitischen Fragestellungen beschäftigen können, für die im normalen Verwaltungs- und Sitzungsbetrieb keine Zeit bleibt.
> *KinderanwältInnen:* Dieses Konzept ist dem der norwegischen Ombudsfrauen/männer entlehnt. Die Aufgabe besteht darin, sich als unabhängige Person anwaltschaftlich für die Interessen von Kindern einzusetzen, ihnen »Ohr und Stimme« für ihre Sorgen, Nöte, Ideen und Forderungen zu leihen. Deshalb ist der direkte Kontakt zu Kindern vor Ort äußerst wichtig. Ziel ist es, Kinder zu bestärken, ihre Wünsche, Ideen und Vorstellungen vorzubringen. Der/die KinderanwältIn fungiert dabei als VermittlerIn zwischen Kindern und Erwachsenen, hat jedoch trotz ihrer/seiner Unabhängigkeit keine neutrale Rolle, sondern ergreift Partei für die Belange der Kinder. KinderanwältInnen sind häufig bei Wohlfahrtsverbänden oder freien Initiativen angesiedelt, so z.B. seit 1979 bei der Arbeiterwohlfahrt in Düsseldorf.[10]

zu dokumentieren und die verantwortlichen politischen VertreterInnen damit zu konfrontieren.

Was Kinder bewegt, bringt auch eine ganz anders strukturierte Aktion zum Ausdruck: die von der Zeitschrift »natur« ins Leben gerufenen sogenannten *nationalen Kindergipfel*, die 1991 in Frankfurt und 1993 in Stuttgart stattfanden.[12] Die Initiatoren dieser Kindergipfel gehen dabei von der so einfach klingenden Überlegung aus, daß Kinder einmal in einer Umwelt leben werden, die sie von den Erwachsenen erben. Deshalb möchten sie Kindern Gelegenheit geben, ihre Wünsche und Visionen an diejenigen adressieren zu können, die in Politik, Wirtschaft und Gesellschaft entscheiden, wie die Welt von morgen aussieht. In lokalen und regionalen Vorbereitungstreffen konnten Kinder ihre Forderungen vortragen. Jeweils 600 Kinder nahmen dann in Frankfurt und Stuttgart teil. In der Frankfurter Paulskirche unterschrieben Kinder und prominente Gäste aus Politik, Wirtschaft und Wissenschaft einen »Generationenvertrag«. Die Erwachsenen verpflichteten sich darin, die Forderungen der Kinder ernst zu nehmen und wenigstens einen der im Vertrag festgehaltenen Wünsche zu erfüllen. Doch bereits der zweite Kindergipfel in Stuttgart zeigte, daß nur noch wenige der eingeladenen Politiker kamen und daß sie sich auch kaum mehr den kritischen Fragen der Kinder stellten. Eine Bilanz der zwei Jahre zuvor eingegangenen Selbstverpflichtungen fiel zudem äußerst ernüchternd aus. Ein Kind brachte es auf den Nenner: »Die Erwachsenen sagen immer, sie tun was für die Umwelt, und dann passiert gar nichts«.[13]

Auszüge aus dem Generationenvertrag

»Die Kinder haben das Recht auf eine Zukunft in Frieden, auf eine Welt mit sauberem Wasser, reiner Luft und gesunder Natur. Leben ist wichtiger als Geld. Die Erwachsenen erwarten im Alter von den Kindern Rücksicht. Die Kinder erwarten von den Erwachsenen Vorsicht für ihre Zukunft.
Die Erwachsenen, die diesen Generationenvertrag unterschreiben, verpflichten sich:
1. Ich werde alles tun, daß wir einer lebenswerten Welt, wie sie sich die Kinder wünschen, näherkommen. Ich nehme die Gedanken, die Visionen und Wünsche der Kinder ernst. Nach Ablauf von zwölf Monaten werde ich den Kindern erneut für ein Gespräch zur Verfügung stehen, um zu berichten, was ich für dieses Ziel getan habe.
2. Ich werde mindestens eine der im Anhang dieses Vertrages von den Kindern aufgelisteten Forderungen als Privatperson oder in meinem Beruf erfüllen. Welchen Kinderwunsch ich erfülle, gebe ich bekannt.
3. Ich werde diesen Generationenvertrag an mindestens zwei weitere Persönlichkeiten des öffentlichen Lebens weitergeben, um diese ebenfalls für die Unterzeichnung zu gewinnen.«[14]

Die Problembereiche

Ein Grundkonflikt von »Kinderpolitik« im Sinne von »Politik mit Kindern« liegt nicht etwa im mangelnden Verantwortungsbewußtsein von Kindern oder in der zu geringen Sachkenntnis, was notwendige Planungen und Auswirkungen von Entscheidungen betrifft. Aber Kinder lassen sich weder auf Taktieren noch auf Kompromisse ein, fordern Entscheidungen sofort (hier und heute) und stellen dabei nicht nur radikale Forderungen stellen, sondern suchen diese auch zu verwirklichen. Für Kinder ist Radikalität, Moralität und Politik kein Widerspruch. Sie möchten ihre Visionen und Utopien auch in der Politik verwirklichen. Dabei lassen sie sich, wie viele Beispiele zeigen, durchaus von Sachüberlegungen leiten.

Dies ist für eine Politik, die sich oft im Interessen- und Kompetenzwirrwarr verstrickt, eine ungeheure Provokation. Deshalb werden Kinder häufig einfach als für Politik noch nicht reif genug eingestuft und auf später vertröstet.

Die Erfahrungen, die Kinder und Jugendliche mit Politik machen, sind immer wieder dieselben: Politiker erscheinen ihnen als korrupt und unglaubwürdig. Sie selbst erleben immer wieder, daß sie keine realen Einflußmöglichkeiten haben und daß ihre Anliegen auch von anderen nicht aufgegriffen werden. Gründe dafür sind die »normalen« politischen Entscheidungsstrukturen und Handlungsabläufe, die wohl nicht nur für Kinder in den meisten Fällen weder einsichtig noch nachvollziehbar sind und sich zudem oft langwierig und BürgerInnenfern vollziehen.

Daß eine Politik, die Belange von Kindern stärker berücksichtigt (oder gar ins Zentrum rückt), kaum stattfindet, rührt auch daher, daß Kinder eine »Minderheit« sind, die kein aktuelles »Wählerpotential« repräsentieren.

Hinzu kommt, und darauf weist der Jugendforscher Lothar Böhnisch besonders hin, daß Kinder heute immer weniger im Schatten eines unbefangenen Generationenvorsprungs ihrer Eltern leben.[15] Sie fühlen sich als eigenständige Subjekte in einer eigenen Welt, die einen Platz beansprucht, gleich oder ähnlich dem des Vaters und der Mutter. Sie beobachten ihre Eltern und die Erwachsenen, wie diese miteinander und mit der Welt umgehen. Und sie erleben dabei einen großen Widerspruch zwischen Anspruch und Wirklichkeit.

Die Folgen dieser Glaubwürdigkeitskrise der Erwachsenenwelt, insbesondere der Politik, für die politische Identität und das politische Selbstverständnis dieser Jugendlichen sind häufig politische Apathie und Rückzug ins Private.

Kinderpolitik muß sich für eine kindgerechte Lebenswelt einsetzen und die Rechte der Kinder einfordern. Sie muß aber vor allem Kindern in ihren Meinungen, Wünschen und Ängsten ernst nehmen und ihnen entsprechend ihren Fähigkeiten und Bedürfnissen Beteiligungsmöglichkeiten eröffnen. Die beteiligten Erwachsenen sollten sich nicht nur für Kinder verständlich ausdrücken können, sie müssen für diese auch ehrlich und glaubwürdig sein. Dies bewahrheitet sich auch an der Frage, ob gemachte Zusagen eingehalten werden.

Vieles spricht dafür, Kinder an politischen Prozessen zu beteiligen:
- Kinder besitzen ein starkes Problembewußtsein, was die Umwelt und ihre gemeinsame Zukunft betrifft. Sie können so oft leichter als Erwachsene Wesentliches von Unwesentlichem unterscheiden.
- Kinder haben andere Zugänge zu Problemerkennung und -lösung als Erwachsene. Diese Fähigkeiten könnten sich sehr bereichernd auf die Planung und Gestaltung von Lebensräumen auswirken.
- Kinder haben ein stark entwickeltes Gerechtigkeitsempfinden. Dieses im politischen Alltag stärker zur Geltung kommen zu lassen, kann nur zu positven Entwicklungen führen.

Kinder können dabei lernen, eine eigene (politische) Meinung zu entwickeln, indem sie ein Experimentierfeld für politisches Handeln erhalten. Jede Form von Instrumentalisierung für eigene Ziele ist dabei ebenso zu mißbilligen wie Versuche der Indoktrination oder gar der Manipulation. Dies bedeutet für die Erwachsenen, daß sie andere Sichtweisen und in vielen Fällen wohl auch ein anderes Demokratieverständnis aushalten, ja akzeptieren müssen.

In der Kommune sollten Kindern Anhörungs-, Mitsprache- und Antragsrechte in Ausschüssen, Räten und Kreistagen gewährt werden. Ziel dabei ist die Wahrung und die Wahrnehmung ihrer Interessen. Regelmäßige Kindersprechstunden von PolitikerInnen und die Einrichtung von Kinderbüros und Kinderforen könnten dazu beitragen, daß Politiker zumindest über die Anliegen der Kinder besser informiert sind. Wichtig wäre es auch, kommunale Räume der Selbstbestimmung zu schaffen, wie sie etwa in selbstverwalteten Jugendzentren oder Spielplatzprojekten zum Ausdruck kommen. Entscheidend für die Beteiligung von Kindern am politischen Leben ist, ob sich Erwachsene auf ein partnerschaftliches Miteinander einlassen wollen, ob Freiräume für Experimente vorhanden sind und ob kindgerechte Formen der Beteiligung gefunden werden. Das wichtigste scheint für Kinder die Erfahrung zu sein, daß es sich »lohnt«, mitzureden und mitzubestimmen, und daß Entscheidungen auch Resultate bringen. Gerade dies ist jedoch bei den heutigen Politikstrukturen kaum zu erwarten.

Anmerkungen

[1] Vgl. Gemeinden für den Frieden. Beschlüsse zur Friedenssicherung. 2. Dokumentation der Stadt Kassel. Kassel 1987. Dietmar Hübner (Red.): Frieden in der Stadt – Stadt, Kultur, Frieden. Eine Dokumentation der Stadt Schwerte. Essen 1988.

[2] Vgl. Günther Gugel / Uli Jäger (Hrsg.): Handbuch Kommunale Friedensarbeit. Tübingen 1988.

[3] Rechtliche Verpflichtungen ergeben sich zum Beispiel aus den Landesverfassungen, aber auch aus dem Kinder- und Jugendhilfegesetz, das neben dem Recht auf Erziehung auch Maßnahmen der politischen Bildung und internationale Begegnungen einschließt.

[4] Vgl. Stadtjugendamt München, Abt. Jugendarbeit / Verein für Friedenspädagogik Tübingen (Hrsg.): Augen auf beim Spielzeugkauf. Was Sie über Gewaltspielzeug und Gewalt in Medien wissen sollten. 4. Aufl. Tübingen 1994.

[5] Vgl. Antrag der SPD-Gemeinderatsfraktion Süssen: »Verbot des Verkaufs von Kriegsspielzeug auf örtlichen Märkten« vom 4.4.1991. Vgl. auch NWZ, 30.10.1991. Die Stadt Mössingen hat eine Marktordnung für den Weihnachtsmarkt erlassen, wonach Kriegsspielzeug weder im Warensortiment geführt noch angeboten werden darf. Vgl. Südwestpresse 10.9.1994.

[6] Vgl. Frankfurter Rundschau, 2.9.1992.

[7] Vgl. Reiner Steinweg: Gewalt in der Stadt. Wahrnehmungen und Eingriffe. Das Grazer Modell. Münster 1994.

[8] BDKJ-Journal, Nr. 2/92: Kinderpolitik, S. 8 f.

[9] Vgl. Kinder- und Jugendforum München (Hrsg.): Kinderpolitik in München. Vorschläge des Arbeitskreises »Kinderforum« im Gesunde-Städte-Projekt München. München 1992. Arbeitsgemeinschaft der Evang. Jugend in Nordrhein-Westfalen (Hrsg.): Arbeit mit Kindern. Kinderpolitisches Positionspapier. 2 Bde. Düsseldorf 1993. Deutscher Bundesjugendring: Kinder in Jugendverbänden. Selbstverständnis und Bedeutung kinderpolitischer Interessensvertretung. Bonn 1992.

[10] Silvia Wawrziczny: Braucht Kinderpolitik neue Strukturen? In: Hedwig Blanke / Brigitte Hovenga / Silvia Wawrzicizny (Hrsg.): Handbuch kommunale Kinderpolitik. Ansätze, Anregungen und Erfahrungen konkreter Kinderpolitik. Münster 1993, S. 21 ff.

[11] Hedwig Blanke: Kinder und Politik. Partizipationsmodelle auf dem Prüfstand. In: Blanke, a.a.O., S. 27 ff.

[12] Vgl. Natur-Magazin: Wir sind eine Welt 1992/1993. Der natur-Kindergipfel. Informationsmaterial, München 1993.

[13] Vgl. Monika Höna: »Die Erwachsenen sagen immer, sie tun was für die Umwelt, und dann passiert gar nichts«. In: Südwestpresse, 27.9.1993.

[14] Vgl. Natur-Magazin, Heft 11/91, S. 32.

[15] Vgl. Lothar Böhnisch: Schülerdemos. In: »Ich will reden von der Angst meines Herzens«. Autorinnen und Autoren zum Golfkrieg. Frankfurt 1991, S. 18.

Organisierte Freizeit –
Lernen für die Welt von morgen

Friedenserziehung in der Jugendarbeit

Jugendarbeit in der Krise

Die traditionelle Jugendarbeit der Parteien, Verbände und anderer gesellschaftlicher Organisationen befindet sich nach Ansicht vieler Kenner der »Szene« seit längerer Zeit in einer Krise. Immer weniger Jugendliche können für die Mitarbeit gewonnen werden. Herkömmlichen Formen der Jugendarbeit (z.B. die Gruppenorientierung) sind nicht mehr gefragt und neue Angebote werden nur zögernd entwickelt. Hinzu kommt, daß das bisherige Organisationsprinzip der Verbandsjugendarbeit, nämlich der Rückgriff auf ehrenamtliche JugendgruppenleiterInnen kaum mehr aufrecht erhalten werden kann. Immer weniger Jugendliche sind bereit, sich hier zu engagieren. Dies gilt in verschärftem Maße für die neuen Bundesländer, da dort die gesamte Struktur der (Partei)Jugendarbeit und der Jugendtreffpunkte aufgelöst wurde und neue Einrichtungen nur schwer Fuß fassen können. Jugendliche entscheiden sich immer mehr für Angebote der kommerziellen Freizeitindustrie oder sie strukturieren ihre Freizeit selbstständig in ihrer Clique.

Weitere Defizite verschären die Krise:

Jugendarbeit ist (und war) vorwiegend »Jungenarbeit«. Mädchen kommen mit ihren spezifischen Sichtweisen und Schwierigkeiten weiterhin nur am Rande vor, wenngleich einzelne Verbände dieses Thema in den letzten Jahren für sich entdeckt haben.[1]

Ansätze der Selbstorganisation und Selbstverwaltung, die in den 70er Jahren vor allem im Bereich der Lehrlings-, Schüler- und Jugendzentren vorhanden waren, gibt es heute nur noch selten. Zwar sind Zielformulierungen wie »Mündigkeit«, »Autonomie« und »Kritikfähigkeit« aus dem pädagogischen Vokabular nicht ganz gestrichen, aber ihre Umsetzung scheitert häufig an der jeweiligen Verbandstradition. So hat das Deutsche Jugendinstitut bereits 1978 in einer Trendanalyse zur Jugendarbeit festgestellt, daß im Bereich der Jugendarbeit wieder Verbandsziele und Interessen stärkere Betonung vor den Interessen der Jugendlichen finden, sich Konflikte zwischen Jugendverbänden und deren Erwachsenenorganisationen verschärfen sowie daß die kompensatorische Funktion gegenüber einer emanzipativen in den Vordergrund gerückt wird.[2] Diese Einschätzung ist heute aktueller denn je.

Jugendarbeit wird weiterhin von staatlicher Seite und von den Erwachsenenverbänden für deren Interessen instrumentalisiert, um scheinbar abweichende Bestrebungen zu verhindern oder einzuschränken. Jugendarbeit wird immer noch eher als Kontroll- und Integrationsinstrument verstanden und eher selten als eine Lernhilfe zur Identitätsfindung. Hinzu kommt, daß in den letzten Jahren die Fördermittel für Jugendarbeit auf allen Ebenen gekürzt wurden und die Förderrichtlinien sowie das praktizierte Subsidiaritätsprinzip einseitig die traditionellen und etablierten Jugendverbände (die im Bundesjugendring bzw. den Landesjugendringen zusammengeschlossen sind) begünstigen. Für unkonventionelle Projekte und Ansätze gibt es kaum (finianziellen) Spielraum.

Trotz dieser Defizite und der berechtigten Kritik bietet die Jugendarbeit weiterhin Raum für friedenspädagogische Aktivitäten.

Ansätze zur Gewaltprävention

Als Reaktion auf die »neue Jugendgewalt« wurde vom Bundesministerium für Frauen und Jugend zum 1.1.1992 das mit 20 Millionen DM ausgestattete »Aktionsprogramm gegen Aggression und Gewalt« (AgAG) initiiert. Im Rahmen diese Programms werden zunächst für drei Jahre 140 sozialpädagogische Projekte mit über 400 MitarbeiterInnen in den neuen Bundesländern gefördert.[3] Mit deren Hilfe sollen Handlungsansätze in der Jugendarbeit mit gewalttätigen und -bereiten Jugendlichen erprobt und weiterentwickelt werden.[4] Langfristig soll den Jugendlichen durch ein Angebot verschiedener Tätigkeitsfelder eine eigenständige Identitätsentwicklung ermöglicht und ihnen mit dem Aufbau kontinuierlicher Beziehungen Orientierungssicherheit und Regelmäßigkeit vermittelt werden. Allerdings ist das aktuelle Konfliktmanagement rasch zu einem wesentliche Moment des Programmes geworden, um die in vielen Regionen notwendige Gewaltdeeskalation zu fördern.[5]

Das Aktionsprogramm steht unter einem starken Legitimationsdruck und wird von der Fachöffentlichkeit und den Medien kritisch verfolgt. Dabei wird den politischen Entscheidungsgremien vor allem vorgeworfen, daß die bereitgestellten Mittel nur für lokale und regionale »Brennpunkte der Gewalt« gedacht sind und kaum präventiv eingesetzt werden.

> *Erkenntnisse aus der AgAG Begleitforschung*
>
> »Frage: Wie funktioniert die Arbeit mit den gewaltbereiten Jugendlichen, gibt es gemeinsame Erkenntnisse?
> Prof. Dr. Böhnisch: Das erste Element ist immer Räume schaffen, wo sich die Gruppen unbehelligt treffen können. Zweitens: Für einen geregelten Alltag sorgen. Jugendliche müssen regelmäßig kommen können, vielleicht auch etwas zu essen kriegen, sich zurückziehen, Streß abbauen können, dem sie ausgesetzt sind, weil sie anders sind. Drittens gehört dazu, daß die Runden Tische weiter funktionieren, in den Kommunen, in den Stadtteilen. Nur so können gemeinsam Gewalteskalationen und Mißverständnisse vermieden werden. Dann müssen – viertens – Informationen reinkommen in die Szene. Die meisten dieser Jugendlichen haben ganz abstruse politische Vorstellungen. Wenn man sie fragte, wie hoch der Prozentsatz von Ausländern oder Asylanten in Deutschland ist, nennen sie Zahlen von 20 oder 30 Prozent oder gar höher.
> Frage: Was hat das noch mit Pädagogik zu tun?
> Prof. Dr. Böhnisch: Das bewegt sich alles unterhalb der klassischen Vorstellung von dem, was Pädagogik ist, und geht überhaupt nicht mit dem Bild des ›pädagogisch Eigentlichen‹ zusammen, was die westdeutsche Pädagogik oft vor sich herträgt. Diese ganz einfachen Dinge – einen Raum finden, Arbeit vermitteln, Essen zubereiten, sich um eine Wohnung zu kümmern – sind aber unglaublich wichtig für die Jugendlichen. In England heißt das community work. Der Jugendarbeiter, der community agent, versteht sich dort als eine Art pädagogischer Makler.«[6]

Trotz unbestreitbarer Erfolge gerade im Bereich der Deeskalation zeigt sich, daß Jugendarbeit beim Umgang mit gewalttätigen Jugendlichen tendentiell überfordert ist. Sie kann die vielschichtigen gesellschaftlichen Probleme die zur Gewaltakzeptanz und Gewalttätigkeit bei Jugendlichen führen, weder lösen noch deren Folgen auffangen – auch wenn dies von Politikern oft so erwartet wird.

Wie kann Jugendarbeit jedoch über die aktuelle Krisenintervention hinaus zur Gewaltprävention und Gewaltächtung beitragen? In der Jugendarbeit sind heute insbesondere fünf Ansätze als Reaktion auf Fremdenfeindlichkeit und Gewalt zu beobachten:[7]

Aufklärungsbezogene Ansätze: Durch gezielte Informationsarbeit (Filme, Seminare, Arbeitskreise) wird versucht, der Verharmlosung der nationalsozialistischen Vergangenheit entgegenzuwirken und über die aktuellen Gefahren durch neofaschistische Tendenzen aufzuklären.

Mangelndes Geschichtsbewußtsein wird als eine Hauptursache für die Renaissance rechter Ideologien bei Jugendlichen gesehen. Als Teil »antifaschistischer Jugendarbeit«[8] sind solche Ansätze stark auf die Aufarbeitung des Nationalsozialismus bezogen. Gerade die Auseinandersetzung mit rechten Ideologien, mit Anspruch und Wirklichkeit rechter Parteien sowie mit der damit zusammenhängenden Ausländerfeindlichkeit ist ein wichtiger Beitrag zu Erlangung eines differenzierten Weltbildes. Häufig reicht eine kognitive Auseinandersetzung mit der Problematik nicht aus, um Einsichten zu vermitteln und zu veränderten Verhaltensweisen beizutragen. Denn Betroffenheit und die Aufarbeitung der Geschichte kann nicht verordnet werden und auch Wissen über die Judenvernichtung erklärt noch wenig über heutige rechtsextremistische Umtriebe.

Lokalhistorische Ansätze: Die historische Spurensuche vor Ort ist eine zentrale Methode um die historisch-politische Aufklärung mit handlungsbezogenen Elementen zu verbinden. Ansatzpunkte für die Spurensuche sind die heute noch vorfindbaren Reste nationalsozialistischer Herrschaft. Besonderes Interesse wird dabei dem damaligen »Alltag« entgegengebracht. Um diesen zu erkunden, reichen die Vorgehensweisen von der Befragung von ZeitzeugInnen über die Archivarbeit und biographische Recherchen bis hin zu Ausgrabungen und Gedenkstättenbesuchen. Jugendliche rekonstruieren so einen Teil der Geschichte selbst und ordnen diese Alltagsgeschichte vor Ort in die Strukturgeschichte ein. Die Ergebnisse der Spurensuche und Spurensicherung werden häufig in Form von kleinen Ausstellungen, Stadtführungen o.ä. einer Öffentlichkeit vorgestellt.

Wenn bei Jugendlichen mit solchen Methoden der Spurensuche die Neugier geweckt werden kann, mehr über den eigenen Wohnort oder die Herkunft der Eltern zu erfahren, können interessante Lernprozesse die Folge sein.

Alltagsorientierte Ansätze: Alltagsorientierte Ansätze in der Jugendarbeit gehen sehr stark von den Bedürfnissen und den Interessenlagen der Jugendlichen aus. Sie möchten diese ernst nehmen und glaubwürdige Antworten auf existentielle Fragen der Jugendlichen anbieten. Hierbei werden alle Formen und Methoden pädagogischer Arbeit angewandt: Produktorientierte Arbeitsgruppen, kreative Kulturarbeit, erlebnisreiche Freizeitunternehmen. Diese Unternehmungen sollen selbstbestimmtes Lernen fördern und Jugendlichen eigene, alternative Erfahrungen (außerhalb der Kontrolle der Erwachsenen) ermöglichen.

Erlebnispädagogische Ansätze: Der Ausbruch aus der Alltagsroutine, die Suche nach Aktion sowie die Erfahrung von Gemeinschaft sind zentrale Bedürfnisse junger Menschen. Erlebnispädagogische Ansätze greifen diese in besonderer Weise auf, indem sie abenteuerbezogene Aktionen anbieten. Jugendliche sollen lernen, gemeinsam Risiken zu bewältigen, indem sie z.B. Wildwasserfahrten, Bergtouren oder Radwanderungen unternehmen. Sollen diese Angebote nicht nur ein interessantes Freizeitvergnügen sein, sondern ein Weg um neue Lernerfahrungen zu machen, so müssen die Unternehmen auch an zentralen Werten orientiert sein und gesellschaftliche Fragestellungen und Probleme einbeziehen.[9]

Akzeptierende Jugendarbeit: Als Antwort auf Gewalterfahrungen und die Gewalttätigkeit von Jugendlichen wurde Ende der 80er Jahre die sogenannte akzeptierende Jugendarbeit entwickelt.[10] Deren VertreterInnen gehen davon aus, daß Belehrungs- und Bekämpfungsstrategien bei Jugendlichen mit rechtsextremistischen Orientierungen keine Änderung von deren Handlungsweisen bewirken. Deshalb werden diejenige Probleme in den Mittelpunkt gestellt, die Jugendliche haben, nicht die Probleme, die sie machen.[11] Dabei sollen die Jugendlichen unterstützt werden, um mit ihrem Leben und der Lebensbewältigung besser zurechtzukommen. »Akzeptanz« heißt allerdings nicht, sich mit dem Verhalten der Jugendlichen abzufinden, es fatalistisch hinzunehmen oder gar gutzuheißen. Jedoch soll der andere als Person ernst und wichtig genommen werden: »Je eindeutiger Rechtsextremismus und Gewalt als Feinde dieser Gesellschaft ausgemacht werden, umso leichter geraten dahinter die Menschen mit ihren Lebensschicksalen aus dem Blickfeld.«[12] In der Person des Jugendarbeiters und des Jugendlichen begegnen sich sehr unterschiedliche, ja gegensätzliche Wertorientierungen, Deutungs-und Handlungsmuster. Akzeptierende Jugendarbeit ist in weiten Feldern aufsuchende Arbeit (Streetwork), bei der die sozialen Beziehungen im Vordergrund stehen.

Grundsätze und Prinzipien für Friedenserziehung in der Jugendarbeit

Nicht jedes »Anti-Gewalt-Programm« und nicht jede Initiative gegen Rechtsextremisus in der Jugendarbeit entspricht friedenspädagogischen Anforderungen. Durch Friedenserziehung in der Jugendarbeit sollen die Jugendlichen nicht nur Hilfestellungen bei der Identitätsentwicklung und Orientierungssuche erhalten sondern es muß die Entwicklung ihres politischen Denken und Handelns begleitet und unterstützt werden.

Prinzipiell sollte eine friedenspädagogisch orientierte Jugendarbeit sich an folgenden Grundsätzen orientieren.

Auseinandersetzung mit Grundfragen des Lebens: Grundlage jeder Erziehung, insbesondere aber der Friedenserziehung, ist die Auseinandersetzung mit den »Grundfragen des Lebens«, also mit Sinnfragen und mit den Grundwerten unserer Gesellschaft. Dies geschieht durch die persönlichkeitsrelevante kritische Auseinandersetzung mit der politisch-gesellschaftlichen Wirklichkeit.[13] Eine der zentralen Fragen ist dabei, ob es einen allgemeinverbindlichen Handlungsrahmen für sittliches Verhalten geben kann und soll. Desweiteren ist die Konfrontation mit Möglichkeiten des Verhaltens in problemorientierten Situationen und die Auseinandersetzung mit überindividuellen Wertvorstellungen und Normen unerläßlich. Für Friedenserziehung sind die zu vermittelnden Werte nicht gleichgültig. Sie orientieren sich am Lebensprinzip der Gewaltfreiheit. Ein wichtiger Ansatzpunkt für diese Auseinandersetzung ist die Konfrontation mit der Entscheidung, ob der Kriegsdienst mit der Waffe verweigert werden soll. Nahezu alle Jugendverbände bieten für ihre Mitglieder Ratgeber zur Kriegsdienstverweigerung an, in denen der Verfahrensweg und die Vorgehensweise zur Kriegsdienstverweigerung beschrieben sind. Materialien, die eine tiefere Auseinandersetzung mit diesem Themenbereich ermöglichen würden, fehlen jedoch weitgehend.[14]

Auseinandersetzung mit friedenspädagogischen Grundthemen: Friedenserziehung kommt nicht ohne die Thematisierung bestimmter Schlüsselthemen aus. Für die Jugendarbeit spielen Themen wie Aggression und Vorurteile, politische Beteiligungsmöglichkeiten, soziale Ungerechtigkeiten, Diskriminierungen, Umweltzerstörungen, die Entwicklung einer Multikulturellen Gesellschaft aber auch Problembereiche wie Rüstungexporte und Militär eine Rolle. Auf internationaler Ebene stehen Fragen einer Weltinnenpolitik, der Verwirklichung von Menschenrechten, neue ethnonationale Konflikte, die Anwendung militärischer Gewalt und die Abhängigkeit der Länder der Dritten Welt zur Diskussion.

Beteiligungsmöglichkeiten schaffen: Viele Jugendliche leiden darunter, daß sie weitgend von den Möglichkeiten der Mit- und Selbstbestimmung über Angelegenheiten, die sie betreffen, ausgeschlossen sind. Dies ist insbesondere in den Bereichen Schule und Arbeitswelt festzustellen. Im Freizeitbereich können sie zwar mit »den Füßen« und »der Geldbörse« abstimmen; dies wiegt jedoch den Mangel an weitergehenden Selbstbestimmungsmöglichkeiten nicht auf. Friedenserziehung in der Jugendarbeit ist nur möglich, wenn die Verbandsstrukturen transparent sind und Jugendliche an allen Entscheidungen maß-

> *Evangelische Jugend München: Hilfe für bosnische Flüchtlinge*
> »Am Freitag machten sich zwölf Lieferwagen auf den Weg nach Kroatien, um eine Hilfslieferung in ein bosnisches Flüchtlingslager zu transportieren. Bereits zum sechsten Mal stellt die Evangelische Jugend München einen solchen Konvoi zusammen, der Lebensmittel, Medikamente, Winterkleidung und Spielzeug in das Flüchtlingslager Ivanic-Grad, 30 km südöstlich von Zagreb bringt. Die dort lebenden 3.000 Flüchtlinge aus Bosnien sind auf diese Lieferungen angewiesen, weil die kroatische Bevölkerung mehr und mehr mit dem Flüchtlingsproblem überfordert ist. (...)
> Eine eigene Gruppe innerhalb der Evangelischen Jugend hat die Transporte seit März letzten Jahres organisiert.«[15]

geblich beteiligt werden. Die Organisation der Jugendarbeit muß nach Autoritäts- und Gewaltstrukturen bzw. Abhängigkeiten »durchsucht« werden. Dies erfordert Selbstdisziplin und Verzicht auf Macht, vor allem von den hauptberuflichen MitarbeiterInnen. Heftig dürften die Widerstände in den Erwachsenenverbänden sein, die ja über ihre finanziellen Zuwendungen die Jugendarbeit erst ermöglichen und maßgeblich steuern.

Solidarität fördern und ermöglichen: Ein besonderes Betätigungsfeld von Jugendarbeit ist es, mit anderen, vor allem benachteiligten Jugendlichen (bei uns und in anderen Ländern) in Kontakt zu treten und mit diesen Hilfsangebote zu entwickeln. Jugendliche können so Solidarität erfahren und leben. Sie werden selbst aktiv, können Mißstände beseitigen aber zugleich auch die Grenzen dieses Handelns kennenlernen. Vor allem kirchliche und gewerkschaftliche Jugendverbände kennen diesen traditionellen Ansatz, der von konkreten Arbeitseinsätzen in anderen Ländern über die Öffentlichkeitsarbeit für Projekte der Dritten Welt bis zu politischen Aktionen reicht.

Freiräume ermöglichen: Eine der wesentlichsten Aufgaben von Jugendarbeit und der Jugendverbände ist es, den Jugendlichen »Räume« für eigene Gestaltung und Aktivitäten anzubieten. Dies kann in Form von Räumlichkeiten, Geld, fachlicher Unterstützung, Beratung, Möglichkeiten der Mitbestimmung und der persönlichen Weiterentwicklung geschehen.

Diese Experimentierfelder müssen gruppenspezifisch gestaltet sein und sollten sich an den Bedürfnissen der Jugendlichen nach Handlungssicherheit einerseits und Handlungsspielräumen andererseits, nach Sicherheit in sozialen Beziehungen, nach Orientierungssicherheit und Identität orientieren.[16] Solche Experimentierfelder müssen dabei frei von bewußten erzieherischen Eingriffen gehalten werden. Das Prinzip der Repressionsfreiheit und der Selbstorganisation ist ein entscheidender Grundsatz. Auf solchem Hintergrund besteht auch die Chance, daß sich Jugendliche mit ihren Gewalterfahrungen auseinandersetzen können (und dies auch tun) sowie daß Grundlagen, Prinzipien und Methoden gewaltfreier Konfliktlösungen sich zu neuen Lernfeldern entwickeln. Solche selbstverantworteten »Spielräume«, die als wichtige Ergänzung zu pädagogischen Programmen und Veranstaltungen gesehen werden müssen, wirken sich im Sinne einer langfristigen Gewaltprävention aus.

Friedenserziehung in der Erwachsenenbildung

Wie der gesamte Bereich der politischen Bildungsarbeit spielt die Friedensthematik, in der traditionellen Erwachsenenbildung kaum eine Rolle.[17] Lediglich 0,5 Prozent der Kurse an deutschen Volkshochschulen waren 1992 den Themenbereichen der Politischen Bildung gewidmet.[18] Diesen 0,5 Prozent entsprachen ca. 2.200 Kursen mit ca. 45.000 Belegungen.

Es gibt jedoch auch Bildungseinrichtungen, die erheblich höhere Quoten erreichen. Hierzu gehören vor allem die Bildungseinrichtungen der Gewerkschaften und der parteinahen Stiftungen sowie die Landeszentralen für politische Bildung. In einer Erhebung für Nordrhein-Westfalen wird ein Anteil von ca. 10 Prozent des Programmangebotes für den friedenspolitischen Bereich ermittelt, wobei die Rücklaufquote des Fragenbogens jedoch nur bei 15 Prozent lag.[19] Wenn unterstellt wird, daß Einrichtungen, die zu dem Themenbereich wenig oder nichts anbieten nicht reagiert haben, so relativiert sich diese Zahl. Insgesamt läßt das Interesse der Bevölkerung an Bildungsangeboten mit politischen Themen nach.

Kenner der Szene diagnostizieren seit Jahren eine Krise der »klassischen« politischen Bildung die durch sinkende Nachfrage, geringer werdende Angebote, niedrigere Teilnehmerzahlen und nachlassender konzeptionelle Diskussion gekennzeichnet ist, während andere Bildungsbereiche, wie Berufliche Bildung oder Umwelt-, und Gesundheitsbildung zunehmend politikrelevant werden.[20] Diese Entwicklung ist auch an den Trägern friedenspolitischer und friedenspädagogischer Bildungsarbeit nicht vorbeigegangen. Zahlreiche »Alternative Bildungswerke« mußten ihre Arbeit in den letzten Jahren zum Teil drastisch einschränken. Im Bereich des Bundesamtes für Zivildienst wurden 1993 die Angebote für »staatsbürgerlichen Unterricht und politische Bildung« aus Kostengründen um ein Drittel reduziert.

Anders ist die Situation bei Erziehungsthemen die im Rahmen der »Elternbildung« angeboten werden: Hier besteht bei vielen jungen Eltern und bei MitarbeiterInnen des Erziehungs- und Bildungsbereichs ein großer Orientierungsbedarf vor allem zu Fragen des Umgangs mit Aggression, Gewalt und Fremdenfeindlichkeit.

Über das Angebot explizit friedenspädagogischer Veranstaltungen liegen kaum Informationen vor. Die erwähnte Untersuchung über die Behandlung des Themas »Frieden« in Einrichtungen der Weiterbildung in Nordrhein-Westfalen kommt zu dem Schluß, daß die Themenblöcke »Konflikt« und »Friedenspädagogik« als am wenigsten behandelte Bereiche die »Schlußlichter« bilden und Friedenspädagogik und ihre Ergebnisse in der Weiterbildung nur eine marginale Rolle spiele.[21]

Dies ist unverständlich, denn folgt man den in Verlautbarungen und Stellungnahmen proklamierten Zielperspektiven der Erwachsenenbildung, so sind kaum Differenzen zu friedenspädagogischen Vorstellungen festzustellen. So formuliert z.B. die Bundestagspräsidenten Rita Süssmuth mit Blick auf den Deutschen Volkshochschulverband: »Der Bildungsbereich ist aber in einem besonderen Maße dazu aufgerufen, aufklärerisch zu wirken bei der Analyse und Beschreibung der bestehenden Probleme, aufklärerisch zu wirken bei der Definition eigener Interessen der Menschen und im politischen Raum aufklärerisch zu wirken bei der Diskussion um bestehende Problemfelder und denkbare Lösungswege.«[22]

Um so dringender ist damit aber die Frage, warum das Angebot so gering und die Teilnehmerzahlen so niedrig sind? Gibt es (in Teilen der Erwachsenenbildung) etwa Vorbehalte gegenüber den Inhalten und Methoden der Friedenserziehung? Können verschiedene Träger der Erwachsenenbildung von ihrer Struktur und ihrem Bildungsrahmen her überhaupt Möglichkeiten für friedenspädagogische Lernprozesse bieten?

In den letzten Jahren ist in der Erwachsenenbildung eine neue Diskussion um die Qualität der Bildungsarbeit entstanden. »Qualität« kann dabei anhand der Kriterien »Effektivität«, »Professionalität«, »Wissenschaftlichkeit« und »kommunikativem Verhalten« gemessen werden.[23]

»Effektivität« soll heißen, daß Aufwand und Ertrag in einem günstigen Verhältnis stehen. Dies wird vor allem an meßbaren Ergebnissen festgemacht, z.B. an den TeilnehmerInnenzahlen oder im Bereich der beruflichen Bildungsarbeit an Prüfungen und Zertifikaten.

»Professionalität« bedeutet, daß die Bildungsarbeit optimal ausgeübt werden soll und wird häufig mit einem entsprechenden Berufbild, der dazugehörigen Ausbildung und dem Fachwissen in Verbindung gebracht.

Das Kriterium »Wissenschaftlichkeit« impliziert die systematische Behandlung des »Stoffes« und setzt voraus, daß die relevanten und die neuesten Ergebnisse der Forschung berücksichtigt werden und die vermittelten Kenntnisse und Fähigkeiten auch wissenschaftlich abgesichert sind.

Mit dem Kriterium der »Kommunikation« wird der Blick auf die TeilnehmerInnenorientierung der jeweiligen Veranstaltung gelenkt und gefragt, ob die Vermittlungsformen die TeilnehmerInnen in das Geschehen einbeziehen.

Diese Kriterien sind allerdings auf friedenspädagogische Lernprozesse nur bedingt anwendbar. Natürlich berücksichtigt eine gelungene Friedenserziehung Ergebnisse der (Friedens-) Forschung und wird insofern auch dem Kriterium der Wissenschaftlichkeit genügen. Natürlich finden friedenspädagogische Lernprozesse kommunikativ, teilnehmerInnenzentriert und weitgehend selbstorganisiert statt. Doch bei der Frage nach der formalen Qualifikation der Seminarleitung treten Probleme auf. Es ist häufig ein Kennzeichen für Teile der friedenspädagogischen Bildungsarbeit, daß sie quasi von kompetenten »Laien« durchgeführt wird, von Menschen also, die sich durch ihre Erfahrung in der (friedens)politischen Arbeit spezifisches Wissen, Kenntnisse und Erfahrungen erworben haben. Hinzu kommt, daß viele solcher Veranstaltungen einen ganzheitlichen Ansatz haben, also z.B. Körperarbeit, handwerkliche Elemente, Diskussion und Reflexion verbinden. Diese Ansätze können mit Methoden der reinen Wissensvermittlung nicht verglichen werden und entziehen sich auch herkömmlichen Effizienzkriterien. Überhaupt lassen sich Bildungsprozesse, die Bewußtseinsprozesse in Gang setzen wollen oder die auf politisches Handeln abzielen, nicht mit quantitativen Methoden beurteilen.

Das größte Problem in der Bildungsarbeit, dürfte die Reproduktion von Gewalt in Bildungssituationen sein. »Erwachsenenpädagogisches Entscheiden und Handeln ist immer auch ein Versuch den lernenden Erwachsenen in seinem Denken, Fühlen und Handeln modifizierend zu beeinflussen. Jede Form der Beeinflussung ist ein Versuch, Macht gegenüber anderen zur Geltung zu bringen; folglich ist erwachsenenpädagogisches Entscheiden und Handeln eng mit den Phänomen Macht verknüpft.«[24] Bildungsarbeit beinhaltet in der Regel also immer ein Machtgefälle. Sowohl der Träger, die veranstaltende Organisation als auch die Seminarleitung besitzen eine Reihe von Möglichkeiten direkt oder durch die Setzung von Rahmendaten Macht auszuüben. Am augenscheinlichsten ist dabei die in der Lernsituation erlebte Macht oder Ohnmacht der TeilnehmerInnen, die durch Sitzordnungen, Auswahl des Lernstoffes und vor allem auch durch Kommunikationsstrukturen zum Ausdruck kommt. Dies zeigt sich z.B. am Umgang mit Wissensvorsprung, an sprachlichen Ausdrucksformen oder an den Rollen von Männern und Frauen in der Bildungsarbeit.

Erwachsenenbildung, die friedenspädagogische Prinzipien umsetzt, muß deshalb immer auch die Bildungssituation selbst zum Reflektionsgegenstand machen.

Friedenserziehung in der Erwachsenenbildung ist werte- und interessenorientierte Bildungsarbeit,[25] wobei die Phänomene »Gewalt« und »Konflikt« und der Grundwert »Gewaltfreiheit« im Zentrum stehen. Dies bedeutet, daß bei aller gebotenen Offenheit von Bildungsprozessen die kritische Information quasi als »Gegenaufklärung« eine zentrale Rolle spielt.

Zur Motivation der TeilnehmerInnen

Als Gründe für die Teilnahme bei Bildungsveranstaltungen werden bei Erwachsenen häufig vier Motivlagen beschrieben: Von einem »*Qualifizierungsmotiv*« wird gesprochen, wenn TeilnehmerInnen die Veranstaltung primär unter dem Aspekt der Weiterbildung und der beruflichen Verwertbarkeit sehen. Nehmen Personen vor allem aus Gründen der Entwicklung und Entfaltung der eigenen Interessen und der eigenen Persönlichkeit teil, so steht das »*Persönlichkeitsbildungsmotiv*« im Vordergrund. Werden bestimmte persönliche, gesellschaftliche und/ oder politische Problembereiche als so drängend erlebt, daß sie nicht länger beiseite geschoben werden können, sondern aktiv nach Antworten und Bewältigungsmöglichkeiten gesucht wird, so spricht man von einem »*Problemlösemotiv*«. Es gibt aber immer auch TeilnehmerInnen deren treibende Kraft zur Teilnahme das »*Kontaktmotiv*« bildet, nämlich andere kennenzulernen und/oder mit bereits Bekannten Kontakte zu intensivieren. Diese Motivlagen überschneiden sich selbstverständlich in der Praxis.

Insgesamt wird die Nutzung von Bildungsangeboten jedoch stark vom persönlichen Gebrauchswert bestimmt. Das bedeutet für friedenspädagogische Lernprozesse, daß eine Motivation zur Auseinandersetzung mit neuen Themen bzw. das Aneignen neuer Qualifikationen vor allem dann zu verzeichnen ist, wenn eine direkte Betroffenheit besteht, ein persönlicher Handlungsbedarf gesehen wird sowie die Einschätzung besteht, daß dieses Handeln auch zum Erfolg führen kann. So waren z.b. sämtliche Aktionen und Bewegungen der 70er und 80er Jahre durch vielfältige Bildungsveranstaltungen begleitet [26] in denen die TeilnehmerInnen ihr eigenes Wissen z.b. über Kernkraftwerke oder Sicherheitspolitik mit dem Ziel Schwachstellen und Problemfelder der politischen Argumentation von Regierung und Großorganisationen aufzudecken, zu vertiefen suchten. Friedenspädagogische Veranstaltungen haben zudem für viele TeilnehmerInnen eine wichtige Orientierungsfunktion für ihren (Erziehungs-)Alltag oder ihr politisches Handeln. Eine Reihe von TeilnehmerInnen bringen traditionellen Sichtweisen von Themen eine gewisse Skepsis entgegen und suchen nach Möglichkeiten zur »Gegeninformation« sowie zur kritischen Auseinandersetzung, aber auch nach praktikablen Handlungsalternativen.

Zielperspektiven und Themenauswahl

Friedenspädagogisch orientierte Erwachsenenbildung muß einen Beitrag zur Lösung persönlicher und gesellschaftlicher Problemlagen leisten können. Dieser Beitrag besteht vor allem in der Motivation und Befähigung zu gemeinschaftlichem Handeln.[27] Dabei muß berücksichtigt werden, daß der politische Handlungsspielraum für den einzelnen Menschen aufgrund zunehmender Komplexität und Verflochtenheit von Problemen sehr reduziert ist, daß aber andererseits für gemeinsames Handeln eine Reihe von erprobten Aktions- und Handlungsformen bestehen.[28] Interessierte BürgerInnen müssen in wesentlichen Bereichen von Gesellschaft, Wirtschaft und Politik eine Abkehr von bisherigen Denktraditionen vollziehen, um sich notwendige Kompetenzen im Umgang mit politischen Institutionen, politischen Entscheidungsabläufen, und außerparlamentarischen politischen Einflußmöglichkeiten anzueignen. Sie suchen gemeinsam (z.B. im Rahmen von Ideen-, oder Zukunftswerkstätten) nach Lösungen für anstehende Fragen oder entwickeln Perspektiven bzw. Szenarien für eine menschenwürdige Zukunftsgestaltung. Hierfür ist es unbedingt erforderlich, Raum für offene Diskussionen und Gespräche zu haben sowie mit Gruppen unterschiedlicher Positionen zusammenzukommen. Daneben kommt auch dem Lernen in und durch Aktionen eine wichtige Rolle zu.

Die Art des Lernens

Zunächst muß berücksichtigt werden, daß Erwachsene, vor allem »Ältere« anders lernen als Kinder und Jugendliche. Lernen bedeutet für sie meist Umlernen. Das ist schwieriger als Neulernen, da die vorhandenen Kenntnisse und Einstellungen in Frage gestellt werden. Dies bringt Verunsicherungen mit sich, da das eigene Selbstverständnis und die eigene Identität als (vorübergehend) bedroht erscheinen.[29]

Im Bereich der politischen Bildung geht es – anders als z.B. in der beruflichen Bildung – nicht nur um Faktenvermittlung, sondern auch um das Entwickeln sozialer und politischer Kompetenzen und Hand-

---

Erwachsene lernen anders

In der Erwachsenenbildung wird (stark vereinfacht) davon ausgegangen,
- daß Ältere langsamer lernen, aber sorgfältiger;
- daß sie sich tendenziell weniger beteiligen;
- daß sie eher einen rezeptiven (nachvollziehenden) Stil bevorzugen und nicht so kritik- und mitbestimmungsfreudig sind;
- daß sie mehr Hemmungen haben, ihre Gefühle und Probleme in einer Gruppe zu äußern;
- daß sie sich nicht mehr so flexibel auf neue Arbeitsformen umstellen können und wollen;
- daß sie in ihren Deutungen und Haltungen stärker festgelegt sind;
- daß sie Gelerntes eher mit eigenen Erfahrungen verbinden können und wollen;
- daß sie aufmerksam zuhören können;
- daß sie eher zufrieden mit Lernangeboten sind.

Diese Unterschiede im Lernverhalten sind vor allem durch Lernerfahrungen und Lerngewohnheiten bedingt und verstärken sich durch die Art der Lernangebote, die Erwachsenen zugemutet werden.

Nachlassende Lernleistungen bei Erwachsenen sind nicht auf neurologische Veränderungen des Gehirns zurückzuführen, sondern vor allem auf motivationale Probleme. Und hier hat sich gezeigt, daß Erwachsene immer dann lernbreit und lernfähig sind, wenn sie dies für die Bewältigung von Problemen benötigen. Dies bedeutet, daß bei Erwachsenen vor allem die subjektive Bedeutsamkeit der Lernangebote und -inhalte eine herausragende Rolle spielt, daß ein innerer Zusammenhang zwischen Lernangeboten und eigenen Problemlagen vorhanden sein muß. Da diese subjektive Bedeutsamkeit in Ost- und Westdeutschland bei Erwachsenen völlig verschieden aussieht ist es notwenig auf Jahre hinaus unterschiedliche Bildungsansätze zu praktizieren.[30]

lungsalternativen. Dies hat natürlich erhebliche Konsequenzen auf die Art des Lernens.

Das Spektrum der in der Erwachsenenbildung eingesetzten Methoden ist gering, das stark gelenkte Unterrichtsgespräch dominiert. Viele Kurse verlaufen überwiegend stofforientiert, die TeilnehmerInnen verhalten sich überwiegend leiterzentriert. In den meisten Kursen spricht der Kursleiter mehr als alle TeilnehmerInnen und Diskussionen zwischen den TeilnehmerInnen sind eher selten. Diese Charakterisierung trifft nicht nur vielerorts für das Lerngeschehen in der Vergangenheit zu, sondern beschreibt auch noch die heute vielfach anzutreffende Praxis. Denn trotz vielerlei Bemühungen[32] hat sich am Lehr- und Lernverhalten in den letzten Jahren nichts grundlegendes geändert. Erwachsenenbildung zeichnet sich auch heute noch nicht nur durch leiterzentrierte Methoden aus, sie geht allzuhäufig auch zu wenig situations- und problemorientiert vor. Der Direktor des Deutschen Instituts für Erwachsenenbildung, Ekkehard Nuissl, stellt fest, daß politische Erwachsenenbildung in den letzten Jahren »ganzheitlicher, handlungsorientierter und offener« geworden sei, und daß dies auch die Vorgaben für die 90er Jahre sein müßten.[32] Offen bleibt die Frage, inwieweit diese Prämissen auch umgesetzt werden.

Als Grundsätze für die Praxis sollten beachtet werden: Die Methodik muß teilnehmerInnenorientiert sein. Das gesamte Lernarrangement muß möglichst offen und demokratisch strukturiert sein. Die Seminarleitung hat eine moderierende und begleitende aber keine belehrende Funktion. Die vorhandenen Kompetenzen der TeilnehmerInnen müssen einbezogen und für alle fruchtbar gemacht werden. Die ausgewählten Methoden sollten möglichst viele Sinne ansprechen und eigene Handlungsmöglichkeiten bereits während der Bildungsveranstaltung ermöglichen.[33]

Wie wichtig die angewendeten Methoden sind, macht der Zukunftsforscher und Begründer der Zukunftswerkstätten, Robert Jungk deutlich: »Es ist ein ganz entscheidender Unterschied, ob jemand Vorstellungen von besseren Verhältnissen durch das Lesen eines Buches, das Anhören eines Vortrages, Anschauen eines Filmes erfährt, oder aber als gleichberechtigter Teilnehmer eines lebendigen Gesprächskreises, der sich gemeinsam um die Schöpfung eigener Konzepte bemüht.

Man hängt an solchen selbsterzeugten Entwürfen wie an den eigenen Kindern und kämpft dafür, daß sie ihren Weg machen. Wenn das nicht möglich ist, weil Gesetze, Machtstrukturen, zeitbedingte Sachzwänge die Durchsetzung verhindern, so wird zuerst nach Freiräumen

Zum Beispiel: Gemeinschaftsseminare

TeilnehmerInnen die kontroverse oder gar entgegengesetzte Standpunkte vertreten, machen Bildungsarbeit zwar interessant, werden aber doch häufig als unangenehm und eher störend eingestuft. Das Spannungsverhältnis zwischen solchen Gruppen kann jedoch bewußt aufgegriffen und als didaktischer Ansatz fruchtbar gemacht werden. Solche »Gemeinschaftsseminare« können mit den verschiedensten Gruppen durchgeführt werden, z.B. mit Bundeswehrsoldaten und Zivildienstleistenden, mit Teilnehmern von (Sitz)Blockaden und Polizisten, mit SchülerInnen und LehrerInnen, mit Skins und AusländerInnen usw.

Dabei darf nicht übersehen werden, daß solche Gemeinschaftsseminare ihre eigene Dynamik entwickeln, indem häufig die emotionale Ebene dominiert. Denn es wird nicht über »von außen« herangetragenes Material diskutiert, sondern die eigenen Bilder, Vorurteile, Einstellungen werden aufgegriffen und gemeinsam bearbeitet. Bei dieser Bearbeitung kommt dem gemeinsamen Tun (nebem dem Reden) eine zentrale Rolle zu. So wurden z.B. im Rahmen von Seminaren mit Wehrpflichtigen und Zivildienstleisten jeweils über einen Tag hinweg Hospitationen in kleinen Gruppen in einer Bundeswehreinheit bzw. in Zivildienststellen durchgeführt.

Gemeinschaftsseminare ermöglichen z.B. durch einen Rollenwechsel Erfahrungen für die ansonsten kein Raum vorhanden ist und tragen dazu bei, daß sich Angehörige verschiedener sozialer Gruppen oder Anhänger verschiedener Weltanschauungen und Überzeugungen sich über ihre eigenen Ansichten, Begründungen und Entscheidungen klarer werden und die Konsequenzen dieser Entscheidungen zu durchschauen und zu tragen lernen. Gemeinschaftsseminare tragen ferner dazu bei eine neue »Streitkultur« zu etablieren, indem bewußt auch »Tabuthemen« aufgegriffen und in dem geschützten Rahmen einer Bildungsveranstaltung diskutiert werden können.

Auch bei Gemeinschaftsseminaren werden Ressentiments und Vorurteile deutlich. Sie behindern jedoch das »Aufeinanderzugehen« und den Austausch der beiden Gruppen nicht, sondern sind hier Voraussetzung um ehrlich und offen miteinander umzugehen. Die Lust an der Auseinandersetzung und der Wille zum kontruktiven Dialog sind die zentralen Elemente solcher Veranstaltungen, die in einer geschützten Atmosphäre Gelegenheit bieten auch problemhafte Bereiche anzusprechen. Diese Seminare stellen so eine Bildungssituation dar, die neue Erfahrungen zuläßt, bestehende Urteile und Vorurteile hinterfragt und Interesse und Lust am (politischen und persönlichen) Austausch fördert.[34]

und Umwegen gesucht werden, die das angeblich ›Nicht-Machbare‹ doch ermöglichen. Geht auch das nicht, so wird mancher Teilnehmer einer Zukunftswerkstatt, auch wenn er bis dahin ›unpolitisch‹ war, nun auf eine ganz persönliche Weise motiviert, für notwendige, grundlegende Veränderungen einzutreten.«[35]

Anmerkungen

[1] Vgl. Landesjugendring Saar, Arbeitskreis Mädchenarbeit (Hrsg.): Mädchenarbeit. Saarbrücken o.J.

[2] Deutsches Jugendinstitut, Arbeitsbereich Jugendhilfe/ Jugendpolitik: Trendanalyse zur Entwicklung der Jugendarbeit in der Bundesrepublik Deutschland: Zur Vorlage für die Sachverständigenkommission 5. Jugendbericht. München 1978, S. 33.

[3] Vgl. Institut für Sozialarbeit und Sozialpädagogik e.V.: Zweiter Zwischenbericht des Aktionsprogramms gegen Aggression und Gewalt, 1992-1994. In: Bundesministerium für Frauen und Jugend (Hrsg.): KABI, Konzertierte Aktion Bundesinnovation, Nr. 17, 13. Mai 1994. Da sich die Projektstruktur während der Laufzeit veränderte, ging die Zahl der geförderten Projekte von 140 im Jahre 1992 auf 128 im zweiten Halbjahr 1993 zurück. Dabei erreichen die Projekte ca. 8 - 10.000 Jugendliche. Die praktische Arbeit vor Ort wird begleitet durch die Fachberatung sozialpädagogischer Fachinstitute, durch die Verlaufsdokumentation und Gesamtkoordination durch das Institut für Sozialarbeit und Sozialpädagogik; sowie durch die wissenschaftliche Begleitung durch das Institut für Sozialpädagogik und Sozialarbeit der Technischen Universität Dresden. Vgl.: Institut für Sozialarbeit und Sozialpädagogik e.V. u.a. (Hrsg.): Zwei Jahre AGAG: Erfahrungen aus der praktischen Abeit mit gewaltbereiten Jugendlichen. 2. Zwischenbericht zum AGAG 1994. Frankfurt 1994.

[4] Zugleich hat das Programm die Aufgabe, Impulse und Hilfestellung beim Aufbau von Jugendhilfestrukturen in den neuen Bundesländern zu geben.

[5] Als Handlungsoptionen wurden dabei entwickelt: Kommunikation (verbales Eingreifen, zur Rede stellen), Prävention (Einfluß auf die Gruppe nehmen, um dadurch Gewalthandlungen zu beeinflussen), Kompensation (Gewaltakteure durch Aufgabenbeteiligung einbeziehen), Sanktion (Entzug von Privilegien, zeitweiliger Ausschluß von Angeboten). Vgl. Institut für Sozialarbeit und Sozialpädagogik, a.a.O. Zur Umsetzung des Programms in Mecklenburg-Vorpommern siehe: Dorin Pleiger: Zum Aktionsprogramm gegen Aggression und Gewalt. Seine Umsetzung in Mecklenburg-Vorpommern. In: Standpunkt: Sozial. Hamburger Forum für soziale Arbeit 3/93, S. 10 f.

[6] »Ohne Deeskalation keine Pädagogik«. Interview mit Professor Dr. Lothar Böhnisch, TU Dresden. In: Bundesministerium für Frauen und Jugend (Hrsg.): KABI, Konzertierte Aktion Bundesinnovation, Nr. 17, 13. Mai 1994.

[7] Vgl. Landeszentrale für politische Bildung Rheinland-Pfalz / Pädagogisches Zentrum des Landes Rheinland-Pfalz (Hrsg.): Nein! Arbeitskreis gegen den Rechtsextremismus. Arbeitshilfen für Multiplikatorinnen und Multiplikatoren in der schulischen und außerschulischen Bildungsarbeit. o.O., o.J., Heft 1, S. 16 ff.

[8] Vgl. Peter Dudek: Schule – Jugend – Unterricht. Bensheim 1980.

[9] Vgl. Gerd Brenner: Erlebnispädagogik. In: Deutsche Jugend, Heft 5/85, S. 228. D. Fischer u.a. (Hrsg.): (Er)leben statt reden. Erlebnispädagogik in der offenen Jugendarbeit. Weinheim / München 1985. Andreas Bedacht u.a. (Hrsg.): Erlebnispädagogik. Mode, Methode oder mehr? Tagungsdokumentation des Forums Erlebnispädagogik. München 1992. Bundeszentrale für gesundheitliche Aufklärung (Hrsg.): Gesundheitsförderung und Erlebnispädagogik in der Jugendarbeit. Köln 1993.

[10] Vgl. Franz Josef Krafeld (Hrsg.): Akzeptierende Jugendarbeit mit rechten Jugendcliquen. Bremen 1992.

[11] Vgl. Franz Josef Krafeld: Jugendarbeit mit rechten Jugendszenen. In: Hans-Uwe Otto / Roland Merten (Hrsg.): Rechtsradikale Gewalt im vereinigten Deutschland. Jugend im gesellschaftlichen Umbruch. Opladen 1993, S. 312.

[12] Ebd., S. 313.
[13] Vgl. Bernhard Claussen: »Verfassungspatriotismus« im Rahmen einer emanzipatorischen politischen Bildung. In: Günter C. Behrmann / Siegfried Schiele (Hrsg.): Verfassungspatriotismus als Ziel politischer Bildung? Schwalbach 1993, S. 131-163.
[14] Vgl. Günther Gugel: Materialien zur Friedenserziehung in der Jugendarbeit. Eine kommentierte Üersicht über das Angebot der Jugendverbände. Tübingen 1992. Eine der wenigen Ausnahmen: Amt für Jugendarbeit der Evang. Landeskirche Baden (Hrsg.): Gewissen. eine Arbeitshilfe. Karlsruhe, o.J. (1992)
[15] Vgl. Evang. Jugend Informationen, Heft 2/1994, S. 9.
[16] Vgl. Johannes Esser / Thomas Dominikowski: Die Lust an der Gewalttätigkeit bei Jugendlichen. Krisenprofile – Ursachen – Handlungsorientierungen für die Jugendarbeit. Frankfurt/M. 1993, S. 72.
[17] Die Friedensthematik wird in diesem Zusammenhang als Teilbereich der politischen Bildungsarbeit verstanden.
[18] Vgl. Politische Bildung an Volkshochschulen in Zahlen. In: DIE. Zeitschrift für Erwachsenenbildung. 1. Jg., Nr. 3/1994, S. 37. Vgl. auch: Pädagogische Arbeitsstelle Deutscher Volkshochschul-Verband (Hrsg.): Statistische Mitteilungen des Deutschen Volkshochschul-Verbandes. 31. Folge, Arbeitsjahr 1992. Frankfurt 1993.
[19] Vgl. Thomas Dominikowski: Friedenspolitische Bildung in Nordrhein-Westfalen. Situation – Probleme – Entwicklungschancen. o.O. (Düsseldorf) 1992.
[20] Vgl. Ekkehard Nuissl: Bildungsperspektiven für die Erwachsenenbildung. In: Hessische Landeszentrale für Politische Bildung u.a. (Hrsg.): Politische Bildung in den 90er Jahren. Sündenbock oder Feuerwehr? Dokumentation. Wiesbaden 1994, S. 101. Klaus Pehl, Koordinator der Arbeitseinheit Information-Dokumentatiion-Kommunikation der Pädagogischen Arbeitsstelle des Deutschen Volkshochschulverbandes meint, daß die These, daß die politische Bildung im Rückgang begriffen sei zumindest für den Bereich der Volkshochschulen nicht zutreffen würde, da der Anteil an politischer Bildung seit über 10 Jahren mit 0,5 – 0,7 Prozent des Gesamtangebotes gleich bleiben würde. Vgl. DIE. Zeitschrift für Erwachsenenbildung, Heft 3/1994, S. 37.
[21] Diese Untersuchung verwendet den Oberbegriff »friedenspolitisches Lernen«. Die am häufigsten behandelten friedenspolitischen Themen waren der »Nord-Süd-Konflikt« sowie das Thema »Sicherheitspolitik«. Vgl. Thomas Dominikowski, a.a.O., S. 34 f.
[22] Rita Süssmuth: Qualität in der Weiterbildung – eine Anforderung. In: DIE. Zeitschrift für Erwachsenenbildung. 4/93, S. 14.
[23] Vgl. Ekkehard Nuissl in: DIE. Zeitschrift für Erwachsenenbildung, Nr. 1/1993. Welche Kriterien letztlich zur Anwendung kommen ist stark von dem jeweiligen Bezugssystem bzw. wissenschaftlichen Ansatz abhängig.
[24] Gertrud Schwalfenberg: Methodischer Zugang zum Phänomen Macht in der EB. Eine Skizze. In: Wiltrud Gieseke / Erhard Meueler / Ekkehard Nuissl (Hrsg.): Empirische Forschung zur Bildung Erwachsener. Beiheft zum Report. Frankfurt 1992, S. 30.
[25] Auch dieser Aspekt trifft zunächst noch für viele Erwachsenenbildungsträger zu, vor allem für die parteinahen Stiftungen, die vom finanziellen Umfang her zu den größten Trägern der politischen Bildungsarbeit gehören.
[26] Eine der ersten und wohl auch Bekanntesten selbstorganisierten Bildungseinrichtungen war die Volkshochschule Wyhler Wald, die im Zusammenhang mit den Auseinandersetzungen um den Bau eines Kernkraftwerkes in Wyhl, Mitte 1975 entstand. Vgl. Ulrich Linse u.a.: Von der Bittschrift zur Platzbesetzung. Konflikte um technische Großprojekte. Berlin / Bonn 1988. Wolfgang Beer: Frieden, Ökologie, Gerechtigkeit. Selbstorganisierte Lernprojekte in der Friedens- und Ökologiebewegung. Opladen 1983.
[27] Der Aspekt, daß politische Bildung einen starken politischen Handlungsbezug haben sollte, ist inzwischen Allgemeingut und in sämtlichen Publikationen zu finden. Vgl. Armin Kaiser (Hrsg.): Handbuch zur politischen Erwachsenenbildung. Theorien, Adressaten, Projekte, Methoden. 2. Aufl. München 1990, S. 10-27. So ist z.B. im Jahresprogramm 1994 der Hanns-Seidel Stiftung zu lesen: »Die politische Bildungsarbeit der Hanns-Seidel-Stiftung soll Denkprozesse auslösen und Motivation zu selbständigem Handeln geben. Vgl. Hanns-Seidel Stiftung, a.a.O.
[28] Diese Aktionsformen können unter dem Stichwort »Gewaltfreie Aktion« zusammengefaßt werden: Vgl.: Günther Gugel / Horst Furtner: Gewaltfreie Aktion. Tübingen 1983. Bürgerforum Paulskirche / Büro für notwendige Einmischungen (Hrsg.): Anleitung zum politischen

Ungehorsam. München 1993.

[29] Vgl. Horst Siebert: Lernen in der Erwachsenenbildung. Fernuniverität Gesamthochschule Hagen. Hagen 1979, S. 39-49.

[30] Vgl. ebd.

[31] Bundeszentrale für politische Bildung (HRsg.): Erfahrungsorientierte Methoden der politischen Bildung. Bonn 1988.

[32] Vgl. E. Nuissel, 1994, a.a.O., S. 104.

[33] Vgl. Günther Gugel: Praxis politischer Bildungsarbeit. Methoden und Arbeitshilfen. Tübingen 1993. Bundesverband Neue Erziehung e.V. (Hrsg.): Zukunftswerkstätten. Ermutigung und Experimentieren mit einer basisdemokratischen Arbeitsweise. Bonn 1992.

[34] Vgl. Günther Gugel / Uli Jäger: Die Gemeinsamkeiten dominieren. Gemeinschaftsseminare mit Zivildienstleistende und Bundeswehrsoldaten. Ein Leitfaden. Tübingen 1991. Christian Büttner: Gewalt vermeiden in gesellschaftlichen Konflikten. Erwachsenenbildung zur Auseinandersetzung zwischen Institutionen und »neuen Protestbewegungen«. Mainz 1989.

[35] Robert Jungk / Norbert R. Müllert: Zukunftswerkstätten. Mit Phantasie gegen Routine und Resignation. München. überarbeitete und aktualisierte Neuausagabe 1989, S. 120 f.

Friedensbewegung und Friedensarbeit – Einmischung ist möglich

»Lernen in der Friedensbewegung«[1] – mit diesem Motto wurde in den achtziger Jahren von vielen in der Friedensbewegung engagierten PädagogInnen deutlich gemacht, daß in selbstorganisierten Basisgruppen die besten Voraussetzungen für friedenspolitische Lernprozesse bestehen. In diesem Zusammenhang wurden die Grenzen zwischen Friedensbewegung und Friedenspädagogik häufig zugunsten der einseitigen Ausrichtung auf politische Aktionen aufgehoben und der Sinn intentionaler Erziehungsarbeit, zum Beispiel in der Schule, radikal in Frage gestellt.[2] Sicher sind Lernprozesse am ehesten dann zu erwarten, wenn Menschen selbst handeln, und diese Erkenntnis der Lernpsychologie ist auch die Grundlage der Beziehung von Friedenserziehung und Friedensbewegung. Aber zu Recht wird darauf verwiesen, und dies wird auch in diesem Band deutlich, daß Friedenserziehung bei weitem nicht nur in der Friedensbewegung ihren Raum hat und daß die ausschließliche Betonung der politischen Aktion als Lehrmethode die Gefahr des Aktionismus in sich birgt.[3] Die Friedenserziehung steht aber dennoch in einem engen Verhältnis zur Friedensbewegung, da gleiche Ziele wie die Rüstungs- und Militärkritik, die Orientierung an einem positiven Friedensbegriff, die Ablehnung von Gewalt und die Suche nach gewaltfreien Handlungsmöglichkeiten verfolgt werden. Häufig wird Friedenserziehung seitens der Friedensbewegung jedoch zu sehr als Instrument gesehen. Dies kommt zum Beispiel in dem folgenden Zitat zum Ausdruck: »Aufgabe der Erziehung ist es vor allem, die negativen Erfahrungen der Unzufriedenheit mit der offiziellen Politik, der Frustration infolge von Gewalt und Unterdrückung und der Individualisierung und Konkurrenzhaltung bewußt zu machen und auf die Notwendigkeit einer organisierten, gemeinsamen Friedensarbeit hinzuweisen.«[4] Solche und ähnliche Erwartungen werden häufig an die Friedenserziehung bzw. die Friedenspädagogik gerichtet. Sie müssen allzu oft enttäuscht werden, denn manche dieser Erwartungen erwecken den Eindruck, als solle die Friedenspädagogik die zentralen Probleme der Friedensarbeit lösen. Dabei werden die eigentlichen Kompetenzen und Stärken der Friedenserziehung ausgeblendet:

Friedenserziehung kann durch ihre Ansätze und Methoden in den bereits beschriebenen Handlungsfeldern, also von der Familienerziehung bis hin zur Erwachsenenbildung, prinzipiell mit dazu beitragen, daß sich bei Kindern, Jugendlichen und Erwachsenen ein *positives Bewußtsein und Verhalten* in bezug auf das friedliche Zusammenleben der Völker entwickeln kann bzw. gestärkt wird. Hinzu kommt, daß bei allen Maßnahmen der Friedenserziehung die *Befähigung zum politischen Handeln* eine bedeutsame Rolle spielt und somit die Voraussetzungen für ein Engagement in der Friedensbewegung geschaffen werden können. Zu den Kompetenzen der Friedenspädagogik gehört darüber hinaus auch die *Entwicklung von Aktionsmodellen und -methoden* für die Friedensarbeit bzw. die *Evaluation von Aktionen* (z.B. von Friedenswochen, bundesweiten Kampagnen, kommunalen und transnationalen Ansätzen). Aufgrund fehlender finanzieller Ressourcen ist es allerdings nur in einigen Ausnahmefällen möglich gewesen, Friedensgruppen in ihrer Arbeit unter friedenspädagogischen Zielsetzungen zu begleiten und sie schließlich auch zu beraten.[5] Außerdem kann Friedenserziehung zur Ausbildung von professionellen FriedensarbeiterInnen beitragen, wie sie in Ansätzen von einigen Einrichtungen der Friedensbewegung angeboten werden. Das informelle Lernen in der Friedensbewegung, welches von den AktivistInnen oftmals gar nicht als Lernen wahrgenommen wird, wird im Verlaufe von sozialen Bewegungen häufig ergänzt durch selbstorganisierte, teilinstitutionalisierte Lernprojekte.

Die Entwicklung von selbstorganisierter, eigenständiger Bildungsarbeit, die außerhalb von traditionellen Institutionen stattfindet und oft auch im Kontext von direkter politischer Arbeit bzw. von Aktionen steht, ist historisch nicht neu. Diese Form der Bildungsarbeit wurde bereits im Rahmen der Arbeiterbewegung Ende des 19. Jahrhunderts praktiziert und führte zu einem schrittweisen Aufbau einer organisierten und institutionalisierten Arbeiterbildung, die die politische Aufklärung und die politische Aktion in ihr Zentrum stellte. Dabei wurde Bildungsarbeit weitgehend als notwendig und funktional zur Befähigung für den politischen Kampf gesehen.

Als die wichtigsten Kennzeichen dieser Arbeiterbildung um die Jahrhundertwende sind zu nennen:
»– ein unmittelbarer Aktionsbezug im Sinne einer Funktionalität für die politische Widerstandsarbeit;
– eine eindeutige inhaltlich-politische Parteilichkeit;
– Anknüpfung an und Bezogenheit auf alltägliche konkrete Lebens- und Anwendungszusammenhänge der Teilnehmer;

- der Anspruch einer weitgehenden Mit- und Selbstbestimmung der Teilnehmer in der Organisation des Lernprozesses und ein daraus resultierendes tendenziell dialogisches Verhältnis von Lehrenden und Lernenden;
- das Selbstverständnis, mit der eigenen Bildungspraxis dem herrschenden Bildungssystem eine politische und pädagogische Alternative gegenüberzustellen.«[6]

An diesen Kriterien werden auch heute die selbstorganisierten Lernprojekte gemessen. Mit solchen Projekten wird versucht, Alternativen zu herkömmlichen Formen etablierter Bildungsarbeit zu entwickeln. Die Bedeutung solcher Projekte liegt in ihrer innovativen Kraft. Nicht selten werden dabei Bildungsangebote erprobt und entwickelt, die später auch von etablierten Einrichtungen übernommen werden. Eine zweite, nicht zu unterschätzende Bedeutung liegt auch darin, daß weitgehend unabhäng von aktuellen »Modethemen« im Bildungsbereich, praxisnah, kontinuierlich und langfristig an den Grundfragen der Friedensproblematik gearbeitet wird.

Dies geschieht vor allem dann, wenn sich eine kontinuierliche längerfristige Widerstandsarbeit verbunden mit immer komplexer werdenden inhaltlichen, politischen und organisatorischen Zusammenhängen herauszubilden beginnt – eine Entwicklung, wie sie bei der Friedensbewegung zweifelsohne vorhanden war. Bis Mitte der achtziger Jahre gehörten deshalb Gruppen der Friedensbewegung zu den wichtigsten Adressaten von Einrichtungen wie dem Verein für Friedenspädagogik Tübingen oder der Arbeitsgemeinschaft Friedenspädagogik München.

Lernen in der Friedensbewegung

Die Friedensbewegung der achtziger Jahre wird neben anderen Basisbewegungen wie der Ökologie-, der Frauen- oder der Dritte-Welt-Bewegung zu den neuen sozialen Bewegungen gezählt. Der Politikwissenschaftler und Sprecher des Komitees für Grundrechte und Demokratie, Andreas Buro, geht davon aus, daß sich im Verlauf dieser Bewegungen »Massenlernprozesse«[7] entfalten können, weil viele Menschen in unterschiedlichen Gruppen vergleichbare Erfahrungen machen. Voraussetzung für die Entfaltung von Lernprozessen ist allerdings, daß die Gruppen dezentral organisiert sind und basisdemokratische Strukturen aufweisen. Gelernt wird zum Beispiel, wenn politische Aktionen gemeinsam konzipiert, vorbereitet und durchgeführt werden und wenn sich die einzelnen in Auseinandersetzung mit den anderen Gruppenmitgliedern Meinungen über politische Entwicklungen und deren Hintergründe bilden. Dabei geht es nicht nur um die Aneignung von Sachwissen, sondern vielmehr um die Veränderung von Einstellungen, Verhaltens- und Herangehensweisen, durch welche das angeeignete Wissen eine vertiefende Qualität erhält. Welche Lernprozesse sind im Verlauf der Friedensbewegung sichtbar geworden?[8]

Bekenntnis zur eigenen Angst: Während der achtziger Jahre haben viele Menschen in Friedensgruppen gelernt, daß sie sich angesichts der atomaren Bedrohung zu ihrer Angst bekennen können und daß man sich mit dieser Angst in gemeinsamen Diskussionen emotional und rational auseinandersetzen kann. Diese Auseinandersetzung mit der eigenen Angst wurde allerdings dadurch erschwert, daß die Friedensbewegung vielfach als »Angst-Bewegung« diffamiert wurde, deren Anhänger sich nicht mit rationalen Argumenten auseinandersetzen würden. Dieser Vorwurf trifft allenfalls für einen kleinen Teil der Friedensbewegung zu, während andere zu regelrechten »GegenexpertInnen« in Fragen der Sicherheitspolitik wurden.

Aneignung von Kompetenzen: So konnten viele Menschen während der Auseinandersetzung mit der »Nach-Rüstung« die Erfahrung machen, daß man nach einer thematischen Einarbeitung Zusammenhänge, die einem zuvor als undurchschaubar erschienen, durchaus beurteilen kann und der Aufbau eines »Gegenexpertentums« zwar Mühen kostet, aber machbar ist.

Aufbau dezentraler Strukturen: Ein weiterer Lernprozeß betrifft die Organisationsstruktur und den inneren Aufbau von Friedensgruppen: Schon die Ostermärsche in den sechziger Jahren haben im Gegensatz zu den zentral organisierten Aktionen gegen die Wiederbewaffnung Mitte der fünfziger Jahre gezeigt, wie wichtig dezentrale Organisationsstrukturen sind, um Unabhängigkeit von Großorganisationen gewährleisten zu können.

Erarbeitung von Alternativen: Gelernt worden ist, daß es schwierig, aber notwendig ist, Alternativen zu den herrschenden Konzepten von Sicherheits- und Friedenspolitik zu entwickeln und sie auch überzeugend vertreten zu können. Dies zeigte sich z.B. in den Diskussionen über »Alternative Sicherheitskonzepte« in den achtziger Jahren und wird heute in den Diskussionen über nichtmilitärische Formen der Intervention wieder sichtbar.

Gewaltfreiheit als Lebensprinzip: Eine zentrale Auseinandersetzung in den sozialen Bewegungen war schon immer die Einstellung zur Gewaltfreiheit, obwohl immer nur wenige die Gewaltanwendung unter bestimmten Bedingungen akzeptierten. Diskutiert wurde vor dem Hintergrund atomarer Aufrüstung (und dem Ausbau der Atomwirtschaft) zum Beispiel, ob gegen politische Entscheidungen, die als Bedrohung für das Leben der Menschen eingestuft werden, die Anwendung von Gewalt gegen Sachen legitim ist, ob staatliche Gewaltanwendung mit »Gegengewalt« beantwortet werden darf und schließlich, welche Aktionen und Aktivitäten als »Gewalt« einzustufen sind. Vielen ist dabei in langen Diskussionsprozessen deutlich geworden, daß sich in der Friedensarbeit Mittel und Ziel entsprechen müssen und deshalb eine strikte Absage an Gewalt in jeder Form notwendig ist. Dabei ist bedauerlicherweise zu selten deutlich geworden, daß Gewaltfreiheit als ein umfassendes (und komplexes) Prinzip der Lebens- und Konfliktbewältigung betrachtet werden muß, ganz im Gegensatz zur Gewaltlosigkeit als situationsspezifisch einsetzbarer Methode und

---

Die Bedeutung der Gruppe für die Friedensarbeit

»Da politische Friedensarbeit immer organisiertes Handeln erfordert, wird die Motivation der Aktiven auch entscheidend von der Qualität der Zusammenarbeit und dem persönlichen Umgang miteinander bestimmt. (...) Da innerhalb solcher Gruppen häufig 80-90 Prozent der Zeit für interne Kommunikation und Vorbereitungen aufgewendet wird und nur der Rest der eigentlichen Zielaktion zukommt, ist es für alle Beteiligten wichtig, daß ihre Arbeit intern nicht ins Leere läuft, daß sie Anerkennung und Freundlichkeit erfahren, daß Probleme im Umgang miteinander offen und einfühlsam erörtert und bewältigt werden.
Die Zufriedenheit mit dem emotionalen Klima und der Zusammenarbeit in der eigenen Gruppe ist auch deshalb so wichtig, weil gerade hinsichtlich der Zielsetzungen von Gewaltfreiheit unmittelbare politische Wirkungen der eigenen Arbeit selten zu erwarten sind. Während Gewalt-Akteure einen Gutteil ihrer Erfolgserlebnisse aus den unmittelbaren und optisch sichtbaren Effekten im Kampfgeschehen ziehen können (›body count‹, Zerstörung von Gütern des Gegners usw.), während auch bei vielen Hilfeleistungen (Rettungsdiensten, Feuerwehr, Krankenpflege usw.) oft schnelle und auffällige Wirkungen des eigenen Tuns erlebt werden können, muß gewaltfreie politische Arbeit geduldig und beharrlich den Blick auf die langfristigen Zielsetzungen richten. Diese motivationspsychologische Schwierigkeit ist nicht nur durch die Überzeugungsstärke des Einzelnen, sondern auch durch seine gruppeninternen Erfahrungen aufzufangen.«[9]

Technik gewaltfreien Handelns. Dieses Defizit macht sich auch bei den aktuellen Diskussionen über die Bewertung militärischer Interventionen bemerkbar.

Neues Politikverständnis: Schließlich kann deutlich werden, daß sinnvolles Leben schon jetzt unter gesellschaftlichen Bedingungen einer vielfachen Entfremdung gestaltbar ist. Das Engagement in den sozialen Bewegungen ist also schon heute subjektiv lohnend und nicht nur Last. Damit wird tendenziell ein neues Politikverständnis gewonnen, das subjektives und gesellschaftliches Handeln gleichermaßen als politisch begreift.

Untersuchungen über die Arbeit von Gruppen der Friedensbewegung und Erfahrungsberichte von FriedensaktivistInnen zeigen, daß solche Lernprozesse möglich sind. Sie weisen jedoch auch darauf hin, wie Lernprozesse behindert werden und warum viele der Friedensarbeit nach einer Zeit des Engagements wieder den Rücken kehren[9]. Schwierigkeiten ergeben sich zum Beispiel durch den Diskriminierungsdruck der Gruppenmitglieder von außen, durch sich ausprägende hierarchische Gruppenstrukturen, durch die Perspektivenverengung aufgrund inhaltlicher Begrenztheit oder durch die Begrenzung auf die unmittelbare Betroffenheit. Auch liegt in den sozialen Bewegungen ein permanenter Handlungsdruck vor, der notwendige Reflexionsphasen erschwert oder gar verhindert. Schließlich ist der Identifikationsgrad mit der »Bewegung« häufig so groß, daß die nötige Distanz verloren gehen kann. Dies kann sich besonders dann kontraproduktiv auf das Engagement auswirken, wenn die Ziele der Friedensarbeit so hoch gesteckt werden, daß eine Realisierung gar nicht möglich ist. So hat es viele AktivistInnen und SympathisantInnen der Friedensbewegung bitter enttäuscht, daß sie weder die Stationierung von atomaren Mittelstreckenraketen (Beginn der 80er Jahre) noch (zu Beginn des Jahres 1990) den Golfkrieg verhindern konnten. Doch waren dies jemals realistische Ziele? Nur wenigen in der Friedensbewegung ist es gelungen, von Allmachtsphantasien hinsichtlich des eigenen Einflusses Abstand zu nehmen und Friedensarbeit in den (politischen) Alltag zu integrieren.

Wo findet heute noch Friedensarbeit statt und wer sind die Akteure? Zu welchen Themen wird gearbeitet, welche Handlungsansätze sind erkennbar? Im folgenden wird nach einer knappen Darstellung des Standes der Friedensarbeit das Zusammenwirken von Friedenserziehung und Friedensarbeit am Beispiel grenzüberschreitender Friedensarbeit beschrieben.

Kontinuität durch Institutionalisierung: Friedensarbeit heute

Heute kann trotz des teilweise beeindruckenden Engagements von Friedensgruppen und einzelnen BürgerInnen gegen den Krieg im ehemaligen Jugoslawien und gegen die rechtsextreme Gewalteskalation im eigenen Land kaum noch von der Existenz einer Friedensbewegung im Sinne einer sozialen Bewegung gesprochen werden. Friedensarbeit findet in kleiner gewordenen Kreisen statt. Auch die öffentliche Unterstützung ist geringer und eher sporadisch geworden und es hat eine Themenverschiebung stattgefunden. Das Fehlen einer bundesweit selbstbewußt auftretenden Friedensbewegung ist genauso schmerzlich wie das Ende der gewaltfreien BürgerInnenbewegung in der DDR nach der Vereinigung. Denn diesen Bewegungen ist es in der Vergangenheit gelungen, Entscheidungsprozesse in der innerstaatli-

chen und internationalen Politik zu beeinflussen. Doch auch heute gibt es weiterhin ein beachtliches Potential an AktivistInnen und SympathisantInnen, die bereit sind, sich auf unterschiedliche Weise für den Frieden zu engagieren. Nur wenige davon können allerdings das Engagement für weniger Gewalt und mehr Gerechtigkeit – die weiterhin gültigen zentralen Ziele von Friedensarbeit – über eine längere Zeitdauer hinweg in den Mittelpunkt ihrer privaten und beruflichen Lebensgestaltung stellen.

Zu den wichtigsten Erfolgen der Friedensbewegung der achtziger Jahre gehört die Etablierung einer im Verhältnis zu den verfügbaren Mitteln gut funktionierenden Infrastruktur für Friedensarbeit. Mehrere Einrichtungen stehen der interessierten Öffentlichkeit zur Verfügung, in denen FriedensaktivistInnen mit einem teilweise großen Erfahrungsschatz bei der Durchführungen von Aktionen und einer hohen Sachkompetenz tätig sind. Hierzu zählen zum Beispiel das Netzwerk Friedenskooperative, das Komitee für Grundrechte und Demokratie, der

Bund für Soziale Verteidigung, Pax Christi oder die Kampagnen gegen Rüstungsexporte. In diesen Einrichtungen werden die aktuellen sicherheits- und friedenspolitischen Entwicklungen kritisch verfolgt, es werden systematisch Informationen gesammelt und ausgewertet. Individuelle Anfragen können aufgrund der Verfügbarkeit von spezialisierten Archiven gezielt beantwortet werden und es gelingt trotz der geringer gewordenen öffentlichen Resonanz, bundesweite Kampagnen zu initiieren. Im Bereich der Friedenspädagogik konnte sich der Verein für Friedenspädagogik weiter etablieren und seine Grundlagenarbeit wie auch die Serviceleistungen für Basisgruppen oder MultiplikatorInnen in der Jugend- und Erwachsenenbildung ausbauen. Damit ist es gelungen, für ausgewählte Handlungsfelder der Friedensarbeit Hintergrundinformationen und Aktionsvorschläge verfügbar zu machen. Dies ist umso wichtiger, weil häufig Expertisen aus den Friedensforschungsinstituten zu den von der Friedensbewegung als wichtig erachteten Problemstellungen fehlen. Allen Einrichtungen der Frie-

densarbeit ist allerdings gemeinsam, daß sie kaum über ausreichende finanzielle Ressourcen verfügen und angesichts der raschen politischen Entwicklungen, der hohen Gewaltakzeptanz und -bereitschaft und der an sie gestellten Erwartungen häufig überfordert sind.

Neben diesem engeren Kreis der organisierten Friedensbewegung gibt es seit Jahren eine Gruppe von AktivistInnen, die aufgrund ihrer Überzeugung und ihrer Lebensumstände bereit und in der Lage sind, ein größeres persönliches Risiko als andere einzugehen oder vor negativen Konsequenzen nicht zurückschrecken. Hierzu zählen zum Beispiel diejenigen, die als Totalverweigerer Gefängnisstrafen in Kauf nehmen oder die sich aktiv an gewaltfreien Blockaden und Verweigerungsaktionen beteiligen. Nach Angaben der Aktion »Steuern zu Pflugscharen« weigern sich bundesweit rund 5.000 Menschen, Steuern für militärische Zwecke zu bezahlen, obwohl nach einem Urteil des Bundesfinanzhofes Steuerverweigerung aus Gewissensgründen rechtlich nicht geschützt ist. Sie behalten denjenigen Teil ihrer Abgaben auf einem Sperrkonto, der dem Rüstungsanteil im Bundeshaushalt entspricht. Andere AktivistInnen reisen sogar in Krisenregionen und sorgen zum Beispiel im ehemaligen Jugoslawien für die Unterstützung der dortigen Friedenskräfte. Immer wieder greifen diese AktivistInnen auf Überlegungen und Konzepte zurück, wie sie auch in der Friedenspädagogik zumindest in Ansätzen diskutiert werden. Ein typisches Beispiel ist die Anwendung des Konzeptes der Mediation bei der Vermittlung zwischen Konfliktparteien. So unterschiedlich die Motive dieser Menschen auch sein mögen, sie tragen gemeinsam dazu bei, daß in der Öffentlichkeit immer wieder Elemente eine Kultur der Gewaltfreiheit sichtbar werden.

Neben dieser überschaubaren Gruppe von (Sach-)ExpertInnen und AktivistInnen existiert trotz der Auflösung einer erheblichen Zahl von Friedensgruppen noch immer ein Umfeld von lokalen Gruppen, die sich je nach aktuellen Anlässen mit unterschiedlichen Themen beschäftigen oder sich den verschiedenen bundesweiten Kampagnen anschließen. Sie waren in den achtziger Jahren die maßgeblichen Träger des Protestes gegen die Stationierung neuer atomarer Mittelstreckenraketen und bildeten das »Rückgrat« für die Friedensbewegung. Heute organisieren die verbliebenen Gruppen lokale Friedenswochen, beispielsweise im Rahmen der »Dekaden für Frieden und Gerechtigkeit«, zu denen kirchliche Friedensgruppen seit 1980 bundesweit aufrufen. Thematisch beschäftigen sich deren Mitglieder vielfach mit dem innergesellschaftlichen Gewaltpotential und kümmern sich um Flüchtlinge und AsylbewerberInnen, wobei sie häufig von neuen Gruppen und Institutionen wie den »Regionalen Arbeitsstellen gegen Ausländerfeindlchkeit (RAA)« unterstützt werden. Auch versuchen sie, eine öffentliche Auseinandersetzung über die Problematik aktueller oder zukünftiger Bundeswehreinsätze zu initiieren. Diese Gruppen weisen eine hohe Kontinuität auf und gehören in vielen Städten und Kommunen zur etablierten, lokalen Kultur. Sie sind jedoch oftmals vom Engagement einiger »Unermüdlichen« abhängig. Dieses herausragende Engagement lokaler Persönlichkeiten erhöht einerseits die Glaubwürdigkeit für die lokale Friedensarbeit, führt aber andererseits häufig auch zu Verkrustungen innerhalb der Gruppen.

Diese Gruppen bekommen immer dann Zulauf – oder auch zeitweise »Konkurrenz« durch spontane Gruppengründungen, z.B. durch SchülerInnen –, wenn sich BürgerInnen durch aktuelle Ereignisse besonders betroffen fühlen. Sei es wegen des Krieges am Golf, des Mordens im ehemaligen Jugoslawien oder der rechtsextremen Gewalttaten. Die Erfahrungen der jüngsten Vergangenheit zeigen, daß Menschen durchaus bereit sind, sich zu engagieren. Die Motive für dieses oftmals sehr spontane Engagement sind sehr vielfältig. Sie reichen von persönlichen Ängsten, z.B. vor gewalttätigen Übergriffen durch rechtsextremistische Jugendliche, über die moralische Empörung hin zur Hilfsbereitschaft aus humanitären Gründen. Das Wissen über friedens- und sicherheitspolitische Zusammenhänge ist eher gering, manche reden gar von der notwendigen »Alphabetisierung in gewaltfreiem Konfliktaustrag«. Deshalb kann es auch nicht verwundern, daß das Engagement dieses großen Umfeldes oftmals sehr spät kommt – wie im Falle der fremdenfeindlichen Ausschreitungen – angesichts der friedenspolitischen Herausforderungen zu gering erscheint oder die gezielte Einflußnahme auf politische Entscheidungsprozesse ausklammert. Immer aber ist das Engagement zeitlich befristet und kann sich rasch erschöpfen, wenn »die Bedrohung« beseitigt scheint, sich die »hohe Politik« scheinbar um den Anstoß des Ärgernisse kümmert oder aber wenn die Aussicht auf raschen Erfolg ausbleibt.

Vielen der AktivistInnen fällt es schwer, sich auf diesen Sachverhalt einzulassen und sie sind es müde, vor dem Hintergrund der drängenden Probleme immer und immer wieder auf die Notwendigkeit und die Möglichkeiten langfristigen Engagements hinweisen zu müssen. Hinzu kommt die eigene Hilflosigkeit (angesichts des Krieges im ehemaligen Jugoslawien), die Borniertheit herrschender Politik und die Ignoranz vieler BürgerInnen angesichts der um sich greifenden Furcht vor Wohlstandseinbußen. Doch gibt es eine Alternative, wenn nicht die Herausbildung einer kleinen »Friedenselite« gefördert werden soll?

Der weitere notwendige Ausbau der Institutionalisierung darf nicht dazu führen, daß die Kontakte zu Basisgruppen und sympathisierendem Umfeld zerbrechen, sondern er muß der Vermittlung von Sach- und Handlungskompetenzen dienen.

Von der Rüstungskritik zur Förderung friedensfähigerer Strukturen

Der Friedensbewegung ist es in den achtziger Jahren gelungen, aktuelle Entwicklungen in der Rüstungs- und Außenpolitik kritisch zu verfolgen, auf Fehlentwicklungen hinzuweisen und – zumindest in Ansätzen – Alternativen zur herrschenden Sicherheitspolitik zu entwickeln. Friedenserziehung hat viel dazu beigetragen, die komplexen Zusammenhänge internationaler Politik transparent zu machen, um Interessen und Konfliktpotentiale durchschauen zu können. Schon 1980 hat die UNESCO die »Abrüstungserziehung« als einen wichtigen Aspekt der Friedenserziehung hervorgehoben. Rüstungs- und Militärkritik ist auch weiterhin notwendig, damit die zu Beginn der achtziger Jahre eingeleitete Demokratisierung der Außen- und Sicherheitspolitik nicht abbricht. Der von der Regierungspolitik und großen Teilen der Opposition befürwortete Einsatz der Bundeswehr »out-of-area«, die Diskussion um die Erweiterung der NATO nach »Osten« oder die Frage nach der Einschätzung der neuen »russischen Bedrohung« – all dies sind Themenstellungen, die einer kritischen öffentlichen Auseinandersetzung bedürfen. Denn sie werden wie alle anderen sicherheitspolitisch relevanten Themenstellungen von der herrschenden Politik weiterhin im Sinne des »alten Denkens« behandelt. So ist zwar inzwischen ein erweiterter Sicherheitsbegriff allgemein akzeptiert, aber in seinen Konsequenzen auf nicht-militärische Ursachenbekämpfung wird er kaum reflektiert.

Hier ist der Ansatzpunkt der Friedensbewegung und -erziehung: Es muß gelingen, die Erweiterung des Sicherheitsbegriffes nicht nur für die Bedrohungswahrnehmung, sondern auch für die Formen der Bearbeitung durchzusetzen. Dies bedeutet nicht nur die Erarbeitung von friedenspolitischen und -pädagogischen Modellen hinsichtlich des Umgangs mit der weltweiten und der innergesellschaftlichen Gewalt, sondern auch mit den »neuen« Bedrohungen (Umweltkatastrophen, Verletzungen von Menschenrechten, Armut und soziale Ungerechtigkeiten, Wanderungsbewegungen). Die Entwicklung neuer Formen nichtmilitärischer Konfliktbearbeitung und die notwendigen Vorschläge für eine entmilitarisierte europäische Friedensordnung müssen sich jedoch daran messen lassen, welche Schritte zu deren

Umsetzung angegeben werden können. Diese Forderung ist umso wichtiger, je mehr die Vorstellungen einer nicht-militärischen Konfliktbearbeitung als unrealistisch diskriminiert werden.

Zur Förderung friedensfähigerer Strukturen gehört es auch, mehr als zuvor für die Auseinandersetzung mit innergesellschaftlichen und zwischenstaatlichen Konflikten Begriffe wie Demokratie, Wohlstand und Menschenrechte mit eigenen Kriterien und Inhalten zu füllen.

Schließlich darf Friedensarbeit nicht eurozentriert betrieben werden und die Kooperation von Friedens- und Dritte-Welt-Arbeit muß gerade bei zurückgehenden Ressourcen gefördert werden. Dies trifft auch für die Nähe zur Ökologiebewegung zu. Deshalb ist es zu begrüßen, wenn Friedens- und Ökologiegruppen gemeinsam zu Aktionen aufrufen, wie dies bei dem aktuellen Boykott »Bis zum Ausstieg aus dem Atomgeschäft« gegen Produkte der Firma Siemens geschieht.

Das Zusammenwirken von Friedenserziehung und Friedensarbeit: Das Beispiel »transnationale Friedensarbeit«

Angesichts der Eskalation der Gewalt in Teilen Europas bis hin zu dem Bürgerkrieg im ehemaligen Jugoslawien, aber auch der Versuche der Abschottung der (west-) europäischen Grenzen gegenüber Flüchtlingen aus anderen Regionen der Welt und vor dem Hintergrund von Fremdenfeindlichkeit und Rassismus stellen sich zwei Fragen: Was können BürgerInnen und Friedensgruppen, gesellschaftliche Organisationen und transnationale, nichtstaatliche Organisationen zur Entwicklung ziviler und friedensfördernder Strukturen in und zwischen den Gesellschaften beitragen, um Konflikten und Kriegen vorzubeugen? Was können sie tun, wenn es »zu spät« ist und Konflikte bereits gewalttätig ausgetragen werden?

Vergleichbar mit dem Konzept der »multikulturellen Gesellschaft« auf innergesellschaftlicher Ebene werden gegenwärtig für das Außenverhältnis Überlegungen für eine grenzüberschreitende Friedensarbeit angestellt. Unter dem Stichwort »transnationale Friedensarbeit« werden eine Reihe von interessanten Ansätzen diskutiert, die erste Schritte auf dem Weg zu friedensfähigeren Strukturen zumindest in Europa enthalten. Sie beinhalten friedensorientierte Handlungen zwischen Mitgliedern unterschiedlicher Gesellschaften, die durch nationalstaatliche Grenzen getrennt sind. Zu den Akteuren zählen Mitglieder von Gruppen und Organisationen der Friedensbewegung, nichtstaatlicher Organisationen, gesellschaftlicher Großorganisationen sowie TeilnehmerInnen internationaler Begegnungen. Sicherlich haben sich seit dem Ende des Ost-West-Konfliktes manche Bedingungen für grenzüberschreitende Friedensarbeit verbessert. Grenzen sind durchlässiger geworden und in Osteuropa besteht mehr als zuvor die Chance zur Herausbildung ziviler Gesellschaften. Aber viele Hoffnungen sind zwischenzeitlich auch enttäuscht worden. Durch die Renationalisierung werden zum Beispiel die Kontakte der wenigen, die heute zur transnationalen Friedensarbeit bereit und in der Lage sind, erschwert. Die Relegitimation des Militärs entzieht die Unterstützung für die Erprobung neuer Möglichkeiten der Konfliktbearbeitung.

Und doch gibt es eine große Vielfalt in der Praxis grenzüberschreitender Friedensarbeit und -erziehung.

»Europa der Regionen«: Ein besonders interessantes Beispiel für regionale, grenzüberschreitende Friedensarbeit ist aufgrund der Kontinuität und Intensität der Kooperation die Alpe-Adria-Friedensbewegung: Seit 1984 arbeiten Gruppen aus den Regionen Norditalien, Kärnten, der Steiermark sowie aus Slowenien und Kroatien eng zusammen. Sie führen gemeinsame Seminare zur Friedenserziehung und zu interkulturellem Lernen durch, erkunden in Projekten der »oral history« die Geschichte ihrer Region oder planen Aktionen. Die Schwierigkeiten, mit denen derartige Projekte konfrontiert sind, sind außerordentlich groß und so ist die Problembeschreibung durchaus typisch: »Die politischen Gegebenheiten in den einzelnen Ländern sind zu unterschiedlich, um mehr als ein punktuell einheitliches Auftreten zu ermöglichen. Man muß sich auch vor Augen halten, wie lange es dauert und wie ermüdend es sein kann, wenn man bei Tagungen oder Koordinationstreffen alle Sprachen im Prinzip gleichberechtigt verwendet, auch wenn schließlich oft – aus praktischen Gründen – wieder auf Englisch zurückgegriffen wird.«[11]

Diplomatie von unten: Schon während des Ost-West-Konfliktes hat es verschiedene Versuche gegeben, AktivistInnen aus den Friedens- und Bürgerrechtsbewegungen Ost- und Westeuropas eine »blockübergreifende Plattform« für gemeinsame Diskussionen zu bieten. Diese fanden zum Beispiel im Rahmen der bis 1992 jährlich durchgeführten END-Konferenzen (European Nuclear Disarmament) statt und haben als organisierter »Ost-West-Dialog von unten« einen wichtigen Beitrag zum besseren Verständnis der friedenspolitischen Arbeit der jeweils »anderen Seite« geleistet.[12] Im Jahr 1990 wurde die Helsinki Citizens Assembly (HCA) gegründet, um den KSZE-Prozeß kritisch

> *Unterstützung im Krieg: Friedensarbeit in Nordirland*
> Seit 1968 herrscht in Nordirland Krieg. Freiwillige aus vielen Ländern, u.a. auch aus Deutschland, arbeiten seit Jahren in verschiedenen Versöhnungs- und Verständigungsprojekten mit. Ihre Arbeit zeigt, daß eine »Einmischung von außen« erwünscht und sinnvoll ist.
> »Im ersten Jahr meiner Zivildienstzeit (1987-1988) habe ich in einem Friedens- und Begegnungsprojekt namens Corrymeela gearbeitet. Corrymeela ist eine Gemeinschaft von christlich motivierten Menschen in Nordirland, die sich der tiefen Spaltung in der nordirischen Gesellschaft bewußt sind und die die Vision einer friedlichen und gerechten Gesellschaft als eine ihnen von Gott gestellte Lebensaufgabe sehen. Sie sind nicht mehr bereit, den Krieg in Nordirland zu tolerieren, sondern bringen sich, oft auch unter großem persönlichen Risiko ein, um diesen Krieg zu beenden. (...) Die Corrymeela-Gemeinschaft unterhält ein Begegnungszentrum an der Nordküste, wo sich Menschen aus allen sozialen Schichten, mit den unterschiedlichsten politischen und religiösen Auffassungen und Lebensgeschichten, begegnen können. Corrymeela wird selbst von den extremsten Gruppierungen als eine Art neutraler Ort aufgefaßt. (...)
> In Corrymeela arbeiten Mitglieder der Community gemeinsam mit Freiwilligen aus der ganzen Welt für Frieden in Nordiralnd. Meine Aufgabe als Freiwilliger bestand darin, Gruppen, die nach Corrymeela kamen, zu betreuen. Dies umfaßte sämtliche praktischen Aufgaben, wie z.B. Vorbereitung, Aufräumen, Putzen, Essen kochen, Organisation von Ausflügen, aber vor allem auch die inhaltliche Arbeit mit den Gruppen, wie z.B. thematische Schwerpunkte zu erarbeiten, Diskussionen zu leiten, und vor allen Dingen Ansprechpartner zu sein. Mein persönlicher Schwerpunkt lag in der Arbeit mit Jugendlichen aus den Ghettogebieten. Ganz wichtig für diesen Aspekt der Arbeit war es, einfach nur da zu sein, bis spät in die Nacht zuzuhören und den Jugendlichen das Gefühl zu geben, daß es jemanden gab, der sie und ihre Probleme ernst nahm.«[17]

von unten begleiten zu können und am Aufbau einer »civil society« mitzuwirken. Ziel der HCA ist der Ausbau der *Diplomatie von unten*, d.h. der organisierte Dialog zwischen den Angehörigen verschiedener Gesellschaften. Zwischenzeitlich sind 36 nationale Sektionen beteiligt und neben den jährlichen Treffen werden gemeinsame Aktionen (wie zum Beispiel im ehemaligen Jugoslawien) organisiert. In der Arbeit der HCA sind Konflikte nicht ausgeblieben und die Teilnahme beschränkt sich auf eine kleine Zahl von »Funktionären«. Auch gibt es Stimmen, die vor zu hohen Erwartungen an die HCA und andere, vergleichbare Organisationen warnen bzw. deren enge Anbindung an die Bedürfnisse und Interessen der in den Krisenregionen lebenden Menschen anmahnen: »Reichen die eigenen menschlichen und materiellen Ressourcen aus, um mit KollegInnen in einer bestimmten Konfliktregion dauerhaft und ernsthaft zu arbeiten? Oder werden durch ein Engagement, das möglicherweise ressourcenmäßig nicht ausreichend ausgestattet ist, Erwartungen geweckt, die enttäuscht werden, so daß sich die Initiativen vor Ort desintegrieren?«[13] Die »Diplomatie von unten« steckt noch in den Anfängen und ihre Zukunft wird auch davon abhängen, ob sich die Friedens- und Antikriegsgruppen in und außerhalb der Krisengebiete mit den durchgeführten Projekten identifizieren und inwieweit Entscheidungsabläufe transparent und mitbestimmbar gestaltet werden können.

Möglichkeiten der »Einmischung von außen«: Seit der Eskalation des Krieges im ehemaligen Jugoslawien haben verschiedene Organisationen und Gruppen Möglichkeiten erkundet, wie den Menschen in den Kriegsgebieten von außen geholfen werden kann bzw. welche Beiträge zur Vermittlung zwischen Menschen und -gruppen möglich sind. Neben humanitären Maßnahmen und der materiellen Unterstützung für die lokalen Friedens- und Oppositionsgruppen – allein das Komitee für Grundrechte und Demokratie hat bislang direkte Hilfe im Wert von über 2 Millionen DM leisten können – werden Trainings in gewaltfreier Aktion und Mediation angeboten, elektronische Netzwerke für die Kommunikation der Friedensgruppen aufgebaut, unabhängige Medien unterstützt, die Arbeit von Freiwilligen in Flüchtlingslagern organisiert und er wird Deserteuren und Flüchtlingen geholfen.

Seit über einem Jahr vermittelt zum Beispiel der Christliche Friedensdienst (cfd) Freiwillige in die Flüchtlingslager im ehemaligen Jugoslawien: »Ein Aufenthalt in Ex-Jugoslawien ist kein Urlaub. Trotzdem fahren immer mehr Freiwillige für längere Zeit in die Camps von Sunconcret (Sonnenblume), der ›Anti-Ratna-Kampagne‹ und anderer kleinerer Initiativen, die sich um die psycho-soziale Unterstützung der Flüchtlinge im Land kümmern. Ansatzpunkt der Arbeit sind zuerst die Kinder. Für sie gibt es Spiele, kreative Angebote und, wenn nötig, Schulunterricht. Mit ihnen zusammen läßt sich am ehesten gegen Elend und Resignation in den Lagern angehen«, so heißt es in einem Bericht des cfd.[14] Enttäuschungen und Rückschläge bleiben bei derartigen Einsätzen nicht aus: »Eigentlich hatten wir uns vorgestellt, dort alle Kinder zu betreuen, egal welche Nationalität und welcher Religion«, stellten zwei Freiwillige fest, die in einem Kinderheim bei Zagreb arbeiten sollten, in welchem nur kroatische Kinder untergebracht waren und wo den HelferInnen u.a. nur das Singen kroatischer Kinderlieder erlaubt war.[15] Die Instrumantalisierung des guten Willens durch eine der Konfliktparteien stellt mit Sicherheit eines der größten Probleme dar, mit denen Menschen bei der »Einmischung von außen« konfrontiert werden.

Einen anderen Ansatz verfolgt die Aktion »Schüler helfen leben«: SchülerInnen in Bad Kreuznach begannen Mitte 1992 damit, in den zwanzig Schulen der Stadt Sachspenden für notleidende Menschen im ehemaligen Jugoslawien zu sammeln. Sie knüpften Kontakte und gewannen immer mehr Schulen in Rheinland-Pfalz, später im ganzen Bundesgebiet für ihre Aktion mit dem Motto: »Jeder Schüler, jede Schülerin eine Mark«. Daraus ist eine eigenständige, einmalige Initiati-

---

Empathie – Konzept zur Verständigung

»Angesichts globaler Umwelt- und Friedensgefährdung, der Rohstoffknappheit, dem Welternährungsproblem ist ein grundsätzlicher Wandel im Nord-Süd-Verhältnis heute notwendiger denn je. Dieser Wandel setzt ein Minimum an Kommunikationsfähigkeit und Kooperationsbereitschaft voraus. Diese Fähigkeiten und diese Bereitschaft beruhen auf einer Vielfalt ökonomischer, politischer, sozialer und kultureller Elemente.
Wir gehen von der Annahme aus, daß, je differenzierter und wirklichkeitsgetreuer das Bild einer anderen Gesellschaft ist, desto größer auch die Fähigkeit ist, mit ihr zu kommunizieren, und die Bereitschaft, mit ihr zu kooperieren.
Auf der individuellen Ebene eignet sich der Begriff der Empathie am besten zur Beschreibung des gleichen Sachverhaltes. Die Befähigung zur Empathie läßt sich verstehen als die Fähigkeit, andere Menschen in ihrer Situation besser zu verstehen, indem wir versuchen, ihre Situation aus ihrer Sicht zu begreifen und sie in der Ähnlichkeit oder Andersartigkeit rational zu erkennen. Betont wird also das *kognitiv* begründete Verständnis und nicht allein die emotionale Zuwendung.
Wichtig ist, daß es *nicht allein* um den *Abbau stereotyper Wahrnehmungsformen* und Vorurteile geht, denen als Kern ja konfligierende Gesellschaftsformationen zugrunde liegen, die kommunikativ zu bearbeiten wären.
Wichtig ist der Aufbau *aktiver Beziehungen*, die nicht schon dann empathiefördernd wirken, wenn eine störungsfreie Kommunikation realisiert wird; zentral ist die Einbeziehung *zwischenstaatlicher Beziehungen* in den partnerschaftlichen Dialog.«[21]

ve geworden, die bis zum Ende des Jahres Spenden im Wert von über 1,7 Millionen ergeben hat und heute von den Ministerpräsidenten der Bundesländer offiziell unterstützt wird. Besonders wichtig ist es den SchülerInnen, daß sie die Spendentransporte selber begleiten, um garantieren zu können, daß die Hilfe auch ankommt. Außerdem haben, so die SchülerInnen, die Erlebnisse in den Flüchtlingslagern und die Gespräche mit der Bevölkerung immer neuen Mut gemacht, die Aktion fortzusetzen. »Wir waren bereit, Freizeit zu investieren, uns zu engagieren. Es kann auch Spaß machen zu helfen, kann einen neuen Freundeskreis zusammenschweißen und das Schüler-Weltbild um ein Vielfaches erweitern«, so einer der Intitiatoren.[16]

Internationale Friedensdienste: Interessante Angebote für Freiwillige bieten auch die organisierten *internationalen Friedensdienste*, deren Zielsetzung ausdrücklich die Friedensförderung und Versöhnung ist. Im Mittelpunkt der bisherigen Arbeit steht der Arbeitseinsatz von international zusammengesetzten Freiwilligengruppen zum Beispiel an Stätten des Gedenkens an die Opfer des Nationalsozialismus (Aktion Sühnezeichen / Friedensdienste) oder in sozialen und politischen Brennpunkten (Service Civil International). In einer Auswertung wird ausdrücklich darauf hingewiesen, daß am Ende des Dienstes bei den Freiwilligen eine sensibilisierte Wahrnehmung von zunächst fremden Menschen, Kulturen, Gesellschaften und politischen Systemen sowie die Fähigkeit zu differenziertem politischen Urteil und eine Immunisierung gegen schnelle (Vor-) Urteile festzustellen ist.[18]

Internationer Jugendaustausch: Ein erster, wichtiger Schritt für eine Verständigung zwischen Mitgliedern verschiedener Gesellschaften und Kulturen sind die grenzüberschreitenden Personenkontakte. Jahr für Jahr reisen viele tausend Menschen nicht ausschließlich als TouristInnen in andere Ländern, sondern im Rahmen von Austauschprogrammen, von Bildungs- und Begegnungsreisen oder im Rahmen eines internationalen Jugendaustausches. Allein 1985 wurden in der Bundesrepublik von 120 überregionalen Organisationen internationale Begegnungsreisen angeboten, hinzu kommen unzählige Anbieter auf regionaler und kommunaler Ebene, von den Austauschprogrammen der Schulen ganz zu schweigen. Immer mehr Jugendliche haben die Möglichkeit, die Probleme und Sorgen, aber auch die Hoffungen und Utopien von Gleichaltrigen in anderen Ländern kennenzulernen. Allerdings ist für viele der internationalen Begegnungen festgehalten worden, daß aufgrund einer »Ideologie der Versöhnung« Tabu-Themen leicht ausgeklammert und politische oder kulturelle Differenzen nicht angesprochen werden.[19] Dies ist bedauerlich, weil ohne Streit, Konflikte und Diskussionen über kontroverse Themen und Erfahrungen Lernprozesse massiv behindert werden.

Während Austauschprogramme mit Frankreich bereits zur Routine gehören, gestalten sich die Begegnungen zwischen Jugendlichen aus Ost- und Westeuropa auch nach dem Ende des Ost-West-Konfliktes weitaus schwieriger. Vor dem Hintergrund der noch längst nicht aufgearbeiteten Vergangenheit und den neuen Armutsgrenzen verlangen diese Begegnungen ein besonderes Maß an Einfühlungsvermögen und viel Zeit zur Vor- und Nachbereitung. Daß sie trotz aller, auch finanzieller Hürden lohnend sind, belegt ein Bericht über ein Austauschprogramm zwischen einer deutschen und einer polnischen Schule. Für beide Seiten war es nicht einfach, sich im anderen Land zurecht zu finden oder gute GastgeberInnen zu sein. Auch mußten sich die deutschen SchülerInnen die Frage von Nachbarn stellen lassen, warum sie sich »heute überhaupt mit dem Polenproblem beschäftigen«. In dem Bericht heißt es weiter: »Die Wirksamkeit des ›völlig Normalen‹ haben Schüler und Lehrer an einem konkreten Beispiel erfahren. Am Liceum in Nowa Sol nahmen sie am Geschichtsunterricht teil. Das Thema lautete: ›Widerstand gegen das nationalsozialistische Deutschland‹. Eine polnische Schülerin übersetzte Unterrichtsinhalte und Fragen ins Deutsche. ›Und plötzlich kam eine ganz lebhafte Diskussion auf‹. Die polnischen Schülerinnen und Schüler äußerten Ängste gegenüber den Deutschen. ›Ein großes Mißtrauen wurde deutlich. Und diese Äußerung in diesem Rahmen von Gleichaltrigen hat eher gewirkt und nachgewirkt als es bei einer Vermittlung von Fakten möglich ist, wie man sie sonst in der Schule hat. – Das hat etwas bewegt, daß unsere Schüler spüren, das sind Jugendliche wie wir. Die haben die und die Interessen, und die haben uns gegenüber Ängste; da muß doch was dran sein‹«.[20] Als mindestens so wichtig wie die gemeinsamen Gespräche wird von den TeilnehmerInnen das gemeinsame praktische Handeln eingestuft. So ist das Bedürfnis geweckt worden, grenzüberschreitende ökologische Schülerprojekte zu initiieren.

Vor diesem Hintergrund ist es um so ärgerlicher, wenn finanzielle Zuschüsse für Austauschprogramme immer schwieriger zu erhalten sind. So werden zum Beispiel die Kosten, welche durch die Aufrechterhaltung des neu gegründeten deutsch-polnischen Jugendwerkes entstehen, von den Zuschüssen für Austauschreisen abgezogen. Der Bundesjugendplan sieht deshalb nicht mehr fünfzehn DM Zuschuß pro Person und Tag vor, sondern nur noch acht DM.[22]

Städtepartnerschaften: Jugendaustausch findet häufig auch im

Rahmen von Städtepartnerschaften statt. Der Abbau von Feindbildern, eine auf persönliche Kontakte aufbauende Völkerverständigung und die nach den Verbrechen des Nationalsozialismus anstehende Versöhnung wurden in der Vergangenheit am häufigsten als Zielsetzungen für Städtepartnerschaften genannt. Erfahrungen mit deutsch-französischen Städtepartnerschaften haben gezeigt, daß positive individuelle Wirkungen einer Partnerschaft im Sinne von Abbau von Feindbildern und Vorurteilen um so eher eintreten, je mehr bürgernahe, je kontinuierlicher und kooperationsintensiver die Kontakte sind. Untersuchungen zum Personenaustausch zwischen Ost- und Westeuropa haben darüber hinaus deutlich gemacht, daß – wenn die genannten, hoch gesteckten Ziele erreicht werden sollen – bei den persönlichen Kontakten eher auf Empathie denn auf bloße Sympathie hingearbeitet werden muß. Nach dem Ende des Ost-West-Konfliktes stehen die neuen und alten Städtepartnerschaften vor neuen Aufgaben und es bleibt die Frage, welche Konsequenzen sich aus den genannten Erfahrungen für die Neugestaltung der kommunalen Beziehungen unter dem Aspekt der Friedensförderung ergeben. Dies gilt auch für die kommunalen Beziehungen in die »Dritte Welt«.

Vernetzung: Desweiteren gibt es unterschiedliche Versuche, *Gruppen aus verschiedenen Ländern zu vernetzen*, die zu einem bestimmten friedensrelevanten Thema (z.B. Rüstungsexporte, Atomteststop) arbeiten. Dabei handelt es sich in der Regel um einen organisierten Erfahrungsaustausch und gegebenenfalls um die Planung gemeinsamer Aktionen. Vernetzung findet auch im Rahmen von sogenannten Nicht-Regierungsorganisationen statt, denn auch große gesellschaftliche Organisationen verfügen über transnationale Kontakte und Arbeitsebenen, in denen eine Auseinandersetzung mit dem Thema Frieden stattfindet. Hierzu zählen an erster Stelle die Gewerkschaften und die Kirchen. Oftmals müssen jedoch Konflikte zwischen den Gruppen der verschiedenen Länder überwunden werden, etwa wenn es um unterschiedliche Vorstellungen von Menschenrechten oder des umstrittenen Rechtes auf »Einmischung in innere Angelegenheiten« geht. Auch Konflikte zwischen den verantwortlichen Funktionären und den Basisgruppen in den jeweiligen Ländern bleiben nicht aus, vor allem wenn es darum geht, verbindliche Forderungen zu formulieren. Zu derartigen Konflikten ist es z.B. im Rahmen des kirchlichen »Konziliaren Prozesses für Frieden, Gerechtigkeit und Bewahrung der Schöpfung« gekommen. Viele Mitglieder der am Diskussionsprozeß intensiv beteiligten Basisgruppen sind enttäuscht, daß sie sich auf den zentralen internationalen Versammlungen in wichtigen friedenspolitischen Forderungen nicht durchsetzen konnten. Dies führt zu einem geringer werdenden Interesse der Basisgruppen, an den Entscheidungsprozessen überhaupt noch teilzunehmen. Die daraus resultierende Konzentration auf die Arbeit in der Gemeinde vor Ort ist zwar verständlich, geht aber auf Kosten der »Streitkultur« und des grenzüberschreitenden Meinungsaustausches. [23]

Alle genannten Ansätze sind von den Friedensgruppen vor Ort erst teilweise entdeckt und in ihre Arbeit integriert worden. Warum sollen zum Beispiel Friedensgruppen nicht mehr als bisher in ihrer Stadt für die internationalen Freiwilligendienste werben und Jugendliche auf die Möglichkeiten dieses Engagements hinweisen? Warum sollte es nicht möglich sein, daß lokale Gruppen, vielleicht sogar mit städtischer Unterstützung, Patenschaften für den Einsatz von Freiwilligen übernehmen, um die Organisationen finanziell zu entlasten?

Attraktivität von Friedensarbeit für junge Menschen

Nicht ohne Grund ist das Wort »Politikverdrossenheit« zum Wort des Jahres 1992 gewählt worden. Vor allem Jugendliche verweigern sich nicht nur dem parteipolitischen Engagement, sondern auch dem Mittun in gesellschaftlichen Basisgruppen und Friedensorganisationen. Dies obwohl Umfragen auch belegen, daß dieselben Jugendlichen die Anliegen mit großer Mehrheit unterstützen und auch Sympathien für die einzelnen Bewegungen aufbringen. Noch ist von FriedensaktivistInnen und FriedenserzieherInnen zu wenig darüber nachgedacht worden, wie sich die Bedürfnisse der Jugendlichen, aber auch die der Menschen im mittleren Lebensabschnitt oder der älteren Menschen mit den Erfordernissen der Friedensarbeit vereinbaren lassen. Gerade bei Jugendlichen aber wird es darauf ankommen, wie den Individualisierungstendenzen entgegengewirkt werden kann. Dies kann aber nur dann geschehen, wenn nicht nur Verbitterung über den Zustand von Politik und Weltlage verbreitet wird, sondern wenn es gelingt, Gewaltfreiheit als Lebensprinzip operationalisierbar zu machen. Dazu gehört es, die Auseinandersetzung mit anderen Menschen und Kulturen, die Unterstützung von Menschen in Not oder das Kennenlernen von Möglichkeiten der Konfliktbearbeitung als persönlichen Gewinn deutlich machen zu können.

Friedensarbeit und Friedenserziehung wird nur dann attraktiv sein, wenn deren ProtagonistInnen Glaubwürdigkeit ausstrahlen und sich dadurch von vielen VertreterInnen der politischen Eliten, aber auch von vielen der für Erziehung zuständigen Personen unterscheiden.

Anmerkungen

[1] So der Titel eines von Lutz van Dick in Zusammenarbeit mit den »Pädagoginnen und Pädagogen für den Frieden« herausgegebenen Bandes. Lutz van Dick (Hrsg.): Lernen in der Friedensbewegung. Ideen für die pädagogische Friedensarbeit. Weinheim / Basel 1984.

[2] Vgl. Brigitte Reich: Distanz oder Nähe? Zur Wechselwirkung von Friedenserziehung und Friedensbewegung. In: Ulrike C. Wasmuht (Hrsg.): Ist Wissen Macht? Zur aktuellen Funktion von Friedensforschung. Baden-Baden 1992, S. 158.

[3] Vgl. Christiane Rajewsky: Friedenspädagogik. In: Ekkehard Lippert / Günther Wachtler (Hrsg.): Frieden. Ein Handwörterbuch. Opladen 1988, S. 125.

[4] Klaus Schütz: Friedenserziehung und Friedensarbeit: Der Zusammenhang von Gesellschaftskritik und Gesellschaftsveränderung. In: Jörg Calließ / Reinhold Lob (Hrsg.): Handbuch Praxis der Umwelt- und Friedenserziehung. Düsseldorf 1987, Band 3, S. 327. Schütz geht von einer »Einheit« von Friedenserziehung und Friedensarbeit aus.

[5] Vgl. Achim Battke: Kooperation für den Frieden. Waldkirch 1979.

[6] Wolfgang Beer: Frieden, Ökologie, Gerechtigkeit. Selbstorganisierte Lernprojekte in der Friedens- und Ökologiebewegung. Opladen 1983, S. 25. Vgl. Wolfgang Beer: Auf dem Weg zu einer umfassenden Lernbewegung? Gemeinsame Wurzeln, Perspektiven und Lernfelder der Friedens-, Ökologie- und Dritte-Welt-Bewegung. In: Ders. / Angelika Rimmek (Hrsg.): Friedenshorizonte. Zur Friedensbewegung und Friedenserziehung in 5 Kontinenten. München 1985, S. 75.

[7] Dieser Begriff wird vor allem von Andreas Buro verwendet und erläutert. Andreas Buro: Massenlernprozesse durch soziale Bewegungen. In: Jörg Calließ / Reinhold Lob (Hrsg.): Handbuch Praxis der Umwelt- und Friedenserziehung. Düsseldorf 1987, Band 1, S. 649 ff.

[8] Vgl. z. B. Andreas Buro, a.a.O., S. 654 f. sowie Hans-Peter Nolting: Gewaltfreies Handeln lernen. In: Johannes Esser (Hrsg.): Friedensarbeit nach der Raketenstationierung. Grundlagen und Anregungen. Braunschweig 1985, S. 126 f.

[9] Hans-Peter Nolting, a.a.O., S. 130 f.

[10] Vgl. z.B. Uli Jäger u.a.: Zwischen Atomraketen und Waffenschmieden. Fallstudien über Möglichkeiten und Grenzen kommunaler Friedensarbeit. Tübingen 1988; Michael Alfs u.a.: Arbeit am verlorenen Frieden. Münster 1993; Marita Haibach / Achim Schröder: Lokalität und Lernen – Über den kommunal-regionalen Ort von Lernprozessen. In: Hanne und Klaus Vack (Hrsg.): Politische und soziale Lernprozesse. Möglichkeiten, Chancen, Probleme. Sensbachtal. o.J., S. 35-49. Vgl. hierzu auch: Hanne-Margret Birckenbach / Uli Jäer: Frieden kritisch gestalten. Das veränderte Profil der Friedensbewegung. In: Hanne-Margret Birckenbach / Uli Jäger / Christian Wellmann (Hrsg.): Jahrbuch Frieden 1995, München 1994, S. 171-185.

[11] Werner Wintersteiner: Die Alpe-Adria-Friedensbewegung: Baustein für ein Europa der Regionen. In: Hanne-Margret Birckenbach / Uli Jäger / Christian Wellmann (Hrsg.): Jahrbuch Frieden 1993, München 1992, S. 220-231.

[12] Vgl. Elisabeth Weber: Ost-West-Dialog von unten: BürgerInnen machen Außenpolitik. In: Hanne-Margret Birckenbach / Uli Jäger / Christian Wellmann (Hrsg.): Jahrbuch Frieden 1990. München 1989, S. 189-198.

[13] Christine Martha Merkel: Methoden ziviler Konfliktbewältigung: Fragen an eine krisengeschüttelte Welt. In: Hanne-Margret Birckenbach / Uli Jäger / Christian Wellmann (Hrsg.): Jahrbuch Frieden 1994. München 1993, S. 42.

[14] Projektbericht des cfd. O.O., o.J.

[15] Roland Greil: Nach ein paar Tagen Friedensarbeit in Kroatien enttäuscht nach Hause zurück. In: Südwest-Presse Ulm, 14.August.1993.

[16] Michael Grabenströer: Auf die Party verzichtet, das Nebenfach vernachlässigt. In: Frankfurter Rundschau, 22.12.1993, S. 6.

[17] Johannes Rienäcker: Friedensarbeit in Nordirland. Ein Erfahrungsbericht. In: Michael Alfs, a.a.O., S. 76.
[18] Vgl. Wolfgang Raupach: Soziales und politisches Lernen für den Frieden in Friedensdiensten. In: Jörg Calließ / Reinhold E. Lob (Hrsg.): Praxis der Umwelt- und Friedenserziehung, Band 3. Düsseldorf 1988, S. 173.
[19] Vgl. Brigitte Gayler: Internationale Begegnung. In: Jörg Calließ / Reinhold E. Lob (Hrsg.): Praxis der Umwelt- und Friedenserziehung, Band 3. Düsseldorf 1988, S. 373.
[20] Hannegret Biesenbaum: Was geschah und geschieht im polnischen Slonsk? An der Berliner Carl-von-Ossietzky-Gesamtschule suchen Schüler einen Weg der praktischen Verständigung. In: Frankfurter Rundschau, 25.10.1990, S. 33.
[21] Beate Wagner: Städtepartnerschaften mit Kommunen in der Dritten Welt. In: Deutscher Volkshochschulverband (Hrsg.): Volkshochschulen und kommunale Entwicklungszusammenarbeit. Bonn 1990, S. 52.
[22] Vgl. Die ZEIT, 19.11.1993, S. 7.
[23] Vgl. zum Stand des Konziliaren Prozesses: Herbert Froehlich: Der Konziliare Prozeß – was ist daraus geworden? In: Probleme des Friedens, Heft 2 / 1993, S. 118.

Literaturverzeichnis

Literaturverzeichnis

Stichworte des Literaturverzeichnisses

Friedenspädagogik
Theorie der Friedenspädagogik .... S. 323
Kritik der Friedenspädagogik .... S. 326
Politische Bildung .... S. 327

Gewalt
Gewalt / Umgang mit Gewalt .... S. 328
Gewalt in Schulen .... S. 331
Jugend und Gewalt .... S. 332
Fremdenfeindlichkeit .... S. 333
Rechtsextremismus .... S. 336
Gewaltfreiheit .... S. 338

Kinder
Kinder .... S. 340
Gewalt gegen Kinder .... S. 341
Kinder und Krieg .... S. 341
Kriegs- und Zukunftsängste .... S. 342
Kinderrechte .... S. 343

Friedenserziehung und Friedensarbeit
Friedenserziehung in der Familie .... S. 344
Friedenserziehung in der Vorschule .... S. 344
Friedenserziehung in der Schule .... S. 345
Friedenserziehung an (Fach-) Hochschulen .... S. 347
Friedenserziehung in der Jugend-und Erwachsenenbildung .. S. 347
Friedenserziehung und Kirchen .... S. 348
Kommunale Friedensarbeit .... S. 350

Theorie der Friedenspädagogik

Ackermann, Paul / Winfried Glashagen (Hrsg.): Friedenssicherung als pädagogisches Problem in beiden deutschen Staaten. Klett, Stuttgart 1982.
Adorno, Theodor W.: Erziehung zur Mündigkeit. Suhrkamp, Frankfurt/M. 1975.
Antimilitarismus Information Heft 12/1988: Pädagogik und Frieden. Grenzen und Möglichkeiten der Friedenserziehung. Bezug: ami, Elßholzstr. 11, 10781 Berlin.
Bast, Roland: Friedenspädagogik. Cornelsen Verlag, Düsseldorf 1982.
Bäumler, Christoph, u.a.: Friedenserziehung als Problem von Theologie und Religionspädagogik. München 1981.
Beer, Wolfgang / Angelika Rimmek: Friedenshorizonte. Zur Friedensbewegung und Friedenserziehung in 5 Kontinenten. München 1985.
Bendele, Ulrich: Krieg, Kopf und Körper. Lernen für das Leben – Erziehung zum Tod. Ullstein, Frankfurt u.a. 1984.
Bernhard, Armin: Friedenserziehung als Legitimation von Herrschaft. Eine ideologiekritische Untersuchung über den Zusammenhang von etablierter Sicherheitspolitik und affirmativer Pädagogik. Pahl-Rugenstein, Köln 1988.
Buddrus, Volker / Gerhard W. Schnaitmann (Hrsg.): Friedenspädagogik im Paradigmenwechsel. Allgemeinbildung im Atomzeitalter. Empirie und Praxis. Deutscher Studien Verlag, Weinheim 1991.
Buddrus, Volker / Fritz Böversen (Hrsg.): Auf dem Wege zu einer neuen Lernkultur. Baltmannsweiler 1987.
Calließ, Jörg / Reinhold E. Lob (Hrsg.): Handbuch Praxis der Umwelt und Friedenserziehung. 3 Bände. Schwann Verlag, Düsseldorf 1987 f.
Claußen, Bernhard / Klaus Wasmund (Hrsg.): Handbuch der politischen Sozialisation. Agentur Pedersen, Braunschweig 1982.
Deutsche UNESCO-Kommission (Hrsg.): Empfehlung zur »internationalen Erziehung« (Neufassung). Bonn 1990. Bezug: Deutsche UNESCO-Kommission, Colmantstr. 15, 53115 Bonn.
Dexheimer, Wolfgang / Wolfgang Royl (Hrsg.): Die pädagogische Mitverantwortung für die Sicherheitspolitik der freien Welt. Nomos Verlagsgesellschaft, Baden-Baden 1992.
Dick, Lutz van (Hrsg.): Lernen in der Friedensbewegung. Beltz Verlag, Weinheim / Basel 1987.
Duncker, Ludwig (Hrsg.): Frieden lehren? Beiträge zu einer undogmatischen Friedenserziehung in Schule und Unterricht. Vaas, Ulm 1988.
Friedensanalysen. Für Theorie und Praxis 10. Schwerpunkt Bildungsarbeit. Suhrkamp, Frankfurt/M. 1979.
Friedenserziehung im Alpen-Adria-Raum. Dokumentation des internationalen Seminars Tolmin (Slovenija), 17.-21. 8. 1991. Deutsche Ausgabe. Villach 1992. Bezug: Alpen-Adria-Alternativ, Rathausgasse 3, A-9500 Villach.

Gawor, Heike: Frieden als Aufgabe der Bildungsarbeit im informellen Sektor. Anregungen aus der USA für die Bundesrepublik Deutschland. S. Roderer Verlag, Regensburg 1988.

Gronemeyer, Marianne: Ausbruch aus der Friedenserziehung. In: Gronemeyer, Marianne / Reimer Gronemeyer (Hrsg.): Frieden vor Ort. Ausbrechen – verantwortlich werden. Fischer Verlag, Frankfurt/M. 1982, S. 141-152.

Gugel, Günther / Klaus Lange-Feldhahn (Hrsg.): Friedenserziehung in der Jugendarbeit. Eine Bestandsaufnahme. Verein für Friedenspädagogik, Tübingen 1982.

Gugel, Günther / Klaus Lange-Feldhahn (Hrsg.): Mit brennender Geduld. Gedanken, Einblicke, Arbeitshilfen für die Praxis der Friedenserziehung. 2 Bde. Verein für Friedenspädagogik, Tübingen 1985.

Heck, Alfred: Friedenspädagogik – Analyse und Kritik. Essen 1993..

Heck, Gerhard / Manfred Schurig (Hrsg.): Friedenspädagogik. Theorien, Ansätze und bildungspolitische Vorgaben einer Erziehung zum Frieden (1945-1985). Wiss. Buchgesellschaft, Darmstadt 1991.

Heitkämper, Peter / Rolf Huschke-Rhein (Hrsg.): Allgemeinbildung im Atomzeitalter. Weinheim/Basel 1986.

Heitkämper, Peter (Hrsg.): Neue Akzente der Friedenspädagogik. Münster 1984.

Hentig, Hartmut von: Arbeit am Frieden. Übungen im Überwinden der Resignation. Hanser Verlag, München 1987.

ide, Informationen zur Deutschdidaktik. Zeitschrift für den Deutschunterricht in Wissenschaft und Schule. Heft 1/1991: Friedenserziehung. Bezug: VWGÖ, Lindengasse 37, A-1070 Wien.

Kern, Peter / Hans-Georg Wittig: Pädagogik im Atomzeitalter. Wege zum Frieden. Hat Franz Alt recht? Herder Verlag, Freiburg 1984.

Kern, Peter / Klaus Rehbein: Recht auf Frieden. Ethisch – rechtliche Orientierungen – nicht nur für Lehrer. München 1986, 64 S.

Küpper, Christel (Hrsg.): Friedenserziehung. Eine Einführung. Leske + Budrich, Opladen 1979.

Lutz, Dieter S. (Hrsg.): Weder Wehrkunde noch Friedenserziehung? Nomos, Baden-Baden 1984.

May, Hans: Frieden als Aufgabe der Kirchen III. Friedenserziehung und gesellschaftlicher Wandel. Loccumer Protokolle 33/90. Loccum/Rehburg 1991.

Nicklas, Hans / Änne Ostermann: Zur Friedensfähigkeit erziehen. Soziales und politisches Lernen als Unterrichtsthema. Urban & Schwarzenberg, München 1976.

Ordnung, Carl: Erziehung zum Frieden. Möglichkeiten und Grenzen einer päddagogisch-politischen Konzeption und ihre Diskussion in den Kirchen. Unio-Verlag, Berlin (DDR) 1980.

Pädagogik, Heft 9/1991: Ernstfall Frieden. Jugend nach dem Golfkrieg. Bezug: Pädagogische Beiträge Verlags GmbH, Rothenbaumchaussee 11, 20148 Hamburg.

Pädagoginnen und Pädagogen für den Frieden (Hrsg.): Aufklärung statt Verdrängung. Friedenserziehung zwischen Geschichte und Zukunft. Berlin 1990. Bezug: Brigitte Reich, Hochschule der Künste

Berlin, Postf. 126720, 10595 Berlin.
Pfister, Hermann (Hrsg.): Friedenspädagogik – Friedenserziehung. Theoretische Positionen und didaktisch-methodische Ansätze. Waldkircher Verlag, Waldkirch 1980.
Pöggeler, Franz: Erziehung für die eine Welt. Plädoyer für eine pragmatische Friedenspädagogik. Frankfurt/M. 1990.
Psychosozial 26: Friedenspädagogik. Rowohlt, Reinbek 1985.
Rajewsky, Christiane (Hrsg.): Rüstung und Krieg. Zur Vermittlung von Friedensforschung. Frankfurt/M. 1983.
Rauschenbach, Thomas / Hans Thiersch (Hrsg.): Die herausgeforderte Moral. Lebensbewältigung in Erziehung und sozialer Arbeit. KT-Verlag, Bielefeld 1987.
Reich, Brigitte: Erziehung zur Völkerverständigung und zum Frieden. Ein internationaler Vergleich zur Umsetzung der UNESCO-Empfehlung in Geschichts- und Sozialkundebüchern der Sekundarstufe II. Peter Lang Verlag, Frankfurt/M. 1989.
Richards, Elizabeth: Friedenserziehung in der Diskussion. AFB-Texte, Nov. 1989. Bezug: AFB, Beethovenallee 4, 53173 Bonn.
Röhrs, Hermann: Frieden – eine pädagogische Aufgabe: Idee und Realität der Friedenspädagogik. Braunschweig 1983.
Roth, Karl-Friedrich: Erziehung zur Völkerverständigung und zum Friedensdenken. St. Ottilien 1981.
Rothermel, Lutz: Frieden als Gegenstand erziehungswissenschaftlicher Erkenntnis. Peter Lang Verlag, Frankfurt 1988.
Schierholz, Henning: Friedensforschung und politische Didaktik. Studien zur Kritik der Friedenspädagogik. Leske + Budrich, Opladen 1977.
Schreiner, Günther / Jochen Schweitzer (Hrsg.): Friedensfähigkeit statt Friedlichkeit. Hirschgraben, Frankfurt/M. 1986.
Schultz, Hans-Jürgen (Hrsg.): Die Erde den Sanftmütigen. Kreuz-Verlag, Stuttgart 1991.
Schütz, Klaus: Mobilmachung für das Überleben als Aufgabe von Friedensforschung, Friedenspädagogik, Friedensbewegung. Waldkircher Verlagsgesellschaft, Waldkirch 1981.
Schweitzer, Jochen (Red.): Erziehung für den Frieden – Education for Peace – Education por la Paix. Gewerkschaft Erziehung und Wissenschaft, Frankfurt/M. 1987.
Wulf, Christoph (Hrsg.): Friedenserziehung in der Diskussion. Piper Verlag, München 1973.
Wulf, Christoph (Hrsg.): Kritische Friedenserziehung. Suhrkamp, Frankfurt/M. 1973.
Young, Nigel: Friedenserziehung zwischen Friedensforschung und Friedensbewegung. DGFK Hefte Nr. 17/1983. Bonn 1983.
Zeitschrift für Pädagogik, Heft 6/1986, Thema: Friedenspädagogik. Beltz Verlag, Weinheim 1986.

Kritik der Friedenspädagogik

Assel, Hans-Günter: Zur Standortbestimmung friedenspolitischer Erziehung. In: Ders.: Kritische Bemerkungen zu Denkansätzen in der politischen Bildung. In: Aus Politik und Zeitgeschichte, Beilage zur Wochenzeitung das Parlament, Nr. B1/79, S. 21-30.

Bernhard, Armin: Mehr Frieden durch Erziehung? – Zur Kritik des Verhältnisses von Politik und Pädagogik in der friedenspädagogischen Diskussion. In: Werner Goldschmidt (Red.): Vernunft und Politik. Pahl-Rugenstein Verlag, Köln 1988, S. 336-352.

Bernhard, Armin: Mythos Friedenserziehung. Zur Kritik der Friedenspädagogik in der Geschichte der bürgerlichen Gesellschaft. Focus Verlag, Giessen 1989.

Duncker, Ludwig: Die didaktische Rückständigkeit der Friedenserziehung. Eine pädagogische Kritik gegenwärtiger Ansätze. In: Ders. (Hrsg.): Frieden lehren? Beiträge zu einer undogmatischen Friedenserziehung in Schule und Unterricht. Ulm 1988, S. 83-102.

Hentig, Hartmut von: Die notwendigenUmwege – Oder: Wie lernt man Verantwortung, wenn man keine hat? In: Friedrich Jahresheft 1992: Verantwortung. Friedrich-Verlag, Seelze 1992, S. 87-89.

Huisken, Freerk: »Verständnis und Toleranz«. Polemik gegen eine aktuelle jugendpädagogische Tugendlehre. In: Deutsche Jugend, 9/85, S. 395-403.

Huisken, Freerk: Anstiftung zum Unfrieden. Ein destruktives Lesebuch mit konstruktivem Anhang. Berlin 1984.

Gamm, Hans-Jochen: Friedenserziehung und ihre immanenten Widersprüche. In: Informationsdienst 1/88, S. 29-31.

Gronemeyer, Marianne: Unruhestiftung: Ausbruch aus der Friedenserziehung. In: päd.extra 5/82, S. 37-40.

Meueler, Erhard: Über die mißverständlichen und pathetischen Begriffe »Friedenserziehung« und »Friedenspädagogik«. In: Manfred Funke (Hrsg.): Friedensforschung. Entscheidungshilfe gegen Gewalt. Bundeszentrale für politische Bildung, Bonn 1975, S. 167-175.

Prister, Karin: Erziehung zum Frieden, oder: Die Abrichtung zur Zufriedenheit. Eine Kritik der gegenwärtigen Friedenspädagogik. In: betrifft: erziehung, Nr. 7/1972, S. 27-32.

Prister, Karin: Von der »Abrichtung zum Frieden«. Zehn Jahre nach meiner Kritik der Friedenserziehung. In: Gretl Anzengruber u.a. (Hrsg.): Friedens-Schulheft 30/1983. Verein Schulheft, Wien 1983, S. 26-30.

Sandner, Dieter: Gibt es eine ideologiefreie Friedenserziehung? Kritik des friedenspädagogischen Ansatzes der Studiengesellschaft für Friedensforschung e.V. München. In: Werkhefte. Zeitschrift für Probleme der Gesellschaft und des Katholizismus, 25. Jg, 1971, Heft 7., S. 214-219.

Scheunpflug, Annette / Klaus Seitz (Hrsg.): Selbstorganisation und Chaos. Entwicklungspolitik und Entwicklungspädagogik in neuer Sicht. Edition Differenz, Band 2. Verlag Schöppe & Schwarzenbart, Tübingen 1993.

Treml, Alfred K.: Lernziel: Frieden? Sprachanalytische und theorietechnische Probleme einer Friedenspädagogik. In: Zeitschrift für Entwicklungspädagogik, 12. Jg., Heft 3/1989, S. 22-28.
Treml, Alfred K.: Desorientierung überall. Oder Entwicklungspolitik und Entwicklungspädagogik in neuer Sicht. In: Zeitschrift für Entwicklungspädagogik, 15. Jg, Heft 1/1992, S. 6-17.
Wolff, Reinhart: Hilflose Gewaltkritik. 7 Thesen über die Erziehung zur Friedfertigkeit. In: Frieden. Anregungen für den Ernstfall. Sonderheft 83. Friedrich-Verlag, Seelze 1983, S. 172-174.

Politische Bildung

Ahlheim, Klaus: Mut zur Erkenntnis. Über das Subjekt politischer Erwachsenenbildung. Klinkhardt, Bad Heilbrunn 1990.
Ballmann, Hans / Hermann Buschmeyer (Bearb.): Selbstverständis der politischen Erwachsenenbildung. Positionen und Kontroversen. Soester Verlagskontor, Soest 1991.
Behrmann, Günther C. / Siegfried Schiele (Hrsg.): Verfassungspatriotismus als Ziel politischer Bildung. Didaktische Reihe der Landeszentrale für politische Bildung Baden-Württemberg. Wochenschau Verlag, Schwalbach 1993.
Claußen, Bernhard: Politische Bildung und Kritische Theorie. Leske + Budrich, Opladen 1984.
Claußen, Bernhard / Birgit Wellie (Hrsg.): Bewältigungen. Politik und politische Bildung im vereinigten Deutschland. Krämer, Hamburg 1992.
Cremer, Will / Ansgar Klein (Red): Umbrüche in der Industriegesellschaft. Herausforderungen für die politische Bildung. Leske + Budrich, Opladen 1990.
Cremer, Will / Imke Commichau (Red.): Zur Theorie und Praxis der politischen Bildung. Bundeszentrale für politische Bildung, Bonn 1990.
Eisenmann, Peter / Michael Fug (Hrsg.): Politische Bildung. Bestandsaufnahme und Perspektiven. Hans-Seidel-Stiftung, München 1990.
Führenberg, Dietlinde u.a.: Von Frauen für Frauen. Ein Handbuch zur politischen Frauenbildungsarbeit. Edition Ebersbach im eFeF-Verlag, Zürich 1992.
Heitmeyer, Wilhelm / Juliane Jacobi (Hrsg.): Politische Sozialisation und Individualisierung. Perspektiven und Chancen politischer Bildung. Juventa, Weinheim / München 1991.
Hufer, Klaus-Peter: Politische Erwachsenenbildung. Strukturen, Probleme, didaktische Ansätze – Eine Einführung. Wochenschau-Verlag, Schwalbach 1992.
Krampen, Günter: Entwicklung politischer Handlungsorientierungen im Jugendalter. Ergebnisse einer explorativen Längsschnittsequenz-Studie. Hogrefe-Verlag 1991.
Kuhn, Hans-Werner / Peter Massing (Hrsg.): Politische Bildung in Deutschland. Entwicklung – Stand – Perspektiven. Leske + Budrich, Opladen 1990.

Mickel, Wolfgang W. / Dietrich Zitzlaff (Hrsg.): Handbuch der politischen Bildung. Leske + Budrich, Opladen 1988.
Noll, Adolf H. / Lutz R. Reuter (Hrsg.): Politische Bildung im vereinten Deutschland. Geschichte – Konzeptionen – Perspektiven. Leske + Budrich, Opladen 1991.
Nuissl, Ekkehard u.a.: Verunsicherungen in der politischen Bildung. Klinkhardt, Bad Heilbrunn 1992.
Sander, Wolfgang: Konzepte der Politikdidaktik. Aktueller Stand, neue Ansätze und Perspektiven. Metzler Schulbuchverlag, Hannover 1993, 258 S.
Sarcinelli, Ulrich (Hrsg.): Demokratische Streitkultur. Theoretische Grundpositionen und Handlungsalternativen in Politikfeldern. Bundeszentrale für politische Bildung, Bonn 1990.
Sarcinelli, Ulrich u.a.: Politikvermittlung und politische Bildung. Herausforderungen für die außerschulische politische Bildung. Klinkhardt, Bad Heilbrunn 1990.
Schiele, Siegfried / Herbert Schneider (Hrsg.): Konsens und Dissens in der politischen Bildung. J.B. Metzler, Stuttgart 1987.
Schiele, Siegfried (Hrsg.): Politische Bildung als Begegnung. Metzler Schulbuchverlag, Stuttgart 1988.
Schiele, Siegfried / Herbert Schneider (Hrsg.): Rationalität und Emotionalität in der politischen Bildung. J.B. Metzler, Stuttgart 1991.
Wellie, Birgit (Hrsg.): Perspektiven für die politische Bildung nach der Vereinigung der beiden deutschen Staaten. Krämer, Hamburg 1991.
Zubke, Friedhelm (Hrsg.): Politische Pädagogik. Beiträge zur Humanisierung der Gesellschaft. Deutscher Studien Verlag, Weinheim 1990.

Gewalt / Umgang mit Gewalt

Albrecht, Peter-Alexis / Otto Backes (Hrsg.): Verdeckte Gewalt. Plädoyers für eine »Innere Abrüstung«. Frankfurt/M. 1990.
Anders, Günter (Hrsg.): Gewalt ja oder nein. Eine notwendige Diskussion. München 1987.
Arbeitsgemeinschaft der Evangelischen Jugend in Niedersachsen (Hrsg.): Gewalt. Gegen den Trend – Gewaltfrei leben. Hannover 1993. Bezug: aejn, Archivstr. 3, 30169 Hannover.
Arbeitsgemeinschaft Friedenspädagogik München (Hrsg.): Alltägliche Gewalt. Neubearbeitung. München 1985.
Arbeitsgemeinschaft Friedenspädagogik München (Hrsg.): Prädikat Gewalttätig. Erziehung mit Gewalt – Erziehung zur Gewalt. Neuausgabe. München 1985.
Arbeitskreis »Sexuelle Gewalt« beim Komitee für Grundrechte und Demokratie: Gewaltverhältnisse. Sensbachtal 1987.
Bantel, Otto: Gewalt und ihre Überwindung. Themen und Texte für Primar- und Sekundarstufe. Herder Verlag, Freiburg u.a. 1979.
Bauriedl, Thea: Wege aus der Gewalt. Analyse von Beziehungen. Herder Verlag, Freiburg i.B. 1993.

Beck, Detlef / Barbara Müller / Uwe Painke: Man kann ja doch was tun! Gewaltfreie Nachbarschaftshilfe – kreatives Eingreifen in Gewaltsituationen und gemeinschaftliche Prävention fremdenfeindlicher Übergriffe. Ein Handbuch für die Praxis. Bund für Soziale Verteidigung, Minden 1994. Bezug: BSV, Postf. 2110, 32378 Minden.

Becker, Georg / Ursula Coburn-Staege (Hrsg.): Pädagogik gegen Fremdenfeindlichkeit, Rassismus und Gewalt. Mut und Engagment in der Schule. Beltz, Weinheim / Basel 1994.

Blum, Heike / Gudrun Knittel: Training zum gewaltfreien Eingreifen gegen Rassismus und rechtsextreme Gewalt. Eine Methodensammlung und Diskussionsanregung. Kölner Trainingskollektiv für gewaltfreie Aktion und kreative Konfliktlösung. Köln 1994. Bezug: Graswurzelwerkstatt, Scharnhorststr. 6, 50733 Köln.

Börsenverein des Deutschen Buchhandels e.V. (Hrsg.): Wider Reden. Worte gegen Gewalt. Friedenspreisträger des Deutschen Buchhandels 1950-1992. Frankfurt/M. 1993.

Bründel, Heidrun / Klaus Hurrelmann: Gewalt macht Schule. Wie gehen wir mit aggressiven Kindern um? Droemer Knauer, München 1994.

Calließ, Jörg (Hrsg.): Gewalt in der Geschichte. Beiträge zur Gewaltaufklärung im Dienste des Friedens. Düsseldorf 1983.

Engelmann, Reiner (Hrsg.): Morgen kann es zu spät sein. Texte gegen Gewalt für Toleranz. Arena Verlag, Würzburg 1993.

Esser, Johannes: Unterricht über Gewalt. Material für Schule und Sozialarbeit. Urban und Schwarzenberg, München 1978.

Galtung, Johan / Dieter Kindelbur / Martin Nieder (Hrsg.): Gewalt im Alltag und in der Weltpolitik. Friedenswissenschaftliche Stichwörter zur Zeitdiagnose. Agenda Verlag, Münster 1993.

Galtung, Johan: Strukturelle Gewalt. Rowohlt, Reinbek 1975.

Heitmeyer, Wilhelm (Hrsg.): Das Gewalt Dilemma. Gesellschaftliche Reaktionen auf fremdenfeindliche Gewalt und Rechtsextremismus. Suhrkamp, Frankfurt/M. 1994.

Hermann, Judith Lewis: Die Narben der Gewalt. Traumatische Erfahrungen verstehen und überwinden. Kindler Verlag, München 1994.

Horak, Roman / Wolfgang Reiter / Kurt Stocker (Hrsg.): Ein Spiel dauert länger als 90 Minuten. Fußball und Gewalt in Europa. Junius, Hamburg 1988.

ide, Zeitschrift für den Deutschunterricht in Wissenschaft und Schule. 18. Jg, Heft 1/1994: Wege aus der Gewalt. Bezug: Österreichischer Studienverlag, Andreas Hofer-Str 4, A-6011 Innsbruck.

Informationszentrum Sozialwissenschaften (Hrsg.): Gewalt in der Gesellschaft. Eine Dokumentation zum Stand der Sozialwissenschaftlichen Forschung seit 1985. Bonn 1993.

Informationszentrum Sozialwissenschaften (Hrsg.): Gewalt – Ursachen, Erscheinungsformen und Auswirkungen aggressiven Verhaltens. Eine Dokumentation von Forschungsarbeiten und Literatur der Jahre 1982-1984. Bonn 1986.

Institut Jugend Film Fernsehen (Hrsg.): Baukasten Gewalt. München 1987. Bezug: IFF, Postf. 151109, 80047 München.

Landesstelle Jugendschutz Niedersachsen / Niedersächsisches Landesjugendamt (Hrsg.): Gewalt. Materialien und Erfahrungsberichte zur Prävention. Hannover 1994. Bezug: Landesstelle Jugendschutz Niedersachsen, Leisewitzstr. 26, 30175 Hannover.
P.M. Perspektive. 94/35: Mensch und Gewalt. Gruner + Jahr, München 1993.
Papcke, Sven: Progressive Gewalt. Studien zum sozialen Widerstandsrecht. Texte zur politischen Theorie und Praxis. Frankfurt/M. 1973.
Politik betrifft uns, Heft 11/85-6: Weniger Gewalt – mehr Freiheit. Bezug: Bergmoser + Höller Verlag, Karl-Friedrich-Str. 76, 52072 Aachen.
Psychosoziales Zentrum für ausländische Flüchtlinge Frankfurt u.a.: Die Betreuung und Behandlung von Opfern organisierter Gewalt im europäisch-deutschen Kontext. Verlag für Interkulturelle Kommunikation, Frankfurt 1993.
Rolinski, Klaus / Irenäus Eibl-Eibesfeldt: Gewalt in unsrer Gesellschaft: Gutachten für das Bayerische Staatsministerium des Innern. Dunkker & Humbolt, Berlin 1990.
Rusch, Regina (Hrsg.): Gewalt. Kinder schreiben über Erlebnisse, Ängste, Auswege. Eichborn Verlag, Frankfurt/M. 1993.
Schwind, Hans-Dieter / Baumann, Jürgen u.a. (Hrsg.): Ursachen, Prävention und Kontrolle von Gewalt. 4 Bde. Verlag Buncker & Humboldt, Berlin 1990.
Siekmann, H. u.a. (Hrsg.): Wie kommt es zu gewalttätigen Handlungen von Zuschauern bei Sportveranstaltungen? Und was kann man dagegen tun? Friedrich Verlag, Seelze 1988.
Sölle, Dorothee: Gewalt: Ich soll mich nicht gewöhnen. Patmos Verlag, Düsseldorf 1994.
Steinweg, Reiner (Red.): Faszination der Gewalt. Politische Strategie und Alltagserfahrung. Friedensanalysen 17. Suhrkamp, Frankfurt 1983.
Steinweg, Reiner / Arbeitsgruppe »Gewalt in der Stadt«: Stadt ohne Gewalt. Verringerung, Vermeidung, Vorbeugung. Die Grazer Vorschläge. Agenda Verlag, Münster 1994.
Steinweg, Reiner: Gewalt in der Stadt: Warhnehmungen und Eingriffe. das Grazer Modell. Agenda Verlag, Münster 1994.
Thema: Gewalt. 22 Arbeitsblätter für einen fächerübergreifenden Unterricht. Hauptschule/Berufsschule. Mit didaktisch-methodischen Kommentaren. E. Klett Verlag, Stuttgart u.a. 1993.
Thema: Gewalt. 36 Arbeitsblätter für einen fächerübergreifenden Unterricht. Gymnasium/Realschule. Mit didaktisch-methodischen Kommentaren. E. Klett Verlag, Stuttgart u.a. 1993.
Wilken, Udo u.a. (Hrsg.): Jugendarbeit zwischen Gewalt und Rechtsextremismus. Darstellung und Analyse aktueller Handlungsansätze. Hildesheimer Schriftenreihe zur Sozialpädagogik und Sozialarbeit. Olms Verlag, Hildesheim 1994.

Gewalt an Schulen

Behörde für Schule, Jugend und Berufsbildung (Hrsg.): Gewalt von Kindern und Jugendlichen in Hamburg. Hamburg 1992. Bezug: Hamburger Str. 31, 22083 Hamburg.

Brüdel, Heidrun / Klaus Hurrelmann: Gewalt macht Schule. Wie gehen wir mit aggressiven Kindern um. Droemer / Knaur, München 1994.

Hessisches Institut für Bildungsplanung (Hrsg.): Schule und Beratung, Heft 3/93: Gewalt hat viele Gesichter. Bezug: HIBS Postfach 3105, 65021 Wiesbaden.

Kultusministerium Sachsen-Anhalt (Hrsg.): Sinnvoll leben. Projekt Lebensorientierungen. Gegen Gewalt, gegen Drogen. Magdeburg 1992. Bezug: Kumi, Breiter Weg 31, 39104 Magdeburg.

Landesinstitut für Pädagogik und Medien (Hrsg.): Friedenserziehung in der Schule I. Konzeption und Anregungen für den Unterricht. Saarbrücken 1989. Bezug: LPM, Beethovenstr. 26, 66125 Dudweiler.

Landesinstitut für Schule und Weiterbildung, Nordrhein-Westfalen (Hrsg.): Aktuelle Gewaltentwicklung in der Gesellschaft. Vorschläge zur Gewaltprävention in der Schule. Soest 1994. Bezug: Landesinstitut, Paradieser Weg 64, 59494 Soest.

Landesinstitut Mecklenburg-Vorpommern für Schule und Ausbildung (Hrsg.): Gewalt, Intoleranz, Fremdenfeindlichkeit. Wie gehen Schulen damit um? Schwerin o.J. Bezug: Landesinstitut, Flotow-Str. 20, 19059 Schwerin.

Ministerium für Bildung und Kultur Rheinland-Pfalz (Hrsg.): Schulische Projekte zur Gewaltprävention. Bezug: Ministerium für Bildung, Mittlere Bleiche 61, 55116 Mainz.

Ministerium für Bildung und Wissenschaft (Hrsg.): Gewalt an Schulen in Schleswig-Holstein. Kiel 1993. Bezug: Ministerium für Bildung, Düsternbrooker Weg 64, 25105 Kiel.

Ministerium für Kultus und Sport / Landeszentrale für politische Bildung (Hrsg.): Gegen Haß und Vorurteile. Stuttgart 1993, Bezug: Landeszentrale für politische Bildung, Stafflenbergstr. 38, 70184 Stuttgart.

Niedersächsisches Kultusministerium (Hrsg.): Ernstfall Grundschule, Frieden schaffen in den Klassen. Bezug: Niedersächsisches Kultusministerium, Am Schiffgraben 12, 30159 Hannover.

Pädagogisches Landesinstitut Brandenburg (Hrsg.): Gewalt, Fremdenfeindlichkeit, Rechtsextremismus. Teil 1: Anregungen für die Schule. Ludwigsfelde 1993. Bezug: PLIB, Heinrich-Mann-Allee 107, 14460 Potsdam.

Preuschoff, Axel / Gisela Preuschoff: Gewalt an Schulen. Und was dagegen zu tun ist. PapyRossa, Köln 1992.

Sächsisches Kultusministerium (Hrsg.): Zum Umgang mit der Gewaltakzeptanz. Erste Ausgabe einer Handreichung für Pädagogen und Lehrer im Freistaat Sachsen. Dresden 1992. Bezug: Sächsisches Kultusministerium, Postf. 100910, 01076 Dresden.

Schubarth, Wilfried / Wolfgang Melzer (Hrsg.): Schule, Gewalt und

Rechtsextremismus. Schule und Gesellschaft 1. Leske + Budrich, Opladen 1993.
Senat für Schule, Berufsbildung, Sport (Hrsg.): Gruppengewalt und Schule. Dokumentation einer Dienstbesprechung in der Senatsverwaltung für Schule, Berufsbildung und Sport. Berlin 1992. Bezug: Senat für Schule, Bredtschneiderstr. 5-8, 14057 Berlin.
Thüringer Institut für Lehrerfortbildung, Lehrplanentwicklung und Medien (Hrsg.): Thillm, Heft 2/1993: Sozialer Lebensraum Schule. Erziehung zur Gewaltfreiheit, Toleranz und Friedenserziehung. Beiträge aus Schulpraxis und Wissenschaft. Arnstadt/Thür. 1993. Bezug: Thüringer Institut für Lehrerfortbildung, Hopfengrund 1, 99310 Arnstadt/Thür.

Jugend und Gewalt

Bock, Marlene u.a.: Zwischen Resignation und Gewalt. Jugendprotest in den achtziger Jahren. Opladen 1989.
Bott, Dieter / Gerold Hartmann: Die Fans aus der Kurve. Frankfurt 1986.
Büttner, Christian: Wut im Bauch. Gewalt im Alltag von Kindern und Jugendlichen. Beltz-Verlag, Weinheim / Basel 1993.
Creighton, Allan / Paul Kivel: Die Gewalt stoppen. Ein Praxisbuch für die Arbeit mit Jugendlichen. Verlag an der Ruhr. Mülheim/Ruhr 1993.
Deutsches Jugendinstitut (Hrsg.): Gewalt gegen Fremde. Rechtsradikale, Skinheads und Mitläufer. DJI-Verlag, München 1993.
Eisenerg, Götz / Reimer Gronemeyer: Jugend und Gewalt. Der neue Generationenkonflikt oder der Zerfall der zivilen Gesellschaft. Rowohlt, Reinbek 1993.
Esser, Johannes / Thomas Dominikowski: Die Lust an der Gewalttätigkeit bei Jugendlichen. Krisenprofile – Ursachen – Handlungsorientierungen für die Jugendarbeit. ISS 2/1993, Frankfurt/M. 1993.
Farin, Klaus / Eberhard Seidel-Pielen: Krieg in den Städten. Jugendgangs in Deutschland. Rotbuch-Verlag, Berlin 1991.
Farin, Klaus / Eberhard Seidel-Pielen: »Ohne Gewalt läuft nichts!« Jugend und Gewalt in Deutschland. Bund-Verlag, Köln 1993.
Guggenbühl, Allan: Die unheimliche Faszination der Gewalt. Denkanstöße zum Umgang mit Aggression und Brutalität unter Kindern. Schweizer-Spiegel-Verlag, Zürich, 2. Aufl. 1993.
Heil, Hubertus u.a. (Hrsg.): Jugend und Gewalt. Über den Umgang mit gewaltbereiten Jugendlichen. Schüren Presseverlag, Marburg 1993.
Heitmeyer, Wilhelm u.a. (Hrsg.): Jugend – Staat – Gewalt. Politische Sozialisation von Jugendlichen, Jugendpolitik und politische Bildung. München 1989.
Jugend und Gewalt. Dossier Nr. 11. In: Wissenschaft und Frieden, Heft 4: Facetten der Gewalt. Dezember 1992. Bezug: IWIF, Reuterstr. 44, 53115 Bonn.
Klockhaus, Ruth / Anneliese Trapp-Michel: Vandalistisches Verhalten

Jugendlicher. Hofgrefe, Göttingen 1988.
Kotlowitz, Alex: Kinder gibt es hier nicht mehr. Der Bürgerkrieg in Amerikas Großstädten. Rowohlt Verlag, Reinbek 1993.
Krafeld, Franz Josef (Hrsg.): Akzeptierende Jugendarbeit mit rechten Jugendlichen. Steintor Verlag, Bremen 1992.
Krafeld, Franz Josef u.a.: Jugendarbeit in rechten Szenen. Ansätze – Erfahrungen – Perspektiven. Edition Temmen, Bremen 1993.
Krafeld, Franz Josef: Cliquenorientierte Jugendarbeit. Grundlagen und Handlungsansätze. Juventa Verlag, Weinheim / München 1992.
Neubauer, Georg / Thomas Olk (Hrsg.): Clique – Mädchen – Arbeit. Jugend im Brennpunkt von Jugendarbeit und Jugendforschung. Juventa, Weinheim 1987.
Ohden, Claudius: Gewalt durch Gruppen Jugendlicher. Eine empirische Untersuchung am Beispiel Berlin. Berlin 1991.
Weidner, Jens: Anti-Aggressivitäts-Training für Gewalttäter. Ein deliktspezifisches Behandlungsangebot im Jugendvollzug. Bonn 1990.
Zeltner, Eva: Kinder schlagen zurück. Jugend-Gewalt und ihre Väter. Zytglogge, Bern 1993,

Fremdenfeindlichkeit

Ahlheim, Klaus / Bardo Heger / Thomas Kuchinke: Argumente gegen den Haß. Über Vorurteile, Fremdenfeindlichkeit und Rechtsextremismus. Band 1: Bausteine für Lehrende in der politischen Bildung. Band 2: Textsammlung. Bundeszentrale für politische Bildung, Bonn 1993.
Arbeitskammer des Saarlandes (Hrsg.): Bundesrepublik – Einwanderungsland?! Dokumentation einer Fachtagung über Migration und Fremdenfeindlichkeit. Beiträge der Arbeitskammer des Saarlandes, Nr. 2/1992. Saarbrücken 1992. Bezug: Arbeitskammer des Saarlandes. Fritz-Dobisch-Str. 6-8, 66111 Saarbrücken.
Autrata, Otger u.a. (Hrsg.): Theorien über Rassismus. Hamburg 1989.
Beckmann, Herbert (Hrsg.): Angegriffen und bedroht in Deutschland. Selbstzeugnisse, Berichte, Analysen. Deutscher Studien Verlag, Weinheim 1993.
Berding, Helmut: Moderner Antisemitismus in Deutschland. Frankfurt/M. 1988.
Bienemann Georg / Barbara Klein-Reid (Hrsg.): Komm, wir reißen Zäune ein! Werkbuch Fremdenfreundlichkeit. Votum, Münster 1993.
Brinkhoff, Ralf: Ausländerfeindlichkeit und Asylpolitik. Zwei Spielvorschläge. Eigenverlag, Löhne 1992. Bezug: Ralf Brinkhoff, Resiek 28, 32584 Löhne.
Budzinski, Manfred / Karin Clemens: Rausland. oder: Menschenrechte für alle. Lamuv-Verlag, Göttingen 1991.
Butterwegge, Christoph / Siegfried Jäger (Hrsg.): Rassismus in Europa. Bund Verlag, 2. durchges. Auflage Köln 1993.
Claussen, Detlev: Was heißt Rassismus?. Wissenschaftliche Buchgesellschaft, Darmstadt 1994.
CVJM Weltdienst (Hrsg.): Arbeitshilfe »Als Fremde unterwegs – unter-

wegs mit Fremden«. Kassel o.J. (1989), 80 S., DIN A4, Bezug: CVJM Gesamtverband in Deutschland, Referat Weltdienst, Postf. 410149, 34063 Kassel.

CVJM Weltdienst (Hrsg.): Arbeitshilfe »Gastfrei sein«. Kassel 1989. Bezug: CVJM Gesamtverband in Deutschland, Referat Weltdienst, Postf. 410149, 34063 Kassel.

Deutsches Jugendinstitut (Hrsg.): Gewalt gegen Fremde. Rechtsradikale, Skinheads und Mitläufer. DJI Verlag, München 1993.

DGVN (Hrsg.): Carlos und Anna. Feinde werden Freunde. explizit 40. Horlemann Verlag, Bad Honnef 1992.

Fuchs, Ottmar (Hrsg.): Die Fremden. Düsseldorf 1988.

Führing, Gisela: Begegnung mit dem Fremden. Materialien für die entwicklungspolitische Bildungsarbeit. Berlin 1993. Bezug: Deutscher Entwicklungsdienst, Öffentlichkeitsreferat, Kladower Damm 299, 14089 Berlin.

Geiss, Immanuel: Geschichte des Rassismus. Frankfurt/M. 1988.

Gemeinsam. Ausländer und Deutsche in Schule, Nachbarschaft und Arbeitswelt. Heft 26, Mai/Juni 1993. Beltz Verlag, Weinheim 1993.

Geschichte betrifft uns, Heft 1/84-8: Judenfeindschaft in Deutschland – von den Kreuzzügen bis zur Aufklärung. Bezug: Bergmoser + Höller Verlag, Karl-Friedrich-Str. 76, 52072 Aachen.

Göpfert, Hans: Ausländerfeindlichkeit durch Unterricht. Düsseldorf 1985.

Gugel, Günther: Ausländer, Aussiedler, Übersiedler. Fremdenfeindlichkeit in der Bundesrepublik Deutschland. 5. aktualisierte Auflage, Verein für Friedenspädagogik, Tübingen 1994.

Herbert, Ulrich: Politik und Praxis des Ausländer-Einsatzes in der Kriegswirtschaft des Dritten Reiches. Berlin / Bonn 1985.

IDEEN für antifaschistische und antirassistische Arbeit, Nov. 91: Nein zu Gewalt und Rassismus. Argumente, Ideen, Aktionen. Sonderheft. Frankfurt 1991. Bezug: IG Metall Vorstand, Abt. Jugend, Wilhelm-Leuschner-Str. 75 - 89, 60329 Frankfurt/M.

Jäger, Siegfried / Jürgen Link (Hrsg.): Die vierte Gewalt. Rassismus und die Medien. DISS, Duisburg 1993.

Jäger, Siegfried: BrandSätze. Rassismus im Alltag. DISS, 3. Aufl. Duisburg 1993.

Jugendamt der Stadt Hagen / Jugendring Hagen e.V. / DGB-Jugend Hagen (Hrsg.): Fremde zu Freunden machen! Eine Dokumentation über Aktivitäten im Rahmen der Kampagne »Gemeinsam gegen Ausländerfeindlichkeit und Rechtsextremismus in Hagen«. Hagen 1989.

Just, Wolf-Dieter (Hrsg.): Asyl von unten. Kirchenasyl und ziviler Ungehorsam. Ein Ratgeber. Reinbek 1993.

Kahane, Anetta / Eleni Torossi (Hrsg.): Begegnungn, die Hoffnung machen. Grenzen gegenüber Ausländern überwinden – Ideen und Initiativen. Herder Verlag, Freiburg 1993.

Kalpaka, Annita / Nora Räthzel (Hrsg.): Die Schwierigkeit, nicht rassistisch zu sein. Leer 1990.

Khane, Anetta / Eleni Torossi: Begegnungen, die Hoffnung machen.

Grenzen gegenüber Ausländern überwinden. Ideen und Initiativen. Herder Verlag, Freiburg u.a. 1993.

Klawe, Willy / Jörg Matzen (Hrsg.): Thema: Ausländerfeindlichkeit. Pädagogische Arbeitsstelle des DVV, Frankfurt 1993. Bezug: Pädagogische Arbeitsstelle des Deutschen Volkshochschul-Verbandes, Holzhausenstr. 21, 60322 Frankfurt/M.

Klawe, Willy / Jörg Matzen: Fremdenfeindlichkeit, Rechtsextremismus und Gewalt: »Das Ende der Gemütlichkeit«. Materialien und Planungshilfen für die Weiterbildung. Kiel 1993. Bezug: Landesverband der Volkshochschulen Schleswig-Holsteins e.V., Holstenbrücke 7, 24103 Kiel.

Klawe, Willy / Jörg Matzen: Lernen gegen Ausländerfeindlichkeit. Juventa Verlag, Weinheim / München 1993.

Komitee für Grundrechte und Demokratie (Hrsg.): Ausländerfeindlichkeit in Deutschland – Wir alle sind gemeint! Eine Denkschrift aus aktuellem Anlaß – und für zukünftiges Handeln. Sensbachtal 1993, Bezug: Komitee für Grundrechte und Demokratie, An der Gasse 1, 64759 Sensbachtal.

Kopelew, Lew (Hrsg.): Forum XXI. Mit dem Fremden leben? Erkenntnisse, Träume, Hoffnungen zum 21. Jahrhundert. Bund Verlag, Köln 1994.

Landesjugendpfarramt der Evang. Kirche der Pfalz (Hrsg.): »Wenn ein Fremder bei euch wohnt...« Arbeitshilfe zum Thema Fremdenfeindlichkeit und Rechtsradikalismus. Kaiserslautern 1993. Bezug: Landesjugendpfarramt, Postf. 2870, 67616 Kaiserslautern.

Ministerium für Bildung und Kultur Rheinland Pfalz (Hrsg.): Für Toleranz und Fremdenfreundlichkeit. Beiträge von Schulen. Mainz 1993. Bezug: Ministerium für Bildung und Kultur, Mittlere Bleiche 61, 55116 Mainz.

Nirumand, Bahman: Leben mit den Deutschen. Briefe an Leila. Rowohlt, Reinbek 1989.

Öztürk, Nihat / Hermann Schäfer: Geschichte und Perspektive der Ausländerbeschäftigung in der Bundesrepublik. Düsseldorf 1989. Materialien zur gewerkschaftlichen Bildungsarbeit, Modellseminar – Konzeption BALD, Heft 1.

Pädagogisches Werkstattgespräch entwicklungspolitischer Organisationen (Hrsg.): Arbeitshilfe zum Thema »Fremdenfeindlichkeit« für Unterricht und Bildung. Bielefeld 1993. Bezug: Dritte Welt Haus Bielefeld, August-Bebel-Str. 62, 33602 Bielefeld.

Riepe, Regina und Gerd: Du schwarz, ich weiß. Bilder und Texte gegen den alltäglichen Rassismus. Peter Hammer Verlag, Wuppertal 1992.

Rosen, Klaus-Henning (Hrsg.): Die zweite Vertreibung. Fremde in Deutschland. Verlag J.H.W. Dietz Nachf., Bonn 1992.

Runge, Irene: Ausland DDR. Fremdenhaß. Berlin 1990.

Sächsische Landeszentrale für politische Bildung (Hrsg.): Deutschland den Deutschen? Parolen und Argumente. Dresden 1993. Bezug: Sächsische Landeszentrale für politische Bildung, Schützenhofstr. 36-38, 01129 Dresden.

Schwierige Fremdheit. Über Integration und Ausgrenzung in Einwanderungsländern. Fischer Verlag, Frankfurt 1993.
Seibel, Jakob: Solidarisch Leben. Unterrichtsmaterialien. AOL-Verlag, Verlag die Werkstatt, Göttingen 1994.
Willems, Helmut: Fremdenfeindliche Gewalt. Einstellungen. Täter Konflikteskalation. Leske + Budrich, Opladen 1993.
Wochenschau 1/1990: Ausländer bei uns (Sek. I). Bezug: Wochenschau-Verlag, Adolf-Damaschke-Str. 103-105, 65824 Schwalbach

Rechtsextremismus

Arbeitsgemeinschaft Jugend & Bildung e.V. (Hrsg.): Halt! keine Gewalt. Gegen Extremismus und Fremdenfeindlichkeit. Ein Heft für die Schule. Wiesbaden 1993, Bezug: Universum Verlagsanstalt, Rößlerstr. 7, 65193 Wiesbaden.
Assheuer, Thomas / Hans Sarkowicz: Rechtsradikale in Deutschland. Die alte und die neue Rechte. C.H. Beck, München 1990.
Balbach, Sonja: »Wir sind auch die kämpfende Front«. Frauen in der rechten Szene. Konkret Literatur Verlag. Hamburg 1994.
Benz, Wolfgang: Rechtsextremismus in der Bundesrepublik. Voraussetzungen, Zusammenhänge, Wirkungen. Frankfurt/M. 1989.
Bodewig, Kurt u.a. (Hrsg.): Die schleichende Gefahr. Rechtsextremismus heute. Klartext, Essen 1990.
Brandt, Peter / Ulrich Schulze-Marmeling (Hrsg.): Antifaschismus. Ein Lesebuch. Deutsche Stimmen gegen Nationalsozialismus und Rechtsextremismus von 1922 bis zur Gegenwart. LitPol Verlagsgesellschaft, Berlin 1985.
Bundesministerium des Innern (Hrsg.): Verfassungsschutzbericht 1992. Bonn 1993. Bezug: Bundesministerium des Innern, Graurheindorfer Str. 198, 53117 Bonn.
Butterwegge, Christoph / Horst Isola (Hrsg.): Rechtsextremismus im vereinten Deutschland. Links-Druck, Berlin 1990.
Dahrendorf, Malte / Zohar Shavit (Hrsg.): Die Darstellung des Dritten Reiches im Kinder- und Jugendbuch. dipa Verlag, Frankfurt/M. 1988.
Dudek, Peter (Hrsg.): Hakenkreuz und Judenwitz. Antifaschistische Jugendarbeit in der Schule. Bensheim 1990.
Dudek, Peter / Hans-Gerd Jaschke: Entstehung und Entwicklung des Rechtsextremismus in der Bundesrepublik. Zwei Bände. Opladen 1984.
Endlich, Hans u.a.: Extremismus, Radikalismus, Demagogie von rechts. Entwicklungen und Bestandsaufnahme. Diesterweg Verlag, Frankfurt 1990.
Falter, Jürgen W.: Wer wählt rechts? Die Wähler und Anhänger rechtsextremistischer Parteien im vereinigten Deutschland. C.H. Beck, München 1994.
Galinski, Dieter / Ulrich Herbert / Ulla Lachauer (Hrsg.): Nazis und Nachbarn. Schüler erforschen den Alltag im Nationalsozialismus. Reinbek 1982.

GEW Hauptvorstand (Hrsg.): Rechtsextremismus und Neofaschismus – Aufgaben für schulische und außerschulische Pädagogik. Referate des GEW-Symposiums vom September 1989. Bezug: GEW, Unterlindau 58, 60323 Frankfurt .
Gewerkschaft Erziehung und Wissenschaft Berlin (Hrsg.): Wider das Vergessen. Antifaschistische Erziehung in der Schule. Erfahrungen – Projekte – Anregungen. Frankfurt 1981.
Greß, Franz u.a.: Neue Rechte und Rechtsextremismus in Europa. Bundesrepublik, Frankreich, Großbritannien. Westdeutscher Verlag, Opladen 1990.
Hafeneger, Benno / Gerhard Paul / Berndhard Schoßig (Hrsg.): Dem Faschismus das Wasser abgraben. Zur Auseinandersetzung mit dem Rechtsradikalismus. München 1981.
Heinemann, Karl-Heinz / Wilfried Schubarth (Hrsg.): Der antifaschistische Staat entläßt seine Kinder. Jugend und Rechtsextremismus in Ostdeutschland. Papy Rossa, Berlin 1991.
Heitmeyer, Wilhelm u.a.: Die Bielefelder Rechtsextremismus-Studie. Erste Langzeituntersuchung zur politischen Sozialisation männlicher Jugendlicher. Juventa, Weinheim 1992.
Heitmeyer, Wilhelm: Rechtsextremismus – warum handeln Menschen gegen ihre eigenen Interessen? Bund Verlag, Köln 1991.
Heitmeyer, Wilhelm: Rechtsextremistische Orientierungen bei Jugendlichen. Empirische Ergebnisse und Erklärungsmuster einer Untersuchung zur politischen Sozialisation. 4. Aufl., Weinheim / München 1992.
Jäger, Uli: Betrogene Sehnsucht. Informationen zum Rechtsextremismus – (nicht nur) für Jugendliche. Verein für Friedenspädagogik, Tübingen 1992.
Jäger, Uli: Rechtsextremismus und Gewalt. Materialien, Methoden, Arbeitshilfen. Verein für Friedenspädagogik, Tübingen 1993.
Kirfel, Martina / Walter Oswalt (Hrsg.): Die Rückkehr der Führer. Modernisierter Rechtsradikalismus in Westeuropa. Europa Verlag, Wien / Zürich 1990.
Ködderitsch, Peter / Leo A. Müller: Rechtsextremismus in der DDR. Göttingen 1990.
Kollmann, Doris u.a.: Schwarzbücherbraun. Medienhandbuch zum Thema (Neo-) Faschismus. AJZ Verlag, Bielefeld 1990.
Kühnl, Reinhard: Gefahr von Rechts? Vergangenheit und Gegenwart der extremen Rechten. Heilbronn 1990.
Kultusminister Nordrhein-Westfalen (Hrsg.): Unterrichtsmaterial »Wir diskutieren – Rechtsextremismus«. Düsseldorf 1990. Bezug: Kultusministerium NRW, Völklinger Str. 49, 40221 Düsseldorf.
Landesinstitut für Schule und Weiterbildung (Hrsg.): Rechtsextremismus. Erscheinungsformen, Ursachen Entwicklungen. Soester Verlagskontor, Soest 1990.
Landeszentrale für politische Bildung Rheinland-Pfalz u.a. (Hrsg.): Nein. Arbeitshilfe für Multiplikatorinnen und Multiplikatoren in der schulischen und außerschulischen Bildungsarbeit. 3 Hefte, 1 Video. Mainz 1992. Bezug: Landeszentrale für politische Bildung, Am

Kronberger Hof 6, 55116 Mainz.
Lange, Astrid: Was die Rechten lesen. Fünfzig rechtsextreme Zeitschriften. Ziele, Inhalte, Taktik. C.H. Beck, München 1993.
Leggewie, Claus: Druck von Rechts. Wohin treibt die Bundesrepublik? C.H. Beck, München 1993.
Lenk, Kurt: Rechts, wo die Mitte ist. Studien zur Ideologie: Rechtsextremismus, Nationalsozialismus, Konservatismus. Nomos Verlagsgesellschaft, Baden-Baden 1994.
Otto, Hans- Uwe / Roland Merten (Hrsg.): Rechtsradikale Gewalt im vereinigten Deutschland. Jugend im gesellschaftlichen Umbruch. Leske + Budrich, Oplanden 1993.
Puvogel, Ulrike: Gedenkstätten für die Opfer des Nationalsozialismus. Eine Dokumentation. Schriftenreihe der Bundeszentrale für politische Bildung. Bonn 1987.
Rajewsky, Christiane / Adelheid Schmitz: Nationalsozialismus und Neonazismus. Ein Reader für Jugendarbeit und Schule. Düsseldorf 1988.
Rajewsky, Christiane / Adelheid Schmitz: Wegzeichen. Initiativen gegen Rechtsextremismus und Ausländerfeindlichkeit. Verein für Friedenspädagogik, Tübingen 1992.
Rhue, Morton: Die Welle. Bericht über einen Unterrichtsversuch, der zu weit ging. Ravensburger Verlag, Ravensburg 1988.
Ristau, Malte (Red.): Rechtsextremismus, Jugendgewalt und Politikdistanz. Bonn 1992. Bezug: Vorstand der SPD, Referat Produktion und Vertrieb, Postf. 2280, 53012 Bonn.
Scherr, Albert (Hrsg.): Jugendarbeit mit rechten Jugendlichen. Karin Böllert/KT-Verlag, Bielefeld 1992.
Schultz, Hans-Jürgen (Hrsg.): Sie sind wieder da! Faschismus und Reaktion in Europa. Frankfurt/M. 1990.
Schwagerl, Hans Joachim: Rechtsextremes Denken. Merkmale und Methoden. Fischer Verlag, Frankfurt/M. 1993.
Stöss, Richard: Die extreme Rechte in der Bundesrepublik. Entwicklung, Ursachen, Gegenmaßnahmen. Opladen 1989.
Struck, Manfred (Hrsg.): Vorurteile und Rechtsextremismus. Hintergründe, Problemfelder, Argumente, Materialien. Eigenverlag wir e.V., Köln 1993. Bezug: wir e.V., Elsa-Brandström-Str. 6, 50668 Köln.
Wagner, Bernd (Hrsg.): Handbuch Rechtsextremismus: Netzwerke, Parteien, Organisationen, Ideologiezentren, Medien. Rowohlt, Reinbek 1994.
Wochenschau für politische Erziehung, Sozial- und Gemeinschaftskunde Nr. 5/Sept.-Okt. 1988: Rechtsextrem – Rechtsradikal. (Sek. I und II) Bezug: Wochenschau Verlag, Adolf-Damaschke-Str. 103-105, 65824 Schwalbach.

Gewaltfreiheit

Alinski, Saul D.: Anleitung zum Mächtigsein. Ausgewählte Schriften von Karl-Klaus Rabe. Lamuv, Bornheim / Merten 1984.

Attenborough, Richard (Hrsg.): Mahatma Gandhi. Ausgewählte Texte. München 1973.
Berrigan, Daniel: Zehn Gebote für den langen Marsch zum Frieden. Kreuz, Stuttgart 1983.
Bhave, Vinoba: Gedanken. Hinder & Deelmann, Gladenbach 1979.
Buch, Susanne: Projekt Gewaltfrei widerstehen lernen. Soziale Verteidigung und Gewaltfreie Aktion. Projekt ab Klasse 10. Pädagogisch-Theologisches Institut, Hamburg 1988. Bezug: Pädagogisch-Theologisches Institut, Arbeitsstätte Hamburg, Teilfeld 1, 20459 Hamburg.
Del Vasto, Lanza: Die Macht der Friedfertigen. Kerle Verlag, Freiburg / Heidelberg 1982.
Ebert, Theodor: Gewaltfreier Aufstand. Alternative zum Bürgerkieg. Waldkircher Verlag, Waldkirch 1978.
Ebert, Theodor: Ziviler Ungehorsam. Von der Apo bis zur Friedensbewegung. Waldkircher Verlag, Waldkirch 1984.
Erikson, Erik, H.: Gandhis Wahrheit. Über die Ursprünge der militanten Gewaltlosigkeit. Suhrkamp Verlag, Frankfurt/M. 1978.
Galtung, Johan: Der Weg ist das Ziel. Gandhi und die Alternativbewegung. Peter Hammer Verlag, Wuppertal 1987.
Gandhi, Mahatma: Die Lehre vom Schwert und andere Aufsätze aus den Jahren 1919 – 1922. Rolf Kugler Verlag, Oberwil 1990.
Gandhi, Mohandas Karamchand: Eine Autobiographie – oder die Geschichte meiner Experimente mit der Wahrheit. Hinder und Deelmann, Gladenbach 1977.
Griefahn, Monika (Hrsg.): Greenpeace. Wir kämpfen für eine Welt in der wir leben können. Rowohlt, Reinbek 1989.
Gugel, Günther / Horst Furtner: Gewaltfreie Aktion. Materialien 7. Verein für Friedenspädagogik, Tübingen 1983.
Gugel, Günther: Gewaltfreiheit – ein Lebensprinzip. Materialien 6. Verein für Friedenspädagogik, Tübingen 1983.
Hetmann, Frederik: Martin Luther King. Dressler Verlag, Hamburg 1979.
Jochheim, Gernot: Die Gewaltfreie Aktion. Idee und Methoden, Vorbilder und Wirkungen. Hamburg 1984.
Jochheim, Gernot: Länger Leben als die Gewalt. Der Zivilismus als Idee und Aktion. Edition Weitbrecht, Stuttgart 1986.
Jochheim, Gernot: Traum und Tat. Wege des gewaltfreien Widerstands. Hoch-Verlag, Stuttgart / Wien 1992.
Jungk, Robert / Norbert Müller: Zukunftswerkstätten. Hoffmann und Campe. Hamburg 1981.
King, Coretta Scott: Martin Luther King. Ausgewählte Texte. Goldmann, München 1986.
King, Martin Luther: Freiheit. Brockhaus Taschenbuchverlag, Wuppertal 1982.
Kleinert, Ulfrid (Hrsg.): Gewaltfrei widerstehen. Brokdorf-Protokolle gegen Schlagstöcke und Steine. Rowohlt, Reinbek 1981.
Komitee für Grundrechte und Demokratie (Hrsg.): Ziviler Ungehorsam. Traditionen, Konzepte, Erfahrungen, Perspektiven. Sensbachtal

o.J. (1993). Bezug: Komitee, An der Gasse 1, 64759 Sensbachtal.
Merton, Thomas: Gewaltlosigkeit. Eine Alternative. Benziger, Zürich 1986.
Nolting, Hans-Peter: Lernschritte zur Gewaltlosigkeit. Ergebnisse psychologischer Friedensforschung. Wie kollektive Gewalt entsteht – was man dagegen tun kann. Rowohlt, Reinbek 1981.
Pax-Christi-Kommission Gewaltfreiheit (Hrsg.): Ohne Waffen Menschen schützen. Neue Ideen für eine gewaltfreie Sicherheitspolitik. Ein Reader der Pax-Christi-Kommission Gewaltfreiheit. Bad Vilbel 1993. Bezug: Pax Christi, Postfach 1345, 61103 Bad Vilbel.
Presler, Gerd: Martin Luther King. Rowohlt, Reinbek 1984.
Scholz, R.: Betrifft Robin Wood. Sanfte Rebellen gegen Naturzerstörung. München 1989.
Singer, Kurt: Zivilcourage wagen. Wie man lernt, sich einzumischen. Piper Verlag, München 1992.
Thoreau, Henry David: Über die Pflicht zum Ungehorsam gegen den Staat und andere Essays. Diogenes Verlag, Zürich 1973.
Werkstatt für Gewaltfreie Aktion, Baden (Hrsg.): Boykott. Die große Macht der kleinen Leute. Karlsruhe 1993. Bezug: paxifix-Materialversand, Alberichstr. 9, 76185 Karlsruhe.
Werkstatt für Gewaltfreie Aktion, Baden (Hrsg.): Konsens. Anleitung zur herrschaftsfreien Entscheidungsfindung. Arbeits- und Aktionshefte 3. Freiburg 1990. Bezug: paxifix-Materialversand, Alberichstr. 9, 76185 Karlsruhe.
Woodcock, George: Mahatma Gandhi. Weber & Zucht, Kassel 1985.
Zitelmann, Arnulf: Keiner dreht mich um. Die Lebensgeschichte des Martin Luther King. Beltz & Gehlenberg, Weinheim 1986.

Kinder

Albus, Michael / Peter Härtling: Kinder einer Erde. Düsseldorf 1990.
Acker, Alison: Kinder des Vulkans. Schmetterling Verlag, Stuttgart 1988.
Ariès, Philippe: Geschichte der Kindheit. dtv, München 1978.
Berg, Christa: Kinderwelten. Suhrkamp, Frankfurt/M. 1991.
Büttner, Christian / A. Ende (Hrsg.): Jahrbuch der Kindheit. Bd. 1. Beltz, Weinheim 1984 f. (erscheint jährlich)
Deutsches Jugendinstitut (Hrsg.): Was für Kinder. Aufwachsen in Deutschland. Ein Handbuch. Kösel Verlag, München 1993.
Grant, J.P. (UNICEF): Zur Situation der Kinder in der Welt. Köln 1990.
Hermann, Kai: Die Starken. Von Kindern, die für das Leben kämpfen. Stern-Buch, Hamburg 1991.
Lenzen, Dieter: Mythologie der Kindheit. Rowohlt, Reinbek 1985.
Mause, Lloyd de (Hrsg.): Hört ihr die Kinder weinen. Eine psychogenetische Geschichte der Kindheit. Frankfurt/M. 1977.
Meyer, Alwin: Die Kinder von Auschwitz. Lamuv Verlag Göttingen 1990.
Neubauer, Georg / Heinz Sünker (Hrsg.): Kindheitspolitik international. Leske und Budrich, Leverkusen 1993.

Nuscheler, Franz / Hans-Martin Oetringhaus: Kinderhände. Baden-Baden 1990.
Pollmann, Uwe: Im Netz der grünen Hühner. Die Straßenkinder von Refice. Lamuv, Göttingen 1990.
Postman, Neil: Das Verschwinden der Kindheit. Frankfurt/M. 1983.
Preuss-Lausitz, Ulf u.a.: Kriegskinder, Konsumkinder, Krisenkinder. Zur Sozialisationsgeschichte seit dem Zweiten Weltkrieg. Weinheim/Basel 1983.
Stiftung für Kinder / terre des hommes (Hrsg.): Philippinen: Kinder des Sturms. Wurf Verlag, Münster 1989.
terre des hommes (Hrsg.): 500 Jahre Bevormundung. Die Ausbeutung Lateinamerikas und ihre Folgen für die Kinder. Schmetterling-Verlag, Stuttgart 1991.

Gewalt gegen Kinder

Beiderwieden, Jens / Eberhard Windhaus / Reinhard Wolff: Jenseits der Gewalt. Hilfen für mißhandelte Kinder. Stroemfeld / Roter Stern, Basel / Frankfurt/M. 1986.
Blum-Maurice, Renate / Karin Martens-Schmidt: Gewalt gegen Kinder als gesellschaftliches Problem. In: Aus Politik und Zeitgeschichte, B 40-41/90, 28.9.1990.
Büttner, Christian / Hans Nicklas: Wenn Liebe zuschlägt. Gewalt in der Familie. Kösel, München 1984.
Bundesministerium für Jugend, Familie, Frauen und Gesundheit (Hrsg.): Kindesmißhandlung – Erkennen und Helfen. Eine praktische Anleitung. Bonn 3. Aufl. 1984.
Deutscher Kinderschutzbund (Hrsg.): Schützt Kinder vor Gewalt. Vom reaktiven zum aktiven Kinderschutz. Weinheim / Basel 1983.
Deutscher Kinderschutzbund (Hrsg.): Hilfe statt Gewalt. Die Erklärung des Deutschen Kinderschutzbundes zur gewaltsamen Beeinträchtigung von Kindern in Familien. Hannover 1989.
Honig, Michael Sebastian (Hrsg.): Kindesmißhandlung. München 1982.
Honig, Michael Sebastian: Verhäuslichte Gewalt. Frankfurt/M. 1986.
Petri, Horst: Erziehungsgewalt. Fischer, Frankfurt/M. 1989.
Rusch, Regina (Hrsg.): Gewalt. Kinder schreiben über Erlebnisse, Ängste, Auswege. Eichborn Verlag, Frankfurt 1993.
Trube-Becker, Elisabeth: Gewalt gegen das Kind. Vernachlässigung, Mißhandlung, sexueller Mißbrauch und Tötung von Kindern. Kriminalistik Verlag, Heidelberg 1987.
Wahl, Klaus: Studien über Gewalt in Familien. Gesellschaftliche Erfahrungen, Selbstbewußtsein, Gewalttätigkeit. Juventa Verlag, Weinheim 1990.

Kinder und Krieg

Badziong, B. / J. Brecklinghaus: Die Kindersoldaten. Wenn Männer Kinder an die Waffen schicken. In: Sozialmagazin 12/1990.
Britten, Uli: Kinder und Jugendliche in bewaffneten Konflikten. In:

Jahrbuch Frieden 1990. C.H. Beck, München 1989, S. 57-63.

Hrabar, Roman / Zofia Tokarz /Jacek E. Wilczur: Kinder im Krieg – Krieg gegen Kinder. Die Geschichte der polnischen Kinder 1939-1945. Rowohlt, Reinbek 1981.

Johansen, Erna M.: »Ich wollt', ich wäre nie geboren«. Kinder im Krieg. Frankfurt/M. 1986.

Krebs, Peter: Die Kinder von Vietnam. Hamburg 1984.

Lessing, Hellmut (Hrsg.): Kriegskinder. Pädex-Verlags GmbH, Frankfurt/M. 1984.

Lipp, Christiane (Hrsg.): Kindheit im Krieg. Erinnerungen. Fischer TB-Verlag, Frankfurt/M. 1992.

Sabhebjan, F.: Ich habe keine Tränen mehr. Iran: Die Geschichte des Kindersoldaten Reza Behrouzi. Rowohlt, Reinbek 1988.

terre des hommes (Hrsg.): Kinder und Krieg in Lateinamerika. Osnabrück 1989.

UNICEF (Hrsg.): Kinder zwischen den Fronten. Köln 1987.

Kriegs- und Zukunftsängste bei Kindern

Allert-Wybranietz, Kristiane (Hrsg.): Ich will leben und meine Katze auch. Kinder schreiben an Reagan und Gorbatschow. Heyne Verlag, München 1988.

Biermann, Renate / Georg Biermann: Die Angst unserer Kinder im Atomzeitalter. Fischer Verlag, Frankfurt/M. 1988.

Birckenbach, Hanne-Margret / Christoph Sure: »Warum haben Sie eigentlich Streit miteinander?« Kinderbriefe an Reagan und Gorbatschow. Leske + Budrich, Opladen 1988.

Büttner, Christian: Kriegsangst bei Kindern. Kösel Verlag, München 1982.

Büttner, Christian: Kinder und Krieg. Zum pädagogischen Umgang mit Haß und Feindseligkeit. Matthias Grünewald-Verlag, Mainz 1991.

Boehnke, Klaus / M. J. Macpherson / F. Schmidt (Hrsg.): Leben unter atomarer Bedrohung. Ergebnisse internationaler psychologischer Forschung. Roland Asanger Verlag, Heidelberg 1989.

Greenpeace (Hrsg.): Umweltängste, Zukunftshoffnungen. Beiträge zur umweltpädagogischen Debatte. AOL-Verlag / Verlag die Werkstatt, Göttingen 1993.

Grefe / Jerger-Bachmann: »Das blöde Ozonloch«. Kinder und Umweltängste. C.H. Beck, München 1992.

Grünewald, Guido: »Bitte schaffen Sie die Atomwaffen ab!« – Kinder und Atomkriegsängste. In: Jörg Calließ / Reinhold E. Lob (Hrsg.): Praxis der Umwelt- und Friedenserziehung. Band 3: Friedenserziehung. Schwann Verlag, Düsseldorf 1988, S. 478-487.

Gugel, Günther: »Ich denke immer an diesen blöden Krieg.« Was Sie über die Angst ihrer Kinder vor Krieg und die Wirkung von Kriegs- und Gewaltdarstellungen wissen sollten. Verein für Friedenspädagogik, Tübingen 1991.

»Ich kann nicht beschreiben, wie die Angst ist«. Kinderbriefe für den Frieden. Falken-Verlag, Niederhausen 1991.

Hofmann, Christel (Hrsg.): Die Kinder, der Krieg und die Angst. Ravensburger Verlag, Ravensburg 1991.
Horbelt, Rainer (Hrsg.): Mut zum Träumen – Wie Kinder sich ihre Zukunft vorstellen. Frankfurt/M. 1986.
Macy, Joanna: Mut in der Bedrohung. Psychologische Friedensarbeit im Atomzeitalter. Ein Selbsterfahrungsbuch. Kösel Verlag, München 1986.
Osada, Arata (Hrsg.): Kinder von Hiroshima. Japanische Kinder über den 6. August 1945. Röderberg, Frankfurt/M. 6. Auflage 1983.
Petri, Horst: Kriegsangst bei Kindern – Atomkrieg und Erziehung. In: Psychosozial 26. Rowohlt, Reinbek 1985, S. 46-61.
Petri, Horst: Angst und Frieden. Psychoanalyse und gesellschaftliche Verantwortung. Fischer Verlag, Frankfurt/M. 1987.
Petri, Horst: Umweltzerstörung und die seelische Entwicklung unserer Kinder. Kreuz Verlag, Stuttgart 1992.

Kinderrechte

Arbeitsgemeinschaft der Evang. Jugend in Nordrhein-Westfalen (Hrsg.): Arbeit mit Kindern. Kinderpolitisches Positionspapier. Düsseldorf 1993. Bezug: AEJ-NW, Rochusstr. 44, 40479 Düsseldorf.
Arbeitsgemeinschaft der Evang. Jugend in Nordrhein-Westfalen (Hrsg.): Arbeit mit Kindern. Kinderpolitisches Positionspapier. Forderungen. Düsseldorf 1993.
Billhard, Thomas: Kinder haben Rechte. Foto und Textband mit einem Geleitwort von Marianne von Weizsäcker. Votum-Verlag, Münster 1990.
Bundesministerium für Frauen und Jugend (Hrsg.): Übereinkommen über die Rechte des Kindes. Text in amtlicher Übersetzung. Livonia-Verlag, Düsseldorf 1993.
Bundesvereinigung Kulturelle Jugendbildung e.V.(Hrsg.): Praxisfeld Kinderkulturarbeit. Erweiterte Dokumentation der Fachtagung der BKJ – »Praxisfeld Kinderkulturarbeit« vom 11.-13.12.1992. Eigenverlag, Remscheid 1993. Bezug: BKJ, Küppelstein 34, 42857 Remscheid.
Eichholz, Reinald (Hrsg.): Die Rechte des Kindes. Georg-Bitter-Verlag, Recklinghausen 1991.
erziehung heute, Heft 1/1993. Themenheft: Gleiches Recht für Kinder?! Bezug: Österreichischer StudienVerlag, Postf. 104, A-6011 Innsbruck
Deutscher Caritasverband (Hrsg.): Vogelfrei. Straßenkinder in der Dritten Welt. Freiburg 1990. Bezug: DCV, Auslandsabteilung, Öffentlichkeitsarbeit, Postf. 420, 79004 Freiburg.
Deutsches Komitee für UNICEF (Hrsg.): Weltgipfel für Kinder. Deklaration und Aktionsplan zum Überleben, zum Schutz und zur Entwicklung von Kindern in den 90er Jahren. Köln o.J., Bezug: Deutsches Komitee für UNICEF, Höninger Weg 104, 50939 Köln.
Deutsches Komitee für UNICEF (Hrsg.): Konvention über die Rechte des Kindes. Ein weltweiter Maßstab. Köln o.J.

terre des hommes (Hrsg.): Spezial I. Materialien UN-Konvention über die Rechte der Kinder. Osnabrück 1992.
terre des hommes (Hrsg.): Freibeuter im Elend. Straßenkinder weltweit. Osnabrück 1992.
terre des hommes (Hrsg.): Mädchen. Osnabrück 1992.
terre des hommes (Hrsg.): Alles käuflich? Kinder in der Prostitution. Osnabrück 1993.
terre des hommes (Hrsg.): Schuften statt Spielen. Kinderarbeit weltweit. Osnabrück 1993. Bezug: terre des hommes, Ruppenkampstr. 11a, 49031 Osnabrück.

Friedenserziehung in der Familie
Bach, George R. / Peter Wydden: Streiten verbindet. Spielregeln für Liebe und Ehe. Eugen Diederichs Verlag, Köln, 8. Aufl. 1992.
Deutsches Jugendinstitut (Hrsg.): Wie geht's der Familie? Ein Handbuch zur Situation der Familien heute. Kösel Verlag, München 1988.
Clemens, Harris / Reynold Beau: Verantwortungsbewußte Kinder. Was Eltern und Pädagogen dazu beitragen können. Rowohlt, Reinbek 1993.
Görlitz, Gudrun: Kinder ohne Zukunft? Verhaltenstherapeutische Praxis im Erzieheralltag. Pfeiffer Verlag, München 1993.
Mantell, David Mark: Familie und Aggression. Zur Einübung von Gewalt und Gewaltlosigkeit. Eine empirische Untersuchung. Fischer Verlag, Frankfurt 1972.
Gordon, Thomas: Familienkonferenz. Die Lösung von Konflikten zwischen Eltern und Kind. Rowohlt, Reinbek 1980.
Raith, Werner und Xenia: Barbie und Pistolen. Mißerfolge im Kinderzimmer. Patmos Verlag, Düsseldorf 1992.

Friedenserziehung in der Vorschule
Andelfinger, Stefanie: Spiel Frieden nicht Krieg. Ein Erfahrungsbericht zur Friedenserziehung im Kindergarten. In: Kindergarten heute 4/1993, S. 37-42.
Berg, Berti: Frieden – ein Thema für den Kindergarten? Katechetisches Institut, Aachen 1986.
Bundesverband Evang. Kindertagesstätten e.V. (Hrsg.): Elternbrief Nr. 16: Schritte zum Frieden. Nürnberg o.J. Bezug: Am Johannisfriedhof 32, 90419 Nürnberg.
Dreier, Annette: Was tut der Wind, wenn er nicht weht? Begegnungen mit der Kleinkindpädagogik in Reggio Emilia. Juventa Verlag, Weinheim 1993.
Krenz, Armin: Kinder spielen mit Waffenimitaten. (K)ein Grund zur Aufregung?! In: Kindergarten heute, 7-8/1993, S. 34-41.
Pape, Georg (Hrsg.): Den Frieden erklären. Mit Kindern Frieden lernen und erfahren. Burckhardthaus-Laetare Verlag, Gelnhausen 1981.
Esser, Johannes: Mit Kindern Frieden und Zukunft gestalten. Grundlagen für die Kindertagesstättenarbeit. Verlag an der Ruhr, Mülheim/Ruhr 1991.

Musall, Peter (Hrsg.): Ich will dir vom Frieden erzählen. Geschichten, Gedichte, Berichte, Bilder, Lieder und Gebete. Burckhardthaus-Laetare Verlag, Gelnhausen / Freiburg 1982.
Oertel, Frithjof: Gewaltfreie Erziehung. Internationale Projektbeispiele zur Friedenserziehung. Schwann, Düsseldorf 1986.
Oertel, Frithjof u.a. Konzept und Methoden elementarer Sozialerziehung. Materialien für die Aus- und Fortbildung der Erzieher. Juventa Verlag, 2. Aufl. 1993.
Reichel, Rusti: Lebendig statt brav. Handbuch für Erziehung und Animation mit Kindern. Münster 1988.
Röhrs, Hermann: Friedenserziehung in Kindergarten und Vorschule. In: Ders.: »Frieden – eine pädagogische Aufgabe« – Idee und Realität der Friedenspädagogik. Westermann, Agentur-Petersen, Braunschweig 1983, S. 168-192.
Steinweg, Reiner (Red.): Vom Krieg der Erwachsenen gegen die Kinder. Möglichkeiten der Friedenserziehung. Friedensanalysen 19. Suhrkamp, Frankfurt/M. 1984.
TPS, Theorie und Praxis der Sozialpädagogik 5/91: Erziehung zur Friedensfähigkeit. Luther-Verlag, Bielefeld.
Werkstatt Friedenserziehung Bonn (Hrsg.): Frieden fängt klein an. Ausstellungskatalog. Bonn 1989. Bezug: Werkstatt Friedenserziehung, Sternenburgstr. 58, 53115 Bonn.

Friedenserziehung in der Schule

Ackermann, Paul (Hrsg.): Politisches Lernen vor Ort. Außerschulische Lernorte im Politikunterricht. Klett Verlag, Stuttgart 1988.
Buchrow, Ulrich / Rainer Eckerts (Hrsg.): Die Bundeswehr im Schulunterricht. Ein Prozeß gegen Indoktrination. Nomos Verlagsgesellschaft, Baden-Baden 1988.
Budke, Carsten / Bernd Nolz / Walter Westphal: Grundsätze zur Friedenserziehung in den Schulen. PFK-Texte Nr. 2, Mai 1991. Bezug: Projektverbund Friedenswissenschaften Kiel, Kaiserstr. 2/Geb. C, 24143 Kiel.
Büttner, Christian / Ute Finger-Trescher (Hrsg.): Psychoanalyse und schulische Konflikte. Matthias-Grünewald-Verlag, Mainz 1991.
Deutsche UNESCO-Kommission, Bonn (Hrsg.): 30 Jahre UNESCO-Modellschulen in der Bundesrepublik Deutschland. Bonn 1984. Bezug: UNESCO-Kommission, Colmantstr. 15, 53115 Bonn.
Hardriga, Franz: Konfliktfeld Schule. Überlegungen für Lehrer und Eltern zur schulischen Erziehung. Herder & Co., Wien 1991.
Häußler, Peter (Hrsg.): Physikunterricht und Menschenbildung. Institut für die Pädagogik der Naturwissenschaften an der Universität Kiel. IPN, Kiel 1992.
Hentig, Hartmut von: Die Schule neu denken. Eine Übung in praktischer Vernunft. C. Hanser, München 1993.
Heuwinkel, Ludwig: Erziehung zur Friedensfähigkeit in der Schule. Landesinstitut für Schule und Weiterbildung, Soest, Materialien zur Lehrerfortbildung in Nordrhein-Westfalen. Problemfeld 5. 2. Aufla-

ge, Soest 1991. Bezug: Landesinstitut für Schule und Weiterbildung, Paradieser Weg 64, 59494 Soest.

Kerbst, Renate / Gregor Witt (Hrsg.): Bundeswehr und Schule. Militarisierung, Jugendoffiziere, Friedenserziehung. Pahl-Rugenstein Verlag, Köln 1983.

Köster, Ulrike / Christian Büttner (Hrsg.): Liebe und Haß im Unterricht. Weinheim 1981.

Landesinstitut für Pädagogik und Medien (Hrsg.): Friedenserziehung in der Schule I. Konzeption und Anregungen für den Unterricht. Saarbrücken 1989. Bezug: LPM, Beethovenstr. 26, 66125 Dudweiler.

Landesinstitut für Schule und Weiterbildung (Hrsg.): Schularbeiten, Heft 2, Dez. 89: Friedenserziehung. Bezug: Soester Verlagskontor, Jakobisstr. 46, 59494 Soest.

Landesjugendring Thüringen e.V. (Hrsg.): Gewalt und Friedenserziehung. Ein Reader zur Anhörung des Thüringer Landtages über den Antrag zur »Friedenserziehung in Thüringer Schulen«. Erfurt 1993. Bezug: Landesjugendring Thüringen e.V., Postfach 498, 99010 Erfurt.

Lemmermann, Heinz: Kriegserziehung im Kaiserreich. Studien zur politischen Funktion von Schule und Schulmusik 1890-1918. Bd. 1: Darstellung. Bd. 2: Dokumentation. Eres Edition, Lilienthal / Bremen 1984.

Nolz, Bernhard: Bausteine für eine Schule des Friedens in Rußland. Lehrerinnen-Fortbildung zur Friedenserziehung in St. Petersburg. PFK-Texte Nr. 26, Kiel 1994. Bezug: Projektverbund Friedenswissenschaften Kiel, Kaiserstr. 2, 24143 Kiel.

Petillon, Hans: Der Schüler: Rekonstruktion der Schule aus der Perspektive von Kindern und Jugendlichen. Darmstadt 1987.

Quäker-Rat für Europäische Angelegenheiten (Hrsg.): Gewalt und Konfliktlösung in Schulen. Eine Studie über die Vermittlung von zwischenmenschlichen problemlösenden Fähigkeiten an Grund- und Oberschulen in den Mitgliedsstaaten des Europarates. Berlin 1989. Bezug: J. Walker, Stresemannstr. 15, 10963 Berlin.

Ratenow, Hans-Fred / Norbert H. Weber (Hrsg.): Der Workshop – eine Methode zur Friedenserziehung in der Lehrerfortbildung. Flügelschläge für den Frieden 4. Berlin 1988.

Schernikau, Heinz / Barbara Zahn (Hrsg.): Frieden ist der Weg. Bausteine für das soziale und politische Lernen. Beltz Verlag, Weinheim / Basel 1990.

Singer, Kurt: Lehrer-Schüler-Konflikte gewaltfrei regeln. »Erziehungsschwierigkeiten« und Unterrichtsstörungen als Beziehungs-Schwierigkeiten bearbeiten. Beltz, Weinheim 1988.

Truger, Arno / Werner Wintersteiner (Hrsg.): Friedenserziehung nach dem »Kalten Krieg«. Neue Aufgaben – neue Wege. Friedenserziehung konkret. Schulpraktische Handreichungen zur Friedenserziehung. Stadtschlaining 1993. Band 1. Bezug: Österreichisches Studienzentrum für Frieden und Konfliktlösung, Burg Schlaining, A-7461 Stadtschlaining.

Walker, Jamie: Gewaltfreie Konfliktlösung im Klassenzimmer. Eine Einführung. Berlin 1991. Bezug: Pädagogisches Zentrum, Uhlandstr. 97, 10715 Berlin.
Walker, Jamie: Konstruktive Konfliktbehandlung im Klassenzimmer. Förderung des Selbstwertgefühls. Berlin 1992.
Walker, Jamie: Konstruktive Konfliktbehandlung im Klassenzimmer. Kennenlernen und Auflockerung. Berlin 1992.
Weber, Norbert (Hrsg.): Frieden. Theoretische Ansätze und didaktische Vorschläge zur Friedenserziehung in Grundschule und Sekundarstufe I. Berlin 1982.

Friedensarbeit an (Fach-) Hochschulen

Ahlenmeyer, Heinrich W. / Heinz-Günther Stobbe (Hrsg.): Die Universität zwischen Ökonomisierung und Militarisierung. Münsteraner Friedenshefte Bd. 2. Lit-Verlag, Münster / Hamburg 1991.
Arbeitskreis Frieden in Forschung und Lehre an Fachhochschulen (Hrsg.): Frieden in Forschung und Lehre an Fachhochschulen. Selbstverlag, Dortmund o.J. (1989).
Bally, Gert von (Hrsg.): Militarisierung der Hochschule? Münsteraner Friedenshefte Bd. 1. Lit-Verlag, Münster / Hamburg 1991.
Dietrich, Barbara u.a. (Hrsg.): Suchbewegungen zum Frieden. Jahrbuch 1994 des Arbeitskreises Frieden in Forschung und Lehre an Fachhochschulen. Agenda Verlag, Münster 1994.
Dominikowski, Thomas: Frieden Lehren?! Über Friedenslehre und Curricula der Friedenswissenschaft an Hochschulen. AFB Texte 2/91. Bezug: Arbeitsstelle Friedensforschung Bonn, Beethovenallee 4, 53173 Bonn.
Esser, Johannes / Wolfgang Frindte / Peter Krahulec (Hrsg.): Friedenswissenschaft und Friedenslehre an Fachhochschulen und Universitäten. Haag + Herchen, Frankfurt/M. 1991.
Faul, Christian / Wolfgang Royl (Hrsg.): Sicherheitspolitik und Verteidigungsbereitschaft. Bewußtseinsbildung an Universitäten. Nomos Verlagsgesellschaft, Baden-Baden 1990.
Fischer-Appelt, Peter / Dieter S. Lutz (Hrsg.): Universitäten im Friedensdialog. Eine Austausch-Vorlesungsreihe zwischen der Humboldt-Universität zu Berlin und der Universität Hamburg zum Thema Gemeinsame Sicherheit. Nomos Verlagsgesellschaft, Baden-Baden 1990.
Krahulec, Peter u.a. (Hrsg.): Der große Frieden und die kleinen Kriege. Jahrbuch des »Arbeitskreises Frieden in Forschung und Lehre an Fachhochschulen«. Agenda Verlag, Münster 1993.

Friedenserziehung in Jugendarbeit und Erwachsenenbildung

Arbeitsgemeinschaft der Evangelischen Jugend (Hrsg.): Mut zum Frieden. Texte und Dokumente zur Friedensarbeit der Evangelischen Jugend. aej-Materialien 12, edition aej, Stuttgart 1982.
Arbeitsgemeinschaft der Evang. Jugend in der Bundesrepublik

Deutschland und Berlin West e.V. (Hrsg.): Leitlinien zur Friedensarbeit in der evangelischen Jugend. Stuttgart 1984.

Bund der deutschen katholischen Jugend (BDKJ), Bundesvorstand (Hrsg.): Schwerpunktthema »Frieden und Gerechtigkeit«. BDKJ 80-84. Grundlagen und Positionen. Schriftenreihe des Jugendhauses Düsseldorf, Düsseldorf 1983.

Gugel, Günther / Klaus Lange-Feldhahn: Friedenserziehung in der Jugendarbeit. Eine Bestandsaufnahme. Verein für Friedenspädagogik, Tübingen 1982.

Büttner, Christian: Gewalt vermeiden in gesellschaftlichen Konflikten. Erwachsenenbildung zur Auseinandersetzung zwischen Institutionen und »neuen Protestbewegungen«. Matthias-Grünewald Verlag, Mainz 1989.

Wagner, Dietrich: Friedenserziehung in der Erwachsenenbildung. Pädagogische Arbeitsstelle, Deutscher Volkshochschulverband, Frankfurt 1985. Bezug: PAS, Holzhausenstr. 21, 60322 Frankfurt/M.

Friedenserziehung und Friedensarbeit im kirchlichen Raum

Antimilitarismus Informationen, Heft 6/1989: Christen und Frieden. Bezug: ami, Elßholzstr. 11, 10781 Berlin.

Baadte, Günter / Armin Boyens / Ortwin Buchbender (Hrsg.): Frieden stiften. Die Christen zur Abrüstung. Eine Dokumentation. München 1984.

Birckenbach, Hanne-Margret (Hrsg.): Friedensforschung, Kirche und kirchliche Friedensbewegungen. Jahrbuch für Friedens- und Konfliktforschung, Band 10. Haag + Herchen, Frankfurt/M. 1983.

Dokument »Ökumenische Versammlung der christlichen Kirchen in Heidelberg für Gerechtigkeit, Frieden und Bewahrung der Schöpfung«. Heidelberg 1993. Bezug: Sabine Spors, Zähringer Str. 23, 69115 Heidelberg.

Dorn, Fred / Jochen Gaile: Den Frieden gewinnen. Eine Arbeitshilfe zur Auseinandersetzung um die Friedensdenkschrift der EKD. Karlsruhe o.J. Bezug: Deutsche Evang. Arbeitsgemeinschaft für Erwachsenenbildung e.V., Schillerstr. 58, 76135 Karlsruhe.

Drewermann, Eugen: Die Spirale der Angst. Der Krieg und das Christentum. Herder Verlag, Freiburg u.a. 1991.

Drewermann, Eugen: Der Weg des Herzens. Gewaltlosigkeit und Dialog zwischen den Religionen. Walter Verlag, Olten 1992.

Evang. Kirche in Deutschland / Kirchenkanzlei (Hrsg.): Kirche und Frieden. Kundgebungen und Erklärungen aus den deutschen Kirchen und der Ökumene. EKD-Texte 3. Hannover 1982.

Gohla, Holger: »Wir müssen über den Frieden reden!« Zur Friedensdiskussion in unseren Gemeinden 1981 bis 1983. Hamburg o.J. Bezug: Jugendseminar des Bundes Evang.-Freikirchlicher Gemeinden, Rennbahnstr. 115b, 22111 Hamburg.

Harles Lothar / Harry Neyer: Beratung und Begleitung Wehrpflichtiger. Zu den pastoralen Aufgaben der kirchlichen Friedensarbeit im Hinblick auf die staatlichen Pflichtdienste – Wehrdienst und Zivildienst. Schriftenreihe Gerechtigkeit und Frieden der Deutschen Kommission Justitia et Pax, ARB 56, Bonn 1991. Bezug: Justitia et Pax, Kaiserstr. 163, 53113 Bonn.

Hirtenworte zu Krieg und Frieden. Köln 1983.

Huber, Wolfgang / Schwerdtfeger, Johannes (Hrsg.): Kirche zwischen Krieg und Frieden. Ernst-Klett-Verlag, Stuttgart 1976..

Kirchenamt der Evang. Kirche in Deutschland (EKD) (Hrsg.): Schritte auf dem Weg des Friedens. Orientierungspunkte für Friedensethik und Friedenspolitik. Ein Beitrag des Rates der Evang. Kirche in Deutschland. Hannover 1994. Bezug: EKD, Herrenhäuser Str. 12, 30419 Hannover.

Kirchenamt der Evang. Kirche in Deutschland (EKD) (Hrsg.): Ökumenische Versammlung für Gerechtigkeit, Frieden und Bewahrung der Schöpfung. Dresden – Magedeburg – Dresden. Hannover 1991.

Kreck, Walter: Friedliche Koexistenz statt Konfrontation. Was können Christen und Kirchen dazu beitragen. Pahl-Rugenstein, Köln 1988.

Küng, Hans: Projekt Weltethos. München 1990.

Lähnemann, Johannes (Hrsg.): Weltreligionen und Friedenserziehung. Wege zur Toleranz. Schwerpunkt: Christentum – Islam. Referate und Ergebnisse des Nürnberger Forums 1988. E.B.-Verlag Rissen, Hamburg 1989.

May, Hans: Frieden als Aufgabe der Kirchen III. Friedenserziehung und gesellschaftlicher Wandel. Loccumer Protokolle 33/90, Loccum 1990.

Ohne Rüstung Leben (Hrsg.): Ohne Rüstung Leben. Gütersloh 1981.

Pfarrstelle für Friedensarbeit in der EKHN (Hrsg.): »Der Gerechtigkeit Frucht wird Friede sein«. Texte zur aktuellen Friedensdiskussion aus der Evangelischen Kirche in Hessen und Nassau. Frankfurt 1993. Bezug: Pfarrstelle für Friedensarbeit in der EKHN, Praunheimer Landstr. 206, 60488 Frankfurt.

Pax Christi – Deutsches Sekretariat (Hrsg.): Militärisches Denken überwinden. Friedenspolitische Erfordernisse nach dem Ende des Ost-West-Konfliktes. Dokumentation Nr. 14, Bad Vilbel 1993.

Rabe, Karl-Klaus: Umkehr in die Zukunft. Die Arbeit der Aktion Sühnezeichen/Friedensdienste. Bornheim / Merten 1983.

Richter, Manfred / Elsbeth Zylla (Hrsg.): Mit Pflugscharen gegen Schwerter. Erfahrungen in der Evangelischen Kirche in der DDR. 1949-1990. Edition Temmen. Bremen 1991.

Sölle, Dorothee / Fulbert Steffensky: Nicht nur Ja und Amen. Von Christen im Widerstand. Rowohlt, Reinbek 1983.

Scharf, Kurt: Widerstehen und Versöhnen. Rückblicke und Ausblicke. Radius Verlag, Stuttgart 1987.

Wedell, Michael / Franz Georg Friemel: Schwarz – Rot – Gott? Kirchliche Jugendarbeit vor und nach der deutschen Vereinigung. Benno Verlag, Leipzig 1993.

Weizsäcker, Carl Friedrich von: Die Zeit drängt. Eine Weltversammlung der Christen für Gerechtigkeit, Frieden und Bewahrung der Schöpfung. München 1986.